Teresa Orozco
Platonische Gewalt

Ideologische Mächte im deutschen Faschismus
Band 7

Teresa Orozco

Platonische Gewalt

Gadamers politische Hermeneutik der NS-Zeit

ARGUMENT-SONDERBAND NEUE FOLGE AS 240

Lektorat: Michael Haupt

Die Deutsche Bibliothek – CIP-Einheitsaufnahme
[Das Argument / Sonderband]
Argument-Sonderband. – Hamburg; Berlin: Argument-Verl.
Früher Schriftenreihe. – Früher angezeigt u.d.T.: Argument-Sonderband
Reihe Sonderband zu: Das Argument. NE:HST
Teresa Orozco:
Platonische Gewalt. Gadamers politische Hermeneutik der NS-Zeit
1. Aufl. – Hamburg; Berlin: Argument-Verl., 1995
(Argument-Sonderband ; N.F., AS 240)
ISBN 3-88619-240-7
NE: Orozco, Teresa

Alle Rechte vorbehalten
© Argument-Verlag 1995
Argument-Verlag, Rentzelstraße 1, 20146 Hamburg
Umschlag: nach Entwürfen von Wolfgang Geisler
Bildcollage: Martin Grundmann
unter Verwendung des Gemäldes *Die Schule von Athen* von Raffael
Fotosatz: Steinhardt, Berlin. – Druck: Alfa-Druck, Göttingen
Erste Auflage 1995

»›Déconstruire‹ la philosophie ce serait ainsi penser la généalogie structurée de ses concepts de la manière la plus fidèle, la plus intérieure, mais en même temps depuis un certain dehors par elle inqualifiable, innomable, déterminer ce que cette histoire a pu dissimuler ou interdire, se faisant histoire par cette répression quelque part intéressée.«

Jacques Derrida (1972, 15)

Inhalt

Wolfgang Fritz Haug: Vorwort 7

Einleitung 12

Kapitel 1
Der Privatdozent 24

Kapitel 2
Die Vertreibung der Dichter – Eine Rede und ihr Kontext 32

2.1	Ein »Rahmen für akademische Geselligkeit«	32
2.2	Die Transformation des humanistischen Platon-Bildes in der Weimarer Republik	36
2.3	Platons »radikale Abkehr vom bestehenden Staat«	45
2.3.1	Platons *Politeia* - ein Vexierbild	47
2.3.2	Eine Warnung vor dem Ästhetizismus des Bildungsbürgertums	53
2.3.3	Die Konstruktion des »inneren Staates«: Recht als »Rechtsein« der »inneren Verfassung«	57
2.3.4	Das herrschende Ethos	59
2.3.5	Der Mensch als »Wächter«	62
2.3.6	Die Domestizierungsmacht des Philosophischen	67
2.3.7	Die Reorganisation der Dichtung als Staatskunst: Kritik der »ästhetischen Selbstvergessenheit«	68
2.3.8	Die Hymne als Staatsbekenntnis	71
2.3.9	Der Mythos der unaufklärbaren Seele	73
2.4	Rekonstruktion eines Mottos	74
2.5	Exkurs: Hermeneutische Variationen um Platon 1933	77
2.5.1	Adolf Hitlers »Kampf um die Macht« in Platons politischer Biographie	78
2.5.2	Das Werk eines »Emigranten«	81
2.6	Thesen über die Resonanzverhältnisse um Platons *Politeia* 1933	86

Kapitel 3
Berufung und Professur 91

3.1	»Göttliches Wunder« und »Folge der hohen Politik«	91
3.2	»Das Reich hat Sie uns also geschickt«	95
3.3	Der »Reiz des deutschen Universitätslebens«	97
3.4	»Im Dritten Reich aus klaren Gründen«	98
3.5	Die »Ehre des Volkes« und »der Mut zur Zukunft«	100

Kapitel 4
Gadamer und der Kriegsfaschismus 102

4.1	Ein »politisch Unbescholtener« und die »Auslandspropaganda«	102
4.2	Exkurs: Kulturpolitik der deutschen Besatzung	106
4.2.1	»Le rapprochement franco-allemand«	106
4.2.2	Das *Deutsche Institut* in Paris	109
4.2.3	Die Zeitschrift *Deutschland-Frankreich*	114
4.3	Herder. Geist einer Hegemonialmacht	117
4.3.1	Herders Frankreichbild	117
4.3.2	Der Überwinder der Aufklärung	120
4.3.2.1	Gadamers Arbeit am Herder-Bild	120
4.3.2.2	Die Biographie als gelebte Gegenaufklärung	122
4.3.3	Herders Sinn für Kraft	124
4.3.3.1	Schicksal statt Fortschritt	124
4.3.3.2	»Lebensfördernde Vorurteile«	125
4.3.4	Herders Geschichtsphilosophie	127
4.3.4.1	Der »eigennützige Spieler« und der »göttliche Plan«	127
4.3.4.2	»Humanität« oder »die Natur des Menschen«	128
4.3.4.3	Die »Helden der Geschichte« und der »leidende Teil der Menschheit«	131
4.3.5	Die »staatsbildnerischen Möglichkeiten des völkischen Gedankens«	133
4.3.6	Herders »berühmtes Slawenkapitel«	135
4.3.7	»Was das deutsche Volk vor allen anderen Völkern Europas auszeichnet«	138
4.4.	Exkurs: Die Herder-Lektüre Walter Benjamins	139
4.4.1	Der Perlentaucher von 1939	139
4.4.2	»Allemands de quatre-vingt-neuf«	141
4.4.3	Eine »nicht zurechtgestutzte und ausgerichtete Propaganda des *neudeutschen Wesens*«	144

Inhalt

Kapitel 5
Die »Heilung des kranken Staatswesens«: Gadamer im SS-Staat 149

5.1	»Der Kriegseinsatz der Altertumswissenschaften«	149
5.2	Platon als philosophischer Kritiker	151
5.3	Der NS als Tyrannei	153
5.4	»Dikaiosyne« – das »Fundament aller echten Herrschaft«	160
5.4.1	Die Erziehungsmacht der Philosophie	160
5.4.2	»Dikaiosyne« als Gegenbild zum Staat der Sophisten	160
5.4.3	»Dikaiosyne« als Gegenbild zur Tyrannei	164
5.4.4	Die Relativierung der Unterscheidung von »Freund und Feind«	166
5.4.5	»Dikaiosyne« oder »das Seine tun«	170
5.4.6	Der »Staat in der Seele« oder die »Seele des Staates«	172
5.4.7	Psychopathologie des Staates und philosophische Erziehung der Führer	173
5.4.8	»Erzogenes Führertum« und »Innere Stimmigkeit im Umkreis möglicher Verstimmung«	176
5.5	Die »Anti-tyrannischen Optionen im NS«	177
5.5.1	Option I: Erneuerung des NS-Staates aus dem Geist von Potsdam	178
5.5.2	Option II: Die Selbsterneuerung des NS	181
5.6	Exkurs: Der totale Rechtsstaat Zur Hobbes-Rezeption von Carl Schmitt im NS	184
5.6.1	Die Arbeit am Leviathan-Bild	186
5.6.2	Der erste Tod des Leviathan	187
5.6.2.1	Hobbes als Hofphilosoph Friedrich des Großen	187
5.6.2.2	»Die Gegenkraft des Schweigens und der Stille«	188
5.6.3	Der zweite Tod des Leviathan: Der König ist tot, es lebe der Rechtsstaat	190
5.6.4	Der Befehlscharakter des Gesetzes: Ferdinand Tönnies und Max Weber	191
5.6.5	Die »wunderbare Armatur einer modernen staatlichen Organisation« und das »politische Parteiensystem«	192
5.6.6	Schmitts Lehre im »Kampf gegen alle Arten der indirekten Gewalt«. Eine vorläufige Bilanz	193
5.6.7	Der neue Nomos der Erde	197

Kapitel 6
Stalingrad und die Philosophie an der »Inneren Front« ... 199

6.1 Philosophische Seelsorge ... 199
6.2 Die Rettung der »Besten« aus dem Geist Max Webers ... 202
6.2.1 Max Webers »Zucht zur Wahrhaftigkeit« ... 202
6.3 Wehrmacht – Wirtschaft – Wissenschaft: die Karrierefelder der faschistischen Moderne ... 204
6.4 Der »Kampf um die Seelen der Besten« ... 207

Kapitel 7
Ausblick ... 209

7.1 Nachkriegszeit und Leipziger Rektorat ... 209
7.2 Entnazifizierung und Bildungspolitik ... 210
7.3 »Daß wir noch nicht wissen, wo wir stehen« ... 212
7.3.1 Die Sache der Philosophen ... 212
7.3.2 »Die Verkehrung einer Wahrheit« ... 214
7.3.3 Die »Aushöhlung der Werttafel des bürgerlichen Moralismus« ... 215
7.3.4 Die Positivierung der Grenzen der Vernunft ... 218
7.3.5 »Echte Demokratie« ... 219
7.4 Gadamers Rektoratsrede ... 220
7.4.1 »Das Lebensgesetz der Universität neu bestimmen« ... 221
7.4.2 »Der Mann der Wissenschaft« ... 222

Kapitel 8
Zusammenfassung ... 225

Anhang

Gadamers Lehrveranstaltungen zwischen 1934 und 1945 ... 233
Vergleich der unterschiedlichen Fassungen von Gadamers Herder-Monographie ... 235
Auszug aus Gadamers Reisebericht (Portugal 1944) ... 240
Exkurs: Werner Jaegers Wiederbelebung des *bíos theoretikós* ... 243
Abkürzungsverzeichnis ... 246
Literaturverzeichnis ... 247
Personenregister ... 261

Gadamer: Philosophische Repräsentation

Vorwort von Wolfgang Fritz Haug

I

Hans-Georg Gadamer, als politisch Unbescholtener 1945 von der Sowjetischen Militär-Administration in Leipzig als Rektor der Universität eingesetzt, fünfzig Jahre später, im Alter von fünfundneunzig, von der *Frankfurter Allgemeinen* als der »erfolgreichste Philosoph der Bundesrepublik« gerühmt – dieser Mann scheint über allen Verdacht nazistischer Kompromittierung erhaben. Wenn es einen Fall Heidegger geben konnte, so keinen Fall Gadamer. Freilich liegt dies auch an dem, was man den »Fall Bundesrepublik« nennen könnte. Die Gratulation der *FAZ* sagt es: Weil Gadamer »eine kluge Balance zwischen Rückversicherung und Unverbindlichkeit« halte, sei er »in der kargen Bundesrepublik keine unzeitgemäße Erscheinung, sondern im Gegenteil der philosophische Repräsentant ihres Zeitgefühls, das zwischen einem schrecklich abgebrochenen Gestern, einem provisorischen Jetzt und einer freudlos bejahten Zukunft zu vermitteln hatte«.

Was das Vermitteln hier bedeutet, kann erst nach Lektüre des Buches von Teresa Orozco ermessen werden, des ersten zu dieser Problematik. Es zeichnet minutiös nach, wie Gadamer als integraler Teil des »schrecklich abgebrochenen Gestern« gehandelt hat. In der genauen Linienführung und ihrer Verfolgung in die Details liegt die eigentliche und spannend nachzuvollziehende Leistung dieser Arbeit. Vorweg lassen sich nur einige allgemeine Resultate und Bewandtnisse benennen. Vor allem dies: Es läßt sich nicht leugnen, daß Gadamers Wirken in der NS-Zeit ein Mitwirken war, klüger zwar als das vieler anderer, gerade deshalb aber auch Wirksameres als diese zur erstaunlichen Geschichtsmächtigkeit des »Nationalsozialismus« beitragend.

Dies bislang Ausgeblendete ins Licht zu rücken, Verdrängtes zur Annahme und zum Durcharbeiten vorzulegen, gibt diesem Buch seine Bedeutung, die explosiv zu nennen nur dann eine Übertreibung ist, wenn das philosophische Imaginäre sich nicht erschüttern läßt.

Doch geht es der mexikanischen Philosophin nicht um »Entlarvung«. Die Akten und außerphilosophischen Fakten spielen nur eine Nebenrolle. Im Mittelpunkt steht stets das Faktum der Philosophie selbst. Die Philosophie, die dabei auftaucht, gehört unverkennbar zu einer Richtung, die

Eduard Spranger treffend auf den neuplatonischen Begriff *Durchseelung des Staates und Durchstaatlichung der Seele* gebracht hat. Zu seiner Zeit war dies die Formel für einen gemäßigt totalitären Typ einer Einheit, die zu schaffen – oder auch nur an der mitzuwirken – jedenfalls nicht Sache selbstbestimmter Einzelner sein sollte. Der Staat sollte unmittelbar auf die »Seele« der Individuen durchgreifen. Dazu war er durch (eine bestimmte) Philosophie zu befähigen. Philosophie hatte den Staat zu »durchseelen«, damit der Staat fähig wäre, die Seelen seiner Bürger zu »durchstaatlichen«.

Mit der Sprangerschen Formel lassen sich Motiv und Einsatz des Gadamerschen Philosophierens gut beschreiben. Für den Gadamer der NS-Zeit ist »die Philosophie die wahre Ermöglichung des Menschen als staatliches Wesen«; er reklamiert ihr die Kompetenz zur Begründung »des in jedem Staat den Staat Ermöglichenden: der rechten Staatsgesinnung seiner Bürger«. Das könnte noch als ›politische Bildung‹ durchgehen. Doch richtet Gadamer die Staatsgesinnung an »Gerechtigkeit« als der Idee der Angemessenheit von Herrschaft und, in letzter Instanz, von Krieg aus.

Bis zu einem gewissen Grade läßt sich Teresa Orozcos Forschung als diskursanalytisch informierte Philologie begreifen, gibt man der Philologie den Sinn zurück, den Vico ihr gegeben und den Gramsci bei Vico wiederentdeckt hat. Vermöge sorgfältigen Beobachtens und der Rekonstruktion von Text-Kontext-Beziehungen lassen sich dem hermeneutischen Geschäft überraschende Einsichten abgewinnen. Glückt dies, werden die untersuchten Texte als *Interventionen*, als Eingriffe in die Auseinandersetzungen um den, wie Gadamer 1934 sagt, »inneren Staat« des NS bestürzend begreifbar. Indem die Autorin dies ermöglicht, schließt sie nicht nur eine Forschungslücke, sondern trägt etwas Weiterführendes zur Sache des Denkens bei, zumal zur Sache des Gerechtigkeitsdenkens, dessen Fragen durch immer neue Ungerechtigkeiten immer neue Aktualität erhalten.

II

Philosophie »ihre Zeit, in Gedanken gefaßt« zu nennen, ist wohlfeile Redensart. »Für die Philosophieforscherin bleibt jedoch die eigentliche und schwere Aufgabe«, umschreibt Orozco ihr Vorhaben, »genau zu recherchieren, *was* von der ›Zeit‹ wahrgenommen wird und *wie*«. Die mexikanische Philosophin unternimmt es, an Gadamers philosophischen Texten aus der NS-Zeit zu untersuchen, wie diese Texte ihre Zeit im Gedanken ausdrücken. Die erste Erfahrung, die dabei zu machen ist, lautet: Sie drücken die NS-Zeit mit jedem Satze aus, und sie tun es nie ausdrücklich. Eine zweite Erfahrung ergibt sich aus der Einbeziehung anderer Autoren und Instanzen. Wir erhalten dadurch ein sorgfältig gezeichnetes Bild paralleler Entwicklungen, unausdrücklicher Echoverhältnisse, wechselseitiger Aufnahmen, Verstärkungen oder Zurückweisungen. Dieses Bild eines diskursiven Geflechts ist besonders ergiebig im Verhältnis zu Arnold Gehlen, Carl Schmitt, Werner Jaeger und Kurt Hildebrandt, aber auch zu Martin Heidegger, Ernst Krieck, Alfred Baeumler oder Karl Jaspers, Eduard Spranger und anderen mehr, die in einer Reihe von Exkursen berücksichtigt werden. Eine dritte Erfahrung betrifft die konjunkturelle Funktionalisierung philosophischer Traditionen: Bei den analysierten Texten handelt es sich zumeist um ›zeitgemäße‹ Neu-Auslegungen klassischer Autoren, das heißt um deren Eindeutung in den (sich wandelnden) Legitimationshorizont des NS-Staats. Die NS-Zeit wird also nicht vor allem in ihren eigenen Gedanken, sondern im Gedankenmaterial der philosophischen Tradition ausgedrückt.

Gadamer steuert solche zeitspezifischen Aktualisierungsleistungen vor allem zu Platon und zu Herder bei. Orozco zeichnet zunächst die präfaschistische Umdeutung Platons nach, die bereits in der Weimarer Zeit vollzogen worden ist. »Politische« Platonlektüre nannte man eine in Platonisches Gedankenmaterial eingeschriebene, dem Faschismus entgegendrängende Selbstdeutung. Während Herbert Schnädelbach noch die »Entpolitisierung des deutschen Bildungsbürgertums« als Schlüsseltatsache gesehen hat, wird nun unabweisbar deutlich, daß sich just gegen solche »Entpolitisierung« nicht nur die ›Politisierung‹ der Platonlektüre, sondern eine recht umfassende Tendenz gerichtet hatte. In ihr bewegt sich Gadamer.

In der Konsolidierungsphase des NS arbeitet er »Gerechtigkeit« weg von Demokratie und öffentlich-rationaler Prozedur; sie wird substantielle Staatsgesinnung und Führungslegitimation in einem. Sie ist der Sinn der immer präexistenten und herrschenden Einheit selbst. Gerechtigkeit ist also nichts, an dem eine konkrete Einheit zu messen wäre oder von dem her sie sich zu legitimieren hätte. Der hermeneutische Zirkel schließt sich im inneren Kreis des Staates. Ohne zu reflektieren, daß der moderne Staat im Gegensatz zur platonischen *Politeia* sich auf einer großindustriellen und kapitalistischen Grundlage erhebt, aktualisiert Gadamer so das platonische *tà hautoû práttein* – eine Art ständestaatliches ›Schuster bleib bei Deinem Leisten und misch dich vor allem nicht in das ein, was Sache der Oberen ist‹.[1] Im Geiste Platons, den

---

[1] Wie ein höllisches Echo darauf wirkt die schmiedeeiserne Schrift am Tor zum Konzentrationslager Buchenwald: *Jedem das Seine.*

Gadamer als Exeget beschwört, erscheinen Intellektuellenverfolgung oder Bücherverbrennung im Lichte der vornehmsten Ideen gerechtfertigt, und die militäraristokratische Kaste als »eigentlicher Stand des Menschen«.

Nach dem Sieg über Frankreich ist es Herder, den Gadamer ›im Geiste der Zeit‹ reinterpretiert. Im Vortrag vor kriegsgefangenen französischen Offizieren macht er ihn – nicht ohne interpretatorische Zurechtweisung und -biegung – zum Überwinder der Aufklärung und der Ideen der Französischen Revolution, zum »Visionär einer neuen Grundkraft im staatlichen Bereich: diese ist das völkische Leben«. Den Franzosen weist er den Weg in ein faschistisches Europa unter deutscher Vorherrschaft. Sie müssen nur auf den Universalismus der Menschenrechte und des Parlamentarismus verzichten und akzeptieren, daß ›völkische‹ Kräfteverhältnisse jeweils ein Volk in die geschichtliche Suprematieposition bringen und die andern sich ihm unterzuordnen und von ihm zu lernen haben. Herders Ideal der »Humanität«, das dem NS anstößig ist, reartikuliert er über »menschliche Natur« mit dem Begriff der *Kraft*, so den Anschluß an den Geschichtsdarwinismus herstellend. Den Schlußstein bildet die antidemokratische Artikulation von »Volk«, diesem Schlüsselbegriff des nazistischen Populismus, der in den westlichen und lateineuropäischen Ländern dagegen tendenziell demokratisch-revolutionär artikuliert ist.[2] Gadamers Herder gibt dem »Wort ›Volk‹ in Deutschland – (...) durch eine Welt geschieden von den politischen Schlagworten der ›Demokratie‹ – eine neue Tiefe und eine neue Gewalt«.

Der erste Kriegswinter nach dem Überfall auf die Sowjetunion sät vermehrt Zweifel am Sieg. In dem Maße, in dem sich der Primat der NS-Politik angesichts dessen von der Propaganda auf den Terror zu verschieben beginnt, nimmt Gadamer am selben platonischen Textmaterial, das er in der Anfangsphase reinterpretiert hatte, eine Horizontverschiebung vor, in der Ideen des 20. Juli 1944 sich ankündigen. Der neue Problemhorizont ist der »Staatsverfall der Tyrannei«. Wieder ist es die »Gerechtigkeit«, um welche die Interpretation kreist. Und unverändert wird sie antidemokratisch und antisozialstaatlich begriffen. Sie ist laut Gadamer überhaupt »nicht ein Können im sozialen Bereich«. Platon wird genutzt, um gegen jegliches Sozialvertragsdenken »ein unbedingtes

---

[2] Gegen demokratische Elemente verfolgte Hitler die Strategie, die »Völkischen« mittels des Antisemitismus von der Demokratie und ihrer egalitären Gerechtigkeit abzuspalten; dieser Effekt steht am Ursprung seiner Machtgenerierung. Vgl. Projekt Ideologie-Theorie 1980, 63ff.

Substanz-Prinzip der staatlichen Gerechtigkeit« zu postulieren. Bleibt die antidemokratische Stoßrichtung unverändert, so wird dagegen eine antityrannische ausgebaut. Das zielt nicht etwa auf Demokratie, schon gar nicht auf soziale Demokratie: Produktive Arbeit wird zur bloß technischen degradiert, »die Arbeit des politischen Führers und des Kämpfers«, wie es bei Gadamer metonymisch heißt, wird ihr kategorisch übergeordnet. Den Herrschaftsunterworfenen bleibt lediglich die »Einstimmung in das Ganze der Herrschaftsordnung«. Gleichwohl wird damit innerhalb des NS ein Politikverständnis gefördert, das zwar Gewalt nicht ausschließt, jedoch in erster Linie darauf setzt, die Individuen – de facto primär die Deutschen, sekundär ihre Verbündeten – zu Subjekten des NS-Staates zu machen, die von innen heraus spontan im Einklang mit gesellschaftlicher und staatlicher Herrschaft sich befinden.

Kritik und Denken von den Individuen her genießen nach diesem Verständnis so wenig aktives Bürgerrecht in der Philosophie, wie die Gesellschaftsmitglieder im Staat.

III

Gadamers Vermittlung »zwischen einem schrecklich abgebrochenen Gestern, einem provisorischen Jetzt und einer freudlos bejahten Zukunft« konnte kraft derselben Kommunikationskunst glücken, die ihn im »Dritten Reich« befähigt hatte, ständig einzugreifen, ohne angreifbar zu sein. Seine Parteilichkeit in den Richtungskämpfen des NS-Staats steckte in seiner Klassikerlektüre. Seine Politik wurde kunstvoll latent gehalten. In dieser Latenz gelangte sie in die Nachkriegsordnung. Die Geburtstagslaudatio der *FAZ* feiert ihn daher als den großen Schmuggler zwischen den Zeiten. »Er setzt die Überlieferung fort, indem er ihre Botschaften mit der verstellten Stimme scheinbarer Harmlosigkeit an die Nachwelt weitersagt.« So ist das Geheimnis des »erfolgreichsten Philosophen der Bundesrepublik« auch eines der frühen Bundesrepublik. Sie wurzelt nicht nur in dem, was Christian Meier die nazistische Erfahrung genannt hat, sondern eben auch im Nazismus selbst.

Sind es Gespenster der Vergangenheit, die hier aufgescheucht werden? Oder sind es die einer nahen Zukunft? Wer mit Hölderlin sagen möchte: *Kommt! ins Offene, Freunde!*, kann nicht sicher sein, was hervortritt. Kommt womöglich, was durch die Nachkriegsordnung in der Latenz gehalten war, nach dem Ende dieser Ordnung wieder ins Offene? Wir können es nicht wissen. Allemal gilt es, den philosophischen Zirkel der Herrschaft zu untersuchen und den Figuren der Gerechtigkeit nachzugehen. Solche Kritik fördert ein Philosophieren, das einer demokratischen Zivilgesellschaft anstünde. Darum geht es in diesem Buch.

Einleitung

I

Als kleinem Jungen hatte man Gadamer – wie er in seinen Lebenserinnerungen (1977a) berichtet – eine Offizierskarriere prophezeit. Als er sich später geisteswissenschaftlich orientierte, befürchtete sein Vater, der es als Chemiker mit den Naturwissenschaften hielt, er werde als einer dieser »›Schwatzprofessoren‹« (ebd., 15) enden. Was immer der Vater damit meinte: Gadamer wird heute als »der erfolgreichste Philosoph der Bundesrepublik« (Ross, *FAZ* 11. Februar 1995) geschätzt und als Festredner auf den großen Philosophiekongressen gefeiert.

Sein nachhaltiger Einfluß auf die Philosophie kommt erst in der Nachkriegsgeschichte deutlich zum Tragen. Sein Hauptwerk *Wahrheit und Methode* (1960) – das bald nach seinem Erscheinen zum Klassiker wurde – bildete die Grundlage konservativer Hermeneutik der Nachkriegszeit insbesondere in den Literaturwissenschaften, aber auch in den Rechtswissenschaften und der Theologie. Für Henning Ritter gibt der »erstaunliche Erfolg des Buches« Aufschluß »über die geistige Zwischenlage, in der sich das Nachkriegsdeutschland befand« (*FAZ*, 10. Februar 1990, 27). Ein »in der idealistischen Tradition angelegter Bezug auf eine zur Ursprünglichkeit gesteigerte Erfahrung des Griechischen und ein geläuterter Antimodernismus« fanden darin ihre »Wiederaufführung«; die Befürchtung, nach seinem Erscheinen drohe das Buch »von der damals sich abzeichnenden neuen, dritten Welle der Aufklärung beiseite gefegt zu werden«, bestätigte sich nicht (ebd.). Im Gegenteil, die philosophische Hermeneutik rückte in den Status einer geisteswissenschaftlichen Grunddisziplin auf[1], deren institutionelle Verankerung schon die zahlreichen Lehrstühle, die heute hermeneutische Schwerpunkte vertreten, bezeugen.

II

Die gegenwärtige Gadamer-Rezeption konzentriert sich vor allem auf das, was Henning Ritter als »*konziliantes Denken*, das seine Härten zu verbergen weiß« (ebd.), gekennzeichnet hat. Diese Konzilianz wird in

---

[1] Ein Indiz für die Statuserhöhung der Hermeneutik ist das entsprechende mehrspaltige Stichwort im *Historischen Wörterbuch der Philosophie* (1974), das Gadamer verfaßt hat. Dem Vorläufer-Wörterbuch von Eisler war das Stichwort Hermeneutik nicht mehr als eine kleine Notiz wert.

Einleitung

der Regel im Rekurs auf den dritten Teil von *Wahrheit und Methode* herausgearbeitet. In dem, was Gadamer *die ontologische Wendung der Hermeneutik am Leitfaden der Sprache* nennt, entwickelt er eine Auffassung von Sprache, die sehr nah am Diktum des späten Heidegger ist, daß nämlich im eigentlichen Sinne nicht der Mensch, sondern »die Sprache spricht« (Heidegger 1959, 243), mit dem Unterschied, daß Gadamer das Modell des Gesprächs als eine Art Regulativ einführt. Knapp formuliert lautet sein Postulat, daß sich in der dialogischen Rede Wahrheit ereigne. Entscheidend ist, daß die sokratische Maieutik als aleatorisches Geschehen reinterpretiert wird. Dieses abstrakte Paradigma einer dialogischen Situation, in der Überredungskunst, aber auch Offenheit für die Meinung des Anderen denkbar sind, findet heute eine enorme Resonanz.

Dagegen treten die von Gadamer im zweiten Teil von *Wahrheit und Methode* entwickelten Bedingungen hermeneutischen Verstehens, die zur Stiftung von »Einverständnis« (1960, 276) führen sollen, eher in den Hintergrund.[2] Hier vollzieht Gadamer eine offensive Rehabilitierung des Denkens in Vorurteilen, bejaht die Macht der Tradition (vor allem am Beispiel des Klassischen) und das uneingeschränkte Geltenlassen von Autorität und Autoritäten, was er als ein genuin konservatives Unternehmen verteidigt, das sich nicht argumentativ zu rechtfertigen brauche. Die subjektiven Dispositionen, die ein solches Projekt tragen sollen, sind: »Bejahung, Ergreifung und Pflege« (265f). Weil »die Selbstbesinnung des Individuums« für Gadamer »nur ein Flackern im geschlossenen Stromkreis des geschichtlichen Lebens« ist, sind »*die Vorurteile des Einzelnen weit mehr als seine Urteile die geschichtliche Wirklichkeit des Seins*« (261). Unter diesen Bedingungen sei das Verstehen »*nicht so sehr als eine Handlung der Subjektivität zu denken*« (274), sondern, so formuliert Gadamer mit Anklang an militärische Übungspraxen, »als Einrücken in ein Überlieferungsgeschehen« (274f). Für den Erwerb einer solchen Verstehenskompetenz gibt es nach Gadamer keine Methode.

Schließlich ist für die heutige Rezeption kennzeichnend, daß der Akzent vom Denken in Vorurteilen verschoben wird auf einen umfassenderen Begriff von *Vorverständnis*, das jedem Verstehens-Akt vorausliege. Über selektive, zuweilen auch kritische Lektüren wurde Gadamer zum Gesprächspartner der angelsächsischen sprachphilosophisch orientierten

---

[2] »Das Ziel aller Verständigung und allen Verstehens ist das Einverständnis in der Sache. So hat die Hermeneutik von jeher die Aufgabe, ausbleibendes oder gestörtes Einverständnis herzustellen.« (Gadamer 1960, 276)

Einleitung

Schulen, für Intersubjektivitäts-Theoretiker wie Jürgen Habermas, Karl-Otto Apel, Richard Rorty in den USA, Jean Grondin in Kanada, aber auch für linke Hermeneutiker wie Gianni Vattimo in Italien und Emilio Lledó in Spanien.

III

Der von mir untersuchte Zeitraum umfaßt Gadamers philosophische Produktion im NS.[3] Angesichts der beachtlichen Wirkungsgeschichte Gadamers haftet am Erkenntnisinteresse dieser Forschung etwas Anstößiges. Da die Frage nach seiner Karriere im NS in Gadamers autobiographischen Schriften, aber auch in neueren Interviews von ihm selbst beantwortet wurde, scheint das Bild klar, das Faktenmaterial bekannt zu sein.[4] Als Dokumente der Fachgeschichte sind Gadamers Urteile über Verhältnisse und Personen weitgehend unumstritten geblieben. Er selbst wurde nie Mitglied der NSDAP und hatte erst »nach vielen Quertreibereien« (Löwith 1986, 99) 1939 eine Professur in Leipzig bekommen, daher wurde er von der sowjetischen Besatzungsmacht 1946 zum Rektor der Universität Leipzig ernannt. Sein Lehrer Martin Heidegger wird auf Gadamers wissenschaftliche Karriere im NS zurückkommen, um seine eigene Person zu rehabilitieren.[5]

Bei dieser Klarheit scheint sich eine Fragestellung wie die meine zu erübrigen. Dennoch war das Problem, den Begriff des National-Konservatismus am Beispiel jener Philosophen, die der sogenannten schwarzen Fraktion angehörten, genauer zu bestimmen, am Anfang entscheidend. Ungeachtet der Tatsache, daß diese Philosophen ein solides Bündnis mit den Nazis eingingen, das fast bis zum Ende des Nazismus hielt, blieb lange ungeklärt, worin genau der Beitrag ihrer Fraktion zur Konsolidierung und Aufrechterhaltung des NS bestanden hat. Vom 20. Juli her kann er jedenfalls nicht gedacht werden, vor allem dann nicht, wenn das Selbstverständnis dieser Opposition, wie es etwa von Gadamers

---

[3] Das Kürzel »NS« als Bezeichnung für den deutschen Faschismus wird durchgängig benutzt, um den Eigennamen »Nationalsozialismus« als Euphemismus nicht weiter zu tradieren.

[4] Hier seien nur zwei der letzten erwähnt: »... *die wirklichen Nazis hatten doch überhaupt kein Interesse an uns«. Hans-Georg Gadamer im Gespräch mit Dörte von Westernhagen* (1990) und Dieter Misgeld und Graeme Nicholson: *Hans-Georg Gadamer on Education, Poetry and History. Applied Hermeneutics* (1992).

[5] »Ferner ist bekannt, daß meine drei tüchtigsten Schüler, die den Nachwuchs in der Philosophie in seinem Durchschnitt erheblich überragten, jahrelang zurückgesetzt wurden, weil sie Heidegger-Schüler waren (Gadamer, G. Krüger und Bröcker). Sie wurden erst berufen, als man schließlich um ihre Qualifikation nicht mehr herumkam und der Skandal offenkundig wurde.« (Heidegger 1983, 42)

Einleitung 15

Freund Eduard Spranger 1947 artikuliert wurde, in der Überzeugung bestand, »›daß es nicht der Nationalsozialismus war, der in die Katastrophe geführt hat, sondern ganz eigentlich der Hitlerismus‹« (zit. n. Dudeck 1992, 68). Die Studien des Projekts *Philosophie im deutschen Faschismus* (Haug [Hg.], 1989), die sich auf National-Konservative einer früheren Generation bezogen – etwa Nicolai Hartmann (Haug 1989), Eduard Spranger (Laugstien 1989) und Theodor Litt (Friederich, 1989) –, trugen dazu bei, verschiedene Modalitäten der Faschisierung in dieser schwarzen Fraktion denken zu können.

Die philosophische Produktion Gadamers in dieser Zeit, die bis heute in Deutschland weitgehend ausgespart blieb[6], wurde 1989 durch eine von Gadamer betreute Studie des amerikanischen Philosophen Robert R. Sullivan partiell zum Thema gemacht.[7] Aus dem angelsächsischen Raum ist mir bisher die kritische Rezension von Gadamers Autobiographie seitens des Philosophen Jonathan Barnes (1986) mit dem Titel *A Kind of Integrity* bekannt, der mit skeptischem Gespür Gadamers Darstellung dieser Jahre kommentiert.

IV

Die vorliegende Arbeit unternimmt eine ideologietheoretische Lektüre von Gadamers philosophischen Interventionen zu wichtigen Einschnitten des NS: der Konstitutionsphase des NS-Staates (1933-34), der Kriegszeit vor Stalingrad und dem Zeitraum, der von Stalingrad bis zur endgültigen Niederlage reicht.

Die hier untersuchten Texte wurden alle seinerzeit veröffentlicht und einige davon zuletzt in Gadamers *Gesammelte Werke* aufgenommen.[8]

---

[6] Eine Ausnahme bildet Gadamers Herder-Vortrag von 1941, zu dem mir drei Untersuchungen bekannt sind: Grossner (1971) *Gadamer und der Nationalsozialismus*; Beyer (1978) *Die Herder- Verzerrung im Nationalsozialismus;* Vahland (1991) *Das Ende der Nachkriegsphilosophie.*

[7] Sullivan ist der Übersetzer von Gadamers Autobiographie (1977a) ins Englische. In seiner Schrift *Political Hermeneutics. The Early Thinking of Hans-Georg Gadamer* (1989), setzt er sich mit der Dissertation und der Habilitationsschrift Gadamers auseinander und läßt sich von diesen Texten seine Problemstellung vorgeben. Die Nähe zum George-Kreis und das Insistieren auf dem Begriff von *Gestalt,* aber auch der Rekurs auf spätere Texte Gadamers über antike Philosophie oder auf *Wahrheit und Methode* sind eher hinderlich, wenn es darum geht, die Platon-Texte aus der NS-Zeit, die sich von Gadamers gesamter philosophischer Produktion eigentümlich unterscheiden, in ihrer Spezifik zu begreifen. Sullivan folgt einer Art ›Keim-Denken‹, das den Zäsuren und Brüchen in der Entwicklung von Gadamers Philosophieren nicht gerecht wird.

[8] Gadamers Hölderlin-Deutung zum NS-Jubiläum im Jahr 1943 wurde nicht berücksichtigt.

An der Textlage hat sich nichts geändert, sie waren und sind der Leserschaft zugänglich. Doch die Leitfragen meiner Lektüre, die an jede andere philosophische Schrift aus der Zeit zu stellen wären, wurden bisher nicht gestellt: In welchem Verhältnis stehen diese Texte zum historischen, politischen und akademischen Kontext des NS? Wo sind, im Medium des Philosophischen, die Abgrenzungen, die Aufnahmen, die Streitigkeiten, die Anschlüsse, die Mahnungen oder der Widerstand?

Als ich in diesem Zusammenhang Gadamers Texte aus dem Zeitraum von 1933 bis 1945 untersuchte, stieß ich u.a. auf Platon-Interpretationen[9], in denen der Nazismus mit keinem Wort erwähnt wurde. Es waren Beiträge, die sich ganz in die Linie der damals neuen Platon-Forschung stellten und nichts Außergewöhnliches boten. Gadamers Vorhaben war kein so ehrgeiziges Projekt wie die Frage nach dem Sinn von Sein oder die Revolutionierung des philosophischen Feldes. Als junger Privatdozent arbeitete er eher bescheiden am Material der antiken Philosophie, insbesondere an einer Lektüre von Platons *Politeia*, deren Profile sich im Laufe meiner Arbeit als mehrschichtig erwiesen und deren Erforschung einen neuen Zugang zu diesen Texten eröffnete.

Je mehr ich die inner- und außerakademischen Debatten um die jeweiligen Themen (auch um Herder und Max Weber) rekonstruierte, desto deutlicher wurde die Spezifizität von Gadamers hermeneutischer Arbeit. Das anfängliche Befremden über die indirekten Bezüge und Resonanzen im Text wich einer stärker konturierten Wahrnehmung. Bei dieser Aufgabe waren Pierre Bourdieus Analysen über Heideggers Philosophie bestimmend.[10] Seine Thesen über den »*polyphonen* Charakter« (Bourdieu 1988b, 95) von Heideggers Diskurs halfen mir, den oft zu allgemeinen und ungenauen Gebrauch des Begriffes ›Kontext‹, durch das Konzept der ›Resonanzverhältnisse‹ um Platon zu präzisieren.

---

[9] In diesem Text verwende ich die Schreibweise des Namens Platon und nicht Plato. In Zitaten bleibt der Name Plato unverändert.

[10] Bourdieus Studien über die Funktion, die in Heideggers ›philosophischer Formgebung‹ wirksame Resonanzen und Anspielungen mit anderen außer- und innerphilosophischen Feldern haben, stellen Instrumente bereit, um die semantische Mehrstimmigkeit der Interpretation zu rekonstruieren. Sie machen die alltägliche Hermeneutik zu ihrem Gegenstand: »Verstehen heißt auch, auf bloße Andeutungen hin verstehen und zwischen den Zeilen lesen können, indem auf praktische (das heißt zumeist: unbewußte) Weise die Assoziationen und sprachlichen Substitutionen, die der Produzent anfänglich ebenso unbewußt vollzogen hat, nachvollzogen werden: Damit wird der spezifische Widerspruch des ideologischen Diskurses praktisch aufgelöst, insofern dieser, der seine gesamte Wirksamkeit aus seiner Duplizität zieht, das soziale Interesse legitimerweise nur in der Form zum Ausdruck bringen kann, die es verschleiert oder aber verrät.« (Bourdieu 1988b, 123f)

Einleitung 17

Ein wichtiger theoretischer Durchbruch bestand darin, die Transformation des Bildungshumanismus nach dem Ersten Weltkrieg zu begreifen.[11] Als ich entdeckte, daß diese Transformation *im* Humanisten-Lager von ihren bedeutendsten Vertretern selbst als *Politisierung* gegen die Weimarer Republik vorangetrieben wurde, konnte ich das Medium, in dem die Platon-Deutung sich artikulierte, in seiner Komplexität besser verstehen. In dieser Anfangsphase wurde mir Gadamers eigenes Urteil über seine Platon-Texte zur Richtschnur:

»Man wird nicht gerade sagen können, daß diese Studien, die sich über ein Jahrzehnt hinzogen, das Schauerspiel der Zeitereignisse bedeutungsvoll spiegeln. Höchstens indirekt, sofern ich nach 1933 eine größere Studie über sophistische und platonische Staatslehre vorsichtshalber abbrach, aus der ich nur zwei Teilaspekte publizierte: ›Plato und die Dichter‹ (1934) und ›Platos Staat der Erziehung‹ (1942).« (Gadamer 1977b, 73)

Das Spiegeln der Zeit im philosophischen Diskurs ist jedoch seit Hegels Diktum, *Philosophie* sei *ihre Zeit in Gedanken erfaßt*, eine Selbstverständlichkeit. Für die Philosophieforscherin bleibt jedoch die eigentliche und schwere Aufgabe, genau zu recherchieren, *was* von der ›Zeit‹ wahrgenommen wird, und *wie* sie sich im Philosophischen spiegelt. Diese Arbeit setzt nicht auf einen hinter dem Text stehenden *Sinn*, der in den Tiefen einer Klassik oder Idealität die ›Zeit‹ verbergen würde, und den es heraufzuholen gelte. Die Art und Weise, wie Gadamers Arbeiten »das Schauerspiel der Zeitereignisse« spiegeln, liegt in der Materialität der Texte, und nur in ihr. Die indirekten Bezüge sind als solche explizit und wurden zum Gegenstand meiner Recherche gemacht. Es ging mir nicht in erster Linie darum, das Ungesagte eines Textes zu verdeutlichen, sondern die Kontextgebundenheit des Gesagten zu rekonstruieren, das für uns Heutige Stummgewordene in Erinnerung zu rufen und, in Gadamers Sprache, zu erkunden, auf welcher historischen Basis sich damals andere *hermeneutische Zirkel* schließen konnten, welche *Horizontverschmelzungen* zwischen Vergangenheit und Gegenwart möglich waren.

Um es kurz zu sagen: In ihrer Indirektheit sind Gadamers philosophische Text-Profile klar genug, und sie zeigen, wie seine Texte zum Interpretationsspektrum des Nationalkonservatismus im NS gehören, ohne jedoch Widerstand gegen die völkischen Fraktionen erkennen zu lassen. Zu zeigen, wie er die taktvolle Kunst gestaltete, sich im Medium dieser unterschiedlichen Strömungen zu bewegen, gehörte zu den methodisch schwierigsten Aufgaben dieser Arbeit. Im Zentrum steht der Versuch, in Gadamers philosophischer Produktion den spezifischen

---

[11] Ein Teil dieser Forschungsergebnisse wurde in meinem Aufsatz *Die Platon-Rezeption in Deutschland um 1933* (Orozco 1994) zusammengefaßt.

Beitrag des Nationalkonservatismus im NS zu beleuchten und zu begreifen; dieser wird in der Regel ausgeblendet, wenn die Forschungsfrage sich ausschließlich in eine Suchmeldung von völkischen Postulaten verwandelt.

Daß die Rezeption und Wirkungsgeschichte dieser Texte eine Pluralität der Interpretationen bezeugt, wird hier nicht bestritten. Eine Lektüre aber, die der Historizität der Interpretation verpflichtet ist, muß den hier in Anfängen geleisteten Rekonstruktionsversuch weiterführen und die Struktur und Interessen der hermeneutischen Anwendung in ihrer Mehrstimmigkeit so weit wie möglich transparent machen.

Meine Forschung ist an einem faschismustheoretischen Ansatz orientiert, der das Bündnis der braunen und schwarzen Fraktionen, auf dem der reale Nazismus beruhte, in seiner Zusammensetzung erforscht. Nicht zuletzt die Texte von Philosophen reflektieren die Spannungen, die aus der komplizierten inneren Kräftekonstellation des NS-Regimes resultierten.[12] Die verbreitete Reduktion auf den *völkischen Bewegungsfaschismus* blendet seine zweite treibende und tragende Kraft aus, die sich im *Geist von Potsdam* wiedererkannte, und gestaltet die innere Differenz des NS zu einem äußeren Gegensatz um.

Ein Blick in die philosophischen Fachzeitschriften der Zeit zeigt, daß weder die »Blut und Boden«-Diskurse des NS einheitlich und uniformiert waren – wie diese vereindeutigende Metapher suggeriert und es damit leicht macht, sie zu unterschätzen –, noch die elitären, auf Distinktion bedachten Diskurse des Nationalkonservatismus. Wie differenziert, konfliktbeladen und umkämpft die Arbeit an einem neuen Subjekt und einer normativen und idealen Herrschaftsordnung war – das

---

[12] Ein Beispiel unter vielen ist der Aufsatz *Deutsche Philosophie* von Hermann Glockner (1935). Glockner war Herausgeber der *Zeitschrift für deutsche Kulturphilosophie*, wie die vormalige *Zeitschrift für internationale Kulturphilosophie*, der *Logos*, im NS hieß. Er reagiert auf die Kritik seitens der völkischen Strömungen, die den Gebildeten Volksferne vorwarfen. Er bemüht sich darum, im Sinne einer ständisch hierarchisierten »Volksgemeinschaft« diese »Entfremdung« (8) aufzuklären. Dabei ist er vor allem daran interessiert, die Rangunterschiede unter den »Volksgenossen« (6) festzuschreiben. Ein Herrschaftsverhältnis wird transponiert in ein idealisiertes und patriarchales Liebesverhältnis von Mutter und Sohn: »Ich möchte das Verhältnis, in welchem das deutsche Volk zu seinen Gebildeten und nicht zuletzt zu seinen Philosophen steht, mit dem Verhältnis vergleichen, welches eine schlichte Mutter mit ihrem auf irgendeine Weise ins Ungewöhnliche sich erhebenden Sohn verbindet. (...) Es schmerzt sie vielleicht, daß sie die Bücher, die er schreibt, nicht lesen kann. Und doch ist sie stolz auf ihn.« (Glockner 1935, 7f) Glockner besetzt die völkischen Kategorien neu, um die sozialen Gegensätze in eine preußische Rangordnung zu verwandeln. Im weiteren Text heißt »Deutschsein«, diese Rangordnung zu akzeptieren (vgl. 9f).

Einleitung 19

gesamte Arsenal der philosophischen Tradition schien modellierfähig zu sein –, wird man in der *akademischen Normalität* des Faches erstaunt gewahr (vgl. Laugstien 1990 und Leaman 1993).

Die direkten oder vermittelten Formen von Gewalt, die im autoritären Gesellschaftsentwurf der *Politeia* und seinem Gerechtigkeits-Postulat lauern, boten Gadamer an entscheidenden historischen Zäsuren die Möglichkeit, feinsinnige Deutungen der NS-Zeit zu liefern. Im hermeneutischen Dialog mit Platon (aber auch mit Herder, Hegel und Max Weber) entfalteten sich Interpretationen, die sich zugleich den gewalttätigen Vorgängen der Faschisierung stellten. Daß diese Interpretationen wissenschaftliche Qualität beanspruchen können, ist unbestritten. Nun kann die Herrschaft dieser Deutungen in einem anderen Sinne als ›platonisch‹ gelten, weil sie, in der Welt des philosophischen Geistes entstanden, ein unpolitisches Selbstverständnis gewinnen.[13] Gadamer erzählt uns, wie ungestört und wissenschaftlich sich im NS philosophieren ließ.[14] Dies kann bestätigt werden, freilich ohne zu unterschlagen, welche ungeheure wissenschaftliche Produktivität für den Erhalt des NS im philosophischen Feld der platonische Anspruch, *den Führer zu führen,* freigesetzt hat.

Ausgerechnet dieser Topos, aus Platons politischer Biographie gewonnen, wird von Gadamer als genuin philosophisches Entlastungsargument in die Heidegger-Debatte eingebracht.[15] Für einen philologischen

---

[13] Bourdieus (1990, 120) Analyse der gesellschaftlichen Konstitution von legitimen Diskursen ist nützlich, um die spezifische Wirksamkeit von Philosophie zu untersuchen: »Über die Form, also über das, worüber symbolische Produktionen ganz direkt mit den sozialen Bedingungen ihrer Produktion verbunden sind, üben diese auch ihre ganz eigene soziale Wirkung aus, jene genuin symbolische Gewalt, die von den einen ausübt, wie von denen der sie erleidet, nur in einer Form ausgeübt und erlitten werden kann, in der sie als Gewalt nicht erkannt, das heißt als legitim anerkannt wird.«

[14] Gadamer (1990, 551) bestätigt im Interview mit Westernhagen, daß er »sogar ruhig Seminare über jüdische Autoren machen konnte. Kein Mensch hat einen denunziert. Warum? Ja Gott. Weil die Nazis ..., das war ihnen völlig wurscht, was wir machten. (...) Diese Intellektuellen, was die da so im Koppe haben. So sind wir doch eingeschätzt gewesen! (...) die Rolle der Philosophie: da kann ich nur sagen, die wirklichen Nazis hatten doch überhaupt kein Interesse an uns.«

[15] Zuletzt in Gadamers Artikel in der Zeitschrift *Sinn und Form* mit dem Titel *Über die politische Inkompetenz der Philosophie* (1993). Da der platonische Anspruch, Dion (dem Tyrannen von Athen) den Weg weisen zu wollen, als geradezu kanonisch gilt, wird der Anspruch Heideggers, Hitler führen zu wollen, mit der Weihe der Klassizität zum erhabenen Akt. Damit sind aber die entscheidenden Fragen ausgespart, etwa: Wie hat Heidegger diesen Anspruch mit seiner Philosophie im NS tatsächlich verbunden?

Essentialismus wäre es ein Skandal, daß, wie wir zeigen werden, ein und derselbe Topos je nach Situation hermeneutisch umgebogen werden konnte. Nun gehört dieses Potential zur Logik der hermeneutischen Interpretation, und hier wäre Gadamer zuzustimmen, daß diese eine unendliche Fülle von Möglichkeiten einschließt. Über den Umgang mit dieser kontingenten und unumgehbaren Situation verständigt sich heute eine Wissenschaftlergeneration, die nicht zuletzt im Gespräch mit Gadamer steht.[16] Sie bemüht sich um Theorien der Interpretation, ohne hinter den Begründungsanspruch der Aufklärung zurückzugehen. Dieser Anspruch wurde von Jürgen Habermas gegen die anfechtbaren Postulate von Gadamers konservativer Hermeneutik vor mehr als zwanzig Jahren eingeklagt. Dabei verwies er auf Albrecht Wellmer, der die Gewalt, die Gadamers Hermeneutik unausgesprochen voraussetzt, ans Licht brachte. Die Aktualität dieser Kritik erweist sich auch vor dem Hintergrund der Ergebnisse dieser Untersuchung:

»Die Aufklärung wußte, was die Hermeneutik vergißt: Daß das ›Gespräch‹, das wir nach Gadamer ›sind‹, auch ein Gewaltzusammenhang und gerade darin kein Gespräch ist. (...) Der universale Anspruch des hermeneutischen Ansatzes [läßt sich] nur dann aufrechterhalten, wenn man davon ausgeht, daß der Überlieferungszusammenhang als der Ort möglicher Wahrheit und faktischen Verständigtseins zugleich auch der Ort faktischer Unwahrheit und fortdauernder Gewalt ist.« (Wellmer, zit.n. Habermas 1971, 153)

V

Um Klarheit in der Darstellung zu gewinnen, wurde ein umfangreicher Fußnotenapparat eingerichtet, der den in sich widersprüchlichen historischen Kontext zeigen soll, ohne den diese Texte aus heutiger Sicht nicht mehr angemessen verstanden werden können.

Es geht zunächst, im zweiten Kapitel, um die Rekonstruktion des Zusammenhangs, in dem Gadamers 1934 gehaltene Rede *Plato und die Dichter* steht. Als ihr Kontext wird die Selbstfaschisierung der Altphilologie kurz umrissen und ein Rückblick auf die Transformation des Platonbildes in der Weimarer Republik gegeben; es folgt die engere Analyse von Gadamers Rede. Daran anschließend präsentiere ich hermeneutische Variationen zum Thema »Platon 1933«, wobei ich mich insbesondere dem klassischen Philologen Werner Jaeger und dem Philosophen

---

[16] In dem von Gadamer und Gottfried Boehm herausgegebenen Band *Seminar: Die Hermeneutik und die Wissenschaften* (1978), kommen Autoren wie Alfred North Witehead, Paul Ricœur, Charles Taylor zu Wort, die auf einer geradezu entgegengesetzten Basis Interpretationstheorien entwickeln.

Einleitung 21

Kurt Hildebrandt zuwende. Im Schlußteil dieses Kapitels diskutiere ich einige Thesen zur hermeneutischen Leistung der Platondeutung und ihrer Wirksamkeit für den NS.

Im dritten Kapitel rekonstruiere ich die Umstände von Gadamers Berufung nach Leipzig (1939) anhand von Informationen, Quellen u.a. aus Gadamers Personalakte im Leipziger Universitäts-Archiv und aus dem Berliner Document Center, die mir dank George Leaman zugänglich waren.

Das vierte Kapitel beleuchtet die Intervention Gadamers im Kriegsfaschismus, die in seinem 1941 im besetzten Paris gehaltenen Vortrag *Volk und Geschichte im Denken Herders* ihren Niederschlag fand. Zunächst rekonstruiere ich den offiziellen Rahmen dieses Unternehmens und stelle vor allem die unterschiedlich gehandhabte Besatzungspolitik des NS dar sowie die Bedeutung, die der deutschen Kulturpolitik und dem Deutschen Institut in Paris zukam. Sowohl die deutsche wie die französische Fassung dieses Vortrags – der sich im Medium der im NS gängigen Topoi der Geschichtsphilosophie des frühen Herder bewegte – sind Gegenstand der Interpretation. Die Brisanz dieser Intervention wird im Vergleich mit der revidierten Fassung des Vortrages, die 1967 als Nachwort zu Herders Text *Auch eine Philosophie der Geschichte zur Bildung der Menschheit* erschien, herausgearbeitet. Ein Exkurs über Walter Benjamins Herder-Lektüre von 1939 soll den hermeneutischen Spielraum, der der Herder-Deutung zur Verfügung stand, verdeutlichen.

Das fünfte Kapitel setzt sich mit Gadamers Position während des Übergangs des NS zum SS-Staat auseinander. Der hier untersuchte Text *Platos Staat der Erziehung* von 1942, dessen Rahmen der *Kriegseinsatz der Altertumswissenschaften* war, wird von Gadamer als »Alibi« (1977b, 74) charakterisiert. Und in der Tat ist die Anspielungskraft des Textes im Zusammenhang mit der damaligen Restrukturierung des NS, die in einem knappen historischen Abriß beleuchtet wird, zu verstehen. Gadamer, der Platon zum philosophischen Kritiker stilisiert, stellte das platonische Gerechtigkeits-Konzept aus der *Politeia* in seiner gesellschaftsnormierenden Kraft in den Vordergrund. Da dieser Text anschlußfähig ist an unterschiedliche Optionen des NS, werden diese kurz umrissen. Ein breiterer Exkurs über die Hobbes-Rezeption Carl Schmitts im NS soll das weite Feld, in das sich eine innere Reform des Faschismus einschrieb, sichtbar machen und den Kontrast zu Gadamers Platon-Interpretation bilden.

Im sechsten Kapitel wird ein kurzer Einblick in die Philosophie an der *Inneren Front* nach der Kriegsniederlage in Stalingrad gewährt. Gadamers Zeitungsartikel *Wissenschaft als Beruf. Über den Ruf und*

Beruf der Wissenschaft in unserer Zeit, der am 27. September 1943 in den *Leipziger Neuesten Nachrichten* erschien, stellte eine philosophische Stellungnahme dar zur Reform des NS-Wissenschaftsbetriebes angesichts der ›totalen Mobilmachung‹ in der letzten Phase des Kriegsfaschismus. In Anlehnung an den berühmten gleichnamigen Vortrag, den Max Weber 1919 hielt, um die Gegenwartslage der Akademiker zu reflektieren, kreisen Gadamers Reflexionen um Wehrmacht, Wirtschaft und Wissenschaft als Karrierefelder der faschistischen Moderne. Dabei entwickelt er eine neue, erstaunliche Definition der Aufgaben der Philosophie. Die Analyse dieses Beitrags beschließt die vorliegenden Studien zum Untersuchungszeitraum 1933-1945.

Ein Ausblick setzt sich mit Gadamers Rektorat in Leipzig, insbesondere mit seiner Rede *Die Bedeutung der Philosophie für die neue Erziehung* (22. September 1945) und seiner späteren Rektoratsrede *Über die Ursprünglichkeit der Wissenschaft* (5. Februar 1946) auseinander, und untersucht sie als Muster einer philosophischen Bewältigung der NS-Vergangenheit.

VI

Die vorliegende Untersuchung entstand im Kontext des *Projekts Philosophie im Deutschen Faschismus* (PPF). Diese Forschungsgruppe wurde 1984 unter der Leitung von Prof. Wolfgang F. Haug am Philosophischen Institut der Freien Universität Berlin ins Leben gerufen. Sie war zunächst Bestandteil des *Projekts Ideologie-Theorie* (PIT) und hatte das Ziel, dessen Untersuchungen über *Faschismus und Ideologie* (1980) sowie die Materialstudien von W.F. Haug (1986) über die *Faschisierung des bürgerlichen Subjekts* für den Bereich der Philosophie weiterzuführen. Die ersten Ergebnisse liegen inzwischen vor. *Deutsche Philosophen 1933* (hg. v. Haug 1989) untersucht die Interventionen namhafter Philosophieprofessoren im historischen Moment »1933«.[17] Thomas Laugstien analysiert die *Philosophieverhältnisse im deutschen Faschismus*

---

[17] Wolfgang F. Haug (»Nicolai Hartmanns Neuordnung von Wert und Sinn«), Gerwin Klinger (»Freiheit als ›freiwillige Aufgabe der Freiheit‹. Arnold Gehlens Umbau des Deutschen Idealismus«), Thomas Friederich (»Theodor Litts Warnung vor ›allzu direkten Methoden‹«), Thomas Laugstien (»Die protestantische Ethik und der ›Geist von Potsdam‹. Sprangers Rekonstruktion des Führerstaats aus dem Prinzip persönlicher Verantwortung«), Thomas Weber (»Arbeit am Imaginären des Deutschen. Erich Rothackers Ideen für eine NS-Kulturpolitik« und »Joachim Ritter und die ›metaphysische Wendung‹«), Rainer Alisch (»Heideggers Rektoratsrede im Kontext«).

Einleitung

(1990) und George Leamans Studie *Heidegger im Kontext* gibt einen *Gesamtüberblick zum NS-Engagement der Universitätsphilosophen* (1993).

Für ihre Kritik und Diskussionsbereitschaft möchte ich den Mitgliedern dieses Projekts: Thomas Laugstien, Thomas Weber, Thomas Friederich, Rainer Alisch und George Leaman danken. Insbesondere danke ich Gerwin Klinger, mit dem ich große Teile des Manuskriptes besprechen konnte, und der mir in unterschiedlichen Phasen solidarischen Beistand geleistet hat.

Die Möglichkeit zur Durchführung dieser Arbeit verdanke ich einer Promotionsförderungsstelle (WS 1989 bis SS 1994) als wissenschaftliche Mitarbeiterin am Institut für Philosophie der Freien Universität Berlin. Aus dieser Zeit verbinden mich mit Susanne Lettow, Gabriele Stilla und Klaus Gramlich wertvolle Lehr- und Lernerfahrungen.

Rosa Huthmann, Christoph Kniest, Nana Badenberg, Alexander Honold, Peter Jehle, Bernhard Walpen, Erika Helfenstein und Dominique Seglard übernahmen das Korrekturlesen des Manuskripts. Bei ihnen allen bedanke ich mich herzlich. Juha Koivisto, Isabel Carrillo, Metin Yilmaz standen mir hilfreich zur Seite. Besonderen Dank schulde ich Martha Zapata für ihre kritischen Beiträge und Michael Haupt für sein aufmerksames Lektorat.

Unersetzlich war die wissenschaftlich engagierte Betreuung und geduldige Unterstützung meines Lehrers, Prof. Wolfgang Fritz Haug, der mich in diesen Jahren für das schwierige Projekt eines *eingreifenden Denkens* gewinnen konnte.

Die Arbeit widme ich der mexikanischen Philosophin Araceli Ibarra, die meinen Weg in die politische Philosophie maßgeblich beeinflußt hat.

Erstes Kapitel

Der Privatdozent

Die Anfänge von Gadamers Karriere liegen in der Weimarer Republik. In seinen Lebenserinnerungen nennt er diese Zeit seine »Niemandsjahre« (Gadamer 1977a, 30). Mit 18 Jahren nimmt er in Marburg das Studium auf. Als »ein junger ›Philosoph‹« war er »im Philosophischen Seminar bald zu Hause« (18). 1922 promoviert Gadamer bei Paul Natorp mit einer Arbeit über *Das Wesen der Lust in den platonischen Dialogen*. Sie soll unter dem Einfluß seines Freundes Nicolai Hartmann entstanden sein, der als Opponent Natorps galt (vgl. Gadamer 1977b, 65). Gadamer bewegt sich auch in den Kreisen um Stefan George und Richard Hamann, er liest, dem Lektürekanon der »Konservativen Revolution« entsprechend, Nietzsche, Kierkegaard, Spengler, Bertram, Wolters und Thomas Mann.[1] Im Bultmann-Kreis, zu dessen regelmäßigen Teilnehmern er gehört, werden die griechischen Klassiker reihum gelesen, jeden Donnerstag, über 15 Jahre hinweg.[2]

Zwei geistespolitische Ereignisse bewegten Gadamer besonders: die Kämpfe unter den evangelischen Theologen, die Bultmann mit seiner an Heidegger orientierten Reformulierung der Theologie auslöste, und die allgemeine Abneigung gegen den Neukantianismus, der, so Gadamer, »bis dahin eine echte, wenn auch umstrittene Weltgeltung besaß« und nun »in den Materialschlachten des Stellungskrieges ebenso zugrunde

---

[1] Insbesondere ist hier die Rede von der Lektüre der *Betrachtungen eines Unpolitischen* von Thomas Mann und nicht vom späteren Werk des engagierten Verteidigers der Weimarer Republik, dessen Fähigkeit zur öffentlichen Selbstkritik und Abkehr von seinem »kriegsbejahende(n), antidemokratische(n), konservative(n) und nationalistische(n) Werk« (Marianne Baeumler 1989, 7) bekannt ist: »A-Politik, das bedeutet einfach Anti-Demokratie, und was das heißen will, auf welche selbstmörderische Weise sich der Geist dadurch zu allem Geistigen in Widerspruch setzt, das kommt erst in bestimmten akuten Situationen höchst leidenschaftlich an den Tag.« (Mann 1939, zit.n. 1968, 61)

[2] Für Habermas (1984, 394) ist dieses Gelehrtenritual ein Zeichen des Apolitischen: »wie durch eine Glaswand getrennt von dem politischen Geschehen der Weimarer Republik«. Wie unrichtig diese Behauptung ist, zeigt u.a. die Platon-Deutung jener Jahre. Dem Anspruch, ein philosophisch-politisches Profil von Gadamer zu geben, wird Habermas nicht gerecht. Er geht von der Marburger Zeit direkt zur Nachkriegszeit über, ohne Gadamers beachtliche Karriere im NS zu erwähnen. Er ist damit diskreter als Gadamer selbst, der in seinen *Philosophischen Lehrjahren*, auf die Habermas sich stützt, der NS-Zeit breiten Raum gibt.

gegangen [war], wie das stolze Kulturbewußtsein des liberalen Zeitalters und sein auf Wissenschaft gegründeter Fortschrittsglaube.« (60f) In dieser Erinnerung verschwimmen die Fronten: Der Neukantianismus war durchaus nicht mit der deutschen Niederlage im Ersten Weltkrieg untergegangen, wie Gadamers Wortwahl suggeriert. Er war vielmehr ein philosophischer Stützpunkt der Weimarer Verfassung[3]; und gerade deshalb wurde er von den konservativen Eliten bekämpft. Ein Blick in das Nachlaßwerk des Weimarer Juristen und Rechtstheoretikers Hans Kelsen, *Die Illusion der Gerechtigkeit. Eine kritische Untersuchung der Sozialphilosophie Platons* (1985)[4], erlaubt es, die Interessen an der Bekämpfung des Neukantianismus auf einer anderen Basis zu diskutieren. Zudem sollten auch nicht die antisemitischen Angriffe, die sich in der philosophischen Hetze etwa von Martin Heidegger gegen den Neukantianismus artikulierten, verschwiegen werden.[5]

---

[3] »The affiliation of Marburg neo-Kantianism with a logistic a priori jurisprudence, which in turn was linked to idealist liberalism, continued to the end of the Weimar Republic. Significantly, many of the defenders of the Weimar constitution and government were decisively influenced by neo-Kantian jurisprudence. Thus, in the minds of most German intellectuals, the principles justifying the republican regime were identified with the abstract legalism of the neo-Kantian school of law.« (Lipton 1978, 108) Vgl. auch Sontheimer 1983, 69 und Bourdieu 1988, 73ff.

[4] Vgl. die Besprechung von Kelsens Werk seitens des Zürcher Altphilologen Rafael Ferber (1989). Er hebt die politischen Interessen Kelsens hervor, die in seine Platon-Lektüre eingehen. Er verweist auf die Spannung, die zwischen der Gerechtigkeitskonzeption des juristischen Neukantianismus und der zeitgenössischen Platonforschung bestand.

[5] Dank der Forschung von Claudia Schorcht (1990, 161) können wir anhand von Martin Heideggers Stellungnahme vom 26. Juni 1933 gegen den Neukantianer Richard Hönigswald die philosophischen Interessen, die bei der NS-Säuberung des noch akademisch lebendigen Neukantianismus mitgewirkt haben, vergegenwärtigen: »Hönigswald kommt aus der Schule des Neukantianismus, der eine Philosophie vertreten hat, die dem Liberalismus auf den Leib zugeschnitten ist. Das Wesen der Menschen wurde da aufgelöst in ein freischwebendes Bewußtsein überhaupt und dieses schließlich verdünnt zu einer allgemein logischen Weltvernunft. Auf diesem Weg wurde unter scheinbar streng wissenschaftlicher philosophischer Begründung der Blick abgelenkt vom Menschen in seiner geschichtlichen Verwurzelung und in seiner volkhaften Überlieferung seiner Herkunft aus Boden und Blut.« (Heidegger 1933, zit. n. Schorcht, ebd.) Der Vorwurf ›Irreführung der Jugend‹, der die NS-Säuberungsaktionen an den Universitäten legitimierte, wird ausgebreitet: »Die Gefahr besteht vor allem darin, dass dieses Treiben den Eindruck höchster Sachlichkeit und strenger Wissenschaft erweckt und bereits viele junge Menschen getäuscht und irregeführt hat.« (Ebd.) In diesem Dokument, das auch sonst an Hetze nicht arm ist, bezeichnet Heidegger nachträglich die Berufung Hönigswalds an die Universität München als einen »Skandal« (ebd.). Vgl. dazu auch Rockmore 1995.

In der »wilden Orientierungsnot, in der sich die damalige Jugend befand« (Gadamer 1977a, 14), faszinierte Heidegger die Studenten, dessen Auftreten man sich »gar nicht dramatisch genug vorstellen« (214) kann. Auch Gadamer ging 1923 für ein Semester in sein Seminar nach Freiburg. »Das Wichtigste aber lernte ich von Heidegger« (1977b, 68) – und das heißt für ihn: »den interpretierten Text so sehr wie irgend möglich überzeugend zu machen auf die Gefahr hin, sich an ihn zu verlieren« (Gadamer 1977a, 36). Überzeugt wurden bei Heidegger viele, auch Gadamer: »mir insbesondere [verging] mit Plato und Aristoteles (...) alle Kritik« (ebd.). 1927 veröffentlichte Gadamer in der Zeitschrift *Hermes* eine Kritik an Werner Jaegers *Aristoteles* (1923) mit dem Titel *Der aristotelische Protreptikos und die entwicklungsgeschichtliche Betrachtung der Aristotelischen Ethik*.[6] Diese Kritik verschaffte ihm Anerkennung im Kreise der Philologen (vgl. 1977b, 66). Bei Paul Friedländer machte Gadamer am 20. Juli 1927 sein Staatsexamen und habilitierte sich im Wintersemester 1928 mit der Schrift: *Platos dialektische Ethik. Phänomenologische Interpretationen zum Philebos* (1931).[7]

Die entscheidenden Schritte seines akademischen Aufstiegs machte Gadamer im NS. Hier weicht seine Darstellung von der unseren etwas ab. Nach seiner Habilitation habe er sich als Privatdozent durchschlagen müssen und sich durch den NS an den Rand gedrängt gesehen. Der »sitzengebliebene Privatdozent« weiß sich aus »politischen Gründen« blockiert, und der »mangelnde Erfolg« bekommt dadurch etwas »Ehrenvolles« (1977a, 58). »Dank dem Dritten Reich bin ich über zehn Jahre Privatdozent geblieben, da ich keinerlei Organisationen der Partei angehörte.« (Zit. n. Grossner 1971, 234) Seine Berufung scheiterte auch »an dem Widerspruch des nationalsozialistischen Dozentenbundes, was vor allem damit zusammenhing, daß ich meinem alten Freunde Löwith und meinem entlassenen Ordinarius Erich Frank, der damals noch weiter in Marburg lebte, die Treue hielt« (235). Ungeachtet dessen bekundete der Privatdozent seine Ambitionen: im November 1933 unterzeichnet er das *Bekenntnis der Professoren an den deutschen Universitäten und Hochschulen zu Adolf Hitler und dem nationalsozialistischen Staat* (vgl. Leaman 1993, 100).

---

[6] Diesem Text lag ursprünglich die Aufnahmearbeit in das philologische Seminar Paul Friedländers zugrunde (vgl. Gadamer 1977b, 66).

[7] Am 23. Februar 1929 erhält Gadamer die venia legendi im Fach Philosophie an der Universität Marburg. Vgl. *Catalogus professorum academiae Marburgensis*, Marburg 1979, 501f.

Der Privatdozent

Überhaupt scheint die Marginalisierung durch den NS stilisiert. Von der keineswegs ungewöhnlich langen Privatdozentur[8] fallen kaum mehr als vier Jahre in die NS-Zeit. Im Wintersemester 1933/34 hat Gadamer einen Lehrauftrag für Ethik und Ästhetik an der Universität Marburg. Die Säuberungen der Universitäten eröffnen ihm Möglichkeiten: Von Mai 1934 bis März 1935 vertritt er den Lehrstuhl Richard Kroners[9] in Kiel, dem »Vorposten der Nazikulturrevolution« (Gadamer 1977a, 52).

Gadamer erlebt die Faschisierung der Universitäten als Einbruch der ›Straße‹, des proletarisch ›Wilden‹ und ›Unkultivierten‹ in die Welt des Geistes. »In Kiel kam dann die Neuorganisation der Naziuniversitätspolitik in Gang, und die neue Parteiorganisation war, genau wie in Marburg, ein Haufen wildgewordener Nicht-Arrivierter – die denn auch bald arrivierten.« (53) In seiner Darstellung ist es selbstverständlich diese Geistfeindlichkeit des Faschismus, an der er sich stößt und die seine Universitätslaufbahn behindert. An seiner Heimatuniversität Marburg muß er erleben, wie der NS das exklusive Milieu der im Wilhelminismus geformten Geistesaristokratie aufbricht. »Der Kontakt zwischen Zusammengehörigen«, der sich an der kleinstädtischen Universität »immer auf leichte Weise« herstellte (39), wurde gestört. »Da war der Marburger Universitäts-Tennisclub, der, unter das Führerprinzip gestellt, seine wenigen jüdischen Mitglieder ausschließen und seinen ›akademischen‹ Charakter durch Öffnung für die ›Volksgemeinschaft‹ ändern mußte. Ähnlich war es mit dem Marburger Schachclub, wo wir einen alten Herrn, der häufig da war, plötzlich vermißten und dadurch erfuhren, daß er Jude war.« (54)

---

[8] Sie beträgt knapp neun, nicht ›über zehn Jahre‹. Den Professorentitel (n.b. a.o. Prof.) erhält Gadamer »im Frühjahr 1937« (Gadamer 1977a, 58, vgl. auch *Kürschners Gelehrten-Kalender* 1940-41). Gadamer antwortet im Juli 1945 im Entnazifizierungsbogen auf die Frage (h), »ob und welche Nachteile er durch die NSDAP gehabt hat« (zit. n. PAGL, Dok. 94), daß er wegen seiner Nicht-Zugehörigkeit zur Partei eine 1935 geplante Berufung nach Kiel nicht erhielt und die Verleihung des Professorentitels an ihn 2 1/2 Jahre am Widerstand der politischen Stellen in Marburg und Berlin gescheitert ist (vgl. PAGL, Dok. 95).

[9] Der Vertretungsauftrag ging zunächst an Arnold Gehlen, der ihn Gadamer überläßt (Rügemer 1979, 93). Der »überzeugte Christ« (Gadamer 1977a, 52) Kroner wurde Opfer der Judenverfolgung. Nachdem seine Vorlesung bei antisemitischen Aktionen von NS-Studenten gesprengt worden war, wurde er nach Frankfurt abgeschoben. Als ›ehemaliger Frontkämpfer‹ konnte er trotz des sogenannten *Gesetzes zur Wiederherstellung des Berufsbeamtentums* nicht ohne weiteres entlassen werden. Die Universitätsleitung lavierte gegenüber den NS-Studenten und versetzte Kroner nach § 5 des obigen Gesetzes ›aus dienstlichen Bedürfnissen‹. 1935 wurde Kroner endgültig entlassen (vgl. Laugstien 1990, 90f).

In Kiel trifft er mit seinem »Kollegen« (53), dem Platon- und Nietzsche-Interpreten und Mitglied des George-Kreises Kurt Hildebrandt zusammen. Dieser, für Gadamer »ebenso fein und unschuldig wie naiv« (ebd.), hatte sich in den frühen zwanziger Jahren als Psychiater (Berlin-Wittenau) und Rassenhygieniker mit seinem Werk *Norm und Entartung des Menschen* (1920) einen Namen gemacht.[10] Er diskutiert in Form einer eugenisch-rassischen Kasuistik die möglichen Vorgehensweisen gegen »alle der Ausmerze würdigen Personen im fortpflanzungsfähigen Lebensalter« (1920, 266):

»Gegenüber den pathologisch Entarteten, also den erblich Geisteskranken und den in krankhaftem Grade Minderwertigen, damit einem erheblichen Teil der Gewohnheitsverbrecher, ist die gewaltsame Ausmerze möglich.« (264)

Hildebrandt geht davon aus, daß »›Menschenrechte‹ nicht durch Geburt (...), sondern durch biologische Vollwertigkeit« erlangt werden: »Humanität gegen die Entarteten ist ein Geschenk, kein Rechtsanspruch.« (268) Die generöse »Feinheit« und »Naivität« verliert ihre »Unschuld«, wenn es um die Kosten geht:

»Vom Rassenutilitarismus aus ist die Hinrichtung das ideale Mittel der Ausmerze, da die Internierung die gesunde Menschheit mit großen Kosten belastet. (...) Pathologisch-Entartete gibt es natürlich in allen sozialen Schichten, aber ein großer Teil bildet doch innerhalb der unteren sozialen Schicht wieder den Bodensatz als Vagabunden und Dirnen usw. Dieser Bodensatz kann durch staatliche Maßnahmen im Sinne der Ausmerze unterdrückt werden.« (264f)

Noch 1990, von Dörte von Westernhagen nach seiner Einschätzung Hildebrandts befragt, schildert Gadamer diesen als »sehr gebildeten Mann« und sein Buch von 1920 als »sehr interessant«, als ein Werk, »das man noch heute lesen könnte«; es sei »ein bißchen, naja, georgianisch«, »feierlich, so'n bißchen feierlich« (1990, 544).

Über das Zwischenspiel in Kiel berichtet Hildebrandt: Gadamer habe ihn besucht, »in der Meinung, daß ich für Kiel abgesagt hätte, weil er sich nicht vorstellen konnte, daß man gleichzeitig zwei im Stoff und

---

[10] Über die Rezeption seiner Werke und seiner akademischen Karriere berichtet Hildebrandt selbst in *Ein Weg zur Philosophie* (1962): »Von Heidegger konnte ich damals noch nichts wissen, doch hörte ich später durch Gadamer, daß er meine Bücher mit Zustimmung gelesen habe. (...) Jaspers hatte das Manuskript schon 1917 für einen Verlag gelesen und es weder abgelehnt noch befürwortet.« (21). »Spranger kam mir ebenso wohlwollend entgegen, da er ausdrücklich einen Vertreter der Georgeschen Bewegung an der Universität wünschte und riet mir, ohne neue Habilitationsarbeit meine früheren Arbeiten vorzulegen. (...) Der Minister, Prof. Becker, Ordinarius für Geschichte, meinte allerdings, mit meiner *Norm und Entartung* könne man doch ›einen Ordinarius alimentieren‹.« (44)

Der Privatdozent 29

Geist so ähnliche Dozenten wirken lassen wolle. (...) Der freundschaftliche Verkehr in Kiel war auch wissenschaftlich ein Gewinn für mich.« (Hildebrandt 1965, 60) Ein Zeichen dieser Freundschaft ist die Rezension von Hildebrandts *Platon. Der Kampf des Geistes um die Macht* (1933), in der Gadamer an dessen Interpretation lobend hervorhebt, daß sie Platons Werk »unmittelbar politisch« (1935, 4f) sieht.[11]

Auch Gadamers eigener Schwerpunkt ist die Platon-Forschung. Bereits 1933 hatte er im *Logos* eine Sammelrezension über *Die neue Platoforschung*[12] veröffentlicht, und in Kiel hält er ein Platon-Seminar ab. Sein erster Aufsatz aus der NS-Zeit, *Plato und die Dichter* (1934), soll im folgenden untersucht werden. Gadamer erklärt ihn im Rückblick als Stellungnahme zum NS.

---

[11] Hildebrandt war als Psychiater Mitglied der NS-Reichsärztekammer Schleswig-Holstein und NSDAP-Parteimitglied seit 1933 (vgl. Goldschmidt 1985, 607 und Leaman 1993, 50). Ins Zentrum seiner Platonlektüre stellte er den ›Rassegedanken‹: »Ich habe in ›Norm und Entartung des Staates‹ und in ›Staat und Rasse‹ Platon als Vorbild für die leibliche (!) und geistige Bewirkung, die eugenische Züchtung und den geistigen Staat herausgehoben.« (Hildebrandt 1933a, 395f) Es stellt sich die Frage, ob Gadamers Lob den rassistischen Ansatz einschließt. Auffällig ist jedenfalls, daß er ihn mit keinem Wort erwähnt. Hildebrandt selbst sieht Gadamer rückblickend auf Distanz. Im »Widerstreben gegen die ›Partei‹, in christlicher Gesinnung, rückte er in jener Zeit auch von meiner Platondeutung ab: er wollte damals in Platon den wissenschaftlichen Forscher sehen (...), nicht wie ich den großen vaterländischen Staatsmann« (Hildebrandt 1965, 242). Vielleicht entgeht Hildebrandt in seiner Enttäuschung über den fehlenden lauten Beifall die taktvolle Reminiszenz, die Gadamer seinem ausschließlich rassisch-qualifizierenden Blick auf Platons Stirn, Brust, Auge und Nase erweist. Gadamer begrüßt nämlich seine »Verleiblichung von Platos politischer Gestalt« (Gadamer 1935, 12f). »Verleiblichung der Norm« gehört zu den rassistischen Grundkategorien Hildebrandts (vgl. 1920, 124). 1985 erscheint Gadamers Rezension erneut. Sowohl Hildebrandts Rassismus als auch das eigene Schweigen dazu werden nicht kommentiert. Gadamer (1990, 547) behauptet im Gespräch mit Westernhagen, um Hildebrandt reinzuwaschen, er habe das Buch bereits 1930 geschrieben. Hildebrandt (1933a, 395) selbst aber notiert: »Das Manuskript dieses Buches ist im Oktober 1932 abgeschlossen und sachlich seitdem nichts geändert worden.« Diese übliche Datierung der Texte muß nicht als ein besonders standhaftes Verhalten gegenüber dem NS interpretiert werden. Denkbar ist, daß Hildebrandt nicht als ›Märzgefallener‹, sondern als Vordenker (wie er selbst in der Einleitung zur Neuauflage von *Norm – Entartung – Verfall* 1934 eifrig bestätigt) gelten wollte.

[12] Die Rezension – Gadamer kündigt sie bereits in seiner Habilitationsschrift von 1931 an – zeigt beachtliches Gespür für den präfaschistischen Hauptstrom der Platon-Deutung: »Wohin der neue Blick reicht, sagen schon die Titel (...), also die Nähe zum Staat, zur Gemeinschaft und zwar auf dem Wege der Erziehung. Das ist der Kern unserer neuen Platoerkenntnisse, für die eigenes Zeitgeschick (!) uns sehend gemacht hat.« (Gadamer 1933, 63)

»Die Veröffentlichung dokumentierte zugleich meine Stellung zum Nationalsozialismus durch das vorangestellte Motto: ›Wer philosophiert, ist mit den Vorstellungen seiner Zeit nicht einig‹. Das war zwar wohl getarnt als ein Goethezitat (...). Aber wenn man sich schon nicht zum Märtyrer machen oder freiwillig in die Emigration gehen wollte, stellte ein solches Motto (...) immerhin eine Betonung der eigenen Identität dar.« (Gadamer 1977b, 73)

Den fachlichen Alltagsbetrieb schildert Gadamer als Abkehr vom NS, als unpolitisch:

»Daß man die politisch relevanten Themen im übrigen fortan eifrig vermied (und überhaupt die Publikation außerhalb von Fachzeitschriften), entsprach dem gleichen Gesetz der Selbsterhaltung.« (Ebd.)[13]

Bevor Gadamers Rede selbst Gegenstand der Darstellung und Analyse wird, ist eine Rekonstruktion der akademischen Verhältnisse in der Altphilologie und der Philosophie sowie in der engeren Platondeutung am Vorabend des NS geboten. Zuvor sei die hierbei gewählte ideologietheoretische Annäherung an die Antike-Rezeption kurz erläutert:

(a) Die Berufung auf ›die Alten‹ oder ›die Antike‹ läßt sich in fast allen nachkommenden Gesellschaftsformationen finden. Ihre Resonanz webt ein Netz gesellschaftlich mächtiger Diskurse der Medizin, des Rechts, der Religion, der Literatur, der Philosophie, der Medien und der Politik. Durch ihre Ferne wird ›die Antike‹ zum idealen Austragungsfeld aktueller historisch-gesellschaftlicher Kämpfe, um die mit stets antagonistischen Interessen gerungen wird. Die Berufung auf ihre Akteure und tragenden Völker, auf ihre Institutionen und historischen Zäsuren beweist eine beachtliche Fähigkeit zur Reaktualisierung, die weit über die Grenzen der europäischen Geschichte hinauswirkt.[14]

Die Pluralität der Konstrukte und die Turbulenzen in der Antiken-Rezeption belegen die erstaunlichen Anstrengungen, die etwa die Konstruktionen einer ›antiken Tradition‹ und einer ›antiken Überlieferung‹ erfordern. Die Autorität der Antike ist keineswegs diesen Gebilden inhärent, sie haftet ihnen nicht wesenhaft an, sondern konstituiert sich

---

[13] Vgl. den Überblick über die philosophischen Gesellschaften und ihre Publikationsorgane, über Auflösungen und Verbote, über Philosophiekongresse und die philosophischen Karrieren im NS in Thomas Laugstiens Studie *Philosophieverhältnisse im deutschen Faschismus* (1990).

[14] In alt-amerikanischen Forschungen werden oft die indianischen Stämme der Ureinwohner Mexikos entsprechend interpretiert: so werden z.B. die Mayas als die präkolumbischen Griechen und die Azteken als die barbarischen Römer angesehen (vgl. Schele und Miller 1986, 3). Auch der multikulturelle und imperiale Gründungsmythos der USA wird nicht selten mit dem antiken Rom in Verbindung gebracht.

Der Privatdozent 31

erst in ihrer Reaktualisierung. In den historischen Fällen, in denen Diskurse über die Antike in einer Gesellschaft hegemonial werden, sich also nicht nur als Diskurs unter Gebildeten formieren, sondern andere Bereiche der Gesellschaft und ihre Praxen und Akteure ergreifen, sind sie mit ihren jeweiligen Vorzeichen herrschaftsmächtig.[15]

(b) Nur in geschichtlicher Rekonstruktion können Standpunkte und Interessen dieser Relektüren studiert werden. Eine solche Rekonstruktion kann sich freilich nicht die Aufgabe stellen, eine ›echte‹ Lektüre gegen ihre Vereinnahmungen, Vereinseitigungen oder gar Fälschungen festzustellen. Abgesehen davon, daß es eine im strengen Sinn ›politikfreie‹ Philologie nicht geben kann und jede Interpretation eine ›politische‹ Dimension ausfüllt: Lediglich den Nachweis philologischen Mißbrauchs auf die Rezeptionsgeschichte anzuwenden, würde dazu führen, die Frage nach der historisch-gesellschaftlichen Wirksamkeit – die sie unabhängig von ihrer philologischen Richtigkeit entfaltet – unerforscht zu lassen. Dies hat nicht zuletzt Konsequenzen für die Selbstlegitimation von Disziplinen wie der Klassischen Philologie, der Alten Geschichte und der Philosophie, da ein Großteil der eigenen, vor allem der NS-Geschichte, als ›unwissenschaftlich‹ abgespalten wird. Es führt weiter, die politisch-hermeneutischen Standpunkte der Diskurse um Platon zu profilieren und zu verfolgen, mit welchen Interessen sie aus dem Arsenal der Antike diesen ›Platon‹ zu einer bestimmten Autorität bereits nach dem Ersten Weltkrieg und später für den NS geformt haben. Für die Rezeptionsgeschichte ist die Frage der Richtigkeit oder gar Notwendigkeit einer Kritik des Humanismus und der Aufklärung sekundär; ihrer Funktionalisierung im Vorgang der Faschisierung gilt das Hauptaugenmerk.

---

[15] Beispielsweise Rom als antikes Motiv im Diskurs der Französischen Revolution (vgl. Rosenblum 1967).

Zweites Kapitel

Die Vertreibung der Dichter

Eine Rede und ihr Kontext

2.1 *Ein »Rahmen für akademische Geselligkeit«*

Gadamer hält den Vortrag *Platon und die Dichter* am 24. Januar 1934 vor der *Gesellschaft der Freunde des Humanistischen Gymnasiums* in Marburg. Diese Gesellschaft ist eingebettet in das Netzwerk altphilologischer Standesorganisationen. Sie unterhält »enge Beziehungen« (*Das Humanistische Gymnasium*, 1933, 1) zum *Deutschen Gymnasialverein*, dem Herausgeber des Standesorgans *Das Humanistische Gymnasium* (im folgenden DHG), der seinerseits jedes Jahr gemeinsam mit der *Versammlung Deutscher Philologen und Schulmänner* und dem *Deutschen Philologenverband* eine Hauptversammlung durchführt. Mit dem Aufkommen des NS verschieben sich die Kräfteverhältnisse in den Philologenverbänden, die Selbstfaschisierung beginnt zu greifen.

Im Januar 1933 beschwört der *Deutsche Gymnasialverein* in einer neuen Satzung nochmals die traditionellen Werte und »Ideen des Humanismus« und bekräftigt sein »inneres Verhältnis zur Antike« (DHG 1933, 1). Doch am 30. September dokumentiert der *Deutsche Philologenverband* seine Selbstgleichschaltung auf einer Berliner Vertreterversammlung mit den neuen Leitsätzen *Die Gegenwartsbedeutung des deutschen Gymnasiums*. Sie stellen die Philologie in den Dienst der »Volksgemeinschaft«: »Das Ziel aller deutschen Erziehung ist der deutsche Mensch als Glied der Volksgemeinschaft.« (DHG 1933, 209) Die Antike wird neben dem Christentum zur Bildungsmacht der Nation. Das humanistische Bildungsziel, die »ästhetische und sittliche Selbstbildung des Individuums«, wird aufgegeben und statt dessen die »politische Bildung« (210) ins Zentrum gerückt:

»Unserer Gegenwart, die um den Aufbau der Volksgemeinschaft im nationalen Staate ringt, erwächst (...) in der richtig verstandenen Antike das klassische Urbild einer Humanität, die wesenhaft auf die Erkenntnis gegründet ist, daß der Mensch das politische Wesen schlechthin ist, und daß der Staat früher ist als der Mensch (...). So erfaßt die politische Bildung den Menschen als Ganzes im Ganzen der Gemeinschaft und steht dadurch im unaufhebbaren Gegensatz zu aller bloß fachlichen Abrichtung, wie zu jeder bloß individualistischen Selbstbildung.« (Ebd.)[1]

Die Vertreibung der Dichter

Der *Deutsche Gymnasialverein* schwenkt kurze Zeit später auf diese Linie des *Deutschen Philologenverbandes* ein. So macht Fritz Bucherer, Mitherausgeber des *Humanistischen Gymnasium*s, diese Leitsätze zur Bezugsgröße seines Rezensionsaufsatzes *Humanistische Bildung im nationalsozialistischen Staate*. In der Schlußpassage legt er durch den Mund des Gründungsvaters des Gymnasialvereins ein Bekenntnis zum Vorrang des Staates in der Erziehung ab: Die »›Fächer, die Lehrer, die Schulen sind für die Schüler da, doch die Schüler, Knaben und Mädchen für den Staat‹.« (Bucherer 1934, 7)[2]

Werner Jaeger, der eine »geradezu maßlose Autorität genoß« (Gadamer 1977a, 48), gilt als der spiritus rector des Gleichschaltungsdokuments (vgl. Losemann 1977, 86).[3] Sein Aufsatz *Die Erziehung des politischen Menschen und die Antike*, veröffentlicht in der Zeitschrift *Volk im Werden* (herausgegeben von Ernst Krieck[4]), liefert dafür die »offizielle

---

[1] Auch unter Germanisten artikuliert sich dieselbe Humanismuskritik. Martin Redeker (1934, 9) spricht diesen Zusammenhang aus: »Mit dem Begriff Humanität wird der Kosmopolitismus und der Internationalismus verbunden, der gerade die geistige Selbstbehauptung unseres Volkes gelähmt hat.« »Einen stark antinationalen Sinn hat der Begriff der Humanität hauptsächlich durch die liberalistische Deutung der Humanitätsidee bekommen. (...) Das bildungslose, seiner selbst mächtige Individuum verläßt seine völkische Gliedschaft und reiht sich ein in die internationale Masse der abendländischen Zivilisationsmenschen.« (Ebd.)

[2] Bei der Rezension des Aufsatzes *Plato als Erzieher zum deutschen Menschen* (1933) von Adolf Rusch kündigt Bucherer (1934, 3) die »neue Bedeutung« an, die Platon zufällt: Rusch hebe »alles hervor, was für die deutsche Jugend wegweisend sein soll, die Überwindung des Individualismus der Sophisten, die Einordnung der Erziehung in den Staat, die körperliche Ertüchtigung, die auch zur Erziehung der Seele führt, die Notwendigkeit der inneren Umwandlung als Vorbedingung der äußeren Organisation« (ebd.).

[3] Jaeger (1888-1961) begann seine Karriere in der Weimarer Republik in der Antiken-Forschung und Pädagogik mit seiner aufsehenerregenden Dissertation *Studien zur Entstehungsgeschichte der Metaphysik des Aristoteles*. Mit 26 Jahren wurde er 1914 nach Basel berufen, 1915 ging er an die Universität Kiel. Ab 1921 übernahm er den Lehrstuhl seines Lehrers Ulrich von Wilamowitz-Moellendorff an der Berliner Friedrich-Wilhelm-Universität. Von 1925 bis 1936 war er Herausgeber der Zeitschrift *Die Antike*, des Organs der *Gesellschaft für antike Kultur*; 1926 Gründer des *Altphilologen-Verbandes*. Hans-Georg Gadamer (1977a, 48) erinnert sich, wie bedeutende Philologen »wie Eduard Fraenkel oder Friedländer bei jedem Satz ihres eigenen Vortrags fragend und besorgt auf Jaeger (blickten), der nach außen hin wirklich wie ein Despot wirkte« (ebd.).

[4] George Leaman (1993, 56) hat in seinem verdienstvollen *Gesamtüberblick zum NS-Engagement der Universitätsphilosophen* die Daten zur Karriere Ernst Kriecks im NS erforscht: 1. Mai 1933 Professor an der Univ. Frankfurt, Juli 1933 bis 1934 Rektor, 1934 o. Prof. für Phil. und Päd. in Heidelberg (Nf. Rickert), vom 1. April 1937 bis 1. Oktober 1938 Rektor der Univ. Heidelberg, Gutachter für den Sektor Wissenschaft beim Sicherheitsdienst Reichsführer SS und in der

Begründung« (Losemann 1977, 86). Jaeger will das »Mißverständnis« beseitigen, das in der Kritik liegt,»die der Humanismus gerade vom Standpunkt der Weltanschauung des Nationalsozialismus vielfach findet« (Jaeger 1933, 43).[5] In Form eines subalternen Dienstverhältnisses bekräftigt er die Anschlußfähigkeit seines Projekts: »nichts dürfte ihm [dem Humanismus im Sinne Jaegers, TO] ferner liegen, als der Gegenwart die Fähigkeit und das Bedürfnis abzusprechen, von der gewaltigsten und schöpferischsten aller geschichtlichen Welten zu lernen und ihr nahe zu treten.« (Ebd.) Es folgt ein Lob an die Adresse der NS-Führung: »Es ist überflüssig, dafür hier alle die klaren Aussprüche seiner Führer ausdrücklich zu zitieren, die das schlagend beweisen.« (Ebd.)[6] Zitiert wird ein Auszug aus Ernst Kriecks *Nationalpolitischer Erziehung*, worin die »›musische und wehrhafte Erziehung im Zusammenhang frühgriechischer Polisordnungen‹« (45) behauptet wird.

> NSDDB-Reichsführung, 1938 »nach einem von Heydrich unterbundenen Konflikt mit dem Rassenpolitischen Amt Niederlegung des Rektorats sowie aller politischen Ämter und Austritt aus der SS« (ebd.), »11.7.42 Verleihung der ›Goethe-Medaille‹ gegen den Widerstand des Amtes Rosenberg. (...) Bemühte sich um die Entwicklung einer ›nationalsozialistischen‹ Erziehungspolitik und einer *Völkisch-Politischen Anthropologie* (3 Bde. 1936ff) als Grundlage einer faschist. Wissenschaftsreform« (ebd.).
>
> [5] Wie leicht es sich das Schweigen über dieses Gleichschaltungs-Dokument macht, zeigt Uvo Hölschers Artikel *Angestrengtes Griechentum* zum 100. Geburtstag Jaegers (FAZ, 30. Juli 1988). Er erwähnt diesen Text, ohne auf ihn einzugehen. Jaegers Vorhaben, sein Antikeprojekt für den NS als positiv zu behaupten, wird von Hölscher als eigene Vermutung präsentiert: »Mir scheint es sicher, daß er damals einen Augenblick lang in dem ehrgeizigen Wahn befangen war, der neuen ›Bewegung‹ die pädagogische Weltanschauung liefern zu können.« (Ebd.) Die Zitate, die er aus der Einleitung der *Paideia* (1934) referiert, werden mit dem unbewußten Zeitgeist kommentiert: »Es beleuchtet aber, wie vertieft in seine Ideen er den Sprachgebrauch der Stunde sich zu eigen machte.« (Ebd.) Hölschers kontrafaktische Schlußfolgerung: »Zuletzt erscheint es als wahrer Segen, für ihn und die Philologie, daß er emigrieren mußte, er wäre dem Lavieren oder der Gleichschaltung schwerlich entgangen.« (Ebd.)
> [6] Ein vielberedetes Beispiel waren damals Hitlers Passagen in *Mein Kampf* über die grundlegende Bedeutung humanistischer Bildung für sein Projekt. Die »allgemeine Bildung«, heißt es dort, »muß stets eine ideale sein. Sie soll mehr den humanistischen Fächern entsprechen und nur die Grundlagen für eine spätere fachwissenschaftliche Weiterbildung bieten. Im anderen Fall verzichtet man auf Kräfte, welche für die Erhaltung der Nation immer noch wichtiger sind als alles technische und sonstiges Können. Insbesondere soll man im Geschichtsunterricht sich nicht vom Studium der Antike abbringen lassen. (...) Der Kampf, der heute tobt, geht um ganz hohe Ziele: eine Kultur kämpft um ihr Dasein, die Jahrtausende in sich verbindet und Griechentum und Germanentum gemeinsam umschließt.« (Hitler, zit. n. 1938, 469f) Diese Stellen werden etwa von Kurt Hildebrandt (1933b, Xf) in seiner Einleitung zur *Politeia* ausführlich zitiert.

Die Vertreibung der Dichter

Jaeger unterscheidet zwischen seinem eigenen, NS-kompatiblen *Dritten Humanismus* und dem vom NS bekämpften ›aufklärerischen‹ Humanismus:

»Der Humanismus, (...) der mit den geistesgeschichtlichen Voraussetzungen des Nationalsozialismus unvereinbar erscheint, ist eine (...) Ideologie, deren Wurzeln in dem rationalistischen Kultursystem der westeuropäischen Aufklärung des 18. Jahrhunderts liegen. (...) Ihr nächstes Ziel war die ästhetische und formale Selbstbildung des Individuums. (...) Der tiefere Grund hierfür lag gewiß nicht in der antiken Komponente dieser humanistischen Erziehung. Er lag (...) in dem gänzlich unpolitischen Charakter unserer klassischen deutschen Kultur der Weimarer Zeit.« (43f)[7]

Dagegen setzt Jaeger den Wandel »des Geschichtsbildes der Antike in den letzten 15 Jahren«, die Erkenntnis, daß »der antike Mensch in allen entscheidenden Phasen seines geschichtlichen Lebens der politische Mensch ist« (45).

In Gadamers Erinnerung gehört die Marburger *Gesellschaft der Freunde des humanistischen Gymnasiums* 1934 zu den »wenigen öffentlichen Einrichtungen«, die damals »überhaupt noch einen Rahmen« für »akademische Geselligkeit« boten und deren »Vortragsveranstaltungen unverändert weitergingen«: Bultmanns »gelehrter Vortrag über das Licht«, derjenige Karl Reinhardts über »die Rätselsprüche des Heraklit« und Max Kommerells »hinreißende Improvisation« über das »Scheitern von Fausts Helena- und Griechenlanderlebnisse« (Gadamer 1977a, 55).

Die Faschisierung des Veranstaltungskalenders ist in Gadamers Erinnerung weggefiltert: Rudolf Bultmann – er übernimmt den Vorsitz der Marburger Gesellschaft im Januar 1933 (vgl. DHG 1933, 171f) – unterstrich in einer Begrüßungsrede, daß Wilhelm Stapel »als die drei Grundlagen

---

[7] Der Ästhetizismus der humanistischen Klassik ist auch von dem Abiturienten Walter Benjamin (1912) kritisiert worden. Auch ihn stört das ›Unpolitische‹ dieser Bildung, jedoch weil es über Ausbeutung und Frauenunterdrückung schweigt: »Das Griechentum dieses Gymnasiums sollte nicht ein fabelhaftes Reich der ›Harmonien‹ und ›Ideale‹ sein, sondern jenes frauenverachtende und männerliebende Griechentum des Perikles, aristokratisch; mit Sklaverei (...). All dem sollte unser humanistisches Gymnasium ins Gesicht sehen.« (Zit.n. Benjamin 1980, Bd. 2.1, 40f) Benjamin (1931, zit.n. 1980, Bd. 3, 291) rezensiert den Sammelband aus der Naumburger Tagung der Altertumswissenschaft (1930) *Das Problem des Klassischen und die Antike*, den Werner Jaeger herausgab. Er hebt den Gegensatz von Nietzsches Entdeckung »des heroisch exponierten Daseins des griechischen Menschen« (ebd.) zu Winckelmanns Diktum ›edle Einfalt und stille Größe‹ hervor. Seine Kritik gilt auch dem »idealistischen Humanismus, der schlechtweg an die Musterhaftigkeit des reinen Menschentums anschließt« (ebd.). Sein Schlußwort benennt nochmal den blinden Fleck dieser Debatte: »Eine Betrachtung der Klassik, die von der Sklaverei nichts zu sagen weiß, kann am Ende doch nicht als abschließend gelten« (ebd.).

der geistigen deutschen Erneuerung die völkische Substanz, das Christentum und die Antike bezeichnet« (ebd.) habe; Lommatzsch sprach über *Volk und Staat im Altertum* mit Hinweis auf den »Führergedanken bei Tacitus«; Lachmann hob in seinem Vortrag über *Das Volkslied bei Stefan George* als Charakteristikum »das Verhältnis von Führertum und Gefolgschaft im heldischen Menschen hervor«. Bei Gadamers Veranstaltung dankte Bultmann »für seinen anregenden Vortrag und wies noch einmal darauf hin, daß am 16. Februar an der gleichen Stelle Herr Prof. Dr. Alverdes über das Thema ›Sinn und Wert im biologischen Geschehen‹ sprechen wird« (vgl. die Veranstaltungshinweise des Marburger Vereins in DHG 1933-34).

2.2 Die Transformation des humanistischen Platon-Bildes in der Weimarer Republik

Die Selbstgleichschaltung der klassischen Philologie setzt einen Schlußpunkt unter die Deutungskämpfe, die in der Weimarer Republik um das Platonbild entbrannt waren. Im klassischen Humanismus war ein Lektüre-Paradigma vorherrschend, das Platon als Dichter, Metaphysiker und Begründer der Ideenlehre deutete. Dagegen machte eine Formation von Philologen und Philosophen Front, die eine ›politische Lektüre‹ propagierten.[8] Im Zuge dieser Deutungskämpfe wurden neue Interpretationsprinzipien entwickelt[9]:

---

[8] Die Kämpfe werden dadurch kompliziert, daß in diese Hauptfront das Gerangel zwischen Philologen, Philosophen und Dichtern um den Vorrang bei der Platoninterpretation eingelassen ist (vgl. dazu Hildebrandt 1930 und Jaeger 1928).

[9] Grundlage dieser knappen Darstellung sind Berichte über die Platonforschung aus jener Zeit, die im Detail ein differenzierteres Bild zeigen. Von anderen Linien berichtet Hans Leisegang in seiner umfassenden Arbeit *Die Platondeutung der Gegenwart* (1929). Er kritisiert jenen Strang der Platondeutungen, die »im Dienste irgendeines Gegenwartsinteresses« stehen und Platon in eine »auf anderem Boden gewachsene Weltanschauung« (186) verpflanzen. In der Einleitung verdeutlicht er seine Schreibstrategie: »Wenn hier oft der Kritik minderwertiger Arbeiten fast dieselbe oder gar noch mehr Ausführlichkeit gewidmet wurde als dem Bericht über wissenschaftlich hochwertige Leistungen, so geschah dies im Interesse der geistesgeschichtlichen Forschung selbst, die sich heute nach allen Seiten gegen das unendliche Geschwätz zu wehren und sich davor zu hüten hat, in ihm unterzugehen.« (Ebd.) Leisegangs Entgegensetzung von Geschwätz und Wissenschaft ist unfähig, die Wirksamkeit von Platonbiographien und Platon-Einführungen zu erklären, die in der Zeit populär wurden. Der Vorwurf der Unwissenschaftlichkeit und das bloßen Stehenbleiben bei Stilkritik (etwa in seiner der Darstellung des George-Kreises) sind hilflos – vor allem, weil solche Deutungen explizit *nicht wissenschaftlich* sein bzw. wirken wollten. Zum Schluß wird von Leisegang die rassistische Begrifflichkeit – ganz wie sie H.F.K. Günther (1928) bei Platon lesen will – philologisch akzeptiert.

a) Der Platonische Textkanon wurde umgewichtet. Im Mittelpunkt der philologischen Quellenarbeit standen nicht mehr die Dialoge, Dialogpassagen und Elemente, die die Metaphysik und das Ideenkonzept thematisieren – die Texte also, auf die sich die tradierten humanistischen Platonbilder Schleiermacherscher und neukantianischer Prägung stützten[10] –, sondern die *Politeia*, die *Nomoi* und der *7. Brief*. Die erkenntnistheoretischen Interessen der Platonlektüre traten in den Hintergrund. Diese Akzentverschiebung wurde philologisch legitimiert, indem der bis heute in seiner Echtheit umstrittene *7. Brief*, die sogenannte politische Biographie Platons, zum authentischen Zeugnis erklärt wurde.[11] Platon selbst wird so zum Zeugen für den politischen Charakter seiner Philosophie gemacht, von der aus die Ideenlehre zum Lieferanten für autoritäre Bildung und Führungskonzepte wird. Platons *Idee des Guten* wird zum jenseitigen Prinzip, von dem aus sich ›Führertums‹-Denken legitimieren läßt.[12] Die Dramaturgie des *7. Briefes* wird in der Regel literarisch reinszeniert, um die Absetzung des Metaphysikers Platon durch den ›politischen Menschen‹ als ›einsamem Führer‹ gegen den Geist seiner Zeit überzeugender zu gestalten.

b) Die ›politisierte‹ Platon-Lektüre rekurrierte auf die *ungeschriebene Lehre* – auch als *Geheimlehre* bzw. *esoterische Lehre* bekannt –, die,

---

[10] Leisegang (1929), der die Rückprojektion Kants auf Platons Philosophie mehrfach kritisiert (vgl. 68ff), verweist auf die Arbeiten von H. Cohen: *Die platonische Ideenlehre psychologisch entwickelt* (1866); *Platons Ideenlehre und die Mathematik* (1879), von P. Natorp: *Platons Ideenlehre. Eine Einführung in den Idealismus* (1903, ²1921); *Über Platons Ideenlehre* (1914), G. Falter, *Beiträge zur Geschichte der Idee* (1906), N. Hartmanns, *Platons Logik des Seins* (1909), H. Barth, *Die Seele in der Philosophie Platons* (1921), W. Kinkel, *Geschichte der Philosophie als Einleitung in das System der Philosophie* (1908); *Geschichte der Philosophie von Sokrates bis Aristoteles* (1922) sowie Karl Vorländer, *Geschichte der Philosophie* (1902).

[11] Zu der bis heute ungeklärten Frage, ob die Biographie echt ist oder eine Fälschung, braucht hier keine Stellung bezogen zu werden. Hier interessiert in erster Linie ihre Funktion bei der Außerkraftsetzung philologischer Handwerksregeln. In dem von Jürgen Wippern herausgegebenen Band *Das Problem der ungeschriebenen Lehre Platons* (1972) findet sich eine Reihe von Beiträgen, in denen sich die Rekonstruktionsversuche auf einer weitaus komplexeren Quellengrundlage studieren lassen.

[12] Von Platon als dem »Klassiker aller Zeiten« spricht Nicolai Hartmann (1934, 2), Hauptredner auf dem ersten Philosophiekongreß im NS: »Und alles echte Führertum unter Menschen ist das Erleuchtetsein aus der Idee.« (Ebd.) Hartmanns ›Neuordnung von Wert und Sinn‹ in dieser Rede wurde von W.F. Haug (1989, 159-187) ausführlich untersucht.

wie u.a. der *7. Brief* (341, a-e) behauptet, das Wesen der platonischen Philosophie darstellte. Von dieser Geheimlehre her wurden die Regeln des philologischen Handwerks außer Kraft gesetzt, indem die platonischen Texte, insbesondere die *Politeia*, über das am Textmaterial Vertretbare hinaus auf einen geheimen Sinn hin gedeutet wurden, in dessen Besitz man sich wähnte.[13] Positionen, die einen philologischen Bezug zum Text verteidigten, werden mit dem Vorwurf des ›Positivismus‹ und ›Materialismus‹ bekämpft.[14]

c) Die platonische ›Geheimlehre‹, deren indirekte Überlieferung Gegenstand der Forschung ist, wurde als klares politisches Vermächtnis Platons an die Deutschen – die auserwählten Nachfolger der Griechen – gedeutet. Der hier zum Tragen kommende Gedanke einer exklusiven Verbindung zwischen Griechen und Deutschen war nicht

---

[13] Leisegang (1929, 50) dokumentiert es am Beispiel Kurt Singers (George-Kreis): »die aus dem Nachweis der Echtheit des VII. Briefes zu ziehenden Folgerungen, die Tatsache, daß Platon selbst gesagt hat, er habe seine eigentliche Lehre nicht aufgezeichnet, die Bemühungen, diese seine Lehre zu finden in den Äußerungen seiner Schüler und durch Interpretation der Altersdialoge im Sinne dieser Äußerungen, das alles wird von Singer mit großartiger Geste und einer Überlegenheit beiseite geschoben, von der man nicht weiß, auf welche besondere Sachkenntnis und eigene Forscherarbeit sie sich gründet.« In seinem Buch *Platon. Die Philosophie des heroischen Vorbildes* koppelt Joachim Bannes (1935, 1) »die Frage nach dem Sinn« (ebd.,) in Platons Schriften von der philologischen Redlichkeit ab: »Denn wenn auch der Text unmittelbar-sinnlich gegeben ist, das ihm zu Grunde liegende, als Ganzes innerlich zusammenknüpfende *Sinn-Gewebe* ist sicherlich *nicht* philologisch oder überhaupt irgendwie real gegeben.« (Ebd.)
[14] Der philologische Skandal dieser ›Interpretation‹ sei hier eigens betont. Platons Wunsch, seine Lehre ungeschrieben zu lassen, ist als Vorsichtsmaßnahme gegen die Gefahr ihrer Entstellung formuliert. Es wird kritisch reflektiert, welche törichten Haltungen sich bei denjenigen ergeben würden, die sich in dem Besitz einer solchen Lehre wähnten. Sein Konzept von »Lebensführung« durch Philosophie (*7. Brief*, 340d) war auf die Bildung und Auslese von Eingeweihten-Kreisen angelegt und eignete sich insofern vorzüglich für eine solche Projektion: »Wenn es [Platons Wissen, TO] geschrieben oder gesagt wurde, dann noch am besten von mir; und wahrhaftig: wenn es schlecht geschrieben ist, bringt es mir nicht den geringsten Verdruß. Wenn ich jedoch die Ansicht gehabt hätte, es könne für weitere Kreise hinreichend geschrieben und gesagt werden, was hätte ich dann Herrlicheres tun können in meinem Leben, als dies niederzuschreiben zum großen Nutzen für die Menschen und allen die wahre Natur ans Licht zu ziehen? Doch ich meine, daß für die Menschen ein Versuch damit in der beschriebenen Art nicht gut wäre, außer für einige wenige, die es jedoch auch selbst nach wenigen Hinweisen herausfinden können. Alle übrigen würden sich entweder mit unaufrichtiger Geringschätzung aufblasen und damit der Sache nicht gerecht werden oder mit der hohen, eitlen Hoffnung, sie hätten irgend etwas Erhabenes gelernt.« (*7. Brief*, 341d-342a, Übers. Schleiermacher)

neu, wirkte jedoch als Verstärkungseffekt für die gesamte Antiken-Rezeption. In der Weimarer Debatte gegen den Klassizismus wurde so der universalistische Grundsatz des europäischen Humanismus der Neuzeit entmachtet. Werner Jaeger faßt sein Selbstverständnis in folgenden Worte zusammen: »Die Lehre von der griechischen Kultur als dem Prototyp der abendländischen darf natürlich nicht so verstanden werden, daß die griechische Form für ein Letztes und Vollkommenstes erklärt wird, dessen Nachahmung für alle Völker verbindlich sein soll.« (Jaeger 1928, zit. n. 1960, 135)

Die offene Möglichkeit der *Nachahmung* für alle Völker steht quer zu Jaegers partikularistischer Position, die wir uns näher ansehen werden. Eine ›Urbegegnung‹ der ›Germanen‹ mit der griechischen Kultur soll die Basis für den *Dritten Humanismus* liefern: »Sie [die Antike, TO] hat, als die Stämme der Germanen noch in Wäldern und Sümpfen hausten, an der Wiege unserer Kultur gestanden, und sie hat uns seither auf unserem Entwicklungswege von Stufe zu Stufe begleitet.« (Jaeger 1927, 9)

In einem ahistorischen Transkulturationsprozeß konstruiert Jaeger eine über Jahrhunderte umfassende Entwicklung in zwei Stufen. Dies scheint nicht von einem geschulten klassischen Philologen, sondern von einem *Science Fiction*-Autor geschrieben zu sein:

»Kulturell vermochten die germanischen Eroberer dem übermächtigen, zugleich zersetzenden und aufbauenden Einfluß der antiken Welt, in die sie eindrangen, keinen Widerstand zu leisten. (...) Erst nach Jahrhunderten fand der deutsche Geist sich selbst. (...) Die älteren, stofflich assimilierten Elemente (!) der Antike sanken allmählich ins Unterbewußte hinab, wurden Unterschicht unserer materiellen Kultur. Aber im hellen Lichte des bewußten Schaffens, zu dem die deutsche Rasse (!) jetzt sich regte, wurde die Antike zum zweiten Male, und nun in einem viel höheren und geistigeren Sinn, Führerin und Anregerin der werdenden Volkskultur. Das Verhältnis zu ihr war nicht mehr das der bloß stofflichen Rezeption, sondern produktive Aneignung.« (Jaeger 1919, zit. n. 1937, 20ff)

In der sowohl biologistischen wie kulturrassistischen Formel der ›produktiven Aneignung‹ der Antike lag ein nicht zu unterschätzender Modernisierungsaspekt. In dieser Aktualisierung war ein Konstrukt des ›Deutschen‹ angelegt, welches mit neuen Bedeutungen aufgeladen wurde und das nach dieser Verschmelzungslogik nicht mehr vom Griechischen unterschieden werden kann. Im Ergebnis kommt folgendes zustande: je ›deutscher‹ die Kulturentwicklung im Sinne Jaegers, desto ›griechischer‹ wird sie sein. Die symbolische Germanisierung des Griechentums hebt die Grenzen jeglicher Rückprojektion auf. Die echte griechische Bildung *(Paideia)* ist deutsch: »Wenn der Grieche Erziehung sagt, meint er etwas anderes als die übrigen Völker, nämlich eben das, was die deutsche Sprache mit dem sehr griechisch empfundenen Wort Bildung bezeichnet, und es scheint, als könne er überhaupt nicht anders denken.« (Jaeger 1925, zit. n. 1937, 115) Kurt Hildebrandts (1933b, 366) Variante ist die folgende: »Platons sog. ›Ideal‹-Staat ist alles andere als kosmopolitisch und abstrakt. Er hat nur für die hellenische – wir dürfen sagen für die arische Rasse ihren Sinn.« (Ebd.)[15]

d) Aufschlußreich ist vor diesem Hintergrund die sogenannte Revolte gegen den Historismus und Klassizismus, bei der die Rezeption von Nietzsches zweiter der *Unzeitgemäßen Betrachtungen* über den *Nutzen und Nachteil der Historie für das Leben* eine wichtige Rolle spielte. Einer ihrer Effekte war für die neue Philologen-Generation die Befreiung des wissenschaftlich-forschenden Blicks. Sie blickte auf die Resultate des Historismus herab, als »den erschwindelten Reichtum historischer Alleswisserei« (Jaeger 1919, zit.n. 1937, 26).[16] Dem Klassizismus wirft Jaeger weiter eine unnütze, kontemplative Haltung vor; hier komme die Vorbildhaftigkeit der Antike nur unter einem musealen und bloß passiv nachahmenden Aspekt zum Tragen. Es werde kein ›lebendiger‹ Bezug zur Antike hergestellt: »Und es bedarf wohl keines Wortes, daß es für den Humanismus (...) auf die spontane innere Ergriffenheit des Empfangenden letzten Endes ankommt.« (28) Die hermeneutischen Anstrengungen der politischen Platoninterpretation betreiben eine Aktivierung des Erlebnischarakters der *Politeia*-Lektüre.

Insgesamt lag der Akzent dieser neuen Deutung nicht mehr auf der Konstruktion eines systematischen Gedankengebäudes bzw. auf den

---

[15] In der gesäuberten Version: »Platons sogenannter ›Ideal‹-Staat ist nicht geschichtslos und abstrakt. Er gilt für das hellenische Volk.« (Hildebrandt 1958, zit.n. 1982, 365)

[16] Nach Jaeger ist der *Dritte Humanismus* »geboren aus dem Kampf gegen den ›Historismus‹ in den Geisteswissenschaften«, gegen »die öde Mechanisierung ihrer ›Methoden‹ und die positivistische Manie der bloßen Tatsachenvermehrung, die sich als epigonische Entartungserscheinungen zunehmend bemerkbar machten.« (1933, 44) Dieser verächtliche Gebrauch von ›Historismus‹ vergißt – wie Schnädelbach zu Recht anmerkt –, »was wir den vielgescholtenen Historisten verdanken: die immense Arbeit der Quellensammlungen, Texterschließungen, Handbücher etc., des 19. Jahrhunderts.« (Schnädelbach 1983, 51) Darüber hinaus läßt Jaeger außer acht, daß er selbst eine Variante historistischen Denkens vertritt. Implizit folgt Jaegers partikularistische Aneignung der Antike einem Historismus, der sich als historischer Relativismus versteht.

Die Vertreibung der Dichter

erkenntnistheoretischen Aspekten der Ideenlehre. Statt dessen sollte Platons Verwicklung in die attische Politik den hermeneutischen Schlüssel zu seinen Texten liefern. Seine vermeintliche Biographie wurde mit lebensphilosophischen Kategorien artikuliert – es dominierten politischer ›Wille‹ und die ›Entscheidung‹ Platons zur Neugründung des Staates. Unter den neuen Platondeutern tun sich (in der Tradition von Ulrich v. Wilamowitz-Moellendorff) Werner Jaeger, Julius Stenzel, Paul Friedländer[17], Heinrich Gomperz, sowie aus dem George-Kreis Kurt Hildebrandt, Wilhelm Andreae, Kurt Singer und Edgar Salin hervor.

Diese Aufwertung von Platons Staatsphilosophie wurde in der konservativen Kritik an der Weimarer Republik fundiert, die sich mit den Forderungen einer ›politischen‹ Staatserziehung verband. Darunter wurde nicht etwa die Erziehung zu mündigen und autonomen Bürgerinnen und Bürgern, die an den Entscheidungsprozessen des Gemeinwesens teilnehmen konnten, verstanden, sondern – preußisch-restaurativ – »Erziehung des Individuums zur Hingabe an den staatlichen Gesamtwillen und zur freiwilligen Einordnung in die organisatorischen Bedürfnisse des Ganzen« (Troeltsch 1917, 14).[18] Der hier zitierte Historiker begrüßte, »daß man das humanistische Bildungsziel durch das politische ersetzt« (ebd.). Der Humboldt-Spezialist Eduard Spranger wurde von Troeltsch gelobt, er kritisiere zu Recht »in dem humanistischen Ideal die Züge der beschaulichen Innerlichkeit und ein wesentlich auf die Vollendung der Persönlichkeit gerichtetes Bildungsziel« (ebd.). Die Leitbilder des humanistischen Bildungsbürgertums wurden desartikuliert, sie galten als »das ästhetisch-intellektuelle Korrelat der liberal-individualistischen Staatsidee« (ebd.).[19] So paradox wie es klingen mag, aber wenn hier

---

[17] Gadamer (1985a, 91 u. 1985b, 130) ordnet seinen Lehrer Friedländer in diese Linie ein. Die Zeitschrift *Gnomon* (1936, 112) teilt mit: »Der ord. Professor für klassische Philologie an der Universität Halle, Dr. Paul Friedländer, ist von seinen amtlichen Verpflichtungen entbunden worden.« Friedländer wurde Opfer der Judenverfolgung und emigrierte nach einer Haft im Konzentrationslager 1939 in die USA (vgl. vom Brocke 1988, 129).

[18] Kurt Sontheimer begreift diese Staatskonzeption in seiner verdienstvollen Arbeit über *Antidemokratisches Denken in der Weimarer Republik* als eine, die auf Entpolitisierung angelegt ist. »Der autoritäre Staat will das Volk weitgehend entpolitisieren. Er soll dem Volk, welchem in der liberalen, mit dem allgemeinen Wahlrecht versehenen Demokratie mehr zugemutet werde, als es seiner Natur nach leisten könne, die eigentlich politischen Entscheidungen abnehmen. Das Politische wird zur Domäne des Staates schlechthin.« (Sontheimer 1983, 202)

[19] In diesem von Troeltsch kommentierten Text weigert sich jedoch Spranger zu Recht, das humanistische Bildungsideal »völlig unpolitisch zu nennen«: »Bei näherer Betrachtung enthüllt es durchaus seine politische Seite, ja es ist sogar nur aus dem Zusammenhang einer bestimmten Stufe der Staatsentwicklung heraus

von ›Politisierung‹ die Rede ist, muß dieser Vorgang als ein offensiver Entzug von politischen Kompetenzen im Sinne einer rechtstaatlich verfaßten Gesellschaft gedeutet werden.

An Sprangers autoritärer Pädagogikreform kann studiert werden, wie die Transformation des Humanismus von innen her erfolgt. Humboldts Bildungsideal verschwand nicht, es wurde zunächst historisiert und für überholt erklärt: dieses »allzu genießerische und selbstbezogene« (ebd.) Persönlichkeitsideal sei »in der furchtbaren Härte der gegenwärtigen und kommenden Zeit« (ebd.) untauglich. Die Kritik an diesem ›weichen‹ Männlichkeitsideal bereitete einem neuen Feindbild die Bahn, dessen Bekämpfung mit dem Aufkommen des NS eine ungeahnte Kohäsivkraft im akademischen Milieu entfaltete.[20]

Wesentliche Impulse für diesen Versuch, das zerfallende Humanismusdispositiv zu reorganisieren, gaben die Erfahrungen der deutschen Niederlage im Ersten Weltkrieg.[21] Die elitäre ›Wiedererstarkung‹ Deutschlands sieht sich durch die liberalen Demokratisierungstendenzen der Weimarer Republik gefährdet. Die humanistisch gebildete, als ›unpolitisch‹ begriffene Persönlichkeit wurde zum Symptom der Schwäche des Bürgertums erklärt, welches das Weimarer ›Parteigezänk‹ einfach hinnahm.[22]

---

ganz zu verstehen. Denn der Gedanke eines reinen freien Menschentums ist nichts anderes als die Parallelerscheinung zu der liberalen Staatsauffassung, die seit dem Jahre 1789 den ständisch-absolutistischen Staat in den konstitutionellen Nationalstaat umgebildet hat.« (Zit.n. Spranger 1932, 9f) Sprangers Kampf gilt dem politisch-liberalen Sozialstaat: »Heute gewinnen wir das Verständnis für die Kollektivmacht des Staates zurück, nachdem lange Zeit nur sein Rechtscharakter oder seine Wohlfahrtsbedeutung hervorgehoben worden waren.« (14)

[20] An anderer Stelle habe ich untersucht, wie im Prozeß der Faschisierung der Philosophie diejenige Männlichkeitsform, die im Bildungshumanismus vorherrschend war, über das Schreckgespenst von ›Weiblichkeit‹ angegriffen wurde (vgl. Orozco 1991).

[21] Die sichtbaren Spuren der Kriegsniederlage finden sich in Sprangers (1929, 27) geschichtsphilosophischen Diagnosen, die als Rahmen für seine politische Pädagogik gelten. Mit beinahe ideologiekritischer Akribie denunziert er beispielsweise die »Ideale des Weltfriedens und des Völkerbundes« als »Imperialismus« (29) der Großmächte und kommt zu dem Schluß, daß der »allgemeine Weltfriede (Pazifismus) der Traum von Menschen« sei, »die nicht politisch zu denken vermögen. Er wäre nur möglich, wenn niemand angriffe und niemand sich wehrte.« (Ebd. 27) Seine rassistischen Bedrohungsphantasien sollen nicht unerwähnt bleiben: »Europa müßte sich von einem Negerstamm auffressen lassen, wenn es jenem Ideal [des Pazifismus, TO] in seiner ganzen Strenge leben wollte.« (Ebd.)

[22] Herbert Schnädelbach versucht, das Versagen der deutschen Universitäten im Faschismus u.a. mit der ›Entpolitisierung des deutschen Bildungsbürgertums‹ in der Weimarer Republik zu erklären. Diese These basiert auf der Annahme, die gebildeten Eliten hätten bis 1933 das Humboldtsche Ideal bzw. das humanistische Bildungsideal verkörpert und dem »nationalen Machtprinzip« »im Bereich der

Die Vertreibung der Dichter

Zusätzlichen Druck übten die sozialdemokratischen Bildungsreformen aus, mit denen ab 1920 auf die Erfordernisse der Modernisierung der deutschen Industrie reagiert wurde. Damit hing auch die Modifikation im Gefüge der Bildungsinstitutionen zusammen. Neben die Institutionen des humanistischen Bildungssystems (Gymnasien und Universitäten) traten Realschulen und Technische Hochschulen; das naturwissenschaftlich-technische Wissen erfuhr eine Aufwertung, die Geisteswissenschaftler sahen ihre Monopolstellung gefährdet.[23]

Da sich große Teile der alten Bildungseliten über die Notwendigkeit eines kämpferischen Männlichkeitstypus einig waren, konnte Werner Jaeger als Aufgabe des humanistischen Gymnasiums die Herausbildung männlicher Führungssubjekte propagieren:

»Wir hoffen, daß aus unserer Jugend dort Führer erwachsen, die weder zu Gelehrten und Buchmenschen, noch zu Technikern und Spezialisten, noch zu Literaten und Ästheten gezüchtet sind, sondern erzogen zur Sicherheit im Stehen, Sehen und Gehen, jener höchsten Stärke des Griechentums, zu klarem Urteilen und Denken, zur Erkenntnis des Allgemeinen im Besonderen und des Gegenwärtigen aus dem Vergangenen, zum Wollen gerechter und uneigennütziger Ziele, zu denen ein ganzes Volk gemeinschaftlich aufblicken kann, und zum Glauben an die Macht des Geistes.« (Jaeger 1921, 43)[24]

Die wichtigsten Elemente waren Auslese und das Führerprinzip in der Erziehung. In Anlehnung an Platons *7. Brief* sah Jaeger »keine Möglichkeit, die Menge durch eine sich ›an alle‹ wendende Heilsbotschaft

---

öffentlichen Angelegenheiten das Feld überlassen« (Schnädelbach 1983, 35). Genau gegen diese Trennung von Bildung und Politik setzten aber die national gesinnten Professoren ihre ›Politisierung‹ durch. Die Stichworte ihrer Kritik: ›Absage an den Neuhumanismus‹ und Abkehr vom ›klassizistischen Ästhetizismus‹, die sich im Kaiserreich herausbilden, bekommen vor dem Hintergrund der Niederlage im Ersten Weltkrieg eine neue Schärfe. Die Adressaten dieser Kritik sind nicht in erster Instanz Arbeiterbewegung und Demokratie, sondern das liberale Bildungsbürgertum, das solche ›Zustände‹ ermöglichte. Nach 1945 wird dieser Vorgang der etwa von Alfred Baeumler oder Ernst Krieck repräsentierten völkischen Linie zugeschrieben. Verschwiegen wird, daß die Absetzung des Humboldtschen Paradigmas ebenso eifrig von Professoren wie Spranger, Jaeger oder Troeltsch betrieben wurde.

[23] Fritz K. Ringer (1983) stellt die Kämpfe um die Pädagogikreformen in den Mittelpunkt seiner materialreichen Studie über den *Niedergang der deutschen Mandarine*; die Unterschiede zwischen Sprangers und Jaegers Reformkonzepten werden von Ringer im Hinblick auf ihr Modernisierungspotential genauer analysiert.

[24] In seiner Gedenkrede auf Jaeger zitiert Wolfgang Schadewaldt (1963, 5) gerade diesen Schlußsatz aus dem Vortrag *Humanismus und Jugendbildung* (1921). Er betätigt sich als Weißwäscher, indem er stillschweigend »Führer« durch »Menschen« ›ersetzt‹ und den Passus »zu denen ein Volk gemeinschaftlich aufblicken kann« (Jaeger 1921, 43) wegläßt. Jaeger selbst hat diesen Vortrag in den späteren Auflagen (*Humanistische Reden und Vorträge*, 1937 und ²1960) unverändert veröffentlicht.

zu beglücken, sondern nur geistige Auslese und Bindung der Erziehung an die tiefere Erkenntnis dieser Wenigen.« (Jaeger 1928, 162)

Das Gymnasium als Stätte des Führungsnachwuchses wurde eingebettet in das umfassende Projekt einer autoritären Reorganisation des Staates. Auch Eduard Spranger (1929, 72) setzte sich für moderne »*Führerbildung*« (ebd.) ein. In Übereinstimmung mit Jaeger forderte er »*Eliteschulen*, die aus dem Typus des klassischen Gymnasiums entwickelt werden könnten« (72f). Der ideale ›Führer‹ bilde sich nicht anders als »durch freies Dienen und Sicheinordnen, kurz durch innerlich bejahte Pflicht« (71). Spranger spricht an die Adresse Jaegers: »Wir erhoffen von unsern klassischen Philologen, daß sie uns Lehrer bilden, die dazu fähig sind.« (Ebd.) Sein neues Bildungsideal begründete Spranger mit Rekurs auf Platon: »Durchseelung des Staates und Durchstaatlichung der Seele.« (Ebd.)

Für dieses Unternehmen war es funktional, Platon als ›Krisenphilosophen‹ zu zeichnen. Er sollte »uns Deutschen ein Vorbild des Retters in Zeiten der Auflösung und Zersetzung« (Hildebrandt 1930, 191) sein.[25] Platons *Politeia*, die selbst die philosophische Verarbeitung einer Krise der attischen Polis darstellt, bietet Sprachmaterial zur Rückprojektion der Weimarer Krise in die Antike. An mehreren Stellen von Jaegers Texten wiederholte sich dieser Gedanke: »Im Altertum finden wir die genauesten Parallelen zu dem, was wir am eigenen Leib erleben, zu dem Problem von Kulturzerfall und Kultureinheit, Anarchie der Werte und Auflösung der Religion und der Sammlung aller Geisteskräfte zur Wiedergeburt des Staates und des sozialen Organismus.« (Jaeger 1927, 14) Unausgesprochen blieb die eigene Beteiligung an der Konstruktion solcher Parallelen.

In der Tradition von Ulrich von Wilamowitz-Moellendorff (1919, 397), der behauptete, es sei »zu billig, in diesem Staate nichts als die Utopie zu sehen«, wurden Platons Imaginationen einer restaurativen Neuordnung der attischen Aristokratie zu einem autoritären Erziehungsstaat in den Status eines ›geistigen Auftrags‹ gerückt, der noch immer seiner Erfüllung harrte:

»Die Analogie unserer Lage mit derjenigen, aus der Platos Philosophie entsprang, geht aber viel weiter. Das pädagogische Problem, das ist für Plato das Problem des Staates. (...) Fern dem lauten Parteigetriebe der sogenannten Realpolitik hat er die neue

---

[25] Wie gängig die Abwertung der Demokratie im platonischen Muster war, zeigt erneut Spranger: »Man braucht nicht Platoniker zu sein, um diesen Zustand unerträglich zu finden. (...) Der Staat, den man einst als den sterblichen Gott auf Erden oder als das Organ des Weltgeistes gefeiert hat, ist zu einer Rechenmaschine und zu einem Interessenprodukt degradiert worden.« (Spranger 1929, 31)

Die Vertreibung der Dichter 45

Grundlegung des Staates vollbracht (...). Auch bei uns Deutschen findet der Wille zum Staat heute, wo seine traditionelle Form zerbrochen ist, in der Idee seine festeste Bindung.« (Jaeger 1929, 38f)

Kurt Hildebrandt buchstabierte den Auftragscharakter von Platons *Politeia* folgendermaßen:

»Wir brauchen eine neue Bildung und Verpflichtung, ein vom Geistigen ausgehendes neues Staatsgefühl. Ich erinnere noch einmal, daß man gerade in der Soziologie und in der Rassenhygiene zu begreifen beginnt, daß Plato nicht der Utopist war, sondern der wahre Erkenner der Wirklichkeit und Notwendigkeit, und gerade in diesen beiden wissenschaftlichen Gebieten haben jene Forscher, die sich nicht mit wissenschaftlichen Feststellungen begnügen, sondern nach den Lebensgesetzen der Nation fragen, anerkannt, daß ohne eine neue geistige, ja religiöse Bindung eine Wendung in dem rasenden Verfall undenkbar schiene.« (Hildebrandt 1928, 37)

Für die Faschisierung der Platon-Deutung – das zeigen die Beispiele Jaeger und Hildebrandt – waren schon in der Weimarer Republik die Grundlagen bereitet. Mit der Selbstgleichschaltung der Philologenverbände wurde diese Deutung herrschende Lehre: »Aus einem neukantianischen Systematiker und höchst ehrwürdigen philosophischen Schulhaupte, wie ihn unsere Vorgänger sahen, ist Platon unserer Generation der Staatsgründer und Gesetzgeber geworden« (Jaeger 1933, 46). Mit dieser Einordnung Platons verband sich Jaeger mit dem Hauptstrom der akademischen Philosophie, die ihren Einzug in den NS als Sieg über den Positivismus und Neukantianismus bekunden konnte (vgl. Haug 1989 und Laugstien 1990, 67ff).

2.3 Platons »radikale Abkehr vom bestehenden Staat«

»Das hatte mit den Nazis noch gar nichts zu tun. Sondern das Interesse am politischen Platon war das Bedürfnis, sich an einem Vorbild einen Staat vorzustellen, in dem es noch Staatsgesinnung gab. Denn das gab's in der Weimarer Republik nicht.« (Gadamer 1990, 549)

Gadamer stellt sich in seiner Rede die Aufgabe, Platons Kritik an den Dichtern, die sich in der *Politeia* findet, »in ihrem Sinn und Recht zu verstehen« (5).[26] Für die Angehörigen der humanistischen Bildungselite, die sich zu diesem Vortrag versammelt haben, bedeutet das »die

---

[26] Einfache Seitenangaben in diesem Kapitel verweisen auf Gadamers Vortrag von 1934.

schwierigste, dem Selbstbewußtsein des deutschen Geistes am härtesten ankommende Aufgabe (!), die ihm die Auseinandersetzung mit dem Geist der Antike stellt« (ebd.). Die Schwierigkeit liege darin, daß Platons Dichterkritik zum Angriff auf die »antike Kunst und Dichtung« (ebd.) wird und damit gerade den imaginären Raum trifft, in den der deutsche Humanismus sein Selbstverständnis hineinbildet.

»Denn gerade die antike Kunst und Dichtung ist es gewesen, in der der aesthetische Humanismus der deutschen Klassik und Romantik das klassische Altertum erkannte und als verpflichtendes Ideal aufrichtete.« (Ebd.)

Gadamer erinnert zunächst an die alte Stimmigkeit dieses Ideals, in dem auch Platon selbst seinen Platz hat. Dort gilt er als eine »der großartigsten Verkörperungen des dichterischen Genius der Griechen«, »bewundert und geliebt wie Homer und die Tragiker, Pindar und Aristophanes« (5). So zu einer Hauptautorität gemacht, dient Platon als Ansatzpunkt, von dem aus Gadamer das humanistische Imaginäre seines Publikums immanent umbaut: Platon selbst wird vorgestellt als »feindlicher Kritiker dieser Kunst des klassischen Altertums« (ebd.). Er habe seine Jugendgedichte »verbrannt (...), als er Schüler des Sokrates wurde« (6), und »Homer und die großen attischen Dramatiker (...) zur gänzlichen Vertreibung aus dem Staat verurteilt« (5). Aus dieser Dissonanz baut sich die Spannung auf, die den ›hermeneutischen Zirkel‹ des Vortrages in Bewegung setzt.

Mit der Vernichtung der eigenen Gedichte habe Platon nicht »einen jugendlichen Irrweg (...) verlassen« (6), sondern ein Zeichen gesetzt, daß er die »Unausweichlichkeit Sokratischen Philosophierens« anerkenne, »vor der die Dichter so wenig bestehen wie irgendwer sonst« (7). In der Nachfolge von Sokrates erhebe sich Platon über den »vielgeliebten Homer« (6). Er zensiert ihn gemäß den Normen einer staatsorientierten Dichtung und arbeitet den Anfang der Ilias entsprechend um, indem er »von aller direkten Rede gereinigt« wird (10).

Platon habe damit »ein bewußt boshaftes Beispiel« (10) gewählt, müsse doch Sokrates – durch den Platon hier spricht – dabei gegen seine eigene Gefühls- und Vorstellungswelt ankämpfen: »Mit betontem Zögern beginnt Sokrates seine nochmalige Abrechnung mit Homer, gehemmt von aus der Kindheit her ihn begleitender Liebe und scheuer Verehrung des Dichters, noch heute von ihm bezaubert. Aber an diesem Zögern wird nur umso deutlicher, wie ungeheuerlich und gewalttätig diese Abrechnung ist.« (11) Aber auch Gadamer wählt damit ein ›bewußt boshaftes Beispiel‹, war doch gerade die »allvertraute« (10) Eingangsszene der Ilias – ganze Gymnasiastengenerationen lernten sie auswendig – Symbol klassischer Bildung. Für Wilamowitz sind die »Bibel und Homer« »die beiden Wurzeln aller unserer geistigen Bildung« (Wilamowitz 1884, IV).

Die Vertreibung der Dichter

Noch eine weitere Zumutung hält Gadamer neben Platons Verbrennen der eigenen Schriften, dem Auftrag der »Reinigung der mythischen Überlieferung« (9) und »Dichterzensur« (11) bereit: Platon kommt »ausdrücklich auf die Vertreibung der Dichter aus dem Staat zurück und wiederholt sie schärfer und mit Gründen, die ernst und zwingend scheinen und doch das Herausfordernde nicht schwächen, sondern verstärken« (11).

Gadamer mag seine Zuhörer irritiert haben, als er sie aufforderte, sich die Schärfe dieses »ungeheuerlichen Angriffs« (7) auf Homer und die Dichtung zu vergegenwärtigen und nicht »in die Ferne einer einmaligen historischen Stunde« »von uns abzurücken« (ebd.). Ihm geht es darum, »daß diese Entscheidung auch uns etwas zu sagen hat« (ebd.).[27] Stand da nicht unversehens die NS-Gegenwart mit Bücherverbrennung, Zensur, Ausbürgerung und Verfolgung von Dichtern und Literaten im Raum?

2.3.1 Platons Politeia – ein Vexierbild

> »Sollte es nicht auch mir möglich sein, die griechische Philosophie, Aristoteles und Plato mit neuen Augen zu sehen – so wie Heidegger in seinen Aristoteles-Vorlesungen einen ganz ungewohnten Aristoteles vorzuführen wußte, in dem man die eigenen Fragen der Gegenwart in überraschender Konkretion wiederfand?« (Gadamer 1982, X)

> »›Von nichts Vergangenem redet, wer heute an Plato erinnert‹« (Bruno Bauch 1929, 143).

Die faschistische Gegenwart erwähnt Gadamer mit keinem Wort. Sein Vortrag bleibt auf dem Terrain der Platondeutung. Platons Maßnahmen gegen die Dichter sollen aus einer Interpretation der *Politeia* verständlich gemacht werden. Im ersten Teil bestimmt Gadamer den Status der Kritik bei Platon. Diese erhalte nämlich ihre ganze Bedeutung vom Projekt einer Neugründung des Staates her.

»Nur im Zusammenhang dieser gesamten Staatsgründung und aus dem Motiv zur radikalen Abkehr vom bestehenden Staat und seiner Gründung in den Worten der Philosophie ist die Dichterkritik zu verstehen.« (13)

---

[27] Am Ende des Vortrags bekräftigt Gadamer die spezifische Wirkungsweise von Platons Dialogen. Sie seien »nichts als leichte Anspielungen, wie sie nur dem etwas sagen, der mehr als das Wörtliche aus ihnen empfängt und in sich wirksam werden läßt.« (33)

Dieser neue Staat soll ein Staat der Erziehung sein. Ins Zentrum rückt Gadamer die platonische Paideia, die Erziehung der Jugend zu Wächtern des Staates. Genau diese Jugend aber hätten die Dichter verdorben, weil ihnen »ein verbindendes staatliches Ethos, das der Dichtung ihre rechte Wirkung sichern konnte« (15), gefehlt habe. Im zweiten Teil dann wird die Dichtung als Staatskunst rehabilitiert. Dazu arbeitet Gadamer Platons Kritik der Nachahmung aus. Er entwickelt aus ihr die Konzeption einer Kunst, die nicht ästhetischem Genuß dient, sondern das staatliche Ethos zum Ziel hat und es verstärkt, wie etwa die Hymne. Am Schluß läßt Gadamer den Mythenkritiker Sokrates als Erneuerer des Mythos gegen die Aufklärung auftreten.

Als dieser Vortrag gehalten wird, im Januar 1934, liegen die Bücherverbrennungen, der symbolische Höhepunkt der ›Aktionen wider den undeutschen Geist‹, kaum mehr als ein halbes Jahr zurück. Die Kampagne gegen ›Kulturverderber‹, ›Verfallsdichter‹ und ›zersetzende Literatur‹ in Tagespresse und Rundfunk, die Aufstellung von ›schwarzen Listen‹, die ›Reinigung‹[28] von Bibliotheken und Museen bilden die historische Gegenwart dieses Vortrags.

Der erstaunliche Effekt, daß die NS-Gegenwart nicht direkt benannt wird, doch unausgesprochen präsent ist, beruht auf einer Hermeneutik des Zu-Verstehen-Gebens: Der Text ist so angelegt, daß er sich im historischen Verstehenshorizont des humanistischen Gebildetenmilieus mit faschistischen Bedeutungen auflädt. Im Ergebnis wirkt das Hineinhören der faschistischen Gegenwart wie eine Leistung des Zuhörers. Die Protokolle zu dieser Vortragsreihe, die regelmäßig in der Zeitschrift *Das Humanistische Gymnasium* veröffentlicht wurden, geben einen Eindruck von diesem Effekt. Über Gadamers Vortrag ist darin zu lesen: »Der neue Mensch wird für den neuen Staat und aus dem Nichts geschaffen.« (DHG 1934, 100) »Es kommt auf das Wohl des gesamten Staates an« (ebd.). »Platos Mythendichtung ebenso wie seine Dialogdichtung zeigen wahre dichterische Fähigkeit, die sich in den Dienst des neuen Menschenbildes stellt.« (Ebd.) Die Ergänzungsaktivitäten des Protokollanten stellten sich aber nicht zufällig ein, sondern wurden durch konnotationsleitende Elemente gesteuert. Der Vortrag ist im manifesten Text durchzogen von einem Netz interdiskursiver Resonanzen, die der heutigen Leserschaft nicht mehr präsent sind. Mein Versuch einer Rekonstruktion dieser Resonanzen ist angeregt von Michel Pêcheux' Konzept des Inter-Diskurses bzw. Quer-Diskurses, das im folgenden kurz erläutert sei.

---

[28] ›Reinigung‹ ist einer der zentralen Begriffe in den *Aktionen wider den undeutschen Geist*, so wurde z.B. mit Plakaten zur *Reinigung* von Bibliotheken und Büchereien aufgerufen (vgl. Sauder 1985, 159).

Die Vertreibung der Dichter

Pêcheux' Diskursanalyse machte es sich zur Aufgabe, den Effekt des Interdiskurses zu erforschen, »der in die Ordnung des Sagbaren einbricht in Form des Nicht-Gesagten oder Anderswo-Gesagten« (Pêcheux 1983, 54). Der Quer-Diskurs funktioniert »als eine Art von Bedeutungsaxiom, das im diskursiven Gedächtnis stabilisiert ist und scheinbar evidente intradiskursive Verkettungen ermöglicht.« (Ebd.) Es ist eine Art der Lektüre, »in der das lesende Subjekt den Sinn, den es entziffert, zugleich verantwortet und von ihm enteignet ist. Denn die Interpretation folgt den interdiskursiven Spuren, die als solche vorkonstruiert und querlaufend sind.« (Ebd.) Die Diskursanalyse stellt in diesem Sinne Verfahren vor, »die den Leser solchen Ebenen des Diskurses aussetzen, die undurchsichtig sind gegenüber den strategischen Handlungen eines informationsverarbeitenden epistemischen Subjekts« (ebd.), wie es die kognitivistischen Varianten der Diskursanalyse voraussetzen.

In diesem Sinne hat die Diskursanalyse einen Berührungspunkt mit der Gadamerschen Hermeneutik, da sich beide gegen die logizistischen oder kognitivistischen Bedeutungstheorien wenden. Die Diskursanalyse verabschiedet die Idee eines »epistemischen Subjekts, das ›Herr seiner Sprache‹ ist, und das Ideal einer Sprache, deren Bedeutung sich ›informationsverarbeitend‹ berechnen lassen soll« (58). Der entscheidende Unterschied zur hermeneutischen Position ist, daß Begriffe wie die des Vorkonstruierten *(préconstruit)*, des Inter-Diskurses *(discours transverse)* und des zitiert-berichteten Diskurses *(discours rapporté)* jedoch eine Chance auf Decodierung haben. Statt einen ›dunklen‹ und letztlich ›unerforschbaren‹ Grund als Herr der Bedeutung zu behaupten, fordert diese Form der Diskursanalyse eine umfassende Rekonstruktion des soziohistorischen Gedächtnisses, das jeden Diskurs konstituiert und trägt.

Die Rekonstruktion zielt nicht auf die Ebene des Diskursfadens, auf einen linearen ›Sinn‹ von Texten (in der Linguistik als Intradiskurs bekannt), sondern geht von einem »mehrschichtigen und heterogenen« (54) Textkorpus aus. Das Konzept des Inter-Diskurses zielt auf die Tatsache, »daß jede Sequenz, neben ihrer offensichtlichen Linearität, eine komplexe und geschichtete (stratifizierte) Materialität ist, die sich auf andere Diskurse bezieht, die vorher, außerhalb und unabhängig bereits existieren« (53). Ausgangsmaterial bilden dabei die sprachlichen Sequenzen, »deren interdiskursives Material soziohistorische Spuren hinterlassen hat und den Lektüreprozeß als Interpretation konstituiert.« (57f)

In diesem Sinne untersuche ich Gadamers Bedeutungsarbeit an Platons Begriff des *Dichters* und *Sophisten*. Sehr nah an dem *Politeia*-Text referiert Gadamer über den Dichter: Platon stelle ihn unter den

Handwerker; »er sei ein Sophist und Zauberkünstler, der nur täuschende Scheinbilder verfertigt und obendrein durch Aufführung aller vielfältigen Leidenschaften die Seele verdirbt.« (11) Der Dichter, der »bei der Menge Eindruck machen will, ist nach dem Geschmack seiner Zuhörer (...) auf das verwiesen, was sich reich und farbig (...) darstellen läßt« (26). Dichter, die »auf Grund ihrer Dichtungen die großen Wissenden zu sein meinen« (7), hätten nicht nur »kein wirkliches Wissen um den Menschen und das ›Schöne‹« (24), sondern sie würden alles so darstellen, »wie sie der Menge«, »wie es den Vielen, die selbst nichts wissen, schön scheint« (ebd.).

Seinen Akzent setzt Gadamer da, wo er im Verfall der Dichtung die Sophistik am Werk sieht. Die Sophistik wird zur eigentlich Verantwortlichen gemacht, weil sie das »staatliche Ethos« eliminiere:

> »es war Platos sokratische Einsicht, daß ein verbindendes staatliches Ethos, das der Dichtung ihre rechte Wirkung und Deutung sichern konnte, nicht mehr da war, seitdem die Sophistik den Geist der Erziehung bestimmte« (15).

Über die Kritik des Sophistischen holt Gadamer die antidemokratischen Topoi der Nationalkonservativen, aber auch der Faschisten in seinen Diskurs.[29] Das Sophistische wird als umfassender Negativ-Signifikant

---

[29] Einige Beispiele: Karl Jaspers widmet in *Die Geistige Situation der Zeit* (1931) der Sophistik mehrere Abschnitte: Er kennzeichnet sie als »die Sprache der Verschleierung und der Revolte« (Jaspers 1931, 41). Sie propagiere: »Entscheidungslosigkeit« (43), »Nivellierung« (67) und die Verabsolutierung »der massenversorgenden Daseinsordnung« (40). Auf die Formel »planvolle Befriedigung der lebensnotwendigen Bedürfnisse aller« (39) gebracht, dient Sophistik als Deckname für die parlamentarische Demokratie und den Sozialstaat. Im Kapitel »Der Sophist« wird dieser absolut negativ charakterisiert: »Er findet in der Intellektualität die einzige Heimat« (153), »seine Leidenschaft ist die Diskussion« (ebd.), vor dem Gegner ist er »grenzenlos beweglich« (154), »ihm ist Lebensbedingung, alles rational behandeln zu können« (ebd.). Jaspers Verschlingungsphantasien sind auffällig: »Solche Schilderungen aber sind unabsehbar fortzusetzen. Sie umkreisen eine anonyme Macht, die heimlich sich aller bemächtigen möchte, sei es, um uns in sich zu verwandeln, sei es, um uns vom Dasein auszuschließen.« (154f) Eine erweiterte Aufzählung der Bedrohungsphantasien, die im Sophisten-Topos verdichtet wurden, führt die Schlußpassage aus der Einleitung einer Auswahl der *Politeia* für Gymnasiasten von H. Holtorf (1934, 1): »Solidarität aller Proletarier und Klassenkampf heißen die Losungen, mit denen der Niederbruch des Ariertums sich vollzieht. Raffender Händlergeist siegt über den staatlichen Gemeinschaftssinn. Mischehen, Rückgang der Geburten, Emanzipation der Frauen sind weitere Kennzeichen der Entartung. In dieser Richtung wirken verheerend die Lehren der Sophisten.(...) Sie künden uns den Irrwahn von der Gleichheit all dessen, was Menschenantlitz trägt, und vernichten damit den Rest des rassischen Selbstgefühls, das hier und dort noch vorhanden war.« Nach der Verfolgung und Zerschlagung der Weimarer Arbeiterbewegung lokalisiert Alfred Rosenberg auf dem ›Parteitag des Sieges‹ (September

zum philosophischen Platzhalterkonzept für Liberalismus, Materialismus, Pluralismus und Marxismus. Seine sprachliche Konstruktion – bei der Gadamer auch einige Anachronismen in Kauf nimmt – insinuiert die Polemiken gegen sozialdemokratische, sozialistische und kommunistische Intellektuelle.[30] Für Gadamer versagt »die sophistische Paideia mit ihrer enzyklopädischen (!) Unterweisung und ihrer willkürhaften Moralisierung des Bildungsstoffes« bei »der Erziehung des staatlichen Menschen« (17).[31] Die platonische Paideia sei »eine Gegenbewegung gegen den auflösenden Zug des von den Mächten der Aufklärung (!) ergriffenen staatlichen Wesens« (22).[32] Mit der Rede von den »auflösenden

---

1933) den politischen Feind im »internationalen Marxismus«: »Die Erschütterungen, die heute durch die ganze Welt beben, sind die Rache der Natur gegen den intellektuellen Versuch, ihre Gesetze durchbrechen zu wollen. (...) Es kommt dann so, wie einst *Plato* sagte: das athenische Gesetz, wonach die Tüchtigsten ›wie junge Löwen eingefangen‹ werden, um dann durch die ›Zaubergesänge und Gaukeleien‹ der Gleichheitsprediger irregeleitet zu werden, zerstöre die Forderungen des Lebens.« (Zit. n. Canfora 1987, 140f) Rosenberg zitiert hier Platons Dialog *Gorgias* (483e-f), allerdings referiert er nicht eine Position des platonischen Sokrates, sondern die des Kallikles, eines sophistisch Gebildeten aus dem Umfeld des Gorgias. Kallikles ist ein Theoretiker des Tyrannischen, der sich auf das ›Naturrecht‹ der Stärkeren beruft. Rosenberg geht also vollkommen willkürlich mit dem antiken Material um, die Äußerung des Sophisten Kallikles, gegen die sich Platon in dem Dialog richtet, wird als platonisch behauptet.

[30] In dieser Bedeutung hat der Sophisten-Topos in der deutschen Bildungsgeschichte eine lange und komplexe Vorgeschichte (vgl. Brunkhorst 1987, 7ff). In seiner Untersuchung über *Entstehung und Aufstieg des Neukantianismus* dokumentiert Klaus Christian Köhnke (1986, 404-431) die Konjunktur der Sophisten-Kritik während der Krise Deutschlands der Jahre 1878-79 bei Philosophen wie Jürgen Bona Meyer oder Wilhelm Windelband und Hermann v. Helmholtz. Sie wurde zur zentralen Figur der philosophischen Hetze gegen die Sozialdemokratie. Im NS jedoch wurde dieses Feindbild das Leitmotiv bei der Verfolgung von Neukantianern wie Ernst Cassirer oder Hans Kelsen.

[31] In derselben anachronistischen Form parallelisiert H.F.K. Günther die sophistischen Lehren mit dem Gleichheits-Grundsatz der Aufklärung. Er führt das Sophisten-Bild mit dem der modernen politischen Agitatoren zusammen, die für eine demokratische Gesellschaft eintreten. Stein des Anstoßes ist der sophistische Gedanke, »daß Tüchtigkeit lehrbar und erlernbar sei« (H.F.K. Günther 1928, zit. n. 1966, 72). Dieser ist mit dem biologistischen Rassismus unvereinbar: »So bekennt sich Platon zu der Lehre von der Ungleichheit der Menschen, einer Lehre, welche für das 1789 hereingebrochene Zeitalter der öffentlichen Redner, der Menschenmassen und der Massenmenschen der Sophist Rousseau von neuem verdunkelt hat.« (24)

[32] Wilamowitz (1919, 66), der selbst für seine Projektion des wilhelminischen Deutschlands in das Athen des fünften vorchristlichen Jahrhunderts bekannt ist (vgl. Canfora 1985), notiert dazu: »Daß die Sophisten auch als Aufklärer wirken, ist schon richtig, aber wer das 5. Jahrhundert die Zeit der griechischen Aufklärung nennt, der erinnert damit an die Aufklärung des Rationalismus im 18. Jahrhundert, und doch ist der Geist dieser Zeiten so verschieden wie nur möglich.«

Mächten der Aufklärung« greift Gadamer eine auch im faschistischen Offizialdiskurs eingespielte philosophisch-politische Chiffre auf. Sie umfaßt ein weites Spektrum zu bekämpfender Kräfte, das von ›lebensfeindlicher‹ Ratio über die ›Ideen von 1789‹ bis zu ›widergermanischen Tendenzen‹ reicht.[33]

Gadamer betont durchgängig die Erziehungsfunktion der Dichtung: »Die Dichter selber wissen es, daß ihre höchste Wirkung bei der Jugend ist« (9f). Von daher ergibt sich auch ihr »verderblicher« (25) Einfluß auf die Jugend und die »Wirrnis« (ebd.), die sie auslöst. Gadamer schlägt damit ein Motiv an, das den Bücherverbrennungen als Aktion der ›akademischen Jugend‹[34] bis in die Wortwahl hinein Echo gibt. Immer wieder wurde in den Reden zur Bücherverbrennung von der ›Verführung der Jugend‹ durch die ›Schandliteratur‹ gesprochen. In Bonn z.B. fordert Hans Naumann die »akademische Jugend deutscher Nation« auf: »verbrenne, was du gewiß bisher nicht angebetet hast, aber was doch auch dich wie uns alle verführen konnte und bedrohte« (zit. n. Sauder 1983, 145). Dabei werden die Verse Ernst Bertrams zitiert: »Verwerft was euch verwirrt!/Verfemt was euch verführt!« (Zit. n. Sauder 1985, 250)

Die Gesamtkonstruktion, in der interdiskursive und konnotationsleitende Elemente stehen, gibt einen hermeneutischen Horizont vor, der kongruent ist mit dem idealen Selbstverständnis des NS als einer ›politischen Entscheidung‹ zur ›Erneuerung des Staates nach dem Verfall von Weimar‹: So sei die Vertreibung der Dichter als politische Entscheidung und Maßnahme zur Neugründung des Staates zu verstehen.[35]

---

[33] In dieser Verwendung findet sich *zerstörerische Aufklärung* z.B. in der Vorlesung *Deutscher Aufbruch* von Ernst Bertram am 3. Mai 1933 (vgl. Sauder 1983, 143).

[34] Als Veranstalter der Bücherverbrennungen trat die *Deutsche Studentenschaft* der jeweiligen Universitäten auf (vgl. Strätz 1983). Der Verbrennung voraus ging der Aushang einer Erklärung der Deutschen Studentenschaft *Wider den undeutschen Geist*.

[35] Die Rückprojektion der faschistischen ›Neuordnung des Staates‹ ins platonische Ideal des griechischen Staates ist ein bewährtes Muster. Der Philosoph Hans Heyse führt es uns bei der Selbstgleichschaltung der Universitäten vor: »Wir gewinnen nämlich ein grundsätzlich neues Verhältnis zu Platon, zu den Griechen, das jenseits von Klassizismus und überkommenem Humanismus liegt. Wir begreifen mit einem Schlage, was es bedeutet, daß der Ausgangspunkt des platonischen Philosophierens in der Frage nach den Grundwerten des griechischen Lebens besteht, daß auf diesen Grundwerten die gesamte platonische Philosophie sich erhebt, gipfelnd in der Idee des Staates, als dem Versuch der totalen Neuordnung des national-hellenischen Daseins.« (Heyse 1933, 11-12) Carl Vering, der sich um populäre Ausgaben der Platon-Dialoge in der Weimarer Republik bemüht hatte, bemerkt rückblickend: »Auf die hohe Bedeutung Platons für die deutsche Gegenwart hatte ich bereits im Vorwort zur *Politeia* [¹1924, TO] (...) nachdrücklich

Die Vertreibung der Dichter 53

Platons Werk sei gerichtet »auf die einzig ernste Aufgabe, die Menschen selber in ihrer inneren Verfassung herzustellen, aus der allein die Ordnung des menschlichen Lebens im Staate sich erneuern kann« (34). Im Anschluß an die *politische Platonlektüre*, die Platon nicht mehr als den »Metaphysiker der Ideenlehre« (12) versteht, sondern sein Denken als »gewollten Ausdruck der Entscheidung, (...) gegen die ganze staatliche und geistige Kultur seiner Zeit und ihre Fähigkeit den Staat zu retten« (12f) bewertet, behandelt Gadamer die Dichtervertreibung. Ein Thema, das durch die Zeit vorgegeben scheint.[36]

2.3.2 Eine Warnung vor dem Ästhetizismus des Bildungsbürgertums

Wenn Gadamer seinem gebildeten Publikum abverlangt, Platons Vertreibung der Dichter als Entscheidung im Rahmen einer Staatsgründung zu würdigen, dann greift er damit indirekt die Skepsis und die Vorbehalte gerade der humanistischen Eliten gegen die Bücherverbrennung auf. Diese richtete sich nämlich nicht nur gegen sogenannte Staatsfeinde, sondern traf auch Autoren des Bildungsbürgertums selbst: neben Büchern von Marxisten, Pazifisten, ›Juden‹ und linken Intellektuellen wie Bertolt Brecht, Kurt Tucholsky, Carl von Ossietzky, Erich Maria Remarque und Franz Kafka wurden auch Werke eines Thomas Mann, Friedrich Gundolf, Arnold und Stefan Zweig oder des katholischen

---

hingewiesen. (...) Das gleiche Schicksal war auch über unser deutsches Vaterland hineingebrochen, und so standen auch wir vor der Aufgabe, die Platon gestellt hatte, aus den Trümmern einer großen Vergangenheit den Wiederaufbau des Staates und einer neuen Kultur in Angriff zu nehmen. (...) Diese Hoffnungen, die mir vor 10 Jahren den Mut zu dem Versuch gaben, gleichgesinnte Leser, vor allem die deutsche Jugend, in die Gedankenwelt des großen *Staatsphilosophen* Platon einzuführen, sind durch die nationale Revolution des Jahres 1933 in ungeahnter Weise erfüllt worden.« (Vering 1935, VIIf)

[36] Der NS-Erziehungsminister Bernhard Rust, der von seiner Vergangenheit als Klassischer Philologe gelegentlich Gebrauch machte (vgl. Losemann 1977, 25) und bis zu seiner vorzeitigen Pensionierung (1930) als Oberlehrer am Ratsgymnasium in Hannover tätig war (vgl. 193), rechtfertigte 1936 im Rahmen der 550-Jahrfeier der Universität Heidelberg rückblickend die NS-Säuberungsaktionen an den Universitäten mit Platon. Die Vertreibung und Verfolgung von Wissenschaftlern begründete er mit der Unterscheidung zweier Sorten von Feinden: der des »politischen Gegners« und der des rassistisch konstituierten Feindes: »Aber es gab noch eine zweite Kategorie von Vertretern der Wissenschaft, die auch vom Grundsatz des neuen Staates betroffen wurden. Es waren diejenigen, die uns nach Blut und Artung nicht zugehören, und denen darum die Fähigkeit abgeht, aus deutschem Geist die Wissenschaft zu gestalten. Es wird im Folgenden deutlich werden, warum wir

Pazifisten Friedrich Wilhelm Förster verbrannt.[37] Darin zeigt sich neben dem Angriff auf die Linke eine zweite Stoßrichtung der ›Aktionen wider den undeutschen Geist‹. Der sogenannte ästhetische Humanismus des aufgeklärten liberalen Bürgertums manifestiere – in Goebbels' Sprache – eine Haltung des ›Sich-Heraushaltens‹ und ›Abseitsstehens‹. Man kann die Bücherverbrennungen in dieser Hinsicht auch als Warnung vor der ›inneren‹ Emigration verstehen.

In Alfred Baeumlers Antrittsvorlesung, die ursprünglich als Rede zur Bücherverbrennung geplant war, rangiert diese Kritik an der »›ästhetischen‹ Einstellung« (Baeumler 1933, zit. n. 1934a, 131) der Gebildeten ganz oben: Dieser »›Gebildete lebte in einer Atmosphäre der Unwirklichkeit. Er hatte das Ideal der Selbstvollendung über sich, denn das bedeutet ›Bildung‹ im letzten Sinne, das Ideal der harmonischen Persönlichkeit, er hatte den politischen Charakter des Menschen und der Welt vergessen. Gegen diesen Individualismus der Bildungsphilosophie haben die Studenten leidenschaftlich protestiert. (...) Ich werde an die Stelle des neuhumanistischen Bildes des Menschen das wahre Bild vom politischen Menschen setzen.« (128ff)[38] Aber auch in der berühmten

---

ihnen das Recht absprechen mußten, an den Stätten der wissenschaftlichen Erziehung zu wirken und mit Platon zu fordern, daß nur Echtbürger und keine Mischlinge philosophieren dürfen.« (Zit.n. Rust 1941, 119) Rust läßt keine Bedenken gegenüber den gewalttätigen Säuberungsaktionen aufkommen: »Wir haben sie, die Vertreter jenes Regiments, nicht entfernt als Vertreter der Wissenschaft, sondern als Parteigänger einer politischen Lehre, die den Umsturz aller Ordnungen auf ihre Fahne geschrieben hatten. Und wir mußten hier um so entschlossener zugreifen, als ihnen die herrschende Ideologie einer wertfreien und voraussetzungslosen Wissenschaft ein willkommener Schutz für die Fortführung ihrer Pläne zu sein schien.« (Ebd.)

[37] Im französischen Exil verfolgt Thomas Mann mit Hilfe von Freunden und in der Presse die Gewalt der Faschisierung in Deutschland. In seinen Tagebüchern aus den Jahren 1933 und 1934 kommentiert er besonders besorgt die Vernichtung von ›Juden‹ und Kommunisten, nicht nur aus der Schriftsteller-Zunft: »März 1933. Mir klingen die Ohren von Mord und Schauergeschichten aus München, die die fortlaufenden regulären Gewalttaten politischer Art ständig begleiten: wüste Mißhandlungen von Juden.« (Mann 1968, 253) »3. Mai. 1933. Nachricht von der Verhaftung aller deutschen Gewerkschaftsführer. Neuer Gewaltstreich, vorbereitet für den Tag nach dem ›Fest der Arbeit‹«. (267) »Die Schandtaten der ›Revolution‹, die Mißhandlungen und sexuellen Greuel in den Gefangenenlagern und SA-Kasernen. Die auf der Flucht Erschossenen, die Kommunisten, die man in der Zelle erhängt gefunden, wobei lieber nicht ausdenken, was vorhergegangen sein muß.« (265ff)

[38] In seinem Vortrag vor Dresdner Studenten am 27. Februar 1933, »einen Tag bevor die Nazis mit der Reichstagsbrandverordnung rechtsstaatliche Appelationsinstanzen außer Kraft setzen« (Laugstien 1990, 45), agitiert Alfred Baeumler gegen den liberalen aufgeklärten Gebildeten: »Warum gilt der theoretische Mensch für unschuldig? Weil er neutral (›tolerant‹) ist, weil er sich nach allen Seiten hin aufschließt,

Die Vertreibung der Dichter

Göttinger ›Brandrede‹ des Germanisten Gerhard Fricke (1933a, 496), der zur »restlosen eigenen inneren Bekehrung zur Bewegung Adolf Hitlers« aufrief, tauchen dieselben Motive auf.[39]

»Solange die alte griechische Kultur, die wir doch als das Ideal aller wahren Kulturen zu verehren gewöhnt sind, gesund und ihrer selbst sicher war, solange hat sie mit rücksichtsloser Härte durch Vernichtung und Verbannung alles von sich ausgeschlossen, was der Idee des Staates und dem Leben der Gemeinschaft schaden konnte.« (Fricke 1933b, 3)

Die Arbeit an der Desartikulation von spontanen Widerstandspotentialen einer gebildeten Kultur projiziert die Notwendigkeit von Gewalt in die Antike. In diesem Sinne muß Platons Sorge um den ungerechten Tod des Sokrates delegitimiert werden:

»Selbst die Verurteilung des Sokrates, die wir mit Platons Augen als Justizmord und Märtyrertragödie anzusehen gewohnt sind, ist nur zu verstehen als Abwehrakt des Staates gegen den kritischen, alle gültigen Fundamente in Frage stellenden reinen Geist, – eine Abwehrkraft freilich, zu dem der Staat des Sokrates vielleicht kaum mehr ein inneres Recht besaß.« (Ebd.)

In Frickes Hetze liefert die literarische Qualität der Bücher selbst den Grund für ihre Vernichtung:

»Gibt es nicht genug Ernstzunehmendes, Hochstehendes, Künstlerisches, Dinge, die vielleicht undeutsch sind, die aber bestimmt Geist haben? Deutsche Studenten! hier kann unsere Antwort nur lauten: Um so schlimmer, wenn sie Geist haben!« (3)

Und so war die Reaktion der bürgerlichen Bildungselite auf die Bücherverbrennungen gespalten: Ernst Bertram aus dem George-Kreis, der sich an der Bücherverbrennung in Köln beteiligte und dessen Gedicht »Feier der Jugend« bei der Verbrennung in Bonn von Hans Naumann verlesen wurde, setzte sich dafür ein, daß die Werke Friedrich Gundolfs und Thomas Manns verschont würden[40]: »So, glaube ich, wird die

---

weil seine Uninteressiertheit für soviel gilt wie ›universelles Interesse‹. (...) Das System des Parlamentarismus ist das der Fiktion des theoretischen Menschen entsprechende politische System.« (Baeumler 1934b, 103ff)

[39] In Gadamers (1977a, 53) Erinnerung war Frickes Kieler Antrittsvorlesung »von durchaus wissenschaftlichem Charakter« (ebd.). Über Frickes germanistische Karriere im NS vgl. Stilla 1994.

[40] Bertram ist nicht grundsätzlich gegen die Bücherverbrennung, er sähe sie am liebsten als spontane studentische Aktion ohne die feierliche Inszenierung mit akademischem Rektor und Senat. Wegen der Bücherverbrennung kommt es zum Zerwürfnis zwischen ihm und Thomas Mann (vgl. Sauder 1983, 144). In seinen Tagebüchern notiert Mann fassungslos: »Was wird eines Tages mit diesen Intellektuellen, die es hemmungslos, mit unterworfenen und begeisterten Hirnen mitgemacht haben! Spranger, der in der Preußischen Akademie der Wissenschaften

unvermeidliche Kundgebung jetzt würdig verlaufen...«. Als deren Werke dennoch verbrannt wurden, verließ er im akademischen Talar die Veranstaltung (Bertram zit.n. Sauder 1985, 206, vgl. im übrigen Sauder 1983, 144ff). Gespalten ist auch das Wiener *Abendblatt*. Im Kommentar vom 11. Mai 1933 wird versucht, sich den eigenen Zweifel auszureden: »Zweifellos befanden sich darunter Bücher minderen und mindesten Wertes, die den Namen ›großstädtische Asphaltliteratur‹ reichlich verdienen. Im Übereifer wurden jedoch auch Bücher gebrandmarkt, die in der ganzen Welt als Zeugnisse reifster deutscher Erzählerkunst gelten. Von vielen Werken emsigen und ehrlichen Forscherwillens zu schweigen...« (zit. n. Weiss 1983, 126).

Die Kritik Baeumlers am Persönlichkeitsideal der Gebildeten findet sich – nahezu wortgleich[41] – auch bei Gadamer: Seine Interpretation der platonischen Paideia richtet sich gegen das »humanistische Ideal der ›harmonischen Persönlichkeit‹« (18). Diese Kritik am ästhetischen Humanismus will Gadamer den Humanisten plausibel machen, indem er sie aus ihrem bevorzugten Bildungsstoff hervorgehen läßt und Platons Paideia zum »Gegenteil dessen« macht, »was damals die Griechen selbst und wir als ihre humanistischen Nachfolger unter ›Bildung‹ und ›Kultur‹ denken« (ebd.). Es ist am Detail zu untersuchen, wie Gadamer aus und für die deutsche Gegenwart einen Auslegungsrahmen entwirft, der es erlaubt, Platons Dichterkritik in einer Weise zu verstehen, die zugleich das Selbstverständnis dieser Gegenwart organisiert.

Hitler den ›charismatischen Führer‹ nennt. (...) Baeumler, dem Nietzsche-Verhunzer, der auf Fichte's Katheder sagt: ›Hitler ist nicht weniger als die Idee – er ist mehr als die Idee, denn er ist wirklich.‹ Petersen, der Goethe und Schiller ›die ersten Nationalsozialisten‹, Bertram, der Schiller ›einen dorisch-germanisch-friderizianischen Menschen‹ nennt und Hitler unbedenklich mit George's ›Retter‹ verwechselt.« (Mann 1968, 264)

[41] Damit soll nicht gesagt sein, daß Gadamer hier Baeumler zitiert. Doch diese Koinzidenz ist auch mehr als Zufall, sie markiert eine identische Frontstellung. Das *Ideal der harmonischen Persönlichkeit* – die polemische Aufnahme einer Formulierung Schillers – war, wie wir sahen, eine verbreitete Chiffre im NS zur Kritik des ›unpolitischen Gebildeten‹. Gadamers Aufnahme dieser Formulierung bildet einen geradezu klassischen Fall für das, was Michel Pêcheux einen »Quer-Diskurs« nennt.

2.3.3 Die Konstruktion des »inneren Staates«: Recht als »Rechtsein« der »inneren Verfassung«

In das Sophisten-Motiv webt Gadamer die Themen der autoritär-konservativen Staatslehre ein. In der Weimarer Republik machte ein breites Spektrum von konservativen und faschistischen Autoren Front gegen den Weimarer Parlamentarismus, der den Staat zur Beute von ›Interessengruppen‹ und ›Individualismus‹ mache und staatliches Handeln nur als ›Kompromiß‹ und ›Interessenausgleich‹ zulasse.[42] Gadamer konstruiert seine Parallele über Sokrates. Dieser habe enthüllt,

»was das eigentliche Geglaubte dieses Ethos war: daß Gerechtigkeit nur die vorsorgliche Übereinkunft aller Schwachen ist, daß Sitte nicht mehr an sich gilt, sondern als Form gegenseitigen Sichbewachens, daß das Recht nur mehr aus gegenseitiger Angst seine Geltung behält. Recht ist das, worauf einer gegen den anderen mit Hilfe aller übrigen bestehen kann, und nicht das Rechte, in dem er sich selbst versteht.« (15)

Gegner ist der liberale Bürger, der dem »sophistischen« Staats- und Rechtsmodell zugrundeliegt. Es geht von der Grundannahme aus: »*keiner tut freiwillig das Rechte*« (16), sondern jeder handelt interessenorientiert. Der liberale Staat kalkuliere mit den Egoismen seiner Bürger, die seinen Gesetzen »um Vorteil und Lohnes willen« (ebd.) oder gezwungenermaßen folgen.

Gegen diese »sophistische Verkehrung« (ebd.) der Staatsauffassung setzt Gadamer sein Programm einer Bildung von Subjekten mit Staatsgesinnung. Das Recht soll nicht mehr das Recht sein, »das jeder gegen den anderen hat« (ebd.), Recht sei auch nicht da, »wo jeder jeden bewacht, sondern wo jeder sich selbst bewacht und über das Rechtsein seiner inneren Verfassung wacht« (ebd.). Das Recht soll als Ausdruck dessen erkannt werden, was der Staatsbürger von sich aus schon für richtig hält. Durch die Konstruktion einer »inneren Verfassung« (ebd.) sollen sich die Individuen auf den Staat hin ordnen und zwanglose Zustimmung erbringen.

Historisch greifen der faschistische Aufbau der ›inneren Verfassung‹ des Individuums und die Entmächtigung der äußeren Verfassung ineinander:

---

[42] 1934 liest es sich bei Karl Larenz, *Deutsche Rechtserneuerung und Rechtsphilosophie* (1934, 10), wie folgt: »Recht ist nach deutscher Auffassung nicht eine Sache willkürlichen Beliebens, auch nicht nur der äußeren Zweckmäßigkeit und Nützlichkeit, sondern eine mit dem sittlichen und religiösen Leben der Gemeinschaft eng verbundene Lebensordnung (...). Damit ist die Meinung des Naturrechts der Aufklärung unverträglich, daß das Recht um den Interessen der einzelnen Menschen willen da sei und durch sie, die Einzelnen, im Wege eines willkürlichen Aktes, eines Vertrages, geschaffen werde.« Vergleichbare Rechtsbegründungen von Carl Schmitt, Hans Frank, Ernst Forsthoff, Julius Binder u.a. dokumentiert Bernd Rüthers ([2]1994) in seiner Studie über Juristen im NS.

Die gesellschaftlichen Instanzen, die die Staatsgewalt regulieren und begrenzen, werden außer Kraft gesetzt. Bei Gadamer wird die Frage nach der Genese und Legitimität des Rechts tabuisiert.[43] Die Infragestellung des staatlichen Rechts negiert bereits dessen Autorität.

»Die mannigfachen *Spielarten* der sophistischen Rechtstheorien haben das Gemeinsame, daß sie eine ›Begründung‹ des Rechtes geben. Gleichgültig, ob sie konservativ oder revolutionär (!) zu sein meinen, ja, gerade wenn sie die Autorität des staatlichen Rechts zu begründen meinen, haben sie den Sinn des Rechtes schon in sich verkehrt. Als Richter über das Recht haben sie es geleugnet, auch wenn sie es ›freisprechen‹.« (15)[44]

Philosophisch wird die ›innere Verfassung‹ aus der Idee des Staates bei Platon konstruiert. Dazu muß letztere von ihrer neuhumanistischen Deutung abgelöst werden, die ihren ›idealen‹ und ›utopischen‹ Charakter behauptet. Ihr gilt die Staatsidee als ästhetischer Genuß, dem ein gewisser politischer Impetus fehle.[45] Zuvor gesteht Gadamer den im ›wörtlichen‹ Sinne idealen Charakter des platonischen Staates zu, einen sozialen Entwurfscharakter dieser Utopie wehrt er jedoch ab:

»Man verkennt den Ernst dieser Forderung, wenn man den Entwurf von Erziehung und Staatsordnung, den Sokrates gibt, in wörtlichem Ernst versteht. Dieser Staat ist ein Staat in Gedanken, kein Staat auf der Erde. Das will sagen: an ihm soll etwas sichtbar werden, *aber er will nicht selbst der Entwurf einer besseren Ordnung der Wirklichkeit des staatliches Lebens sein.*« (13f, Herv. TO)[46]

---

[43] In einer polemischen Auseinandersetzung mit Poppers Platon-Lektüre in *Die offene Gesellschaft und ihre Feinde* verdeutlicht Gadamer seine Interpretation: »Aber wenn Popper in dieser Darstellung der Gerechtigkeit die Gleichheit vor dem Gesetz vermißt, verkennt er in Wahrheit das Ganze. *Es ist ein Staat der Erziehung, der Gesetze überhaupt überflüssig macht.* Das ist die im gewissen Sinne absurde Pointe, daß sich durch die rechte Erziehung eine Übereinstimmung aller und eine Zustimmung aller zu dem Tun der Herrschenden und der Elite dieser Herrschenden von selber ergeben soll und daß auf diese Weise alles in der rechten Ordnung ist.« (Gadamer 1983a, 452, Herv. TO)

[44] Herbert Marcuse nimmt 1934 Stellung zu dieser Linie: »Auf der Ebene, in der sich der politische Existenzialismus bewegt, kann es überhaupt kein Problem sein, ob der Staat in seiner ›totalen‹ Gestalt solche Forderungen mit Recht stellt. (...) Die Existenzialität der politischen Verhältnisse ist solchen ›rationalistischen‹ Fragen entrückt; schon die Fragestellung ist ein Verbrechen.« »... der Grund der Autorität übersteigert alle gesellschaftliche Faktizität.« (Marcuse 1934, zit.n. 1980, 190)

[45] Kurt Hildebrandt geht davon aus, daß »die ›Politeia‹ nicht als sokratische Utopie erfunden, sondern als Kundgebung der politischen Tatbereitschaft vom stolzesten Menschen [Platon, TO] ausgesprochen wird.« (1933b, XXV) In einer Anmerkung betont er: Platons Staat ruhe »auf den menschlichen Seele, ist seelisches Gebilde. Für das, was wir heute den totalen Staat nennen, gibt es keine vollkommenere Darstellung als Platons ›Politeia‹.« (364) In der gesäuberten Nachkriegsausgabe heißt es: »Für den lebendigen Gemeinschaftsstaat gibt es keine vollkommenere Darstellung als Platons ›Politeia‹«. (Hildebrandt 1958, zit. n. 1982, 363)

Die Vertreibung der Dichter

Statt dessen wird der Platonsche Staat zum unerreichbaren Vorbild stilisiert, von dem aus nicht verändernd in das reale Staatsleben eingegriffen werden kann: die »Wirklichkeit des staatlichen Lebens« (14) fungiert als normative Kraft, die selbst keine Kritik kennt. Das überhöhte Idealbild des Staates bekommt als »alleinige Bestimmung« (ebd.) eine Ordnungsfunktion für das Staatssubjekt zugewiesen:

»Er ist ›Urbild im Himmel‹ *für den, der sich selbst und seine innere Verfassung ordnen will*.« (Ebd.)

Der Blick auf den ›idealen‹ platonischen Staat wird so organisiert, daß er als gedankliches Vorbild wirkt, an dem sich der »innere Staat« (29), die Staatsgesinnung, herstellt. Er ist »in Wahrheit ein Bild, in dessen Großschrift die Seele die Gerechtigkeit erkennen soll« (17). Im Gedanken, auf dieses »Urbild im Himmel« blickend, erkennen die Individuen in sich die ›Wirklichkeit des Staates‹:

»Wer sich an ihm erkennt, erkennt sich allerdings gerade nicht als ein staatlos vereinzeltes Wesen: er erkennt in sich den Grund, auf dem sich die Wirklichkeit des Staates aufbaut, wie immer und in welcher Entartung auch immer der wirkliche Staat sich befindet.« (14)

In diesem Muster wird das Verhältnis der Individuen zum Staat ideologisiert. Das Innere des bürgerlichen Subjekts, der Ort, wo üblicherweise Moralität und Religiosität ihren Sitz haben, wird vom Staat selber besetzt. Es gibt keine Diskrepanz mehr zwischen staatlichem Sein und moralischem Sollen. Diese Verinnerlichung des Staates erhält ihren faschistischen Impetus durch den ausschließenden Gegensatz zur Weimarer Republik, die zum Nicht-Staat (›Interessenverband‹) degradiert wird. Solche Figuren tendieren dazu, die faschistische Machtergreifung als originäre Staatsbildung zu zelebrieren.

2.3.4 *Das herrschende Ethos*

Die Konstitution des idealen Staatsbürgers, der über seine »innere Verfassung« freiwillig wacht, wird mit der Losung der Zeit als Aufgabe eines Erziehungsstaates formuliert: »Aussehend wie ein Staat, der ganz auf der Kraft einer Erziehungsorganisation beruht, ein geschichtsloser

---

[46] Gadamers nachträgliche Einschätzung (1977b, 73) läßt sich am Material kaum halten: *Plato und die Dichter* »entwickelte die noch heute von mir für allein richtig gehaltene Deutung, daß der platonische Idealstaat eine bewußte Utopie darstellt, die mehr mit *Swift* als mit ›politischer Wissenschaft‹ zu tun hat.«

Neuanfang aus dem Nichts durch die Macht einer neuen Gewöhnung« (17). Die echte Paideia oder ›Menschenbildung‹, die der ›Neuanfang‹ markieren soll, wird vom Gegenbild der ›aufklärerischen‹, an das Bewußtsein der Individuen appellierenden,»sophistischen Erziehung« (15) her entwickelt. Diese wird verworfen gerade wegen »ihres zuversichtlichen Vertrauens auf die menschliche Natur und die Macht verständiger Belehrung« (22) und weil sie auf einer diskursiven Ebene mit »enzyklopädischer Unterweisung« (17) und »Moralisierung des Bildungsstoffes« (17) arbeitet. Sie begreift Erziehung als ein Programm, dessen »vorbestimmtes Ziel« (ebd.) für jedes Individuum nachvollziehbar sein soll.

Gadamer macht mit Platon auf die Unwirksamkeit einer Pädagogikreform aufmerksam, die sich mit einer »Reinigung des ›Lehrplans‹« (14) begnügt, aber weiterhin auf »Unterweisung« und »Unterrichtung« (ebd.) vertraut. Solche Reformkonzepte erhalten den Status einer »bloßen Beihilfe« (ebd.), Staatserziehung müsse radikaler ansetzen. Der Vorschlag ist nicht ein ›irrationales‹ Erziehungsprogramm. Der pädagogische Blick soll sich auf die Dimensionen richten, die für die schulische Erziehung unerreichbar sind. Die »Erziehung zum Staat« (17) ist ein Vorgang, der im wesentlichen unausdrücklich und ohne ein lenkendes und planendes Subjekt geschieht.

»Denn alle Erziehung geschieht im Entscheidenden von selbst. Die wichtigste erzieherische Wirkung kommt niemals der ausdrücklichen Unterweisung zu, sondern den ›Gesetzen des Staates‹, vor allem den ungeschriebenen, dem in der staatlichen Gemeinschaft herrschenden Ethos, in das geborgen menschliche Formung in Verborgenheit geschieht.« (14)[47]

Was Gadamer hier als »ungeschriebene Gesetze« faßt, sind dem Staatlichen vorgelagerte Praxen und Rituale. Es ist der Bereich, wo sich die Individuen in der Welt der Sitten und Bräuche, in Verhaltensweisen und

---

[47] Auch Ernst Krieck zweifelt an dem »gesinnungsbildenden Unterricht«: »auf dem Wege der verstandesmäßigen Einsicht soll die Gesinnung geformt, der Wille zum sittlichen Handeln gelenkt, der gute Charakter gestärkt und gefestigt werden. Damit ist aber das Gebiet unmittelbarer Seelenpflege, das ein System von Übungen darstellt, kaum gestreift.« (Krieck, 1933, 10) Er kritisierte in der Weimarer Republik das »bunt geflickte Gewand des Enzyklopädismus« (Krieck 1931, 116) und arbeitete an einer »völkischen« Pädagogik, die ihre Aufgabe als »innere Formung des Menschentums« (68) begreift: »... und diese Erziehung [die völkische, TO] geschieht zunächst auf ganz unbewußt und absichtslos einfach dadurch, daß der Staat sein Staatsvolk in seine rechtlichen und politischen Bahnen eingewöhnt, daß er Haltung und Bewußtsein des Nachwuchses nach seinen Normen ausrichtet.« (48) Man sollte sich von dem völkischen Diskurs nicht täuschen lassen. Gadamers Leistung besteht vielmehr darin, einen Resonanzboden zu schaffen, in dem sich auch – aber nicht ausschließlich – die völkische Pädagogik artikulieren kann.

Die Vertreibung der Dichter

Gewohnheiten zu Subjekten einer Gemeinschaft konstituieren.[48] Für Gadamer soll die Erziehung zum Staat sich diesen Bereich nutzbar machen. Die Verstaatlichung muß die Funktionsweise des Ethos beachten. Die »menschliche Formung« (ebd.), die hier stattfindet, vollzieht sich unthematisch und ohne autoritären Befehl: »Sie gerade ist nicht autoritative Erziehung aus der Kraft einer idealen Organisation, sondern wird im Fragen allein lebendig.« (17) »So gehört es zu dem Geheimnis der erzieherischen Wirkung der Dichtung, daß aus ihr jeweils das anspricht, was dem in einer sittlichen Gemeinschaft herrschenden Geiste entspricht.« (14f) Daher kann dieser Bereich nur indirekt auf den Staat ausgerichtet werden: etwa durch eine Dichtung, die sich in einer staatsfunktionalen Anordnung befindet.

»Ihre Inhalte [der Dichtung, TO] sollten so ›gereinigt‹ werden, daß sie aus eigener Kraft ihrer erzieherischen Wirkung mächtig würden: das echte Ethos der jungen Seele spielend einzubilden, ohne daß ein die Lebensgemeinschaft der Jungen und Älteren bestimmendes Ethos die Wirkung des dichterischen Wortes zu lenken und zu leiten brauchte.« (15)

Wie solche Konzepte im NS, wo gerade ›ungeschriebene Gesetze‹ und ›gesundes Volksempfinden‹ zur Transformation des gültigen Rechts mobilisiert werden[49], im Medium der germanisierenden Platondeutung zum Lehrauftrag für Gymnasien werden können, zeigt das Beispiel des Studienrats Gerhart Salomon:

»Platos ganze Erziehungslehre ist darauf gerichtet, die Jugend zu einer Lebensform zu erziehen, die der durch die Gesetze geheiligten und von den weisesten Männern behüteten naturgegebenen Ordnung entspricht. Das heißt aber nichts anderes, als daß das Bildungswesen eines Volkes aufzubauen ist auf dem Wesensgrunde des Volkes und abgeleitet werden muß aus seinen Lebensbedingungen. (...) Der Gemeinschaftsraum,

---

[48] Diese Operation funktionalisiert die ›ungeschriebenen Gesetze‹ für den Staat. Damit werden auch die nicht herrschenden Formen des Ethos delegitimiert, etwa seine potentiell solidarischen Elemente, die möglichen Widerstand gegen den Staat unterstützen könnten.

[49] Bernd Rüthers analysiert die theoretische Fundierung der völkischen Rechtskonzeptionen und ihre Folgen am Beispiel von Karl Larenz und Carl Schmitt: »Die gegebene materiale, soziale und politische Wirklichkeit trägt ihre Ordnung, auch ihre rechtlich verbindliche Ordnung in sich selbst. Das in der Lebensordnung liegende, verbindliche Recht geht der geschriebenen Rechtsnorm nicht nur zeitlich voraus. (...) Alles *gesetzte* Recht muß, um wirklich gerechtes und verbindliches *Recht* zu sein, sich in die ›konkrete Lebensordnung‹ des Volkes einfügen. Die Wirklichkeit bekommt eine Recht-*setzende* Funktion. Die ›normative Kraft des Faktischen‹, so schien es, sollte neu aufstehen.« (Rüthers ²1994, 65) »Der totale Staat war von Rechtsbindungen gegenüber seinen Bürgern freigestellt. Er konnte künftig im Nebel der ›konkreten Ordnungen‹ schalten und walten, disziplinieren und töten, wie es der Führer befahl.« (Ebd. 45)

in dem sich dieses Ethos zunächst entfaltet und auslebt, ist Sippe und Gefolgschaft, diese gefügt und zusammengehalten durch freiwillige Unterordnung unter den Führer, jene als Inbegriff aller durch gleiches Recht verbunden, zu gleichem Schicksal zusammengeschlossen Blutsverwandten und Verschwägerten.« (1933, 10ff)

2.3.5 Der Mensch als »Wächter«

Gadamer wirbt bei seinen gebildeten Zuhörern für ein ›richtiges‹ Verständnis des Menschen-Ideals der Paideia. Das Idealbild der ›harmonischen Persönlichkeit‹, die Gadamer hier mit einem Zitat aus einer Rede Werner Jaegers (1928) verdeutlicht: »›reine Herausgestaltung des Menschlichen in allen Lebenssphären‹, ›harmonische Entfaltung des Menschentums‹« (18) soll nicht mehr gelten.[50] Sie wird destruiert im Namen der »Wächter des Staates«. In ihnen nämlich konzentriere sich das Menschliche schlechthin.

»Dieser Stand der Wächter aber ist der *eigentliche Stand des Menschen*« (19).[51]

Diese Statuszuweisung wird explizit gegen Platons *Politeia* vorgenommen, wo die Wächter als Berufsstand zwischen den Handwerkern und

---

[50] Diese faschistische Front gilt nicht nur den ›Gleichschaltungs-‹ und Bücherverbrennungsaktionen. Auf der Reichstagung des NS-Lehrerbundes, unter Vorsitz des Reichsamtsleiters Minister Schemm, werden die neuen Richtlinien ausgearbeitet: »Für die Reichsfachschaft Hochschullehrer, die Abteilungen für Dozenten und Ordinarien hat, gelte es, die wissenschaftliche Haltung der humanistischen Bildungsidee durch einen griechisch-deutschen Geistesbegriff zu ersetzen.« (*Archiv der Gegenwart* 1934, 1611; Eintrag vom 9. September 1934) Auch die Gymnasiallehrer setzen sich von einem an der Antike ausgerichteten humanistischen Menschenbild ab: »Indem ein solcher Humanismus sich vor allem die Ausbildung der Persönlichkeit zum Ziele setzte, löste er den Menschen unwillkürlich aus dem Kreise, dem er durch Blut und Boden zugeordnet war.« (Salomon 1933, 10) Der NS-Reichserziehungsminister Rust bekundet 1935, den »Nationalsozialisten« genüge nicht mehr »die Vorstellung vom griechischen Menschen als der höchsten geschichtlichen Verkörperung des reinen Menschentums« (1935, 10).

[51] In dem Gutachten zur Berufung Gadamers nach Leipzig wird gerade diese Deutung in ihrer Aktualität hervorgehoben: »Die bisher erschienenen Schriften Gadamers bewegen sich hauptsächlich auf dem Gebiete der grossen griechischen Denker und hier vor allem Platos, den er in feinsinniger und zugleich tief eindringender Weise für das heutige Denken fruchtbar zu machen weiss. (...) Gadamers Schrift ›Plato und die Dichter‹ (1934) gehört zu dem Besten, was im letzten Jahrzehnt für die Deutung Platons und seiner Stellung innerhalb der griechischen Kultur geschehen ist. Sehr neuartig und gedankenreich erläutert diese Schrift das Verhältnis von Philosophie und Dichtung. Sie bringt ferner eine durchaus originale Deutung der Platonischen Lehre vom Staat und gewinnt durch die Erkenntnis, dass der Stand des Kriegers und Wächters im Platonischen Staat der Stand des Menschen ist, eine ganz neue Aktualität.« (PAGL, Dok. 41)

Die Vertreibung der Dichter

den Philosophenkönigen stehen.[52] Dieser Gesellschaftseinteilung unterlegt Gadamer gewissermaßen einen anthropologischen Grundansatz Platons: Der Mensch habe zwei Konstituentien, das »Wilde« und »das Friedliche« (19), und die Wächter ständen für die »›innere‹ Harmonie« des »›Scharfen‹ und des ›Milden‹« (18).

Allerdings sind die Wächter des Staates – so Gadamer – »nicht von Natur im Rechten, sodaß es nur darauf ankäme, ihnen die Entfaltung ihrer Anlagen zu ermöglichen. Gerade um den Zwiespalt ihrer Anlagen zur Einheit des Ethos zu fügen, bedarf es vielmehr der Paideia« (19), d.h. »Musik für die Seele, Gymnastik für den Körper« (18). Platonische Paideia soll nicht die »herkömmliche Bildung des Kindes zu musischer Fertigkeit und körperlicher Geschicklichkeit« (ebd.) zum Ziel haben, denn hier wird der Mensch zum »zahmen Herdentier« (20), »zum friedlich Gebildeten (sic!)« (ebd.). Die ›Harmonie‹, die durch die Paideia erreicht werden soll, könnte »freilich noch nach dem humanistischen Ideal der ›harmonischen Persönlichkeit‹« (18) klingen – Gadamer bemüht sich, klar zu machen, daß es sich gerade nicht um »die Idee einer ›ästhetischen Erziehung des Menschengeschlechts‹« (ebd.) handele[53], sondern um etwas anderes: »Plato aber meint mit dieser Harmonie die Stimmung einer in der Natur des Menschen gelegenen *Dissonanz*« (18).

---

[52] Auch Gadamer sieht diesen Zusammenhang und macht deshalb einige Umstände in einer Fußnote. Sein Argument ist, daß die Paideia erst mit der Wächtererziehung »im eigentlichen Sinne zum Thema« (35) komme. Denn die Wächter werden nicht im Nebeneinander der Berufe eingeführt, sondern als Herren und Führer. Das »Seine zu tun« bedeutet für den Handwerkerstand gegenüber den Herren nicht einfach nur die Berufskompetenzen zu respektieren (wie etwa der Weber gegenüber dem Bäcker), vielmehr hat der Weber sich vom Wächter »führen zu lassen« (ebd.). Obwohl Platon den Wächterinnen im Staat eine Rolle zuweist, wird bei Gadamer das Wachen männerzentriert.

[53] Es ist wohl kein Zufall, daß Gadamer genau die auf Schiller zurückgehende Chiffre der »›ästhetischen Erziehung des Menschengeschlechts‹« (18) ins Spiel bringt. Sie gehört zu den Topoi, in der sich faschistische Polemik gegen den Humanismus artikuliert. Exemplarisch wird dies bei Alfred Rosenberg. In der Einleitung zu seiner Rede *Von der Auffassung über Nationalsozialistische Erziehung* vom 15. März 1934 heißt es: »Es gab einmal eine Zeit, da große deutsche Träumer von einer ›Erziehung des Menschengeschlechts‹ sprachen und alle ihre Kräfte dafür einsetzten, dem langersehnten Ziel einer ›Humanisierung der Menschheit‹ erfolgreich zustreben zu können.« Worum es in der Kritik geht: »Diese rein abstrakte Erziehungsphilosophie war die Parallelerscheinung, genauer die *Voraussetzung* des demokratischen politischen Gedankens und damit des parlamentarischen Systems.« (Rosenberg 1936, 48ff)

Durch diese Stimmung, die sich als Erziehung zur Selbstbeherrschung[54] lesen läßt, erhebt sich der Mensch über das Tier:

»Diese Einigung, die den Menschen nicht zum zahmen Herdentier (zum Sklaven) werden läßt und auch nicht zum raubgierigen Wolf (zum Tyrannen), ist die Aufgabe der Paideia. Denn diese Einigung der philosophischen und kriegerischen Natur ist die Kraft und die Fähigkeit des Menschen überhaupt, Mensch unter Menschen, also staatliches Wesen zu sein.« (20)

Dieser ›Mensch‹ ist ein Mann. Aus dem Tierischen erhebt er sich erst zum Menschen, indem er seine zwei gegensätzlichen tierischen ›Naturen‹ harmonisiert. Er formiert sich dabei zum Staatssubjekt. Der Mensch ist *zoon politikon*.

»Der Mensch ist kein bloßes Naturwesen, das, wie die staatsbildenden Tiere, etwa die Ameisen, in der zweckhaften Organisation der Lebenserhaltung seinem Staatstriebe genügte. Der Mensch ist ein ausschweifendes, fortschrittssüchtiges Wesen. Daher übersteigert sich dieser ›Staat‹ ganz von selbst aus dem Sichsteigern der Bedürfnisse – und als äußerste Folge solcher ›Wucherung‹ tritt der Kriegerstand auf und in ihm das Neue, das eigentlich Menschliche, das Sein des staatlichen Menschen.« (19)

Die ›tyrannischen‹ und ›kriegerischen‹ Verhältnisse werden in die ›Natur‹ des Menschen eingeschrieben, sie stellen eine Art Treibstoff dar, der sich in der Geschichte entfaltet. Die Behauptung der geschichtlichen Unmöglichkeit eines Staates als »gebundener Organisation der Versorgung«, in der »Friede und Friedlichkeit ›von selbst‹ sind« (ebd.) – den Platon in seiner Kritik am »Staat der ›Schweine‹« lächerlich macht –, verwirft die Perspektive einer solidarischen Gesellschaft als regressiven Traum, der dem ›Wesen des Menschen‹ nicht entspreche.[55] Der »wahre Staat der Gerechtigkeit« (28) – macht Gadamer in einer Fußnote deutlich –, ist der Staat der »Herren und Knechte« (36) und ein Staat für den Krieg:

---

[54] Diese Interpretation besitzt Parallelen zu der Baeumlerschen Platonlektüre in seiner *Ästhetik* (1934a): »Das ist der Zweck der musischen Erziehung (...): im Verein mit der gymnastischen soll sie die kriegerische (muthafte) und philosophische Anlage des jungen Mannes so lange entwickeln, bis beide in der gehörigen Übereinstimmung sind« (6). Platon fördere die Musik für die Wächter: »Nicht weil er ›die Kunst‹ für ein Bildungsgut hält, sondern deshalb, weil er die Musik für ein notwendiges Mittel der Aufzucht hält«. Eine dezisionistische Komponente wurde hinzugefügt, denn »der Jüngling« würde durch diese Erziehung lernen, »richtig zu lieben und zu hassen, ohne zunächst den Grund angeben zu können.« (Ebd.) Dieser Gedanke spielt auch eine Rolle bei der Gleichschaltung der Gymnasien: »Schöpferische Synthese aus Kraft und Geist, wie es Reichsminister Dr. Goebbels in Stuttgart rief, sei die Parole der neuen deutschen Schule, im Sinne Platons: Harmonie zwischen Gymnastik und geistiger Tätigkeit.« (Sachse 1933, 79f)

[55] Wilamowitz (Aristoteles II, 14, Anm. 6): »Der schweinestaat (...) ist ein staat auf der grundlage des gemeinen materiellen bedürfnisses errichtet (...) der schweinestaat ist der staat des manchesterliberalismus« (Kleinschreibung im Text, TO).

Die Vertreibung der Dichter

»*Die Frage nach der Gerechtigkeit stellt sich erst da, wo es auch Ungerechtigkeit geben kann*, im Hinausgehen über die geregelte Organisation der Versorgung, in einem Staat, in dem es Herren und Knechte, in dem es ›Schönes‹ gibt, den Drang zum Übergriff in die Sphäre des Anderen πλεονεκτιεῖν und Krieg.« (36)[56]

Für das ›Wohl‹ eines solchen Staates haben die Wächter zu sorgen. Wie eine Umschreibung der faschistischen Parole ›Gemeinnutz geht vor Eigennutz‹ läßt sich die Wächterprüfung lesen:

»Ja es wird geradezu zum Maßstab der Prüfung der Wächter gemacht, ob sie dies bewahren und bewachen: den Grundsatz, daß es nicht auf ihr Wohl ankomme, sondern auf das Wohl des gesamten Staates.« (21)

Abgesehen von der unbegründeten Universalisierung des Wächterstandes, scheint Gadamers Deutung der Wächtererziehung Platon genauer zu treffen als die der neuhumanistischen Tradition. Die Wächter des platonischen Staates sind vor allem Krieger, keine im modernen Sinn ›Gebildeten‹. Wichtiger als die Richtigkeit des Auslegens ist jedoch die Stimmigkeit dieser Deutungsumbauten mit der politischen Konstellation, in die dieser Text hineinspricht, z.B. wie der Typ des Wächters mit der latenten Militarisierung der Gesellschaft und dem Auftreten von SS und SA kompatibel ist.[57] Auch die rassistischen Platondeutungen eines Kurt Hildebrandt, Werner Jaeger, Ernst Krieck, Alfred Baeumler, Joachim Bannes oder H.F.K. Günther[58] machen die platonische Wächtererziehung zu ihrem Angelpunkt. Solchen Deutungen

---

[56] Noch 1983 bestätigt Gadamer dieselbe Interpretation: »Wo wird Dikaiosyne sichtbar? (...) Dieser Punkt wird am unpolitischen Paradies der Schweinestadt (!), an dieser kynisch kolorierten Form des idyllischen Zusammenlebens illustriert. Wie es Plato da mit äußerster Kunst fertigbringt zu zeigen, daß dieses unpolitische Gebilde, in dem es keine Ungerechtigkeit geben kann, weil es ein Ideal der totalen Bedürfnisbefriedigung aller durch alle in sich schließt, in sich unmöglich ist und notwendig in den Zustand übergeht, in dem Herrschaft über Menschen und Gewalt der Waffen am Ende eine entscheidende Rolle spielen!« (Gadamer 1983a, 449f)

[57] Ernst Krieck, weniger feinsinnig als Gadamer, bringt diesen Kontext direkt zur Sprache, wenn er über die Notwendigkeit der Musik bei der Erziehung schreibt: »Keiner aber hat so tief um die Gewalt des Musischen gewußt wie Platon, der uns hier erneut zum Lehrer werden kann. Für die Erziehung in den Bünden, in der Staatsjugend, in der Reichswehr, in den Wehrverbänden der SA., der SS. und des Stahlhelms ist die musische Erziehung zur Notwendigkeit geworden.« (Krieck 1933, I)

[58] Ohne Anspruch auf Vollständigkeit seien hier einige Titel der explizit rassistischen Platon-Deutung zusammengestellt: Hildebrandt, Kurt ¹1933a: *Platon. Der Kampf des Geistes um die Macht*, ders., 1920: *Norm und Entartung des Menschen*, ders., 1928: *Staat und Rasse* und ders., 1934: *Norm, Entartung, Verfall*; Baeumler, Alfred 1934a: *Ästhetik*; Bannes, Joachim 1933: *Platons Staat und Hitlers Kampf*; Günther, H.F.K. ¹1928, ²1935, ³1966: *Platon als Hüter des Lebens*; Jaeger, Werner ¹1934, ²1936: *Paideia* Bd. 1, 1944, Bd. 2, 1947 Bd. 3; Krieck, Ernst 1933: *Musische Erziehung*; Vering, Carl 1935: *Platons Dialoge in freier Darstellung*.

erweist Gadamer seine diskrete Reverenz, wenn er auf die »Zeugung des rechten Nachwuchses« und den »Staatsverfall« durch fehlerhafte »Errechnung des Kalenders der Hochzeiten« (21) zu sprechen kommt.[59] Die Erstellung des Hochzeitskalenders und der gemeinsame Besitz von Frauen und Kindern sind deren bevorzugter Aufenthaltsort.[60] Die rassistische Platon-Deutung will hier ein ›eugenisches‹ Programm und eine ›Rassepolitik‹ bei Platon entdecken.[61]

---

[59] Heute bekämpft Gadamer eugenische Platonlektüren und ist dabei zu umwegiger Selbstkorrektur gezwungen. Hauptperson seiner Kritik sind jedoch nicht Hildebrandt u.a. seiner Zeitgenossen, sondern ausgerechnet Popper, der in diesem Zusammenhang verdienstvollerweise darauf hingewiesen hat, daß faschistische Platonadaptionen wie die eines Hildebrandt sich mit ihrer Lektüre so leichttun, weil Platon der Vordenker einer autoritären antiken Gesellschaft war. Popper sehe »in Platos Idealstaat die Rekonstruktion einer frühgriechischen kollektivistischen Stammesgesellschaft, die durch die neue, rationale Methodik einer Eugenik vor Verfall bewahrt werden konnte. Aber unser Text sagt das Gegenteil. Gerade das kann es nicht geben, weil mathematische Berechnungen mit der Wirklichkeit nur durch αἴσθησις vermittelt werden können. (...) Hier muß ich eine kleine Berichtigung an meiner eigenen Darstellung in ›Plato und die Dichter‹ vornehmen: Die Fehler sind nicht Berechnungsfehler. Nicht, daß die Zahl zu schwierig ist, sondern die Anwendung der Zahl ist zu schwierig.« (Gadamer 1983a, 453) »Es ist also kein Zweifel: was Plato hier zu verstehen gibt, sind die Grenzen menschlicher Planungsfähigkeit überhaupt.« (454) Gadamer ersetzt das Hauptanliegen seiner ersten Interpretation, nämlich, daß »der Staatsverfall durch Fehler beim Errechnen dieses Kalenders der Hochzeiten (einsetzt)« (Gadamer 1934, 21) durch sein neues: Platon bezeugt dem konservativen Spontaneismus am Beispiel rassischer Zucht, daß Rationalität und Planung unmöglich sind.

[60] Wie man sich diesen Zusammenhang zwischen »Staatsverfall« und der »Zeugung des rechten Nachwuchses« vorzustellen hat, zeigt der Eliten-Rassismus Hildebrandts (1933a): »Die Hochzeiten, von denen er [Platon, TO] redet, sind die heiligen Mittel der Zuchtwahl« (267). »Der Staat hängt ab von der echten Rasse, der richtigen Zuchtwahl. Die Zeugungen stehen unter dem Gesetz einer Zahl, deren Geheimnis Platon durch rätselhafte Formeln noch verdunkelt. Lassen aber die Herrscher, weil ihre Weisheit sinkt, die Paarungen in falscher Stunde zu, so geraten die Sprößlinge weniger gut und können, zur Herrschaft gelangt, das goldene, silberne, kupferne und eiserne Geschlecht nicht recht unterscheiden: Vermischung, Verrassung ist die Folge. Nur höchste Weisheit sichert die Eugeneia!« (260)

[61] In verdichteter Form artikuliert sich die NS-Eugenik in Hans F.K.Günthers (in der NS-Forschung als ›Rassen-Günther‹ bekannt) Buch *Platon als Hüter des Lebens. Platons Zucht- und Erziehungsgedanken und deren Bedeutung für die Gegenwart* ([1]1928, [2]1935, [3]1966). Für die Lektüre des Buches wirbt der *Völkische Beobachter*: »Lesen Sie, bitte, diesen Platon und Sie werden Platons Zeit und unsere Gegenwart erleben!« (Zit. n. Canfora 1987, 142) Darin ist zu lesen: »Platon schlägt eine Ständeschichtung vor, welche einer Schichtung nach erblicher Begabung und Tüchtigkeit gleichkommt.« (Günther 1928, zit. n. 1966, 26) Dem Autor mutet es an, »als ob ihm [Platon, TO] Forschungsergebnisse unserer Zeit, etwa die eines *Hartnacke*, vorgelegen hätten«, welche »die durchschnittlich geringere Begabung

2.3.6 Die Domestizierungsmacht des Philosophischen

Der Krieger- oder Wächterstand repräsentiert das »eigentlich Menschliche, das Sein des staatlichen Menschen« (19). Das Menschliche ist nicht Arbeit, »Herstellung von etwas, was man braucht« oder »Ausübung eines Könnens«, sondern es besteht im »Wachen« (ebd.). Das Wachen ist Selbstbewachung des Subjekts, indem es das »Wilde« und das »Milde« (ebd.) harmonisch fügt.

»So ist das Sein des Wachens anders als die Ausübung eines Handwerks das Sichhalten und Ansichhalten im Können seines kriegerischen Werks.« (19f) »Der Wächter ist nur Wächter des Rechtes, wenn er Wächter seiner selbst ist.« (21)

Das »Ansichhalten« des Kriegers ist die Beherrschung seines Raubtierwesens. Die Selbstbewachung des Kriegers ist notwendig, damit die Macht der Wächter nicht in Gewalt gegen die Herrschaft umschlägt. Denn es besteht immer die Gefahr, daß die Krieger ihre Macht auch gegen den »Freund« einsetzen.

»Wachen ist für jemanden Wachen und gegen jemanden Bewachen zugleich. Für jemanden Wachen heißt aber: über ihn Macht haben und diese Macht und Stärke nicht gegen ihn anzuwenden, sondern für ihn.« (19)

Für den richtigen, ordnungsgemäßen Einsatz der Wächtermacht sorgt die Philosophie:

»So muß der Wächter (der Mensch) die philosophische Natur in sich ausbilden und zugleich versöhnen mit dem gewalttätigen Triebe der Selbsterhaltung und des Machtwillens in sich.« (20)

Zum anderen wird die Philosophie als »Wissen« (19) artikuliert, das den gerichteten Einsatz der Wächter besorgt. Diese Lenkung kann nicht

---

der unteren Stände« (26f) behaupten. Platon schließe »außer der Erleichterung des Aufstiegs der Begabten aller Stände auch eine – heute meist übersehene – ›Erleichterung des Abstiegs der Minderwertigen‹« (27) ein. Als Vordenker der NS-Vernichtung fördere Platon die »Aussetzung aller mißgeschaffenen und kränklichen Kinder, Ausmerze alles Untüchtigen« (36). Unplatonisch sei »jede verhätschelnde Aufzucht von Minderwertigen, jede übertriebene Schonung und Pflege von Schwachen« (44). »Wenn ein Mensch ›der Seele nach von Natur schlecht und unheilbar‹ (Staat 410) ist, so solle man ihn töten.« (45) Nach der »Sonderung der Tüchtigen von den Untüchtigen« (44) verlange ein solches ›Lebensborn‹-Projekt, daß der Sophist in der Seele bekämpft werde: »Eine jede Erbgesundheitspflege aber wird den sophistischen Geist, jenen Individualismus, bekämpfen, gegen den sich Platon auch hier wendet: Lustbegier des Einzelnen sei nicht der Sinn der Ehe, sondern Kinder vorbildlicher Artung, also das Sichhinaufpflanzen, welches Nietzsche, das bloße Sichfortpflanzen verachtend, ein Kennzeichen der edlen Ehe genannt hat.« (39)

erzwungen werden, sie muß vom Wächter in »freier Abstandnahme« (ebd.) von seiner Macht erbracht werden. Philosophie ist hier »Wissen darum, ob und wann und gegen wen er sein Können anzuwenden hat oder nicht« (ebd.). Gadamer beschreibt das im platonischen »Sinnbild des treuen Wachhundes« (20). Er übernimmt das Wortspiel bei Platon, das den ›Freund der Erkenntnis‹ mit dem ›Erkennen des Freundes‹ verbindet:

»Wie sich der Hund dem Freunde des Hauses freundlich zeigt, nur weil er der Bekannte ist, ist er Freund des Bekannten, der Kenntnis – und das ist buchstäblich: Philosoph.« (Ebd.)[62]

Sein »Wissen« (19) reduziert sich letztlich – im Einklang mit Carl Schmitt – auf eine elementare Unterscheidungsfähigkeit: »er muß Freund und Feind unterscheiden können« (ebd.), er muß wissen, »wann und gegen wen« er das »Scharfe« (ebd.) einzusetzen hat, und wann er »Ansichhalten« (ebd.) muß und wann nicht:

»den Freund zu lieben, nur weil er der Freund ist – und nicht, weil er und soweit er einem Gutes tut, sondern auch, wenn er einem Schlechtes tut; und den Feind zu hassen, nur weil er der Feind ist.« (20)

Auf die Ausbildung dieser Liebe-und-Haß-Kompetenz reduziert sich für Gadamer 1934 die Aufgabe der Philosophie:

»Das aber ist Philosophie: das Wahre lieben und dem Schein nicht verfallen. So ist die Philosophie die wahre Ermöglichung des Menschen als staatliches Wesen.« (20)

2.3.7 Die Reorganisation der Dichtung als Staatskunst: Kritik der »ästhetischen Selbstvergessenheit«

Die Kritik der Dichtung bedeutet nicht das Ende der Dichtung: Sie soll im Rahmen der Staatserziehung refunktionalisiert werden. Gadamer bewertet zunächst die Kräfte, die es mit der Dichtung in Dienst zu nehmen gilt. Konstitutiv für sie ist – hier liegen potentieller Nutzen und Schaden –, daß die Dichtung auf solche menschlichen Kräfte wie »die ›innere Verfassung‹ der Seele« (27), »Gefühle« (26) und »Leidenschaften« (25) wirkt, also gerade die »staatsbildenden Grundkräfte« (21), deren »schwierige Fügung« zur »Harmonie« (ebd.) den Staat erst ermöglicht.

---

[62] Gestützt auf eine andere Stelle der *Politeia*, kommentiert Jaeger (1944, 312) diesen Topos: »Die einzige wirkliche Garantie dagegen, daß sie nicht aus den Wächtern zu Herren des Staates werden, nicht aus Wachhunden zu Wölfen verwildern, die die eigene Herde zerreißen, sieht er [Platon, TO] in ihrer richtigen Erziehung.« Dazu ein späterer Gadamer: »Den Wächter der idealen Stadt (!) mit dem Hunde zu vergleichen, illustriert mithin das Grundproblem aller Politik.« (1983a, 451)

Die Vertreibung der Dichter

So kann ihre »*bezaubernde Eindruckskraft*« »die Wirrnis des pathetischen Unmuts in der Seele des Zuschauers« (25) wecken, indem sie ihm die »wechselnden Ausbrüche menschlicher Leidenschaft vorzaubert« (ebd.), und so zur »Selbstentzweiung« (26) führen. Aber sie kann auch der »bildungskräftige Ausdruck des Ethos« (22) sein, »das im ›gereinigten‹ Staat herrscht« (ebd.), Künderin der »einen Wahrheit, daß der Gerechte allein der Glückliche ist.« (21)

Ein Blick in die *Politeia* zeigt, wie vom Standpunkt der platonischen Herrschaft die Kritik der homerischen Dichtung von der Absicht geleitet ist, die Schwächung der Kriegermoral um jeden Preis zu verhindern:

»Auch die Besten von uns, wenn wir den Homeros hören oder einen andern Tragödiendichter, wie er uns einen Helden darstellt in trauriger Bewegung, eine lange Klagerede haltend, oder auch Singende und sich heftig Gebärdende, so wird uns wohl zumute, wir geben uns hin und folgen mitempfindend, und, die Sache sehr ernsthaft nehmend, loben wir den als einen guten Dichter, der uns am meisten in diesen Zustand versetzt.« (Rep. 605c-d)[63]

Für das Projekt der Staatserziehung kommt es darauf an, diese Wirkungen und Kräfte der Dichtung zu kontrollieren; und zwar auf den Ebenen der Inhalte und der Darstellungs- bzw. Rezeptionsweise. Die Inhalte sind zu reinigen. Der ideale Dichter stilisiert die Götter und Menschen in seiner Darstellung: Philosophen wie Xenophanes, Heraklit, Pythagoras und die Tragiker haben im Unterschied zu Homer das Bild der Götter »gereinigt und gesteigert« (9). Sie haben das ›Rohe‹ und ›Anthropomorphe‹ sublimiert und die Mythen den staatlichen Erfordernissen angepaßt.

»Die überlieferten Mythen weiter dichten, ihnen neue Wahrheiten, neue moralische und politische Bedeutsamkeiten abgewinnen, das war nicht eine gelegentliche Anpassung des Dichters an Wunsch und Erwartung seines Publikums, das war vielmehr das Eigentliche seines dichterischen Tuns, dem alles andere Können zu dienen hatte.« (Ebd.)[64]

---

[63] Daß in Homers detaillierten Darstellungen über die Brutalität des Krieges ein Antikriegspotential liegt, wußte Simone Weil 1939 zu schätzen. In ihrem Artikel *Ilias: Dichtung der Gewalt*, führt sie die homerische Dichtung so vor, daß man zuweilen den Eindruck hat, Homer als eine Art Erich Maria Remarque der Antike zu erleben.

[64] Im diskursiven Horizont der Klassischen Philologie wird die Bindung der Dichtung an den Staat in Abgrenzung von ›sophistischem Liberalismus‹ befürwortet: »Es ist bezeichnend, daß die verflossene Periode des liberalistischen Individualismus fast nur diese private Existenz sah und über dem Dichter der Satiren und Episteln mit ihrer individuellen Moralphilosophie den Sänger des Staates vernachlässigte.« (Oppermann 1933, 55) Ernst Krieck: »Die Dichter aber sollen überredet oder gezwungen werden in Wortweise, Tonweise und Rhythmus nur das zu lehren

Die Darstellungs- und Rezeptionsweise wird auf der Folie von Platons Kritik der Nachahmung und mimetischen Dichtung thematisiert.[65] Nachahmung wird zunächst als zweckgerichtete »Form der Aneignung« (26) und des ›Lernens‹ von der Kritik ausgenommen. Erst ihre Erhebung zum ›Selbstzweck‹ in der Kunst lasse sie destruktiv werden. Sie führt dann zur Selbstentzweiung:

> »Wer dagegen einen anderen wirklich nur nachmacht, ihn ›mimt‹, der ist nicht mehr bei sich selbst: er prägt sich in eine fremde Form aus. (...) Nachahmung bedeutet also dann Selbstentzweiung« (26).

Das »Sichvergessen in der Nachahmung« (27) erreicht seinen Höhepunkt dort, »wo auch das Dargestellte Selbstvergessenheit, das ist Leidenschaft, ist« (ebd.). Dies beschränkt sich nicht auf den Mimen, sondern affiziert auch die Rezeptionsweise der Zuschauer:

> »Auch wer, ohne selbst nachzuahmen, solcher Nachahmung nur zuschaut, gibt sich doch hinein in das Nachgeahmte, in der Weise der Sympathie, und d.h. er vergißt sich selbst im Mitleben mit dem anderen, dem er zusieht. Auch das Zuschauen also ist, als die selbstvergessene Entäußerung des Mitschwingens mit fremder Regung, immer ein wenig Selbstentfremdung.« (Ebd.)

Das »Mitleben mit dem Anderen« wäre die Form, in der sich »Selbstentfremdung« reproduziert, das heißt bei Gadamer Entfremdung vom

---

und darzustellen, was den Staatsordnungen gemäß ist. Sie sollen nichts bekannt geben dürfen, was nicht vom Richter der Erziehung und der musischen Künste gutgeheißen und freigegeben ist.« (Krieck 1933, 37) Aber auch in der Rede zur Bücherverbrennung von Hans Naumann (1935): »Der Dichter-Begriff muß sich wieder ändern. (...) Wir wollen (...) den Dichter nicht mehr, der sich damit begnügt, in seiner Dachstube still für sich hinzuträumen und den lieben Gott einen guten Mann sein zu lassen, sondern wir wollen den Dichter (...), der in der Zeit geht und eingreift (...), dem Dichten ein Amt ist, der sich zum Boten des Herrn aufwirft, und der das lebendige Gewissen unseres Staates, unserer Nation, (...) unseres neuen heiligen Reiches ist« (zit. n. Sauder 1985, 252).

[65] Die in der Weimarer Republik geführte Debatte um den klassizistischen Humanismus stellte die Nachahmungs-Problematik ins Zentrum (vgl. Jaeger 1931). Sie wird durchgängig negativ konnotiert. In seiner Einleitung zu Platons *Politeia* (1933b, VI) bekämpft Kurt Hildebrandt die Nachahmung zugunsten rassistischer Aneignung der griechischen Kultur. Er geht davon aus, daß die »höchste Verwirklichung der arischen Kultur« die hellenische gewesen sei: »in ihr sieht der Deutsche das Verwandte und Eigene, das Bild seiner Sehnsucht, auf das er schauen muß, wenn er seine Kräfte sammelt.« (Ebd.) »Toren die hierin humanistische Rückwendung sehen oder glauben, daß von einer klassizistischen Nachahmung die Rede sei. (...) Nicht Nachahmung, sondern äußersten Ansporn der schöpferischen Kräfte bedeutet uns die Schau des Hellenentums. Wer in dieser Ehrfurcht eine Schwächung des Deutschtums und seiner natürlichen Eigenart sehen will, der wird durch die Worte Adolf Hitlers zum Schweigen verwiesen.« (Ebd.)

Die Vertreibung der Dichter 71

Staat. Es ist »Lockerung der gefährlich gespannten Harmonie der menschlichen Seele« (21) und gewährt »der Sophistik der Leidenschaft Einlaß in das menschliche Herz« (27). Das Individuum ist in der ästhetischen Erfahrung isoliert, es droht »sich selbst« (29), d.h. den »inneren Staat« (ebd.), zu vergessen.

Die von Platon entlehnte Kritik der ›Nachahmung‹ zielt auf das gesamte ›ästhetische Bewußtsein‹:

»Sie kritisiert nicht bloß die falschen und gefährlichen Inhalte der mimetischen Kunst oder die Wahl einer unstatthaften Darstellungsweise. Sie ist zugleich eine *Kritik des ›ästhetischen Bewußtseins‹ in seiner moralischen Problematik*.« (27)

Die »Sittlichkeit« (25), die Gadamer als Norm der Kunst reklamiert, ist nur in einem »›gereinigten‹ Staat« (22) möglich. Diese Funktion wird dann historisch von einer NS-Ästhetik übernommen, die nach der Vertreibung der Weimarer Kunst als Normalisierungsmacht wirksam wurde.[66] Sie fungierte als »normative Imagination«, wo »das Kunstgebilde als Vor-Bild (...) die faschistische Norm« bedeutete, wie etwa bei Arno Breker (Haug 1986, 148). Bei Gadamer deutet sie sich an in der Aufforderung an das Individuum, sich um seine ›Innerlichkeit‹ zu kümmern. Das ›Innere‹ bekommt hier die Bedeutung: ›Höheres‹, ›Einmaliges‹. Die Sorge, »bei sich selbst« (26) zu sein, wird als Sorge um »die eigene Verfassung der Seele, den inneren Staat, den Staat in sich selber« (29) postuliert.

2.3.8 *Die Hymne als Staatsbekenntnis*

Das Modell für die Reorganisation der Dichtkunst ist die Hymne. Diese Loblieder »auf die Götter und Preislieder auf die ›Guten‹« (28) seien die einzigen Formen der Dichtung, die vor Platons Kritik standhielten. Zwar werde auch in ihnen »im engsten Sinne der Nachahmung« »›Unwirkliches‹ dichterisch dargestellt«, wenn »Gott und Mensch selber als Sprecher auftreten« (ebd.), aber dieser Aspekt ist sekundär. Die Hymne ist nicht selbstzweckhafte und selbstvergessene Nachahmung des Gelobten. »Loben ist nicht Darstellung von Löblichem.« (Ebd.) Hymne

---

[66] In einem Pressebericht hieß es dazu: »Verschwunden sind die artfremden, den übelsten Instinkten schmeichelnden Sensationsstücke, die marxistisch eingestellten ›Zeitdramen‹, die aufhetzerischen ›Reportagen‹. An ihre Stelle sind – außer der Klassikerpflege und dem alten guten deutschen Unterhaltungsstück – das neue Geschichtsdrama, die völkische Zeitdramatik, die Schöpfungen des neuen jungen Dichtergeschlechts getreten ...« (zit. n. Zimmermann 1936, 250).

und Loblied »sind Darstellungen im Lob« (ebd.). Der Form nach wird die Hymne als kollektive Handlung gedacht. Sie wird als Bekenntnis arrangiert, als Staatsakt ist sie »Darstellung des rechten Ethos in einfacher strenger musikalischer Form« (11).

»Wer lobt, spricht sich und die, vor denen er lobt (ja in gewisser Weise auch den, den er lobt) in etwas an, was sie alle gemeinsam verbindet und verpflichtet. Wer lobt, bekennt sich zu etwas.« (28)

In dieser Anordnung wird der Gesang des Lobliedes zum kollektiven Unterstellungsritual durch die Anrufung eines ›Höheren‹, das Herrscher und Beherrschte gemeinsam bindet und verpflichtet. Im »Loben liegt das Sichtbarwerdenlassen des Maßes, auf das hin wir uns in unserer Existenz verstehen.« (Ebd.) Gadamer geht es genau um den performativen Charakter des Bekenntnisrituals. Die Wirksamkeit der Hymne beruhe darauf, daß sie das imaginäre »Maß« (ebd.) des staatlichen Ethos im Vorbild sinnlich erlebbar macht.

»Vorbildliche Darstellung aber, in der das gemeinsame Maß sichtbar wird, ist gerade mehr als ein Schauspiel, mehr auch als Darstellung von Vorbildlichem: es ist ein Wirksamwerdenlassen des Vorbildes in und mit seiner Darstellung.« (Ebd.)

In der gleichen Zeit finden Masseninszenierungen der faschistischen Staatsästhetik statt, die genau dieses »Wirksamwerdenlassen« des Vorbildes betreiben. Gadamer arbeitet ihrem Weihecharakter von Platon aus zu:

»Aber im wahren Staat der Gerechtigkeit wäre solche Darstellung im Loblied Bekenntnis zu dem gemeinsamen Geist, der mit dem Scherz des Spiels den wahren Ernst feierte.« (28f)

Das Singen der Hymne wird zum Ritual imaginärer Gemeinschaftlichkeit, das die realen Herrschaftsverhältnisse reproduziert – denn: die ›wahre Gerechtigkeit‹ ist nur möglich »im Hinausgehen über die geregelte Organisation der Versorgung, in einem Staat, in dem es Herren und Knechte« (36) gibt.[67]

---

[67] Gadamers aktualisierender Rückgriff auf Platons Ästhetik geht hinter andere Optionen zurück, die für das Bildungsbürgertum tragend waren, z.B. hinter Schiller, der in seinen *Briefen über die ästhetische Erziehung des Menschen* den Kompromißcharakter der Kunst und seine Komplementarität zu den Zwängen von Staat und Gesellschaft begründet. Für diese Kunstauffassung ist konstitutiv, daß sich ein emanzipatorisches Moment in die ästhetische Erfahrung rettet: »Mitten in dem furchtbaren Reich der Kräfte und mitten in dem heiligen Reich der Gesetze baut der ästhetische Bildungstrieb unvermerkt an einem dritten, fröhlichen Reiche des Spiels und des Scheins, worin er dem Menschen die Fesseln aller Verhältnisse abnimmt und ihn von allem, was Zwang heißt, sowohl im Physischen als im Moralischen entbindet.« (Schiller Werke Bd. 5, 1959, 571) Jürgen Habermas, der

2.3.9 Der Mythos der unaufklärbaren Seele

Auch Platons eigene Dichtung bekommt einen Platz im Rahmen der Staatsdichtung. Zwar sei sie »nicht Muster jener Dichtung, die im idealen Staate erlaubt wäre. Aber sie ist die wirkliche Dichtung, die dem wirklichen staatlichen Leben das erziehende Wort zu sagen weiß.« (29) Den Beweis erbringt Gadamer am platonischen Mythos, wo seine Dialogdichtung dem »herkömmlichen Sinn von Dichtung am nächsten steht« (30).

Sokrates trete in der Dialogdichtung Platons als Aufklärer auf. Seine Kritik richte sich gegen den »alten Zauber der Dichtung« (29) und ihre »ästhetische Selbstvergessenheit« (ebd.). Er destruiert die alten Mythen und Zaubergesänge, aber nicht als Künder und im Namen eines anderen, neuen Mythos. Sein »ständig wachgehaltener Entzauberungsspruch« basiert auf »dem Gegenzauber des philosophierenden Fragens« (ebd.).

Und gerade diesen aufklärerischen Mythenkritiker Sokrates macht Gadamers Lektüre zum Erneuerer des Mythos:

»Es ist aber bedeutungsvoll, aus welcher Kraft und mit welchen Mitteln sich die an der entzaubernden Kritik des Logos gereinigten mythischen Gehalte der Vorzeit zu neuer mythischer Leuchtkraft beleben. Sie tauchen nicht zurück in das feierliche Dämmer einer urzeitlichen Ferne (...): aus der Mitte der sokratischen Wahrheit selber wachsen sie auf« (30).

Die alten »mythischen Mächte« sind entmachtet, sie werden »nicht in ihrer eigenen Bannkraft beschworen«, sondern sind kraftloses Material, das allein dadurch zur »Gewißheit« belebt wird, daß es sich »verknüpft mit der Wahrheit der philosophierenden Seele« (ebd.).

»Aber daß dies sokratische Wissen um das eigene Selbst sich im Spiel der mythischen Bilder ausspricht, sagt zugleich etwas aus von der Art der Gewißheit, die dieses Wissen hat: in seiner Seele begegnet Sokrates einem Unaufklärlichen, an dem alle Aufklärung, die den Mythos zerstört, zuschanden wird. Mag Aufklärung immer mythische

---

Schiller für sein eigenes Projekt fruchtbar macht, mag den Unterschied zu Gadamers Hymne-Interpretation verdeutlichen: »Schiller begreift die Kunst als eine kommunikative Vernunft, die sich im ›ästhetischen Staat‹ der Zukunft verwirklichen wird.« (1985, 59) Die Kunst selbst sei »das Medium der Bildung des Menschengeschlechts zur wahren politischen Freiheit« (ebd.). Die Orientierung geht auf die zivilgesellschaftliche Veränderung des Bestehenden: »Wenn die Kunst die historische Aufgabe, die mit sich zerfallene Moderne zu versöhnen, soll erfüllen können, darf sie nicht nur die Individuen ergreifen, sie muß vielmehr die Lebensformen, die die Individuen teilen, verwandeln. Schiller setzt deshalb auf die kommunikative, gemeinsamkeitsstiftende, solidarisierende Kraft, auf den *öffentlichen Charakter* der Kunst.« (Ebd., 59f)

Gestalten und Geschehnisse als Mächte und Vorgänge der Natur entzaubern, das ist kein Glaube, an dem die Seele hängt. Aber wenn sie die Seele selbst aufklären will, ihr die Mächte des Rechts und der Liebe entzaubern will in kluge oder schwache Erfindungen oder Erkrankungen: vor dieser Verständigkeit wird Sokrates zum Seher (...) und verkündet er mit (...) dem verstellten Munde des Ironikers in Bildern vom Totengericht und Weltenregiment die unaufklärbare Seelengewißheit« (31f).

Sokrates wird zum Zeugen einer Unaufklärbarkeit gemacht, an der jede Aufklärung scheitere. Die sokratische Entzauberung, seine »Fahrt durch die mythischen Bereiche« (32), habe den paradoxen Sinn, diese Seele als unaufklärbare Instanz freizulegen und zu stärken.

An dieser Stelle kann abschließend beobachtet werden, wie der Topos der *Zerstörung des Mythos durch die Aufklärung*, der in Gleichschaltungsreden eine prominente Stellung hatte, hier seinen Eingang gefunden hat. Bei aller Immanenz dieser Interpretation war zu dem Zeitpunkt die politische Stigmatisierung des Topos *Aufklärung* in allen seinen Varianten nicht zu übersehen oder zu überhören. Mehrstimmig und vielfältig klang auch der Aufruf zur *Erneuerung des Mythos,* aus dem sich das faschistische Projekt als ›Tausendjähriges Reich‹ imaginierte und den Zuwachs von ›ideellen Kräften‹ versprach. Ohne jeden erkennbaren Widerstand hat auch Gadamer in seinem antiken Szenario an dieser gemeinsamen Frontstellung gekämpft.[68]

2.4 Rekonstruktion eines Mottos

In zwei autobiographischen Darstellungen erklärt Gadamer diesen Text zum Dokument seiner Stellung zum NS. Als Zeichen seiner hintergründigen Widerständigkeit will er ein Goethe-Motto verstanden wissen, das er dem Text vorausschickt:

»›Wer philosophiert, ist mit den Vorstellungen seiner Zeit nicht einig.‹ Das war zwar wohl getarnt, als ein Goethezitat, das mit Goethes Charakterisierung der Platonischen Schriften fortfuhr. Aber wenn man sich schon nicht zum Märtyrer machen oder freiwillig in die Emigration gehen wollte, stellte ein solches Motto für den verständigen Leser im Zeitalter der ›Gleichschaltung‹ immerhin eine Betonung der eigenen Identität dar« (1977b, 73).

---

[68] Zugleich kündigt sich in dieser Lektüre das große Thema von *Wahrheit und Methode* an: eine Hermeneutik der Gegenaufklärung, die sich an der Aufklärung bestätigt hat. Den Bereich der »Natur« (31) wird sie den modernen Wissenschaften überlassen. Ihr Objekt wird die »Seele« (32) sein. Sie wird jenen Mächten dienen, denen es um eine »unaufklärbare Seelengewißheit« (ebd.) zu tun ist.

Die Vertreibung der Dichter

Der Goethe-Spruch, aus dem Gadamer hier einen Satz hervorkehrt, bekommt einen ganz anderen Sinn, wenn man ihn in seiner vollen Länge kennt.[69] Das vollständige Motto in Gadamers Text lautet:

»Durch jede philosophische Schrift geht, und wenn es auch noch so wenig sichtbar würde, ein gewisser polemischer Faden. Wer philosophiert, ist mit den Vorstellungsarten seiner Vor- und Mitwelt uneins, und so sind die Gespräche des Plato oft nicht allein *auf* etwas, sondern auch *gegen* etwas gerichtet.« (Goethe, zit. n. Gadamer 1934, 5)

Das Entscheidende aus Goethes Charakterisierung der platonischen Schriften zitiert Gadamer nicht. Was Gadamer unter Ausnutzung der Vieldeutigkeit des Teilzitats – »wer philosophiert, ist mit den Vorstellungen seiner Zeit nicht einig« – zu gelehrter Distanz zum NS umdeuten möchte, hatte im Kontext der damaligen Platonauslegung und im Altphilologen-Milieu eindeutige Bezugspunkte: Wir haben bei der Transformation des humanistischen Platon-Bildes beobachtet, wie dort ein Platon herausgestellt wurde, der *auf* die Gründung eines autoritären Staates gerichtet war, den er *gegen* die attische Demokratie durchsetzen wollte. Platons Für und Gegen waren »für den verständigen Leser im Zeitalter der ›Gleichschaltung‹«, den Gadamer sich wünscht, in ihrem Sinn eindeutig festgelegt. Ein Beispiel gibt ihre Verwendung beim Studiendirektor Holtorf. Auf die Umsetzung der neuen Platon-Deutung an den Gymnasien bedacht, buchstabiert er den Code zur De/Chiffrierung des Für und Gegen gewissermaßen durch.

»In dieser Zeit tiefster Erschütterung aller sittlichen Werte erhebt sich der große Platon und kämpft einen heldenmütigen Kampf gegen die Entartung seines Volkes, *gegen* den unheilvollen Geist der Zersetzung und Zermürbung. (...) Aber uns Deutschen des Dritten Reiches erwächst aus dieser Erkenntnis eine Mahnung von größter Eindringlichkeit. Der Kampf, den Adolf Hitler heute führt, geht ja um das gleiche hohe Ziel. Der Marxismus ist zu Boden geschlagen. (...) Die Worte des Führers bezeichnen die Richtung, in der Platons Werk in unserer Zeit zu wirken hat und in der es vor die Seelen der deutschen Jugend treten muß.« (Holtorf 1934, 2)

So scheint Gadamers Widerstandsmotto geradezu ein Erkennungszeichen der staatsautoritären Platonphilologie zu sein. Auch Kurt Hildebrandt paraphrasiert dieses Goethezitat in seinem Platon-Buch (1933a). Dort werden das Für und Gegen, das Goethe bei Platon ausmacht, korrigiert und ergänzt:

---

[69] Wörtlich wiederholt sich Gadamer an anderer Stelle. Der verkürzten Wiedergabe des eigenen Goethe-Mottos folgt die Bewertung: »Das war als ein Goethezitat wohl getarnt, also nicht etwa eine Heldentat. Aber Gleichschaltung war es gewiß auch nicht« (Gadamer 1977a, 55).

Zweites Kapitel

»Man müsse zuerst Platons Motive verstehen und dann den *polemischen Faden*, der in jeder philosophischen Schrift versteckt sei, entdecken, denn die Gespräche Platons seien nicht allein *auf* etwas sondern auch *gegen* etwas gerichtet. Er [Goethe, TO] selbst konnte den Gegenstand dieser Polemik nicht finden, weil Platon damals nur als zeitloser Denker, nicht als politischer Bekämpfer seiner Gegenwart und Staatsgründer sichtbar war. Platon braucht Raum für sein Neues Leben, er muß das Unkraut jäten.« (Hildebrandt 1933a, 54)

Ein Blick in Goethes Text läßt Hildebrandts und Gadamers kurzschlüssige und vereindeutigende Politisierung von Platons Dialogen nicht zu. Er selbst wendet sich in dem hier zitierten Text gegen mystifizierende Übersetzungen, die etwa Platon zum »Mitgenossen einer christlichen Offenbarung« (Goethe, zit.n. 1978, Bd. XII, 244) machen. Es handelt sich ironischerweise um eine Kritik Goethes an einer Übersetzung des platonischen Dialogs *Ion* aus dem Jahre 1796, in der die rhetorischen Strategien Platons nicht klar werden und dem »deutschen Leser« (245) als Ernst vermittelt wird, was Platon als Ironie formuliert. Erstaunlich ist, daß Goethe auf die sophistische Rede bei Platon aufmerksam macht:

»Wie nötig bei einem solchen Schriftsteller, der bei seinen großen Verdiensten den Vorwurf sophistischer und theurgischer Kunstgriffe wohl schwerlich von sich ablehnen könnte, eine kritische, deutliche Darstellung der Umstände, unter welchen er geschrieben, der Motive, aus welchen er geschrieben sein möchte« (ebd.).

Der Persiflage-Charakter in Platons Schriften muß vom Übersetzer gegebenenfalls erkannt und nicht als Ernst ausgegeben werden:

»Denn wie kommt z.B. ›Ion‹ dazu, als ein kanonisches Buch mit aufgeführt zu werden, da dieser kleine Dialog nichts als eine Persiflage ist? Wahrscheinlich, weil am Ende von göttlicher Eingebung die Rede ist! Leider spricht aber Sokrates hier, wie an mehreren Orten, nur ironisch.« (Ebd.)[70]

Goethes Plädoyer für eine Klärung der Textgenres durch Anmerkungen des Übersetzers zielt darauf, dem Offenbarungsdenken eine philologische Grenze zu setzen:

---

[70] Anders als Goethe vertritt Gadamer die Auffassung, daß Platon hinter ›Scherz‹ und ›Ironie‹ auf den ›Ernst‹ hinausweise. Der »Ernst« (29) als Gegenpol einer »ästhetischen Selbstvergessenheit« (ebd.) wird zur staatstragenden subjektiven Disposition: »Indem seine [Platons, TO] Dialoge das Philosophieren darstellen, um zum Philosophieren zu zwingen, verbergen sie sich selbst mit allem, was sie sagen, wieder in das ungreifbare Zwielicht der Ironie. So gelingt es Plato (...) dadurch eine wahrhaft philosophische Dichtung zu schaffen, daß sie über sich selbst auf den Ernst hinausweist.« (33) In einer späteren Laudatio auf Karl Reinhardt wird Gadamer zu Recht nicht den Ernst, sondern die »Vieldeutigkeit« (Gadamer 1977a, 156) in Platons Ironie herausstellen.

Die Vertreibung der Dichter 77

»Gewiß, wer uns auseinandersetzte, was Männer wie Plato im Ernst, Scherz und Halbscherz, was sie aus Überzeugung oder nur diskursiv gesagt haben, würde uns einen außerordentlichen Dienst erzeigen und zu unserer Bildung unendlich viel beitragen; denn die Zeit ist vorbei, da die Sibyllen unter der Erde weissagten; wir fordern Kritik und wollen urteilen, ehe wir etwas annehmen und auf uns anwenden.« (249)

Von Goethe kann gelernt werden, das Politische in Platons Dialogen auf einer weitaus komplexeren Grundlage zu erforschen.

2.5 Exkurs: Hermeneutische Variationen um Platon 1933

»Die klassische Philologie war eben ein Rückzugsgebiet«
(Gadamer 1990, 549).

Die Untersuchung über die hermeneutische Produktivität, die sich 1933 um das Thema ›Platon‹ einstellt, stößt auf diverse Deutungsprofile. Im Spektrum der Interpretationen wären die Autoren zu unterscheiden, die die Kraft der Anspielung anwenden und dem Leser bestimmte Bedeutungen suggerieren, wie etwa Gadamer, und diejenigen, die, eingeschrieben in den herrschenden Diskurs über geistige und ›rassische‹ Verwandtschaft zwischen ›Griechentum‹ und ›Deutschtum‹, direkte Parallelen konstruieren (Werner Jaeger und Kurt Hildebrandt), ferner diejenigen, die Platon als Bauchredner (H.F.K. Günther) sprechen lassen.[71] Bei einer näheren Betrachtung zeigt sich die Ordnung dieser Deutungen nicht als ein willkürliches Nebeneinander. Sie stehen vielmehr im Zusammenhang mit der gesellschaftlichen und akademischen Positionierung der Autoren wie auch der Adressaten. Eine hierarchisierte

---

[71] Bruno Bauch rezensierte das schon erwähnte Buch von H.F.K.Günther (1928, vgl. in diesem Band Fn. 61) in den *Blättern für Deutsche Philosophie* (1929-30, 143). Er empfiehlt die »kleine, aber sehr lesenswerte Schrift« (ebd.). Günther mache »das Problem der Fortpflanzung und Züchtung lebendig, das bei Platon zur Abwehr der ›regellosen Zeugung‹« (ebd.) führe. Er selber habe es nicht selten erfahren, daß in seinen Vorlesungen »sich mancher darüber gewundert hat, daß schon Platon sich mit diesen Fragen beschäftigte« (ebd.). Gegen die »ängstlichen Gemüter« (ebd.), die solchen rassistischen Erwägungen »›plumpen Naturalismus‹« oder »›Materialismus‹« (ebd.) vorwerfen, könne der Leser bei Günther lernen, daß Platon, obwohl er »in methodischer Beziehung den modernen rassebiologischen und eugenischen Überlegungen noch fernstehen mag, ihnen in sachinhaltlicher Beziehung recht nahe kommt« (ebd.). Günther könne sich doch »für seinen Themenkomplex« (ebd.) das Wort seines engen Freundes Max Wundt zu eigen machen: »›Von nichts Vergangenem redet, wer heute an Platon erinnert.‹« (Ebd.)

Gesellschaft reproduziert die entsprechenden Formen der Bedeutungsarbeit. Mittels der Modalitäten der ›Politisierung‹ der Platon-Lektüre findet eine Verständigung statt. An ihr kann man exemplarisch das Distinktionsdispositiv studieren, das eine genauere Bestimmung der innerfaschistischen Verhältnisse im gebildeten Milieu ermöglicht. Gadamer lobt 1935 in seiner Rezension von Kurt Hildebrandts Buch *Platon. Der Kampf des Geistes um die Macht* (1933) einen der bewährten hermeneutischen Kunstgriffe. Vieles von Platons »politischem Wollen und Geschick« (Gadamer 1935, 10) werde in seinen Schriften sprechend, »wenn man sie nur wieder so liest, wie sie selber gelesen werden sollten und gelesen wurden: in der ganzen Fülle geschichtlicher Anspielung und politischer Abzielung, die für den zeitgenössischen Leser im Zeitpunkt der Veröffentlichung sprechend waren. (...) Um dieses Ziel zu erreichen, stellt H. [Hildebrandt, TO] einleitend (...) die politischen Verhältnisse und das politische Schicksal Athens und Griechenlands in platonischer Zeit dar. Vor allem aber sucht er (...) herauszuheben, was der zeitgenössische Leser dabei denken mußte. (...) Dem Leser geschieht an den platonischen Dialogen das gleiche, was dem mit Sokrates Redenden ständig geschieht: (...) sich selbst als den zu erkennen, der in allem, was in Rede steht, eigentlich gemeint ist.« (Gadamer 1935, 10f) In einem Interview für das *Independent Journal of Philosophy* kommt Gadamer (1978, 7) erneut auf Hildebrandts Platon-Buch zu sprechen: »I learned something from Hildebrandt's book on Plato, for whom Hildebrandt had a sensitive ear. He was not a philosopher but a well educated psychiatrist who had a good feel for young people. This enabled him to see things in the Platonic dialogues that no one else could see.« (Ebd.) Wir sehen uns am Material die hier gelobte Deutungstechnik Hildebrandts genauer an.

2.5.1 *Adolf Hitlers »Kampf um die Macht« in Platons politischer Biographie*

1933 schreibt Kurt Hildebrandt die Einleitung zu Kröners Taschenausgabe der *Politeia* (übersetzt von August Horneffer), die 1939 und 1943 wiederaufgelegt wurde und 1982 ihre 10. Auflage erreicht hat.[72] Hier

---

[72] Hildebrandt hat diese Einleitung grob gesäubert. Er hat ganze Abschnitte verschwinden lassen, seine rassistischen Kategorien und eindeutigen Bezüge zum NS retuschiert. Ein philologischer Textvergleich, der diese Umarbeitungen dokumentiert, müßte noch erstellt werden. Hier nur ein Beispiel für das Verschwinden einer

arbeitet Hildebrandt eine Platon-Biographie aus, die durch Motive aus Hitlers *Mein Kampf* und seiner späteren Entwicklung strukturiert wurde. Hier nur einige Beispiele.

Nachdem Hildebrandt die vielzitierten Sätze Hitlers über die Bedeutung des Studiums der Antike (vgl. *Mein Kampf* 1938, 469f) für sein Projekt mit den Worten lobt: »Diesen Sätzen ist keine Silbe abzuziehen und keine hinzuzusetzen« (Hildebrandt 1933b XI), beginnt er mit der Darstellung des Leidenswegs und der glücklichen ›Machtergreifung‹ Platons. Anders als Joachim Bannes, der in seinem Text *Platons Staat und Hitlers Kampf* (1933) offen eine Parallele baut, arbeitet Hildebrandt die Ähnlichkeit der beiden politischen Biographien so heraus, daß ein Verblüffungs-Effekt bei zeitgenössischen Lesern und Leserinnen hervorgerufen wird. Die erste Station ist die Erfahrung des Krieges:

»Seine [Platons, TO] Jugend fiel zusammen mit dem Peloponnesischen Kriege, diesem furchtbaren Zusammenbruch des bis dahin so herrlich organisch-wachsenden Griechentums, die uns an die europäische Katastrophe unseres Weltkrieges gemahnt.« (Hildebrandt 1933b, XI)

Sich in die Leser von Platons Dialog *Gorgias* hineinversetzend, wie Gadamer die Technik Hildebrandts beschreibt, evoziert er die Reden Hitlers gegen den ›Versailler Vertrag‹:

»Was aber mögen sie [die Athener, TO] empfunden haben, wenn Platon – da eben die Diäten für die Volksversammlung wieder eingeführt sind – ihnen ins Gesicht sagt, Perikles habe die Athener zu Söldlingen, zu einem faulen, feigen, geschwätzigen, geldgierigen Volke gemacht. (Wer denkt dabei nicht an den modernen Parlamentarismus?).« (XVIII)

Die Konsequenzen aus dem gescheiterten Hitlerputsch werden angedeutet. Beim Schreiben des *Trasymachos* (des ersten Buches der *Politeia*) wollte Platon, »wie wir vermuten dürfen, auch damals (!) sein eigentliches staatliches Werk unmittelbar einleiten – aber da muß Platons im Keime so glückliche Bewegung (!) von einem furchtbaren Rückschlag betroffen sein.« (XVI)

Hildebrandt versetzt sich in die Situation nach dem Tode des Sokrates und reflektiert in Platons Gedanken die Lage der Koalitionsregierung Hitlers um 1933 mit. Im Rückblick spielt er auf die vaterländische Verteidigung Hitlers im Hochverrats-Prozeß vor dem Münchener Volksgericht an:

Stelle nach 1945: »Eine Blutschmach, wie die moderne Vernegerung eines Volkes, die dazu dienen soll, einer militärischen Macht die Despotie über Europa zu erhalten, mit solcher Blutschmach haben sich die Tyrannen von Syrakus nicht beladen.« (Hildebrandt 1933b, XXXIII)

»Nun war ihm auch weiterhin unmöglich, sich mit den Politikern des alten Schlages zu vertragen, sich in das demokratische Parteigetriebe einzulassen: er wollte die Führung des Staates nur übernehmen, nachdem die Gesinnung des Volkes im Sokratischen Geist sich gewandelt hätte. Diese Unbedingtheit seines Herrscher-Willens wird von allen mißkannt, die glauben, Platon habe in seinem vaterländischen Tatendrange nur darauf gewartet, sich in irgendeiner Form an der damaligen Regierung beteiligen zu dürfen. Andererseits mußte er, wenn er die Macht auf gesetzlichem Wege ergreifen wollte, einmal dem Volke seine vaterländische Gesinnung rückhaltlos bekennen« (XX).

Während seiner ›Wartezeit‹ schmiedete Hitler Pläne zur strategischen Stärkung der NS-Partei, die die Lehren aus der Erfahrung seines Putsches zogen. Platon ging in Hildebrandts Lesart denselben Weg:

»Und diesem Schwur, gegen die Vaterstadt keine Gewalt anzuwenden, sondern nur durch Vorbild und Lehre, nur eine gesetzliche Revolution zu versuchen, ist er zeitlebens treu geblieben. Danach ging er ans Werk. Noch war die Zeit nicht reif, daß er als Staatsmann eingreifen, auch nicht, daß er eine große Partei (!) um sich sammeln konnte: um das neue Volk zu schaffen, mußte er zuerst eine kleine Schar von Führern aus seinem eignen Geiste erzeugen.« (XIV)

Statt sich an »die Gelehrten seiner Zeit« (XIV) zu wenden, wandte sich Platon an die Jugend, denn »nur aus dem Eros der Jugend können ihm die Führer erwachsen, die das neue Volk gestalten« (XV). Hitlers Opferstilisierung als ›verhinderter Patriot‹ bekommt bei Platon auch einen Platz zugewiesen: »Offenbar spürte man, daß durch Platon der Sokratische Geist den Staat revolutionierte, man hemmte seine Bewegung und versuchte, sie lächerlich zu machen.« Dennoch triumphiert Platon: »Damals die Erbitterung, daß er keine Gefolgschaft fand, jetzt das seelige Bewußtsein, daß in der Seele des schöpferischen Heros das Weltall sich aufbaut.« (XXIV) Als würde Hildebrandt in ein direktes Gespräch mit Adolf Hilter und Carl Schmitt eintreten, spricht er vom »scheinbaren« (XXXIII) Tyrannenhaß im Werke Platon. Er will versichern, »daß nur ein Gewaltherrscher würde Platons Staat verwirklichen können« (ebd.) und daß Platon auf »solchen Tyrannen« (ebd.) hoffe:. »Er hofft allerdings, daß ein Staatsmann auf gesetzlichem Wege mit der Diktatur betraut wird, wenn er aber die Macht erhalten hat, darf er nicht an das Gesetz gebunden sein, sondern er muß das neue Gesetz schaffen (...).« (Ebd.)[73]

---

[73] In der gesäuberten Neufassung lautet diese Stelle folgendermaßen: »Bei den heillosen Zuständen in Sizilien mußte an die Notwendigkeit gedacht werden, daß nicht ein König gesetzlich gewählt wurde, sondern ein Staatsmann mit diktatorischer Gewalt die neue Verfassung gab. So ist im ›Politikos‹ ausgeführt: Der Staatsmann vor allen muß der Philosoph sein, der die Idee der Gerechtigkeit zu schauen vermag.« (Hildebrandt 1982, XXXVIf)

Die Vertreibung der Dichter 81

Während Altphilologie und Philosophie sich immer noch schwer tun, ein wissenschaftliches Interesse an ihrer Geschichte zu entwickeln, werden die Texte, die nach 1945 nicht verfälscht wurden, zeitenthoben und im Medium einer blinden Immanenz gelesen.[74] Dagegen stößt eine Lektüre, die nach der historischen Gebundenheit fragt, auf die expliziten Verbindungen im manifesten Text. In manchen Fällen sind die feinen Strategien der Interpretation ohne die Rekonstruktion des politischen Einsatzes der akademischen Debatten kaum zu entdecken. Der Fall Werner Jaeger, der für seinen ältesten Schüler Richard Harder »eine Art ›Regulator‹ der deutschen Altertumswissenschaft« (Schadewaldt 1963, 18) war, verdient in diesem Zusammenhang weiterhin besondere Beachtung.

2.5.2 Das Werk eines »Emigranten«

Der erste Band von Werner Jaegers großangelegtem Hauptwerk *Paideia* erscheint 1934 und aufgrund seiner Resonanz bereits 1936 in zweiter Auflage. Die weiteren zwei Bände werden in den USA geschrieben (Band II und III erscheinen 1944 bzw. 1947 in Deutschland). Jaeger, der die Richtlinien zur Gleichschaltung der Klassischen Philologie in seiner »offiziellen Begründung« (Losemann 1977, 86) zum Rahmen für sein Werk erklärte[75], nimmt im Vorwort zum ersten Band erneut Bezug auf den historischen Kontext. »Die Darstellung wendet sich nicht nur an die gelehrte Welt, sondern an alle, die in dem Kampfe unserer Zeit um den Bestand unserer mehrtausendjährigen Kultur heute wieder den Zugang zum Griechentum suchen.« (Jaeger 1934, o.S.)

Die Dramaturgie in Jaegers Darstellung folgt dem bekannten Muster vom ›Zusammenbruch der attischen Demokratie‹ und der staatsautoritären ›Restauration‹:

---

[74] Im Standard-Bericht von Ernst Moritz Manasse (1957) über die Platonforschung in deutscher Sprache werden die Ausgaben nach 1945 rezensiert und die manifeste Bezüge zum historischen Kontext weitgehend ausgeklammert.

[75] »Eine zusammenfassende Darstellung (...) des erzieherischen Menschenbildes der Griechen, wie es hier vorausgesetzt ist, werde ich in meinem Werke: ›Paideia. Die Formung des griechischen Menschen‹ geben.« (Jaeger 1933, 45) Jaeger verweist auch hier in Fußnoten auf mehrere seiner früheren Texte. Sein 1932 in *Die Antike* veröffentlichter Aufsatz über *Staat und Kultur* zeigt, wie ernsthaft und durchdacht seine Ablehnung der Demokratie und der Humanitätsideale der Aufklärung ist. Sein inoffizieller Anschluß ist schon hier zu lesen.

ARGUMENT-SONDERBAND NEUE FOLGE AS 240

»Der erste Band umfaßt Grundlagen, Aufbau und Krisis der griechischen Bildung im Zeitalter des heroischen und des politischen Menschen, d.h. in der frühen und klassischen Periode des griechischen Volkes. Er endigt mit dem Zusammenbruch des attischen Reiches. Der zweite Band soll die geistige Restauration in dem Jahrhundert Platos, ihren Kampf um Staat und Bildung und den Wandel der griechischen Kultur zur Weltherrschaft (!) darstellen.« (Ebd.)

Jaegers aktualisierender Zugriff, der im antiken Material die damals gegenwärtigen Verhältnisse aufscheinen läßt, wurde von Theodor Litt in seiner Rezension der *Paideia* sehr prägnant zu Protokoll gegeben:

Sie »beruht inhaltlich auf Studien (über Tyrtaios, Solon, Platon, Aristoteles), die um Jahre zurückliegen, und doch klingt manches, als sei es unter dem unmittelbaren Eindruck des politischen Erlebnisses niedergeschrieben, durch das unser Volk bis ins Innerste erschüttert worden ist. Der Leser findet sich in eine Zeit versetzt, deren Lebensbedingungen und Wirkungsmöglichkeiten von den unsrigen himmelweit verschieden waren, und doch kann er aufs neue die Erfahrung machen, daß in dieser Zeit gewisse Grundfragen des menschlichen Seins mit einer Klarheit erfaßt und durchdacht worden sind, die die damals gegebenen Antworten für uns stets erwägenswert, nicht selten verbindlich macht.« (Litt 1934, 305)

Auch unter Germanisten wird Jaegers Werk rezipiert. In der Zeitschrift *Dichtung und Volkstum*, die Julius Petersen und Hermann Pongs herausgaben, erscheint 1937 eine Rezension des ersten Bandes der *Paideia* von Robert Petsch. Sie hebt die hermeneutischen Qualitäten Jaegers hervor und kommt Theodor Litts Einschätzung nahe: Die *Paideia* »stelle das Wort der griechischen Vorzeit an die Gegenwart dar; so vermittelt sie Fragen und Antworten, Deutungen und Forderungen hinüber und herüber.« (Petsch 1937, 1000) Petsch hält Jaegers Werk für »die bedeutendste Auseinandersetzung zwischen deutschem (und zwar gegenwärtig-deutschem) und griechischem Geiste, die wir bisher empfangen haben« (ebd.). Jaeger arbeitete

»mit dem ganzen Material der historischen Schule – aber er greift jeweils hinter ihre Ergebnisse zurück und fragt nach dem tieferen, völkisch-griechischen und zugleich paradigmatisch-menschlichen Sinn der Erscheinungen: nach dem, was sie uns eigentlich zu sagen haben« (ebd.).

Der Eindruck, den Litt und Petsch aus der *Paideia* notieren, entsteht nicht zufällig. Es handelt sich nicht um isolierte Passagen, die zeigen, wie Jaeger sich »den Gebrauch der Stunde zu eigen machte« (Hölscher, FAZ, 30. Juni 1988). Jaegers analytische Begrifflichkeit – etwa ›Kultur‹, ›höheres Menschentum‹, ›Vorbild‹, ›Führertum‹, ›Erziehung‹, ›Volksgemeinschaft‹, ›Humanität‹ – sind ohne den ›Rasse‹-und ›Zucht‹- Gedanken in Jaegers biologistischer und kulturrassistischer Anwendung nicht zu denken. In der Einleitung mit dem Titel *Die Stellung der Griechen in der Geschichte der menschlichen Erziehung* kommen die zentralen Motive seines ›Gleichschaltungs‹-Textes vor:

Die Vertreibung der Dichter 83

»Aber unsere eigene geistige Bewegung zum Staate hin hat uns wieder die Augen geöffnet für die Tatsache, daß ein staatsfremder Geist dem Hellenen der besseren Zeit ebenso unbekannt war wie ein geistfremder Staat. (...) Der kommende dritte Humanismus ist wesentlich an der Grundtatsache alles griechischen Erziehertums orientiert, daß Humanität, das ›Menschsein‹, von den Griechen stets wesenhaft an die Eigenschaft des Menschen als politisches Wesen geknüpft worden ist.« (Jaeger 1934, 16)[76]

Von hermeneutischer Bedeutung ist, daß er seinen Kampf gegen den unpolitischen Gebildeten über die Herabsetzung der *vita contemplativa* führt. Dieses Lebensideal wird dem späten Griechentum und dessen Nachfolger, dem deutschen »Neuhumanismus der Goethezeit« (15), negativ zugeordnet: »Die Voraussetzung beider war ein abstrakter geschichtsloser Begriff des Geistes als einer hoch über den Schicksalen der Völker und ihren Erschütterungen erhabenen Region ewiger Wahrheit und Schönheit.« (15.) Die Beliebigkeit dieser Kritik kann an der Aufwertung dieses Ideals durch Jaeger nach 1945 studiert werden (vgl. Anhang).

Eine rekonstruierende Textanalyse der *Paideia* ist hier nicht intendiert; diese müßte Jaegers vielfältige Inszenierungsmodelle seines idealen Faschismus in der antiken Paideia genau differenzieren, vor allem aber die drei Bände in ihrem historischen Kontext voneinander unterscheiden, die thematischen Verschiebungen, die Ergänzungen oder gleichbleibenden Postulate müßten präzisiert werden. Es ist wichtig hervorzuheben, daß Jaegers Bekämpfung der Demokratie ohne das Feindbild der Sophisten auskommt, deren Darstellung durchweg positiv bleibt.[77] Dennoch zeigt ein Blick in den zweiten Band der *Paideia* von 1944, daß das NS-Universum von ›Führertum‹, ›Rassenauslese‹, ›Zucht‹, ›Entartung‹, Körperkult und Lebensbornphantasien in Platons restaurativem Programm artikuliert bleibt. Eine Stichprobe:

»Er [Platon, TO] beschränkt bezeichnenderweise die Frauen- und Kindergemeinschaft auf die im unmittelbaren Dienst des Staats stehende Klasse der Wächter und dehnt sie nicht auf die Masse der arbeitenden

---

[76] Anlaß für Spekulationen hat Jaegers Änderung dieser Stelle in der zweiten Auflage der *Paideia* (1936, 16) gegeben. Statt vom *kommenden dritten Humanismus* ist dort vom »künftige(n) Humanismus« die Rede. Der Versuch, im Begriff des ›Dritten Humanismus‹ eine Parallele zum ›Dritten Reich‹ sehen zu wollen, bleibt hilflos bis absurd, solange keine inhaltliche Auseinandersetzung mit Jaegers politisch-philologischem Programm geleistet wird.

[77] »Es ist für uns natürlich, daß wir die Sophisten zurückschauend von Anfang an mit den skeptischen Augen Platos sehen«, dennoch »(g)eistesgeschichtlich sind die Sophisten eine ebenso notwendige Erscheinung wie Sokrates oder Plato, ja diese sind ohne sie überhaupt nicht denkbar.« (Jaeger 1934, 370) »Es hieße die Wirkung der Sophisten maßlos überschätzen, wollte man sie, wie es oft geschieht, allein für diese Entwicklung verantwortlich machen.« (406)

Bevölkerung aus.« (Jaeger 1944, 320) Es ist, als entdecke Jaeger das »Lebensborn«-Zuchtprojekt der SS bei Platon: »Das ist die rassenmäßige Auslese der zur Herrschaft bestimmten Klasse.« (324) Denn: »Platos Rassenpolitik ist nicht auf die Erhöhung der Quantität, sondern auf die Verbesserung der Qualität der Bürger gerichtet.« (327) Für »die Reinerhaltung der menschlichen Herrenrasse« (325) halte Platon »eine besondere Züchtung des Nachwuchses für notwendig, die er der staatlichen Kontrolle unterstellt.« (Ebd.) Wie bei H.F.K. Günther (vgl. Fn. 61 in diesem Band) deckt sich die griechische Medizin auch bei Jaeger fatal mit der NS-Medizin. Ihr Objekt sind psychisch Kranke, die Diagnose lautet »nicht lebenswert« (319): Die »Gerechtigkeit« ist »eben das Heilsein der Seele selbst, und Abweichung von ihrer Norm ist Krankheit und Entartung. Ein Leben ohne sie ist daher nicht lebenswert, wenn nicht einmal ein Leben ohne körperliche Gesundheit das Dasein lohnt.« (318f) Nicht, daß Jaeger mit diesem Platon Schwierigkeiten hätte, bedauernd stellt er fest, daß Sokrates von »näheren Ausführungen dieser verlockenden pathologischen Eidologie zurückgehalten« (319) worden sei. – In seinen Lebenserinnerungen kommentiert Gadamer:

»Als die Amerikaner Leipzig besetzten, studierte ich gerade (...) *Werner Jaegers* ›Paideia‹ – auch ein seltsames Faktum, daß dieses Werk eines ›Emigranten‹ in deutscher Sprache, in einem deutschen Verlag, in den Jahren höchster Kriegsnot erscheinen konnte.« (Gadamer 1977b, 76)

Tatsächlich ein ›seltsames Faktum‹, daß dieses Werk, dem Gadamer (1985c, 229) noch heute »monumentale Beharrlichkeit« bescheinigt, in Chicago und Harvard weiter geschrieben werden konnte. Die Nachforschungen über die ›Emigration‹ des international hochangesehenen Forschers Werner Jaeger von Volker Losemann (1977) und George Leaman (1993) sind hier hilfreich. Jaeger tauscht 1936 seinen Berliner Lehrstuhl für klassische Philologie mit einer Professur in Chicago. Beim Weggang Jaegers läßt Minister Rust mitteilen, er habe ihm »mit gleichzeitigem Dank für seine akademische Wirksamkeit die Genehmigung des Rufes erteilt« (zit. n. Losemann 1977, 43), ein für Emigranten ungewöhnlicher Blumenstrauß. 1940 belehrt der Herausgeber der unter Himmlers Ägide begründeten Zeitschrift *Weltliteratur* einen SS-Obersturmbannführer, der als Wächter des *Ahnenerbes* eine Rezension von Jaegers *Demosthenes* moniert hatte, daß die Auswanderung Jaegers keineswegs »unter wenig rühmlichen Umständen erfolgte« (Dr.K/Kn an SS-Obersturmbannführer Prof. Dr. W. Wüst, 29.3.1940, Berlin Document Center, zit. n. Leaman 1993, 91), vielmehr zum Teil sogar bedauert wurde: »SS-Obersturmbannführer Harmjanz, den ich persönlich befragte, erklärte mir, (...) daß Jaeger ein hervorragender Kopf sei und verwies

Die Vertreibung der Dichter

darauf, daß auch in anderen Fällen Wissenschaftler, die mehr oder weniger jüdisch versippt waren, zugelassen und teilweise sogar Reichsbeamte sind (Haushofer, Frhr. v. Künzberg u.a.). Jaeger ist nicht im landläufigen Sinne dieses Wortes emigriert, sondern hat aus freien Schlüssen und ohne Zwang seinen Wohnsitz nach Amerika verlegt. Er ist also weder geflüchtet, noch zur Auswanderung gezwungen worden.« (Ebd.)[78]

Auch der klassische Philologe Karl Reinhardt bleibt in seinen Erinnerungen diskret: Inwieweit Jaegers *Dritter Humanismus* »in den Bahnen der allgemeineren Zeittendenzen schritt, wie des Neuklassizismus oder bald danach der mannigfaltigen Bestrebungen zur Einkehr und Selbstprüfung im politischen Zusammenbruch (?), soll hier nicht untersucht werden« (Reinhardt 1960, 131). Als er auf die *Paideia* zu sprechen kommt, spielt Jaegers politischer Anschluß keine Rolle mehr: »Das Verdienst des Buches ist eine Gesamtschau unter einheitlichem, pädagogisch hohem Gesichtspunkt.« (132)[79]

---

[78] Losemann berichtet: »Die Sonderstellung Jaegers wurde auch in späterer Zeit beachtet. Nach einer geheimen Presseanweisung von 1941 war bei der Erwähnung Jaegers ›äußerste Zurückhaltung und vorherige Rücksprache mit der Abteilung ZP, Kulturpresse‹ geboten.« (43)

[79] Zu der Jaeger-Legende gehören die Attacken von »nazistischer Kollegenseite« (Hölscher, FAZ, 30. Juli 1988), die, wie wir sahen, Jaeger selber als ein »Mißverständnis« (Jaeger 1933, 43) darzustellen versuchte. In der Regel wird auf die Kritik von Ernst Kriecks *Unser Verhältnis zu den Griechen und den Römern* von 1935 in *Volk im Werden*, auf das Drexler-Buch *Der Dritte Humanismus* (1942) sowie auf Rößners *Dritter Humanismus im Dritten Reich* (1936) verwiesen. Solche Phänomene gehören zu den üblichen *innerfaschistischen* Polemiken, im Rahmen derer Jaeger sein Projekt als anschlußfähig verteidigt. Nach 1945 entsteht daraus die Legende, daß für den *Dritten Humanismus* »im Dritten Reich kein Platz war« (Schadewaldt 1963, 19). Bei Drexler (1942, 10) lesen wir indes: »Es wäre ein verhängnisvoller Irrtum zu glauben, der dritte Humanismus sei mit Stumpf und Stil ausgetilgt. Daß die *Humanistischen Reden und Vorträge* Werner Jaegers noch im Jahr 1937 in einem der angesehensten wissenschaftlichen Verlage erscheinen konnten, spricht eine beredte Sprache.« Die Debatte um den *Dritten Humanismus* im NS, die Stellung der Jaeger-Schüler und führenden klassischen Philologen Richard Harder und Wolfgang Schadewaldt als Parteigänger der Nazis, hat Losemann (1977) weiter recherchiert.

2.6 Thesen über die Resonanzverhältnisse um Platons »Politeia« 1933

1) Die Genese der vielfältigen Platon-Deutungen wurde nicht – wie wir sahen – von außerakademischen oder ›weltanschaulichen‹ Impulsen gesteuert. Sie entsteht im Zentrum des akademischen Diskurses und behauptet sich mit Absolutheitsansprüchen als wissenschaftlicher Kanon. Die populären Varianten der Platondeutung berufen sich auf diese Richtlinien und machen sie mit ihren Mitteln produktiv. Es gibt kaum einen Text, in dem Jaegers Diktum von Platon als einem ›Staatsgründer‹ gegen den neukantianischen ›Metaphysiker‹ nicht vorkommt. Die Außerkraftsetzung philologischer Handwerksregeln wurde nicht von den unbedeutenden und marginalen Platondeutern ›mißbraucht‹, sondern konsequent vom Rahmen dieses Kanons gedeckt und gegen die Feindbilder des Historismus und Positivismus weiterentwickelt.

2) Eine der herausragendsten und modernsten Leistungen der Platondeutungen bestand für den NS darin, daß sie darauf angelegt waren, die Zustimmung für die »Neugründung des Staates« über die Popularisierung des elitären Erhabenheitsgefühls, das historisch das Privileg einer gebildeten Klasse war, zu motivieren. Die entscheidende Strategie dabei war, daß die Erfahrung des Elitären von ihren bürgerlichen distanzierten Ausdrucksformen entkoppelt und an militarisierte und heroische Muster angelehnt wurde. Die Ausarbeitungen der platonischen *Paideia* heben gegen ein aufklärerisches Gebildetenmodell die männlichen ›griechisch-deutschen‹ Tugenden der Wehrfähigkeit, der heroischen Lebenshaltung, der Todesbereitschaft, der ›Entscheidung‹, der Bekämpfung des ›sophistischen‹ Feindes und der Bejahung ›ungeschriebener Gesetze‹ hervor. Diese Militarisierung ist nicht abhängig von einer äußeren Befehlsstruktur, sondern setzt auf Individuen, die die Sorge um den ›inneren Staat‹ freiwillig vollziehen. Im Modell der idealen Staatsbürger als *Wächter des Staates* werden die Schleusen für eine heroische Subjektivität beiderlei Geschlechts aufgemacht, die sich außerhalb des Elfenbeinturmes formieren kann, ohne die Rangordnung zu gefährden.[80] Der

---

[80] Die spezifischen Rezeptionsformen der Platondeutung bei Frauen müßten gesondert analysiert werden. Die Stellen der *Politeia* über die platonische Frauen- und Kindergemeinschaft (449a-451c) und Platons Grundsatz von der Gleichheit der körperlichen Anlagen von Männern und Frauen, die aber mit unterschiedlichen Fähigkeiten ausgestattet sind (455d-e), waren Anlaß einer Vielfalt von Interpretationen. Darüber hinaus müßten die Adaptationen des heroischen Musters, das auf männlichen Vergesellschaftungsformen basiert, in den ›Führerinnen‹-Konzeptionen genauer studiert werden.

Gesellschaftsentwurf der *Politeia* stellt die Orte bereit, in denen sich sowohl die ›Führung‹ wie die ›Gefolgschaft‹ unausgesprochen wiedererkennen kann. Genauer betrachtet finden in der Vertikale nicht nur die *geführten Führer und Führerinnen* den ihnen zugeschriebenen Platz, sondern ebenso *die Führer der Führung* (die Geisteselite in der Sondergestalt des Philosophen) und vor allem die *Staatsfeinde*. Die immer wieder zitierte Parole aus der *Politeia* ›das Seinige tun‹ (vgl. Rep. 433a) formuliert den ideologischen Auftrag, sich freiwillig der Herrschaftsordnung zu unterstellen. Vor dem Hintergrund der rassistischen Fundierung des NS, die die sozialen Gegensätze in eine biologistische Rangordnung transformiert, wird die Emanzipation von Herrschaft als *naturwidrig* deklariert und somit undenkbar gemacht.

In diesem plastischen Herrschaftsmodell findet der Konsens über die autoritäre Reform des Staates, der im historischen Kompromiß zwischen den völkischen Fraktionen und dem nationalkonservativen ›Geist von Potsdam‹ den NS konsolidierte, seinen Niederschlag. Dieser Konsens versprach der herrschenden Klasse eine Dynamik, die zum einen, wirtschaftlich, den Sprung in die »nachholende Modernisierung« (Haug 1986, 41) unterstützte, und zum anderen tendenziell die Abschaffung der liberalen Zivilgesellschaft garantierte.

3) Vom ideologietheoretischen Standpunkt aus wäre das Spezifische der Platoninterpretationen, daß die von ihnen konstituierten militarisierten ›Lebensführungs‹-Konzepte darauf angelegt waren, größeren gesellschaftlichen Gruppen, vor allem der Jugend, ein Zugehörigkeitsgefühl zu einer Elite zu vermitteln, das sie – unabhängig von ihrem tatsächlich subalternen gesellschaftlichen Ort – an einer höheren Ordnung partizipieren ließ.

Dieses Faktum unterscheidet die Welt der Antike radikal von der der faschistischen Gegenwart. Bei Platon handelt es sich um einen Elite-Diskurs, der sich ausschließlich an die herrschende Klasse Athens wendet. Dieser *Egalitarismus des Elitären* wird im NS-Alltag in hierarchische Rituale einer freiwilligen Unterwerfung transponiert und als Erlebnis organisiert. In der Aufbruchsphase des NS gilt als unmittelbarer Garant für dieses Erlebnis der Evidenz-Charakter des erbbiologischen Rassismus, welcher in seiner primitiven Form das Fundament einer ideologisch überformten ›Gleichheit‹ konstituiert, indem er von der Fiktion einer ›Volksgemeinschaft‹ ausgeht, die alle Menschen, die zu der Zeit einen ›Ariernachweis‹ besitzen konnten, vom Rest der Welt als auserwählte ›Nachfolger der Griechen‹ aussonderte. Der NS schafft es bekanntlich, dieses Erlebnis in komplexeren ›Zucht‹-Konzepten klassenübergreifend als ›Aufgabe‹ zu transformieren und mit der Realisierung einer rigiden Klassengesellschaft nach innen und eines kriegerischen und rassistisch-imperialen Projekts nach außen zu koppeln.[81]

4) Elitäres Gefühl als Massenware scheint zwar die Distinktionsbedürfnisse des Mandarinats zu verletzen, dennoch wissen die Mandarine, wovon sie sprechen. Die Bedrohungsphantasien hinsichtlich der sogenannten ›Unregierbarkeit der Massen‹ motivierten mit großem Erfolg in den existentialistischen und lebensphilosophischen Diagnosen der Weimarer Zeit Angebote zur Krisenverwaltung und zur Disziplinierung der revoltierenden und aufbegehrenden Subjekte. Heideggers viel studiertes Un/Eigentlichkeits-Theorem und Jaspers' Ideal des ›Selbstseins‹ gehören hierher.[82] Auffällig an diesen Texten ist, daß sie einen Leser und eine Leserin konstituieren, die sich selten als Teil der ›Masse‹ bzw. der ›Uneigentlichen‹ (oder nur in der Form einer Strafe) denken können und sich als Anwärter und Anwärterinnen einer Elite von Eingeweihten imaginieren.

Günther Stern (später Anders) antwortet in seiner überwiegend positiven Rezension von Karl Jaspers' *Die geistige Situation der Zeit* (in der populären ›Sammlung Göschen‹ als 1000. Band zum Jubiläum erschienen) auf die Frage, warum »der Typ dieses Buches in der heutigen philosophischen Produktion etwas völlig Einzigartiges darstellt«: »die Philosophie tritt heraus aus ihrer Reserve, nicht nur inhaltlich, sondern auch in der Wahl ihrer Leser und spricht über die Vermassung und Zerstörung des Menschen nicht im engen Raum philosophischer Fachschaft, sondern auf dem Forum eines Verlages, dessen Bücher eben gerade von den ›Vermassten‹ gekauft werden« (Stern 1931, 5f).

Das Denken des »politischen Existentialismus« (Marcuse 1934, zit. n. 1980, 190) knüpft die Hoffnung auf eine ›Wiedergeburt des Staates‹, an

---

[81] W.F. Haug (1986) stellt in seiner ideologietheoretischen Studie über *Die Faschisierung des bürgerlichen Subjekts* auf den Feldern der Psychiatrie, Medizin, Wirtschaft, Ästhetik und Jurisprudenz im NS die institutionelle Verflechtung und die Leistung des Rassediskurses für die NS-Herrschaft ins Zentrum seiner Analyse.

[82] Karl Jaspers' *Geistige Situation der Zeit* propagiert gegen »den Sophisten« eine esoterische und heroische »Haltung des Selbstseins« (Jaspers 1931, 161). Zentral in Jaspers' Entwurf ist die Kategorie des »Adels des Menschen« (173), der sich von der Idee der »Herrschaft einer Minderheit als der erblich privilegierten, durch Macht, Besitz, Erziehung« (ebd.) verabschiedet und sich als appellierende Möglichkeit, d.h. als Selbstaufgabe begreift: »Auf die Frage, ob heute noch Aristokratie möglich sei, bleibt daher nur der Appell an den Menschen, der diese Frage stellt, an ihn selbst. Es gibt hier das geistige Kampffeld in jedem einzelnen, sofern er nicht endgültig erlahmt ist.« (179) Die Selbstaufgabe wird zur Selbstauslese: Gelingt dieses innere Ringen nicht, dann fallen die Menschen durch dieses Versagen in die ›Masse‹ oder ins Sophisten-Dasein zurück.

Die Vertreibung der Dichter

eine aus religiösen Anrufungen schöpfende, radikal privatistische ›Entscheidung‹ der Subjekte gegen eine von ›sophistischen‹ ›zersetzenden‹ Werten geprägte Welt. An deren Stelle tritt die ›Entscheidung‹ für eine Haltung, die sich ›vaterländisch‹ im ›totalen Staat‹ darüber *erhaben* weiß. In diesen Entwürfen werden die umkämpften Klassengegensätze gegen die Einmischung von vermittelnden Instanzen einer Zivilgesellschaft (die politischen Parteien, der Rechtsstaat, die öffentliche Meinung usw.) verhandelt. Die Platon-Deutung bringt dieses Szenario in antike Koordinaten und versetzt zugleich das heroische Subjekt, das Schöpfer seiner ›Entscheidung‹ ist, in die Welt einer Klassik, die seine hochgradige Entpolitisierung nicht denken läßt. Die bürgerlichen Formen einer distanzierten ›Innerlichkeit‹ werden neu besetzt. Die Platon-Leser und Leserinnen werden mit der Sorge um ihre Gesundheit, um ihre ›Rasse‹, um ihre Schönheit und um die richtige Stellung zum ›Staat in der Seele‹ beauftragt. Der manifeste Kampf gegen den Ästhetizismus des Bildungsbürgertums verdeckt, daß die Formierung des *neuen Menschen* über die Ästhetisierung einer heroischen Lebenshaltung verläuft.

5) Im Unterschied zu anderen faschisierten philosophischen Interpretationen von Leibniz oder Schopenhauer bietet der Rückgriff auf Platons *Politeia*, wie wir sahen, plastisches Material, das eine Pädagogisierung und Popularisierung des Stoffes (die auch die Dialogform produktiv anwendet) leichter macht. Zugleich aber sichern einige Interpretationen des *7. Briefes* und der *ungeschriebenen Geheimlehre* den exklusiven Zugang zur *Wahrheit* für die Geisteselite im NS, indem sie die Bildung von »Sinn-Reservaten« im platonischen Material konstituieren, die sich von den ›einfachen Botschaften‹ des populären Platon distinguieren können.[83] Die Tatsache, daß die Platondeutung im NS die Fähigkeit entwickelte, alle diese Varianten (die sich voneinander unterscheiden und abgrenzen) zu artikulieren, verleiht ihr einen hegemonialen Charakter.

---

[83] In der Einleitung zu *Platons Lehre von der Wahrheit* (1942) signalisiert Martin Heidegger seine Variante im Umgang mit der platonischen Geheim-Lehre: »Die ›Lehre‹ eines Denkers ist das in seinem Sagen Ungesagte, dem der Mensch ausgesetzt wird, auf daß er dafür sich verschwende.« (Heidegger 1942, zit. n. 1978, 201) Heideggers durchaus moderne Deutung der Höhlengleichnisses mobilisiert die hermeneutischen Kräfte des Esoterischen für die Anrufung des Lesers, gekoppelt an eine Wahrheitskonstruktion mit Offenbarungscharakter. Manfred Frank (1992, 64) bringt in seinem Text *Stil in der Philosophie* das Phänomen präzise zum Ausdruck: »Was sich in den Sätzen der Philosophie ›zeigt‹, aber nicht ›sagen‹ läßt, also eigentlich verschweigt – kann immer noch bedeutsam sich verschweigen.« Über Schweigeverhältnisse rekrutieren sich hörige Adressaten, die sich als Auserwählte in der Nähe einer niemals diskursiv zu begreifenden Wahrheit zu imaginieren vermögen.

6) Am Topos des ideellen Auftragscharakters der *Politeia* läßt sich die Offenheit für neue Reaktualisierungen im Verlauf des NS – wie wir am Beispiel Gadamers zeigen können –, ablesen. Die Bildung von *Sinn-Reservaten* im platonischen Material konstituierte nicht den Aufenthaltsort einer ›inneren Emigration‹, sondern, wie Karl Löwith (1986, 20) am Beispiel des George-Kreises beschreibt, einen »Edelfaschismus«. Das tradierte Motiv des *7. Briefes*, des über die Unmöglichkeit der Realisierung seines Staatsprojektes enttäuschten Platon, kann mit dem Eintreten von ›Enttäuschungsprozessen‹ über unerwünschte Entwicklungen des NS, als regulative Idee des geistigen Faschismus, wieder funktionalisiert werden. Bekanntlich nimmt im Verlauf des NS das Bedürfnis nach ›inneren Reichen‹ zu. Die Existenz derartiger ›Reiche‹ wird nach 1945 als *innere Emigration* ausgelegt, wobei darüber geschwiegen wird, daß ihre Formierung auch etwas damit zu tun hatte, daß der NS sich im Gegensatz zum platonischen Traum nicht mehr halten konnte.

Drittes Kapitel

Berufung und Professur

>»Denn ich hatte ja nun durch Gottes Wunder eine
>Professur bekommen.« (Gadamer 1990, 549)

3.1 »Göttliches Wunder« und »Folge der hohen Politik«

Gadamer gerieten die ›Säuberungen‹ des NS-Regimes an den Universitäten zum Vorteil. Von der ›Vertretung‹ für Kroner in Kiel kehrte er im November 1935 nach Marburg zurück. Wieder war ihm ein Vertretungsauftrag zugeteilt worden; diesmal war es der Lehrstuhl Erich Frank. Frank, Nachfolger von Heidegger, wurde 1935 nach der Aufhebung des »Frontkämpfer-Paragraphen« (§ 3 BBG) zwangsemeritiert.[1] Gadamer, der Frank als seinen Freund betrachtete, hatte nun dessen Lehrstuhl bis zur endgültigen Streichung 1936 inne.

Solche ›Vertretungen‹ waren durchaus heikle Angelegenheiten. Weder Kroner noch Frank waren linke Außenseiter, sondern im konservativen Mandarinat etabliert. Als »arischer Ersatzmann« (Gadamer 1990, 543) auf ihren Stellen Karriere zu machen, konnte im konservativen Akademiker-Milieu leicht in den Geruch von Opportunismus und brauner Systemnähe geraten. Ein aufstrebender Privatdozent, wie Gadamer es war, hatte in solchen Fällen allerlei Rücksichten zu nehmen. Takt und Taktik waren gleichermaßen gefordert, wo es galt, sich durch höchst unterschiedlich gelagerte Empfindlichkeiten zu lavieren. Rücksicht war auf die akademische Zusammengehörigkeit zu nehmen, Form und Anstand waren gegenüber den Freunden zu wahren, die als ›Juden‹ entlassen wurden, zugleich mußte man sich auf den NS einlassen, ohne sich bis zum Äußersten zu kompromittieren. Gadamer ist noch heute zufrieden mit der Tangente, die er an die neue Ordnung legte. Sie beschreibt ein ›Durchkommen‹, dessen Spezialität die kollegiale Fühlungnahme mit den Stützen des Regimes ist, ohne ›politisch‹ zu werden.[2]

---

[1] 1939 emigrierte Frank in die USA (vgl. Leaman 1993, 39f).
[2] »Ich war geschickter. Die anderen haben, weil sie anders nicht durchkamen, Konzessionen machen müssen. Ich hab's nicht machen müssen. Die Geschicklichkeit bestand darin, daß man diejenigen, die Nazis waren, aber echte, vernünftige Wissenschaftler, weiter als Kollegen ernst nahm, unter Vermeidung politischer Gespräche natürlich.« (Gadamer 1990, 552)

»Ich wollte zwar meine akademische Existenz in Deutschland retten, aber auf der anderen Seite keine politischen Konzessionen machen, die mich das Vertrauen meiner Freunde aus der äußeren oder inneren Emigration kosten konnten. Daher kam für mich ein Eintritt in eine Parteiorganisation nicht in Betracht.« (Gadamer 1977a, 56)

Daß dieses Verhalten mit seiner ganzen Problematik von seinen jüdischen Freunden richtig verstanden wurde, zeigen Löwiths Erinnerungen *Jüdische und arische Schicksale der Marburger Universität*.

»Gadamer ist trotz fehlender ›politischer Verdienste‹ nach vielen Quertreibereien Professor in Leipzig geworden. Seine spärlichen und durch Reflexion belasteten Briefe vermochten trotz ihrer guten Gesinnung den Abstand, der uns temperamentmäßig schon in Marburg getrennt hatte, nicht zu verringern. Meinen Entschluß, ihm mit Rücksicht auf die politische Trennung von Deutschen und Juden die Patenschaft aufzusagen, die ich vor mehr als zehn Jahren bei seinem Kind übernommen hatte, ließ er nicht gelten.« (Löwith 1986, 99)[3]

Im übrigen bleibt anzumerken, daß Gadamer es mit der Wahrheit übergenau nimmt: Einer ›Parteiorganisation‹ trat er tatsächlich nicht bei. Seine Mitgliedschaft im NS-Lehrerbund[4] braucht er im strengen Sinne nicht zu zählen, da dieser in der damaligen administrativen Logik nicht als Parteiorganisation, sondern als der Partei angeschlossener Berufsverband geführt wurde.

Sein zurückhaltendes parteipolitisches Engagement erfährt Gadamer als Karrierehemmnis. Er hatte einige Mühe, sein »festgefahrenes Schiffchen« (Gadamer 1977a, 56) wieder flott zu machen.[5] »Schließlich fand ich einen Weg, mit dem ich am Ende Erfolg hatte.« (Ebd.) Er meldete sich im Herbst 1935 zu einem sogenannten ›Wissenschaftslager‹, in dem Akademiker ›weltanschaulich‹ geschult wurden. Der Konzessionscharakter dieses Schrittes scheint auf, wenn es heißt: Ich war »der einzige, der ›freiwillig‹ dabei war« (56).

---

[3] Über die hier von Löwith erwähnten ›Quertreibereien‹ berichtet George Leaman (1993, 40f): Gadamer wurde als »›unpolitisch‹ kritisiert (ein Mitglied der Marburger Dozentenschaft beklagt, daß G. ›in Fortsetzung seines früheren Ästhetentums auch heute noch ›vornehme‹ Wissenschaft‹ treibt«; Prof. F. Wachsmut, zit. n. Gutachten von F. Weinhandl über G. Krüger, 25.12.35, BA-DZ).«

[4] Diese Mitgliedschaft (Nummer 254387) belegen die Akten des Berlin Document Center. 1934 wurde Gadamer Mitglied der NSV, 1938 des Deutschen Reichsbundes für Leibesübungen.

[5] Gadamer publiziert in dieser Zeit wenig. Der Bericht von der Jahresversammlung des Marburger Universitätsbundes in Wildungen erwähnt 1936 seinen Vortrag *Der Deutsche Geist und die Antike*. Neben Gadamer werden u.a. Prof. Mommsen (*Deutschland und Frankreich im Wandel der Geschichte*), Prof. Hamann (*Deutsches Wesen im Lichte der bildenden Kunst*) und Dozent Dr. Reiff (*Chemische Industrie und die Bekämpfung des Rohstoffmangels*) erwähnt.

Berufung und Professur

Volker Losemann hat die Funktion solcher ›Wissenschaftslager‹, die bei Gadamer unter ihrem euphemistischen Eigennamen als ›Dozentenakademie‹ firmieren, als vorgeschaltete ›weltanschauliche‹ Zulassungsbedingung für Lehramtsanwärter herausgestellt: Es »handelte sich um vierwöchentliche Kurse, die man anscheinend bis 1938 abhielt und zu denen der wissenschaftliche Nachwuchs aus verschiedenen Fakultäten vom REM zusammengerufen wurde. Die Zulassung zum Lehramt war an das erfolgreiche ›Bestehen‹ eines solchen Lagers gebunden. Daß dabei auch die weltanschauliche Qualifikation der Teilnehmer, die sich mit allgemeinverständlichen Vorträgen aus ihrem jeweiligen Fachgebiet vorstellen mußten, ermittelt werden sollte, versteht sich von selbst.« (Losemann 1977, 94) Ihnen lag u.a. das Konzept des Alt-Philologen Hans Oppermann zu Grunde, der die Schulungslager für Akademiker als Edel-Version von den üblichen NSDAP-Schulungen abgrenzte, bei denen eine propagandistische Pädagogik vorherrschte. Seine Vorstellung von einer indirekt wirkenden politischen Erziehung der Gebildeten war eine Melange aus platonischer Akademie und Fronterlebnis. Sie sollte das Erleben einer »wissenschaflichen Gemeinschaft« mit dem »beglückenden Bewußtsein, wie es etwa der Soldat an der Front kennt«, sein: »Wir erinnern noch einmal an Platon. So wie die Gemeinschaft der Akademie die Form war, in der echtes politisches Wollen im Bereich der Wissenschaft seinen Ausdruck fand, so ist heute das Wissenschaftslager die Form wissenschaftlichen Lebens, in der der zündende Funke der Politik auf den Forscher überspringt und seine Arbeit dem großen Aufbruch unseres Volkes einordnet.« (Oppermann, zit.n. Losemann 1977, 95). Ernst Nolte charakterisiert die Atmosphäre solcher Lager als »von einer kaum entwirrbaren Mischung von Idealismus, Opportunismus und geheimer Gegnerschaft bestimmt.« (Nolte zit.n. Losemann 1977, 94f) – Gadamer nimmt genau den von Oppermann beförderten Eindruck mit:

»Dazu kam das traditionelle deutsche Interesse an der Philosophie – und endlich gibt es ja wirklich so etwas wie ein Erlebnis der Kameradschaft, von dem gewesene Soldaten ohnehin wissen und das sich hier ganz zwanglos einstellte. Ich hab manchen guten Freund dort gefunden, hab viel gelernt und konnte allen unangenehmen Kontakten leicht aus dem Wege gehen.« (Gadamer 1977a, 56)[6]

---

[6] Auch der Jurist und spätere Kollege Gadamers in Leipzig Franz Wieacker machte ähnliche Erfahrungen: »Wanderungen, Ausmärsche (!), Frühsport und die kleinen Ereignisse des Lagerlebens schufen die Entspannung und die kameradschaftliche Beziehung, in der die Übereinstimmung im Denken sich zur kämpfenden (!) Arbeitsgemeinschaft vertiefte.« (Wieacker 1936, zit. n. Rüthers 1994, 46)

Zum Unangenehmen gehörte eine »›politische‹ Exkursion« nach Danzig oder auch eine »Feierstunde in Tannenberg«, bei der Hitler auftrat, der auf Gadamer »weit schlichter, ja linkisch wirkte, wenn nicht geradezu wie ein Junge, der ›Soldaten‹ spielt« (Gadamer 1977a, 57).

Gadamers Kalkül, das »›Rehabilitierungslager‹« (57) für seine Zwecke zu nutzen, geht auf. Er knüpft nützliche Kontakte. Mit dem Leiter des Lagers, dem Kriminalisten Graf Wenzlaff Gleispach – er »verlangte von niemandem Lippenbekenntnisse« (56) – gewinnt Gadamer einen »einflußreichen Freund, der in Berlin für mich eintrat und versuchte, den Professorentitel für mich zu erwirken.« (57)[7]

Wie und wo genau Graf Gleispach sich für ihn »in Berlin« (57) verwendet, berichtet Gadamer nicht. Seine berufliche Situation scheint sich jedenfalls rasch zu ändern. In kurzer Zeit wird er von drei Universitäten angefragt. Er erhält am 20. April 1937 eine außerordentliche Professur in Marburg (vgl. PAGL, Dok. 18). Am 28. Oktober 1937 wird er vom REM mit der Vertretung der Professur für Klassische Philologie in Halle beauftragt (vgl. PAGL, Dok. 23). Der Antrag wurde auf Betreiben des Führer-Rektors der Universität Marburg Leopold Zimmerl wieder zurückgezogen. Die Berufung nach Halle schlägt Gadamer aus, denn er hatte Aussicht auf ein Ordinariat. Am 1. April 1938 sollte er Nachfolger von Arnold Gehlen in Leipzig werden, am 1. Januar 1939 wurde er dort zum ordentlichen Professor ernannt.[8]

---

[7] Der Österreicher Graf Gleispach gilt als der erste nazistische Rektor der Wiener Universität; er nahm als einziger Rektor am 13. Studententag der NSDAP-nahen Deutschen Studentenschaft teil (vgl. Laugstien 1990, 116): Er setzte z.B. 1929-30 eine Studentenordnung in Kraft, die »Studentennationen« einführte. Als dann Schlägertrupps jüdische und sozialistische Studenten überfielen, wurde sie als rechtswidrig aufgehoben. In Gadamers Erinnerung war er einer, der »Nazi-Deutschland, gewiß nicht ohne Schmerzen seines Rechtsgewissens sonst, ganz von der außenpolitisch-nationalen Seite her sah« (Gadamer 1977a, 56).

[8] Vgl. PAGL, Dok. 54. Am 2. März 1939 erhält Gadamer seine Ernennungsurkunde. »Seine Vereidigung auf den Führer ist am gleichen Tage erfolgt.« (Ebd.)

3.2 »Das Reich hat Sie uns also geschickt«

> »Daß es am Ende gut ging, war eine Folge der hohen Politik.«
> (Gadamer 1977a, 57)

Eine sibyllinische Anspielung: seit einiger Zeit gibt es Hinweise darauf, welche Türen Graf Gleispach in Berlin für Gadamer geöffnet hat. Muller belegt in seiner Studie über Hans Freyer und die Konservative Revolution, daß Gadamers Berufung nach Leipzig auf eine Initiative des REM hin erfolgte (vgl. Muller 1987, 319). Dort wurde Prof. Heinrich Harmjanz, der Verantwortliche für die Abteilung Geisteswissenschaften, aktiv. Gegen den Wunschkandidaten der Universität, den NSDAP-Anwärter Theodor Haering, Ordinarius in Tübingen, setzte er Gadamer als – zunächst zeitweiligen – Vertreter für Gehlen durch.[9] Das heißt freilich nicht, daß wissenschaftliche Kompetenz bei der Besetzung von Lehrstühlen keine Rolle spielte. In seinem Gutachten hieß es: »Alles was Gadamer auspackt, erhält: durch den Ernst, mit dem er die Aufgabe des Philosophen und Lehrers auffaßt, und die unbedingte Strenge und Sachlichkeit seines Forschens ein erhebliches Schwergewicht.« (PAGL, Dok. 42) Ähnliches läßt sich auch über seine Konkurrenten lesen. Es bestätigt sich hier Laugstiens Einschätzung (1990, 117), daß auch im NS eine ›normale‹ philosophische Karriere »nicht durch parteikonforme Einstellung allein zu machen war«. – Immerhin: Der Leipziger Dekan begrüßt Gadamer nach diesem Oktroi des REM leicht säuerlich mit den Worten: »›Das Reich hat Sie uns also geschickt.‹« (Gadamer 1977a, 111)

Gadamer, von Muller zu diesen Archivfunden befragt, räumt in einem Gespräch die Möglichkeit einer Intervention von Harmjanz ein. Muller beschreibt Harmjanz als einen Mann mit »bescheidenen akademischen Erfolgen«, der »dennoch fähig war, bei Berufungen berufliche Leistungen über ideologische Rechtgläubigkeit zu stellen« (Muller 1987, 319) –, ein Bild, das ihm Gadamer nahe gebracht haben dürfte.[10] Trotz dieser beruhigenden Auskunft ist Harmjanz eine Figur, bei der es sich lohnt, einen Moment zu verweilen, denn sie erlaubt einige Einblicke in die Machtspiele und die Personalpolitik im REM, die durch die wechselseitige

---

[9] Gadamer rangierte auf dem zweiten Platz der Berufungsliste, noch vor dem SS- »Staffelanwärter« Hans Lipps (vgl. Muller 1987, 319).

[10] Dessen Fingerabdruck ist deutlich, denn dieses *Interesse an wissenschaftlicher Leistung und Philosophie,* dessen Bruder das *Desinteresse an politischen Lippenbekenntnissen* ist, ist uns schon bei Gadamers Beschreibung seiner Förderer Gleispach und Zimmerl begegnet.

Durchdringung von Staats- und Parteiapparaten sowie durch Günstlingswirtschaft und Intrigen geprägt war.[11]

Seine herausragende Stellung als »personalpolitischer Weichensteller in den Geisteswissenschaften« (Heiber 1966, 648) erlangte Harmjanz 1937 im Zuge der Umstrukturierungen des REM. Die zuvor dreigeteilte Verwaltung der Geisteswissenschaften wurde in einem einzigen Referat (W6) zentralisiert, das Harmjanz leitete. Zudem gewann er das Vertrauen von Minister Rust, dessen persönlicher Referent er im April 1942 wurde. Harmjanz war ›Volkskundler‹, der nach seiner Dissertation über die ›deutschen Feuersegen‹ Assistent am Königsberger Institut für Heimatforschung seines Lehrers Walther Ziesemer gewesen war. 1935 habilitierte er sich mit der Arbeit *Volk, Mensch und Ding* und war von 1937/38 an Ordinarius im Beurlaubtenstande in Königsberg und Frankfurt. Bereits 1930 war er in die NS-Partei eingetreten und gehörte 1931 zu den ersten SS-Männern in Königsberg.[12] Das Referat W6, das praktisch »schon so etwas wie eine SS-Planstelle« war (Heiber 1966, 649), fiel ihm als SS-Lobbyisten zu. Diese Mischung von ›Volkskunde‹, SS-›Ahnenerbe‹ und Einfluß in Berufungsangelegenheiten führte zu Reibereien mit der – neben SS und REM – dritten Macht auf dem Gebiet der Geisteswissenschaften: dem Amt Rosenberg. »Aus dem Amt Rosenberg war denn schon bald und immer mehr, je enger er sich mit dem Ahnenerbe-Präsidenten und Kurator Wüst liierte, gegen Harmjanz geschossen worden, der sich seinerseits mit Schwierigkeiten revanchierte, die er den Mitarbeitern von Rosenbergs ›Arbeitsgemeinschaft für Deutsche Volkskunde‹ bei Berufungen bereitete.« (Ebd.) Das Amt Rosenberg reichte 1942 in der Parteikanzlei bei Bormann ein vernichtendes Dossier über Harmjanz ein. »Erstens, so hieß es, stehe er mit seinen Veröffentlichungen ›auf dem Boden der jüdischen Soziologie‹, zweitens stütze er sich in seinem Hauptwerk fast ausschließlich auf jüdische Autoren, drittens aber habe er in eben diesem Werk ganze Partien plagiatorisch ›vom Juden Jerusalem‹ abgeschrieben, ohne die Quelle zu nennen.« (651) Himmler sah sich gezwungen, Harmjanz nach Ehrengerichtsverfahren aus der SS auszuschließen.[13] Interessant ist, daß außer

---

[11] Der ›Fall Harmjanz' ist ausführlich dargestellt in Helmut Heiber: *Walter Frank und sein Reichsinstitut für Geschichte des neuen Deutschlands*, Stuttgart 1966.

[12] 1941 hat er den Rang eines SS-Obersturmbannführers. Er arbeitet für die SS-eigene *Forschungs- und Lehrgemeinschaft Ahnenerbe*. Als Abteilungsleiter ist er zuständig für Volkserzählungen, Märchen- und Sagenkunde (vgl. Heiber 1966, 649).

[13] Das Verfahren dauert bis zum Sommer 1944; bis zu seinem Abschluß wurde Harmjanz beurlaubt und sämtlicher SS-Ehrenämter enthoben. Er fiel weich. Rust sorgte für seine Einberufung zur Wehrmacht, wo Harmjanz einen Bruder im Generalsrang hatte, der sich seiner annahm.

Plagiatsvorwürfen auch fast nahezu fünfzig personalpolitische Entscheidungen Gegenstand des Verfahrens waren.

3.3 Der »Reiz des deutschen Universitätslebens«

Mit seiner Ernennung zum Ordinarius war Gadamer arriviert. Trotz der kühlen Begrüßung durch den Dekan der Philosophischen Fakultät hat Gadamer keine Schwierigkeiten, im akademischen Establishment von Leipzig heimisch zu werden.[14] Das Milieu lag ihm mehr als das an der Universität Kiel, die ein »Vorposten der Nazi-Kulturrevolution« (Gadamer 1977a, 52) war, wo ein »Haufen wildgewordener Nicht-Arrivierter« (53) Karriere machen wollte. Gadamer genoß es, zum Kreis der Ordinarien zu gehören. »Die Frage der wissenschaftlichen Qualität schien absolut bestimmend, und so durfte ich gerade noch erleben, was ehedem zum Reiz des deutschen Universitätslebens zählte, jenen Sprung von der Außenseiterstellung des Privatdozenten zu der vollen Autorität eines gleichrangigen Kollegen.« (Ebd. 112) In der philosophischen Fakultät dominierte damals eine Riege klassischer Philologen deutschnationaler Provenienz. Ihnen schließt sich Gadamer an.

»Es war dort für die Philosophie eine besondere Lage eingetreten. Theodor Litt war aus politischen Gründen in den Ruhestand versetzt worden und lebte nur als Privatmann in Leipzig. Als Nachfolger von Driesch hatte Gehlen eine Reihe von Jahren neben Litt gewirkt – als Nachfolger von Gehlen war ich plötzlich allein auf weiter Flur. Um so stärker war aber die Resonanz, die ich in der Fakultät fand. In ihr hatten die Altertumswissenschaftler, Berve, Klingner, Schadewaldt, Schweitzer und ihre Freunde, die unbestrittene Führung, und ihnen stand ich nahe. (...) in Leipzig erwartete man keine politischen Verbeugungen.« (112f)

---

[14] Wie gut sich Gadamer in die Kollegenschaft integriert hatte, läßt sich an den Anstrengungen ablesen, die unternommen werden, als sich andere Universitäten an ihm interessiert zeigen: Am 28. März 1940 informiert Gadamer das REM über eine Berufungsanfrage aus Marburg. Der dortige Rektor Zimmerl hatte ihn wissen lassen, daß ihn »die dortige Philosophische Fakultät ›mit besonderem Nachdruck‹ für das philosophische Ordinariat vorgeschlagen habe« (PAGL, Dok. 63). Daraufhin bemühte sich der Dekan der Philologisch-historischen Abteilung der Universität Leipzig, das NSDAP-Mitglied Wolfgang Schadewaldt beim REM, Gadamer in Leipzig zu behalten (vgl. PAGL, Dok. 64). Im Juli 1940 bekam Gadamer eine weitere Anfrage der Universität Münster. Er teilt der Leipziger Universitätsleitung mit, »man würde mich darin an erster Stelle vorschlagen« (PAGL, Dok. 69). Diesmal setzten sich nicht nur Schadewaldt, sondern auch der Universitätsrektor, der Althistoriker Helmut Berve, mit Nachdruck für sein Bleiben in Leipzig ein (vgl. PAGL, Dok. 68). Am 12. Juli 1940 verhandelt Gadamer selbst seine Berufung nach Marburg beim NS-Volksbildungsministerium in Dresden (vgl. PAGL, Dok. 70), die er schließlich ablehnt.

Hält Gadamers Bild der Leipziger Universitätsszene einen Aspekt der Wirklichkeit fest, dann muß sich dort, unbeschadet aller Gleichschaltungs- und NS-spezifischen Modernisierungsversuche der Hochschulen, in einer Nische das alte Mandarinat gehalten haben. Einiges spricht dafür, daß sich die Verhältnisse restaurierten: 1933 hatte sich in Leipzig in den universitären Konkurrenzkämpfen vor allem die Gruppe der NS-orientierten Neuerer um Freyer – zu ihr gehören Gehlen, Ipsen, Schelsky u.a. – durchgesetzt. Sie jagte der nationalkonservativen Professorenschaft einige Posten ab. Ein Höhepunkt ist der Rücktritt von Theodor Litt 1936.[15] Nach dem Weggang von Freyer, Gehlen und Ipsen scheint sich 1938 die alte Ordnung wiederhergestellt zu haben.

3.4   »*Im Dritten Reich aus klaren Gründen*«

Aus den Leipziger Vorlesungsverzeichnissen (1. Trimester 1940 bis zum Sommersemester 1945) geht hervor, daß Gadamer praktisch der einzige aktive Ordinarius war.[16] Neben ihm lehrten nur noch der Extraordinarius Ernst Bergmann und der ›entpflichtete‹ Hermann Schneider.[17] Philipp

---

[15] Zu den Karrierekämpfen in Leipzig vgl. G. Klinger 1989, Th. Friedrich 1989 und Th. Laugstien 1989.

[16] Genauso lang wie die Liste der lehrenden Philosophie-Ordinarien ist die der ›von den amtlichen Verpflichtungen entbundenen‹: Theodor Litt, Hans Driesch, Felix Krueger. In Gadamers Erinnerung war »das wissenschaftliche Prestige der Leipziger Psychologie« nach dem Weggang von Wilhelm Wundt von Felix Krueger »eindrucksvoll und weithin ausstrahlend vertreten worden« (Gadamer 1977a, 112). Gadamers Verklärung von Kruegers Karriere im NS wurde von Leaman selbst widerlegt (vgl. Leaman 1990, 57). In einer Selbstdarstellung für das REM heißt es: »›Zwischen 1919 u. 1933 zahlreiche völkische u. nationale Reden in vaterländ. Verbänden, bei den Gliederungen der NSDAP, in Universitäten und vor studentischen Verbänden.‹« (Krueger, zit. n. Leaman 1990, 56f) 1935 erinnert er in seiner Ansprache als Rektor der Leipziger Universität »an die rassischen und völkischen Wurzeln«, die dem »Kampf für die Wahrheit« stets zugrundeliegen sollen« (zit.n. Muller 1987, 93). Die Umstände um seine Entlassung wurden von Leaman (1990, S.56f) recherchiert. 1940 bestätigte ihm die Reichsstelle für Sippenforschung die ›arische‹ Herkunft und er wurde ins Personalverzeichnis der Universität wiederaufgenommen (vgl. ebd.). Seine Rolle als politischer Aktivist der Philosophie im NS wurde von Laugstien (1990, 92f) dokumentiert. Ulfried Geuter (1980) entdeckte, daß in einigen der in Berliner Bibliotheken verfügbaren Exemplare von Kruegers Eröffnungsvortrag zum Leipziger Psychologenkongreß vom Oktober 1934 die politisch kompromittierenden Stellen mit dünnen Papierstreifen sorgfältig überklebt wurden.

[17] Schneider wird als ›entpflichteter‹ ao.Professor für Philosophie und Pädagogik in den Vorlesungsverzeichnissen geführt. Wechselnd zwischen Pädagogik und

Lersch und Wilhelm Wirth waren zwar nominell Philosophie-Professoren, aber praktisch beide in der Psychologie zu Hause: Lersch war der Direktor des Psychologischen Instituts und Wirth der des Psychophysischen Seminars.[18] Die Solistenrolle in der Philosophie steigert die Bedeutung Gadamers: Zu recht sah er sich als Direktor des Philosophischen Instituts in der Nähe der Universitätsführung.[19] In seiner Autobiographie behauptet Gadamer (1977a, 122):»ich war unkompromittiert und war während der ganzen Nazi-Zeit nicht einmal in Ämtern der akademischen Selbstverwaltung tätig gewesen«.

Vom Sommersemester 1942 an saß Gadamer neben dem Heerespsychologen Lersch und Dr. Werner Straub in der Prüfungskommission für *Philosophie und Weltanschauung für Kandidaten des Lehramtes an Höheren Schulen*.[20] Im Sommersemester 1943 führte das Vorlesungsverzeichnis Gadamer als einzigen Prüfer für *Philosophie und Weltanschauung* im Ausschuß für die Diplom-Psychologenprüfung.[21] Gadamer hingegen behauptet: »Im besonderen hatte ich während meiner ganzen akademischen Lehrtätigkeit den Vorzug, niemals Mitglied einer wissenschaftlichen Prüfungskommission für Philosophie zu sein. Im Dritten Reich aus klaren Gründen...« (zit. n. Grossner 1971, 234).

Philosophie kündigt er Veranstaltungen zur Geschichte der Pädagogik oder Philosophie an, z.b. im Sommersemester 1945:»»Geschichtsphilosophie: Die Kulturleistungen der Hauptvölker Europas im 17., 18. und 19. Jahrhundert.« (Vgl. Personal- und Vorlesungs-Verzeichnis der Universität Leipzig, SS 1945, S.61)

[18] Über Lersch Karriere im NS als Militärpsychologe und Charakterologe berichtet die Studie von Klaus Weber (1993) ausführlich.

[19] Vgl. PAGL, Dok. 50. Auch die Leipziger Vorlesungsverzeichnisse und Gadamers Eintrag in *Kürschner Gelehrtenkalender* 1940-41 (Bd. 1, 484).

[20] Schon in Marburg gehörte Gadamer 1938-39 als ao.Professor kurzfristig dem *Wissenschaflichen Prüfungsamt Marburg für das Lehramt an höheren Schulen* an (vgl. *Preußisches Staatshandbuch* 1938, 587f und 1939, 605).

[21] Dieses Prüfungsfach ging auf die neue Diplomprüfungsordnung in Psychologie von 1941 zurück. In Geuters Untersuchung über die Psychologie im NS heißt es zu den Prüfungskriterien:»Nach der Prüfungsordnung sollte die Prüfung die Gewißheit geben, ›daß der Bewerber als Persönlichkeit die Anforderungen erfüllt, die sein späterer Beruf im Hinblick auf menschliche Werte, Verantwortungsbewußtsein und Einsatzbereitschaft gegenüber dem Staate und der völkischen Gemeinschaft stellt‹ (I, §I, 2).« (Geuter 1988, 341)

3.5 Die »Ehre des Volkes« und »der Mut zur Zukunft«

Seine Antrittsvorlesung *Hegel und der geschichtliche Geist* hielt Gadamer am 8. Juli 1939. Sie hatte ein »großes, äußerst freundliches Auditorium: es waren zum Teil die deutschen Historiker, die einen Kongreß in Leipzig abhielten, die den Hörsaal füllten« (Gadamer 1977a, 113). Gadamer wollte das »unendliche Mißverständnis des Hegelianismus im liberalen Zeitalter« überwinden (Gadamer 1940, 32). Dessen Hegelbild sah er bestimmt vom Wissen um das glückliche Ende, das die Entwicklungsreise bei Hegel nimmt: Dort ist der Geist »im Schonwissen um seine Überlegenheit, seine unendliche Fähigkeit des Versöhnens« (ebd.). Gadamer nimmt den Entwicklungsfaden vom anderen Ende her auf: die letztliche Einheit und Versöhnung ist nicht zu haben ohne die »Erfahrung der Gegensätze« (ebd.). Gadamer arbeitet einen Hegelianismus der Tat heraus: Die Erfahrung der Gegensätze »vollendet sich nicht innerhalb der Grenzen der theoretischen Vernunft: im Tun erst (...) erschließt sich das Sein« (ebd.). Auch wenn der Geist »als die allmächtige Kraft des Vereinigens, des Versöhnens aller Widersprüche erscheint« (34), bedeutet das nicht die »spekulative Verflüchtigung der willentlichen Meisterung des Geschickes, nicht jene vom politischen Liberalismus verpönte, ohnmächtig-geistige Bejahung des Bestehenden.« (Ebd.) Im Gegenteil: »Die Versöhnung mit sich selbst ist vielmehr die Lebendigkeit des Geistes, das, was ihn überhaupt nur frei sein läßt, frei für den Anspruch des Augenblicks, frei für die Herbeizwingung der Zukunft.« (Ebd.) Daraus folgt für den Einzelnen »Nur wer sein Geschick als sein Schicksal übernimmt, gewinnt sich selbst aus allem zurück.« (Ebd.) Der Hegelianismus wird reartikuliert als Kampfphilosophie. Die Erzwingung der Zukunft verlangt den Einsatz des Lebens und Todesmutes. »Nur das Leben, das den Tod erträgt und in ihm sich erhält, ist das Leben des Geistes. Und das ist keine Metapher, sondern der strenge Sinn und Gehalt jener Erfahrung des Geistes, die die Phänomenologie darstellt. Erstmals im objektiven Geist, in der Gestalt der Sittlichkeit als Geist eines Volkes, kommt der Geist zu seinem Dasein.« (36) Die Schlußpassage scheint weniger über Hegels »Metaphysik der Liebe« (37) zu sprechen, als vielmehr der ›Volksgemeinschaft‹ die Losung der Zeit zuzurufen – es ist nach dem Anschluß Österreichs der Vorabend des Zweiten Weltkrieges: »Nur in solchem Zusammenschluß mit sich selbst gewinnt der Einzelne seinen Beruf im Ganzen und die Kraft ihn zu füllen, nur in solchem Zusammenschluß mit sich selbst hat ein geschichtliches Volk seine Ehre und den Mut zu seiner Zukunft.« (37)

Die Antrittsvorlesung wurde 1940 im 100. Band der *Zeitschrift für die gesamte Staatswissenschaft* veröffentlicht. Im Editorial verpflichten die neuen Herausgeber Hermann Bente, Ernst Rudolf Huber und Andreas Predöhl die Zeitschrift auf den »nationalsozialistischen Geist« (2). Der »stärksten wehrpolitischen Kraftentfaltung des deutschen Volkes« (ebd.) wollen sie eine geistespolitische folgen lassen. Ihr »Ringen um die theoretischen Probleme« (4) soll als »Ausdruck des Kampfes des deutschen Volkes um seine Lebensrechte im geistigen Bereich« (ebd.) verstanden werden. An diesem Ringen beteiligen sich Carl Schmitt und Gadamers Leipziger Kollegen Hans Brandt und Franz Wieacker.

Am 21. Juli 1938 drucken die *Leipziger Neuesten Nachrichten* einen Artikel Gadamers über den Leipziger Professor für Philosophie und Pädagogik Johannes Volkelt (gest. 8. Mai 1930) anläßlich dessen 90. Geburtstags. Im Schlußwort ist darin zu lesen: »Volkelt war kein politischer Denker. Aber da ihm die Treue gegen das künstlerische und philosophische Vermächtnis der deutschen Klassik und Romantik Lebenselement war, mußte er ein unermüdlicher und unerbittlicher Warner angesichts der Zersetzung dieses Erbes durch die materialistische Denkweise und ihre marxistischen Wortführer werden.« (*Leipziger Neueste Nachrichten* 1938, 7)

Um das Bild der Leipziger Jahre abzurunden, bleibt zu erwähnen, daß Gadamer 1940 in die *Sächsische Akademie der Wissenschaften* aufgenommen wurde. Außerdem nahm er am philosophischen und gesellschaftlichen Leben teil. Am 16. Dezember 1941 trug er vor der *Deutschen Philosophischen Gesellschaft* in Berlin zum Thema *Das Problem der philosophischen Wahrheit* vor. Die einleitenden Worte sprach Carl August Emge, unter den wenigen Zuhörern ist Eduard Spranger.[22]

Eine Liste Gadamers Lehrveranstaltungen an der Universität Marburg und Leipzig ist im Anhang beigefügt.

---

[22] Vgl. Dokument MA 141-5 #0345545-7 im Institut für Zeitgeschichte. Aus der Recherche von George Leaman (1993).

Viertes Kapitel

Gadamer und der Kriegsfaschismus

4.1 Ein »politisch Unbescholtener« und die »Auslandspropaganda«

Die faschistische Neuordnung Europas, die so etwas wie einen faschistischen Internationalismus hervorbrachte, gab Gadamer die Gelegenheit zu mehreren Auslandsreisen. Sie führten in die Länder, die dem faschistischen Bündnis angehörten oder okkupiert worden waren: Kurz nach Kriegsbeginn – die Kriegsallianz Deutschland-Italien *(Stahlpakt)* ist gerade ein Jahr alt – hält Gadamer vor der Goethe-Gesellschaft in Florenz zwei Vorträge. Einen am 7. Januar 1940 mit dem Titel *Das Problem der Geschichte in der neueren deutschen Philosophie* und, eine Woche später, am 11. Januar 1940, einen zweiten mit dem Titel *Philosophische und historische Deutung von Hölderlins ›Brot und Wein‹*.[1] 1941 – nach der Besetzung Frankreichs – ist er auf Einladung des *Deutschen Instituts* in Paris zu einem Vortrag über Herder in Frankreich. Er spricht einmal vor kriegsgefangenen französischen Offizieren[2] und ein zweites Mal im

---

[1] Vgl. die Mitteilungen über die Veranstaltungen der Deutschen Akademie in Florenz in der Zeitschrift *Deutsche Kultur im Leben der Völker. Mitteilungen der Akademie zur wissenschaftlichen Erforschung und zur Pflege des Deutschtums*, hg. v. der Deutschen Akademie in München. 15. Jg., H. 1, 1940). Erwähnung aus der Reihe der Winterveranstaltungen verdienen der Vortrag von NS-Staatsminister Paul Schmitthenner (Heidelberg): *Deutsche Wehrfähigkeit in Vergangenheit und Gegenwart* und der Vortrag des Präsidenten der Deutschen Akademie Ludwig Siebert (München) über *Die wissenschaftliche und kulturpolitische Arbeit der Deutschen Akademie*. In seiner Biographie erwähnt Gadamer (1977a, S.114) nur den Hölderlin-Vortrag. In den *Leipziger Neuesten Nachrichten* vom 20. Januar 1940 werden Gadamers Vorträge in Florenz unter der Rubrik »Leipziger Gelehrte in Florenz« kommentiert: »Die alterprobten kulturellen Beziehungen zwischen den Universitätsstädten Leipzig und Florenz haben durch diese Veranstaltung eine besonders in der Kriegszeit erwünschte Fortführung und Vertiefung erhalten.«

[2] In seiner Verteidigungsschrift *Das Rektorat 1933-34. Tatsachen und Gedanken* spricht Heidegger (1983, 42) von »Wehrmachtsvorträgen« in Frankreich, über deren Gestaltung und Durchführung zu forschen eine offene Aufgabe bleibt: »Trotz dieses Totschweigens im eigenen Land versuchte man, mit meinem Namen im Ausland Kulturpropaganda zu treiben, und mich zu Vorträgen zu bewegen. Ich habe alle derartigen Vortragsreisen nach Spanien, Portugal, Italien, Ungarn und Rumänien abgelehnt; auch mich nie an den Wehrmachtsvorträgen der Fakultät in Frankreich beteiligt.« (Ebd.)

Goethe-Institut. 1943 reist Gadamer nach Prag. Im *Haus der Deutschen Hochschule* spricht er noch einmal über *Das Problem der Geschichte in der neueren deutschen Philosophie*.[3] Einen gleichnamigen Vortrag hält Gadamer im März 1944 in Portugal vor den Philosophischen Fakultäten Coimbra und Lissabon. Von den Umständen dieser Reise und seinen zahlreichen Begegnungen und Eindrücken zeichnet Gadamer in seiner Autobiographie (1977a, 119-21) ein detailliertes Bild. Während dieser Reise hält er außerdem im *Deutschen Kulturinstitut* in Lissabon einen Vortrag mit dem Thema *Goethe und die Philosophie*, und einen dritten vor einem »kleine(n) geladene(n) Publikum, vorwiegend portugiesischer Professoren« (vgl. PAGL, Dok. 124) über *Prometheus und die Tragödie der Kultur*.[4]

Solche ›philosophischen‹ Vortragsreisen bilden ein wichtiges Element bei dem Aufbau und der Pflege der internationalen Beziehungen im faschistischen Machtblock Europas. Laugstien (1990, 110) zufolge wurden ausgewählte Repräsentanten der Philosophie ins Ausland geschickt, um an der »Verständigung mit den dortigen intellektuellen Führungsschichten« zu arbeiten. Die Untersuchung von Jens Petersen (1988) belegt, daß das Deutsch-Italienische Kulturabkommen vom 23. November 1938 »ein wesentlicher Schritt hin zu Stahlpakt und Kriegsallianz« war (41). Das Abkommen leitet einen regen Austausch von Repräsentanten aus den verschiedensten Bereichen von Wissenschaft und Kunst ein. Als ein Instrument dieser deutsch-italienischen Kulturpolitik im Dienste der Kriegsallianz fungiert der DAAD in Rom unter seinem Leiter Blahut, einem Schüler von Ernst Krieck.[5] Die Präsidenten

---

[3] Eine Notiz der Vortragsreise befindet sich in den *Leipziger Neuesten Nachrichten* vom 2. Juli 1943. Gadamer selbst erwähnt sie in seiner Biographie (1977a) nicht. In den *Kleinen Schriften*, Bd. I veröffentlicht er einen Aufsatz unter dem gleichen Titel. Seiner editorischen Anmerkung nach handelt es sich um einen Vortrag aus dem Jahr 1943. Ob es sich um eine Fassung des Florentinischen oder des Prager Vortrags handelt, kann man nicht mit Sicherheit sagen, denn die sonst übliche Angabe zum Vortragsort fehlt diesmal, genauso wie ein Hinweis auf etwaige Überarbeitungen. Für den Vortrag *Philosophische und historische Deutungen von Hölderlins ›Brot und Wein‹* (s.o.) gibt es keinen Nachweis einer Veröffentlichung.

[4] Ein Auszug aus dem Reisebericht, den Gadamer dem REM im Mai 1944 einreicht und der sich heute in Gadamers Personalakte der Universität Leipzig findet, wird im Anhang notiert. Texte mit den gleichnamigen Vortragstiteln werden später veröffentlicht (vgl. die Literaturliste).

[5] In Florenz wird diese Funktion von der Vereinigung der *Florentiner Freunde der Deutschen Akademie* wahrgenommen. Sie wurde 1927 gegründet, ihrer Selbstdarstellung von 1942 zufolge »zu einer Zeit deutscher politischer Ohnmacht und Zersplitterung, als auch das Florentiner Deutschtum gegen fremde Einflüsse um seinen

der Kulturinstitute des Auswärtigen Amtes legen bei dieser Art von Propagandaarbeit besonderen Wert auf das ›wissenschaftliche Niveau‹ der Vorträge (vgl. Laugstien 1990, 110f).[6]
Gadamer ist sich der politischen Dimension seiner Auslandsreisen bewußt. »Ich verkannte nicht, daß man damit zur Auslandspropaganda mißbraucht wurde, für die manchmal ein politisch Unbescholtener gerade recht sein konnte. Es war denn auch in solchen Fällen ein Entweichen mit gemischten Gefühlen.« (Gadamer 1977a, 118) Auch Arroganz war im Spiel: Als solch eine philosophische Werbeveranstaltung mit Niederländern platzt, weil die Wehrmacht gerade in den Niederlanden einmarschiert ist, bricht sie sich Bahn. »Wohl um der Auslandspropaganda willen wurde unter Mithilfe der Leipziger Universität ein kleiner Kongreß zwischen holländischen und deutschen Hegelforschern nach Weimar einberufen. Ausgerechnet für Pfingsten 1940. Natürlich konnten die Holländer nicht mehr kommen, da inzwischen die Westoffensive über sie weggerollt war. Als ich von Leipzig kommend zu der kleinen Versammlung stieß, die in Weimar im ›Elefanten‹ tagte, setzte der Vorsitzende, Hermann Glockner, gerade auseinander, daß das Nicht-Kommen der Holländer wissenschaftlich ein Gewinn sei. Wahrscheinlich hatte er recht, aber... So begann die Tagung mit meinem Vortrag

---

Bestand zu kämpfen hatte« (*Deutsche Kultur im Leben der Völker*, 18. Jg., H.3, 1943, 514). »Sie haben einen Kreis Gleichgesinnter um sich versammelt und von Anfang an in großzügiger Weise Italiener und alle diejenigen in Florenz lebenden Persönlichkeiten deutscher Abstammung zur Mitarbeit herangezogen.« (Ebd.) Dieser Kreis machte es sich zur Aufgabe, »eine Vermittlerrolle im deutschen und italienischen Austausch zu übernehmen« »und unter völliger Wahrung des besonderen Standpunktes des Gastlandes dem deutschen Gedanken in Italien« (ebd.) Geltung zu verschaffen. Außerdem organisierten sie deutsche Sprachkurse und Konzerte.

[6] Das Goethe-Institut veranstaltete jedes Jahr Sommerlehrgänge, an denen Stipendiaten aus allen Ländern des faschistischen Bündnissystems teilnahmen (vgl. *Deutsche Kultur im Leben der Völker*, 17. Jg., H.2, Nov. 1942, 348). Bei der Eröffnungsveranstaltung für die Sommerlehrgänge 1942 erläutert der Präsident der *Deutschen Akademie*, Ludwig Siebert, in München den bündnispolitischen Aspekt. Herausgehoben wurde, »daß sich die Jugend fast aller Länder Europas inmitten des größten aller Kriege in München zusammengefunden habe und damit erweise, daß sich die Völker Europas ihrer Schicksalsgemeinschaft bewußt zu werden beginnen und gewillt sind, sich durch ihre Jugend in eine lichtere Zukunft des gegenseitigen Vertrauens tragen zu lassen.« (Ebd.) Vom 15. Juni bis 11. Juli 1942 sind 58 Stipendiaten aus Belgien, Bulgarien, Dänemark, Finnland, Italien, Kroatien, Rumänien, Schweden, Serbien, Slowakei und Ungarn dabei. Bemerkenswerterweise fehlt Polen. Auf der Liste der Vortragenden bei den Fortbildungskursen für Deutschlehrer und Germanisten stehen u.a. Gadamer (Leipzig), Otto Koellreuter (Pullach bei München), Oskar Schürer (München) und Benno von Wiese (Erlangen).

Gadamer und der Kriegsfaschismus

über ›Hegel und die antike Dialektik‹« (115). Die übrigen Vorträge wären »nicht etwa politisch-propagandistisch, sondern lediglich sich selbst propagierend« (116) gewesen.

Den ›Mißbrauch‹ in einem Propaganda-Arrangement will Gadamer durch die wissenschaftliche Qualität seiner Vorträge unterlaufen haben. Sein Pariser Vortrag über Herder sei eine »rein wissenschaftliche Studie« (118) gewesen. Die Veranstalter wollten sie zwar gerade als solche mißbrauchen; »aber« (119), hält Gadamer dagegen, »ich meine, man konnte mit Recht annehmen, daß unter den Zuhörern auch Leute waren, die von den Umständen und allen Hinterabsichten zu abstrahieren wußten und selber die Wissenschaft meinten. Die res publica literarum gibt es, was man auch sage. (...) Aber freilich sitzt man auf der Spitze der Bajonette nicht gerade gemütlich und hat kein gutes Gewissen.« (ebd.) Es bleibt offen, wer Gadamer recht verstanden hat. Auf der Spitze der Bajonette sitzend, richtet Gadamer selbst eine Spitze gegen die deutsche Besatzungsmacht – so will es eine Anekdote, die, selbst wenn sie nicht wahr, so doch gut erfunden wäre: »In der Diskussion hatte sich eine Situation ergeben, in der ich sagte, ein Imperium, das sich über die Maßen ausdehne, sei ›auprès de sa chute‹. Die französischen Offiziere sahen sich bedeutsam an und verstanden. (...) Der politische Funktionär, der mich begleitet hatte, war über diese Bemerkung seinerseits ganz begeistert. Solche geistige Klarheit und rückhaltlose Unbefangenheit spiegele unsere Siegesgewißheit (!) besonders wirksam.« (Gadamer 1977b, 75)

Der Herder-Vortrag wird zweimal veröffentlicht: 1941 erscheint er auf französisch mit dem Titel *Herder et ses théories sur l'histoire* in der Reihe *Cahiers de l'Institut Allemand* in Paris. Ein erster Teilabdruck auf deutsch erscheint im selben Jahr in der Zeitschrift *Geist der Zeit. Monatsschrift für Wissenschaft und Hochschule*. Die vollständige Veröffentlichung folgt 1942 unter dem Titel *Volk und Geschichte im Denken Herders* als Nummer 14 der Reihe *Wissenschaft und Gegenwart* des Verlages Vittorio Klostermann. Gadamer kommentiert nachträglich diesen Vortrag:

»In dieser Studie arbeitete ich vor allem die Rolle des Kraftbegriffs in *Herders* Geschichtsdenken heraus. Sie vermied jede Aktualität. Trotzdem erregte sie Anstoß, vor allem bei denen, die sich damals über ähnliche Themen hatten vernehmen lassen und geglaubt hatten, etwas mehr ›Gleichschaltung‹ nicht vermeiden zu können.« (Ebd.)

In einem Brief vom 7. Mai 1970 bekräftigt Gadamer das sachliche Anliegen seiner Herder-Forschung:

»Wenn ich meine Herderschrift nie zu verleugnen beabsichtige und das als selbstverständlich ansah, daß die Schrift weiterverkauft wurde, so geschah das, weil sie Erkenntnis enthält und, wie ich meine, echten Fortschritt in der Erkenntnis der geistigen

Figur Herders. Gewiß kann man auch Herder ›ablehnen‹. Daß ich damals mit einer Schrift über Herder zu Wort kam (der einzigen monographischen Publikation aus meiner Feder seit 1934 und bis 1946) hatte natürlich auch den Grund, daß manches in das, was 1942 publikabel war, hineinpaßte.« (Gadamer, zit.n. Grossner 1971, 237)

Gadamer rekurriert auf die Feinheiten seines Diskurses, die auch in Deutschland auf ein so geartetes Publikum trafen, das nur echte »Erkenntnis« (ebd.) heraushören bzw. von ›braunen Parolen‹ und Botschaften filtern konnte und wie selbstverständlich in der Welt des aparten Geistes sich befand: »Aber die damals Lebenden und Denkenden waren nicht unerzogen genug, um nicht das, was gesagt werden sollte, wirklich zu verstehen und herauszuhören« (ebd.). Die offiziellen Stellen sollen jedoch auf seinen Kommentar über das Slawen-Kapitel bei Herder negativ reagiert haben: »ich hatte auch entsprechend nach der Veröffentlichung politische Schwierigkeiten z.b. wegen meines Hinweises (!) auf das Slawenkapitel« (Ebd.).

Wir werden diesen Text im folgenden untersuchen. Allerdings sind zwei Umwege nötig, um die konkreten Aufgaben der NS ›Auslandspropaganda‹ in Frankreich einschätzen zu können. Zum einen ist ein Überblick über die unterschiedlich gehandhabte Besatzungspolitik des NS und zum anderen die Rolle zu beleuchten, die der deutschen Kulturpolitik und dem Deutschen Institut in Paris in diesem Zusammenhang zukam.

4.2 Exkurs: Kulturpolitik der deutschen Besatzung
4.2.1 »Le rapprochement franco-allemand«

An der deutschen Kulturpolitik im besetzten Frankreich kann exemplarisch beobachtet werden, wie die Hegemonie Nazi-Deutschlands bei der ›Neuordnung Europas‹ aussehen sollte. Sie wurde als eine Ordnung mit hierarchischer Stabilität konzipiert, die durch aktive Kooperation mit den untergeordneten Ländern, insbesondere ihren politischen Eliten, getragen werden sollte.

Im Gegensatz zu der Besatzungspolitik in Osteuropa, wo die Völker regelrecht versklavt oder ausgerottet werden sollten[7], fällt die deutsche

---

[7] »Läßt sich die deutsche Besatzungspolitik in Dänemark, Norwegen, Belgien und den Niederlanden, aber auch in Frankreich als durchaus ›konventionell‹ charakterisieren – diese Länder sollten schließlich als potentielle Bundesgenossen oder als zukünftige Teilstaaten eines von Deutschland geführten europäischen Staatenbundes gewonnen werden –, so wurden die eroberten Territorien in Osteuropa als

Besatzungspolitik in Frankreich relativ moderat aus und ist sichtbar darauf angelegt, das Land in Kooperation und Kollaboration einzuspannen.[8] Dieses hegemoniale Projekt ließ sich nicht allein auf das ausgrenzende Paradigma des ›nordischen Herrenmenschentums‹ gründen – das seine Dynamik bei den Vernichtungspolitiken im Osten (gegen die ›Untermenschen‹) entfaltete. Es bedurfte eines bündnisfähigeren, erweiterten rassistischen Partikularismus, der den ›Kampf des christlichen Abendlandes gegen den Bolschewismus‹ oder ein faschistisches ›Europa‹ auf seine Fahnen schrieb.

Im Unterschied zu Polen[9] wurde gegenüber den französischen Eliten auf ›Verständigung‹ im Medium des ›Kulturellen‹ gesetzt.[10] Eine Reihe von frankophilen Diplomaten wurde dafür in Paris eingesetzt. Otto Abetz, der als Vertreter Ribbentrops der deutschen Militärverwaltung nahestand

---

Siedlungsgebiete, als koloniale Ergänzungsräume, ja als Experimentierfeld völkischer und rassenbiologischer ›Flurbereinigungspolitik‹ (...) im Sinne einer – wie es Hitler zu Beginn seiner Herrschaft einmal bezeichnete –›rücksichtslosen Germanisierung‹ entrechtet, aufgeteilt, ausgebeutet und letztlich zerstört.« (Michalka 1985, 158)

[8] Die Zugeständnisse, die das Waffenstillstandsabkommen (22. Juni 1940) an Frankreich macht, sind nicht bloße Freundlichkeiten, sondern Resultat der Tatsache, daß die deutsche Position nicht so stark ist, wie sie scheint. Der NS-Führung ist für die Realisation ihrer weiteren Kriegsziele ein kollaborationswilliges französisches Regime willkommen. Zum einen galt es zu verhindern, daß die französischen Kolonien und die französische Flotte, die dem deutschen Zugriff entzogen im Hafen Mers-el-Khebir bei Oran liegt, zu de Gaulle überging und damit der britischen Seite zufiel. Zum anderen ist die Lage im Westen ruhig zu halten, um das *Unternehmen Barbarossa* nicht zu gefährden. Das NS-Regime arbeitet aber ›mit Netz‹. Die ganze Zeit über steht eine Eingreifreserve bereit, um Frankreich notfalls vollständig zu okkupieren (vgl. Jäckel 1966, 30ff).

[9] Zur Erinnerung: das NS-Regime bediente sich in Polen. Das Wartheland wurde in das deutsche Staatsgebiet eingegliedert. Der übrige Teil des besetzten Polen wird auf den Status einer Kolonie herabgedrückt und als ›Generalgouvernement‹ unter deutsche Verwaltung gestellt. Verwaltungschef in Polen wird Hans Frank. Polen ist damit praktisch von der Landkarte verschwunden. Die polnische Exilregierung in Paris mit Staatspräsident Raskiewisz und Ministerpräsident Sikorski bleibt in der Folge bedeutungslos.

[10] Die Zerstörung der polnischen Geisteselite am Beispiel der ›Sonderaktion Krakau‹ wurde von Lesser dokumentiert: »Am 6. November 1939 werden alle Professoren, Dozenten und Assistenten im größten Hörsaal der Jagiellonen-Universität von der Gestapo zu einem Vortrag zum Thema *Die Stellung des Dritten Reiches und des Nationalsozialismus zu Wissenschaft und Universität* eingeladen. Der Krakauer Gestapochef Bruno Müller hält den Vortrag: ›Meine Herren! Ihr Beschluß, die Universität wiederzueröffnen (...) beweist, daß Sie sich überhaupt nicht im klaren sind über die Situation, in der Sie sich befinden. Mit Ihrem Beschluß haben Sie einen feindlichen Akt gegen das Deutsche Reich unternommen. (...) Sie werden deshalb Gelegenheit haben, Ihren Schritt in einem Gefangenenlager zu überlegen. (...)

und am 3. August 1940 zum Botschafter ernannt wurde, gilt als Weichensteller der faschistischen Kulturpolitik in Frankreich, weil er sich vor dem Krieg um das »rapprochement franco-allemand« bemüht hatte (vgl. Erdmann 1976, zit. n. 1985, 48). »Er wird der wichtigste Gesprächspartner der kollaborationswilligen Kreise. Durch seine Vergangenheit fühlt er sich autorisiert, sich als ehrlichen Freund Frankreichs zu präsentieren. Sein état-major der Rue de Lille (...) gilt als liberal« (Ory 1976, 37, Übers. T0). Ein kleines Indiz für die Haltung von Abetz finden wir in seinem Geleitwort für die Zeitschrift *Deutschland-Frankreich*. Dort heißt es unter dem Titel »›Zwei Wege der Entfaltung...‹«: »Die Achtung vor der großen kulturellen Leistung Frankreichs ist im nationalsozialistischen Deutschland nicht kleiner, sondern größer geworden.« (Abetz 1942, 2) Abetz versichert, daß »die kulturimperialistische Auffassung von der Einförmigkeit der Zivilisation (...) dem Empfinden der Deutschen von jeher widersprochen« (ebd.) hat, und daß man »das verschiedenartige, aber ebenbürtige Schaffen« des »Nachbarvolkes« (ebd.) zu schätzen wisse. Er konstruiert eine europäische Völkerfamilie, die sich unter einer Aufgabe sammelt: »Heute, wo sich die Feldzeichen aller europäischen Nationen im Kampf gegen den kulturzerstörerischen Bolschewismus versammeln, ist es uns zur Gewißheit geworden, daß die Musen Deutschlands und Frankreichs trotz der ›verschiedenen Wege ihrer Entfaltung‹ ebenbürtige Töchter von Hellas und Rom, Bannerträgerinnen gemeinsamer europäischer Ideale und Schicksalsschwestern einer gemeinsamen Zukunft sind.« (Ebd.)

Innerhalb der Besatzungspolitik ist umstritten, wieviel Spielraum und Eigenständigkeit man den französischen Kreisen einräumt bzw. einräumen muß, um sie als Bündnispartner zu gewinnen bzw. in die Kollaboration einzuspannen. Die Linie von Abetz repräsentiert nicht unbedingt den Hauptstrom der Besatzungspolitik. Vielleicht trägt seine längere politische Erfahrung mit den französischen Eliten und ihren eigenen faschistischen Kreisen zur Vorsicht bei. Abetz steht für eine Politik der

---

Wer Widerstand bei der Durchführung meines Befehls leistet, wird erschossen‹«. »Die Universität ist umstellt. Militärwagen stehen zum Abtransport der Wissenschaftler bereit.« Die meisten der 183 Verhafteten fanden sich im Konzentrationslager Sachsenhausen-Oranienburg wieder. Diese »›politische Flurbereinigung‹« ging von dem Gedanken aus: »ein seiner Elite beraubtes, kulturloses Volk würde auch seines nationalen Selbstbewußtseins verlustig gehen und damit die Fähigkeit verlieren, einen eigenen Staat überhaupt nur zu denken.« (Lesser, FAZ, 25. Dezember 1989)

langen Leine. Er wird sich nur teilweise durchsetzen[11], dominierend ist vielmehr derjenige ›Verständigungstyp‹, für den das *Deutsche Institut* mit seiner stärker repressiven Linie steht. Dort legt man Wert darauf, die Vormachtstellung Deutschlands deutlich werden zu lassen[12].

4.2.2 Das Deutsche Institut in Paris

Das *Deutsche Institut* wird im September 1940 als Kulturpolitische Abteilung der Deutschen Botschaft[13] gegründet. Karl Epting, der sich vor dem Krieg als Leiter des Deutschen Akademischen Austauschdienstes in Paris einen Namen gemacht hatte, wird dessen Leiter[14]. Sein Mitarbeiter Karl Heinz Bremer steht in ständigem Kontakt mit der Botschaft.[15] Aufgabe des Instituts war es, »Vertreter des deutschen Geistes in Frankreich und Mittler deutscher und französischer Kultur zu sein« (Bremer 1942, 123). Kultur sollte im »griechischen Sinne ›politisch‹« sein und die »geistige Vertrauensbasis des politischen Zusammenlebens der Völker« (ebd.) schaffen.

Die Bildung einer ›Vertrauensbasis‹ zwischen Ungleichen ist Ziel der Aktivitäten des Instituts. Den Ausgangspunkt bildet die ›geistige Niederlage‹: »Daß das militärische Fiasko Frankreichs geistige und moralische Hintergründe hat, wurde von weiten Kreisen empfunden.« (125) Die ›moralische Erneuerung‹ kann nur vom Sieger kommen: »Der Besiegte mußte geistig jeweils vom Sieger lernen« (139). Es bedeute jedoch

---

[11] Abetz wurde später abgesetzt: »Ende 1942 hatten (...) die SS und der Sicherheitsdienst im Machtkampf zwischen den deutschen Behörden in Frankreich gesiegt.« (Kingston 1991, 68) Abetz gewann nicht »den erhofften Einfluß auf hohe Nazi-Funktionäre in Berlin« (ebd.) und verlor seinen Posten.

[12] Kompliziert wird das Bild durch eine Überlagerung verschiedener Instanzen: politische und militärische Verwaltung konterkarieren sich. Beispielsweise wird von der Militärverwaltung unter Major Schmidke ab dem 18. Juli 1940 eine eigene Propagandaabteilung organisiert (vgl. Ory 1976, 54). Da Gadamer auch vor kriegsgefangenen Offizieren spricht, ist zu vermuten, daß die Einladung auch von seiten der Militärverwaltung erfolgt ist.

[13] »L'Institut allemand relève en théorie de l'Académie de Munich et du ministère de l'Instruction publique du Reich. En fait, il dépend très réellement des Affaires étrangères, au titre des ›initiatives culturelles d'intérêt général‹« (Ory 1976, 55).

[14] In dieser Funktion wirkte Epting 1937 bei der Organisation des Internationalen Philosophie-Kongresses in Paris mit (vgl. Farías 1989, 334).

[15] Carl Schmitt berichtet bei seiner Vernehmung am 21. März 1947 in Nürnberg über seine Einladung zum Deutschen Institut in Paris: »Die treibende Kraft für meine Einladung war Dr. Bremer« (zit.n. Wieland, 1987, 115). 1942 fällt Bremer an der sowjetischen Front.

»keine ›Unterwürfigkeit‹ und sei nicht ›Besiegtenmoral‹, die positiven Kräfte des Siegervolkes anzuerkennen« (ebd.). Zu diesem Zweck erinnert Bremer an Renan, der nach der Niederlage von 1871 »bei aller politischen Ablehnung des Bismarck'schen Deutschlands doch darum wußte, daß Frankreich nur dann wieder innerlich gesunden könne, wenn es sich die tieferen sittlichen Kräfte, die Deutschland zum Sieg geführt hatten, zu eigen mache« (139f).

Als erstes bestünde für Frankreich »die geistige Notwendigkeit, die Sprache der deutschen Nachbarn kennenzulernen, um all das zu begreifen, was das geistige und politische Gesicht Europas von heute und morgen bestimmt« (123). Diesem Gebot folgend, bietet das Institut nach seiner Eröffnung ein Mammutprogramm von deutschen Sprachkursen an. In den ersten 8 Tagen melden sich 5000 Hörer (vgl. 124f). Zum Sprachunterricht gehören auch »Sonderveranstaltungen« (ebd.), bei denen Filme wie »Robert Koch, Jud Süß, Ohm Krüger, Die Donau von der Quelle bis Wien« (ebd.) gezeigt werden.

1941 wirkt das *Deutsche Institut* bei der Gründung eines Übersetzungsausschusses mit, der sich dem *Zensurabkommen* zwischen den Militärbefehlshabern in Frankreich und den französischen Verlegern unterstellt.[16] Als Arbeitsorgan dieses Ausschusses bildet sich ein französisches »›Zentrallektorat des deutschen Schrifttums‹«, »das laufend deutsche Bücher auf ihre Übersetzungsmöglichkeiten für die französischen Verlage prüft« (127). Das Institut begreift sich als »›wissenschaftliches Institut‹« (130). Eine wissenschaftliche Abteilung und eine akademische Abteilung organisieren von Oktober 1940 bis Sommer 1942 rund 70 Vorträge über »wirtschaftliche, soziale und geistesgeschichtliche Fragen« (125).

Über »Die Zukunft der europäischen Wirtschaft« tragen Dr. Gerstner, Professor Andreas Predöhl[17], Anton Zischka und Ferdinand Fried[18] vor

---

[16] Als Folge des »Zensurabkommens« werden ca. 1000 Titel, die als »deutschfeindliches Schrifttum« (126) galten, verboten. Für Bremer gilt ihre »Ausmerzung« als »Voraussetzung, den Franzosen den Weg zum deutschen Buch zu öffnen.« (Ebd.)

[17] Predöhl war Leiter des Instituts für Weltwirtschaft an der Universität Kiel. Ab 1939 war er stellvertretender Vorsitzender des wissenschaftlichen Beirats der *Gesellschaft für Europäische NS-Wirtschaftsplanung und Großraumwirtschaft*.

[18] Ferdinand Fried ist das Pseudonym von Friedrich Zimmermann, der seit 1932 in ständiger Verbindung mit Himmler steht. Er spioniert in dessen Auftrag die Schleicher-freundliche *Tat* aus. 1934 wird er in die SS aufgenommen und trotz ruhender Mitgliedschaft gleich in den Rang eines Obersturmführers befördert. 1937 veröffentlicht er sein Buch *Der Aufstieg der Juden*. 1938 erhält er eine Professur in Prag. Nach 1945 wird er Leiter des Ressorts Wirtschaftspolitik der *Welt* (vgl. Otto Köhler 1989, 233-41).

Gadamer und der Kriegsfaschismus

(vgl. 125). Vorträge über »Rassenfragen und deutsche Rassengesetzgebung« halten Freiherr von Verschuer, Hans Reiter und Eugen Fischer (ebd.). Die akademische Abteilung organisiert auch Vorträge über »Nationalsozialistische Gesundheitsführung« oder eine öffentliche Kundgebung, auf der Carl Diem (der damalige Generalsekretär des Olympischen Komitees) über »Die olympische Idee im neuen Europa« spricht. Es ist die Stunde der Romanisten, aber auch der Historiker, Kunstwissenschaftler, Germanisten und Philosophen.[19]

Unter den vortragenden Philosophen finden wir Hans-Georg Gadamer, Erich Rothacker *(Schopenhauer und Nietzsche)*, Heinz Heimsoeth *(Paracelsus als Arzt und Philosoph)* und Kurt Hildebrandt (*Hölderlins Deutschtum und Europäertum*).[20] Bei einem Lehrertreffen im Juni 1941 spricht Alfred Baeumler über *Die deutsche Schule im Zeitalter der totalen Mobilmachung* (vgl. 129). Carl Schmitt hält eine ganze Vortragsreihe.[21]

Um einem »breiteren Publikum« (7) die Vorträge zugänglich zu machen, gibt Epting *Les Cahiers de l'Institut Allemand* heraus. Die Vorträge werden in französischer Sprache beim Verlag *Fernand Sorlot* veröffentlicht. Vier Bände erscheinen: *Poètes et Penseurs, Regard sur l'Histoire*[22], *La Révolution sociale dans l'Allemagne contemporaine* von Franz Grosse und *Etat et Santé*. In der Einleitung zum ersten Band erhofft sich Epting: »créer des bases nouvelles pour une compréhension des problèmes de la pensée et de l'Etat allemands. Il s'agit là autant de la

---

[19] Über dieses Kapitel deutscher Bildungsgeschichte im NS berichtet ausführlich Peter Jehle (1995) in seiner Studie über *Werner Krauss und die Romanistik im NS-Staat*.

[20] Auf die Vorträge von Heimsoeth und Hildebrandt verweist die Zeitschrift *Deutsche Kultur im Leben der Völker. Mitteilungen der Deutschen Akademie*, 17. Jg., H.1, München, 1942, 170; 17. Jg., H.1, München, 1943, 93. Den Rest der Vorträge erwähnt Karl Heinz Bremer *(Ein Jahr Deutsches Institut)* in der Zeitschrift *Deutschland-Frankreich*, 1. Jahr, Hamburg 1942, 125f.

[21] Im April 1947 wurde Carl Schmitt u.a. von Robert M.W. Kempner (emigrierter Deutscher und US-Staatsanwalt) in Nürnberg verhört: »Wie stimmt Ihre Auffassung mit der Tatsache überein, daß Sie nach 1936 in Budapest, Salamanca, Barcelona in dem berüchtigten Spionage- und Propaganda-Institut ›Deutsches Institut Paris‹ und anderen Stellen vom Nazireich finanzierte Vorträge gehalten haben?« »Es handelt sich um die Frage, inwieweit haben Sie die Kriegsverbrechen, die Verbrechen gegen die Menschlichkeit, die zwangsweise Ausdehnung und Ausweitung des Grossraumes wissenschaftlich untermauert? Wir stehen auf dem Standpunkt, daß die ausführenden Organe in Verwaltung, Wirtschaft und Armee nicht wichtiger sind, als die Herren, die der Theorie, den Plan zu der ganzen Sache erdacht haben.« (Zit.n. Wieland 1987, 113f)

[22] Hier erscheint 1941 Gadamers Vortrag mit dem Titel *Herder et ses théories sur l'Histoire*.

compréhension de l'Allemagne national-socialiste que de la connaissance réelle de la tradition allemande.« (10)[23]

Außer durch Sprachkurse und Vortragsreihen besetzt das Deutsche Institut als »Repräsentant des deutschen Geistes und Kulturlebens« (128) durch spektakuläre Konzerte[24], Theateraufführungen, Ausstellungen die französische Öffentlichkeit. Solche Veranstaltungen werden auch von der Gruppe *Collaboration*[25] getragen. Sie bekommen den

---

[23] In diesem Band sind Beiträge von Erich Rothacker *(Schopenhauer und Nietzsche)*, Kaspar Pinette *(Rainer Maria Rilke)*, Georg Rabuse *(Hans Carossa)*, Bruno Meder *(Erwin Guido Kolbenheyer)*, Wolfram Albrecht *(La poésie ouvrière)*, Gerhard Funke *(La poésie allemande contemporaine)* gedruckt. In der Einleitung versucht Epting den Propaganda-Vorwurf zu entkräften, indem er versichert, daß sich »die Ideen, die in Deutschland geboren wurden, von sich aus durchsetzen werden« (1941, 7). Es bleibe aber Aufgabe »jedes aufgeklärten Franzosen«, das Terrain für einen »ehrlichen Austausch« vorzubereiten. Die Beiträge wurden auf Deutsch verfaßt und dann ins Französische übertragen. Die Übersetzungsfrage gibt Epting Anlaß dazu, den Gegensatz Deutschland-Frankreich zu bekräftigen: »A la méthode d'exégèse des Français, (...) s'oppose la méthode allemande, plus spéculative, qui consiste à repenser à chaque instant les grandes œuvres pour leur donner un sens nouveau et actuel.« (9)

[24] Hier seien nur einige der vom Institut organisierten Konzerte erwähnt: Am 19. Dezember 1940 im Palais de Chaillot eine Messe von J.S.Bach: Sie »war nach der Einstellung der Feindseligkeiten Auftakt und erster großer Triumph deutscher Musik in Frankreich« (Bremer, 1942, 128). Am 25. und 26. Februar 1941 wird Schillers *Kabale und Liebe* vom Berliner Schillertheater aufgeführt. Warum die Aufführung als »historisches Ereignis« gewertet wurde, erklärt Bremer: Es »war das erste Mal überhaupt, daß ein nicht-französisches Ensemble die Bühne der Comédie Française, jene geheiligte Stätte französischer Schauspielkunst, betrat.« (Ebd.) Am 5. April findet mit Unterstützung des Erzbischofs von Paris, Kardinal Suhard, ein Konzert der Regensburger Domspatzen in der Kathedrale Notre-Dame statt. Den Gipfel bildet die Aufführung von *Tristan und Isolde* unter Leitung von Herbert von Karajan am 58. Todestag Richard Wagners in Gegenwart von Winifred Wagner in der Großen Oper. Am 24. Mai dirigiert Herbert von Karajan Mozart, Strauss und Beethoven im Palais de Chaillot vor mehr als 3000 Zuhörern. Im Hof des Palais Royal findet ein Serenadenabend mit Hans von Benda und dem Berliner Kammerorchester statt. »Pendant la seule année 1941, l'Opéra de Paris accueille celui de Berlin, monte trois Mozart, deux Wagner, le *Fidelio*, un Richard Strauss et le *Palestrina* de Pfitzner. Une société Mozart, correspondante de celle de Salzbourg, est créée la même année à l'instigation de l'Institut allemand. Un peu partout, les festivals Mozart, Beethoven, Wagner, Richard Strauss accaparent l'affiche, au point de susciter l'irritation de certains chroniqueurs musicaux de la presse parisienne.« (Ory 1976, 61)

[25] Im Herbst 1940 gründet sich die Gruppe unter dem Namen »›Collaboration, groupement des énergies françaises pour l'unité continentale‹« (Ory 1976, 62). Der Präsident ist Alphonse de Châteaubriant. Sie organisiert selbständige Veranstaltungen in Paris und auch in der Provinz. Dort versammelt sie »présidents de la Ligue française des combattants, représentants locaux de l'Ordre des médecins ou de la chambre de commerce« (63).

Gadamer und der Kriegsfaschismus 113

Charakter von symbolischen Siegesfeiern. Ein reger Austausch zwischen deutschen und französischen Künstlern findet statt.[26] Einen Höhepunkt bildet die Ausstellung von Arno Breker (Mai-Juli 1942) in der Pariser Orangerie. Breker wurde als Kreuzungspunkt zwischen deutscher und französischer Kunst inszeniert: »Le héros du jour réunit, il est vrai, en lui la double qualité de sculpteur officiel du Reich et d'ancien ›montparno‹, admirateur de Rodin et de Bourdelle, élève de Maillol, préféré du Führer.« (Ory 1976, 61)[27]

Nach einem Jahr kann Bremer die Arbeit des Deutschen Instituts als Forum für die Kollaboration feiern. Es sei »zu einem festen Begriff der geistigen Berührung und Aussprache beider Völker geworden.« (Bremer 1942, 130) Erst 1942 liegt die Zeitschrift des Instituts *Deutschland-Frankreich* vor: »Mit dem hohen Ethos der Kritik, wie es der deutschen Wissenschaft zu eigen ist, soll sie unerbittlich die geistigen Probleme zwischen Deutschland und Frankreich aufgreifen. Als Organ dieser wissenschaftlichen Arbeit und geistigen Dialektik tritt die Zeitschrift Frankreich-Deutschland vor die deutsche und die französische Öffentlichkeit.« (Ebd.) Im Anhang an diese Chronik findet sich ein Bergson-*Epilog* von Gerhard Funke, der mit antisemitischer Hetze nicht sparte. Der Anlaß war der Tod Bergsons im Januar 1941. Darin heißt es: »Wenn er [Bergson, TO] aber als geistiger Exponent Frankreichs hingestellt wird, so beweist das nur, in wie starkem Maße sich in Gegenwart und jüngster Vergangenheit fremdrassische Denkweisen in Frankreich durchgesetzt haben.« (Funke 1942, 148f) »Daß auch Bergson als Nichtfranzose für die geistige Verständigung Deutschland-Frankreich ein Hindernis sein muß, ist leicht zu ermessen«, »wird sein Einfluß überwunden, so können sich Deutsche und Franzosen hier wieder in gemeinsamer Arbeit begegnen.« (149)

---

[26] »Concrétisant sans plus tarder l'Europe nouvelle en gestation, nombreux sont les artistes français qui demandent ou acceptent d'être associés un soir à des confrères allemands: compositeurs comme Tony Aubin ou Jean Françaix en 1942, sous l'égide de l'Institut allemand et du groupe Collaboration, interprètes comme Marius-François Gaillard aux Tuileries, avec Hans von Breda (1941), Alfred Cortot à l'Orangerie avec Wilhelm Kempff et Germaine Lubin.« (Ory 1976, 60f)

[27] Der französische Erziehungsminister Abel Bonnard eröffnete die Ausstellung. Dabei war die Elite der Kollaboration, Maler wie Derain, Van Dongen, Despiau und Maillol. Eine große Presse- und Radio-Kampagne begleitete die Ausstellung (vgl. Ory 1976, 61).

4.2.3 Die Zeitschrift »Deutschland-Frankreich«

Epting ist Herausgeber der Zeitschrift des Instituts *Deutschland-Frankreich*, Karl Heinz Bremer besorgt die Redaktion. Unter den Mitwirkenden finden wir Ernst Jünger mit dem Beitrag *Tagebuchblätter aus Frankreich*[28] und Carl Schmitt (*Die Formung des französischen Geistes durch den Legisten*). Im Editorial begreift Epting (1942, 4) die Arbeit der Zeitschrift als »gärtnerische Pflanzarbeit« (ebd.). In ihr sollten »nur Nationalisten zu Wort kommen« (8).[29] Die Zeitschrift »möchte eine Sammelstelle der geistigen Aussprache zwischen Deutschland und Frankreich« (4) werden. Die Werbung für die Kollaboration wird artikuliert als Chance für die Besiegten: »Die Frage ist nur, ob die Gegenwart und die Zukunft Folger finden, mit deren Hilfe die Vergangenheit überwunden wird, die mitarbeiten, jene (...) geschichtliche Wendung zu vollziehen, die der Führer mit seiner Geste (gegenüber) dem besiegten Frankreich im Auge hatte.« (4)

Über die Schwierigkeiten einer ›Collaboration‹ mit der deutschen Besatzung berichtet Epting: »Im Lande selbst sitzen die Ungläubigen, die Wartenden, die Überschlauen. Ihre Stimmen predigen Abwarten und Rückwärtsschauen.« (3) Das latente Unbehagen muß reartikuliert werden: »Entweder geht die gezeichnete Entwicklung der Absetzung, der

---

[28] Jünger (1942) sammelt Eindrücke wie die folgenden: »Im Orte Unterhaltung mit einem alten Franzosen, der bereits drei Kriege sah. (...) Verheiratet, drei Töchter; auf meine Frage, ob sie schön seien, gleichmütig die Hand bewegend: Comme ci, comme ça« (83). Über französische Gefangene: »Ihre Tugend liegt im vollkommenen Begreifen des Notwendigen.« (96) Beim »Anblick der Toten von Montmirail«: »Ich sah hier das Absolutum« (104). Aus einem Gespräch mit einem französischen ›Hausherrn‹: »So schätzte er die Marseillerinnen und die Pariserinnen gegeneinander ab – die von Marseille wären nicht so kalt, und zudem billiger.« (92) »Die Straßen, die Dörfer und Städte, die wir durchquerten, lagen in der Zerschmetterung. (...) Tote Pferde, Ruinen, Gräber. Aus den dichten Waldstücken Leichengeruch. (...) ein Polizist mit roter Mütze hebt einem Bauernmädchen die Röcke hoch.« (94)

[29] Allerdings nicht die französischen Nationalisten und Faschisten, etwa die der Gruppe *Action Française*. Totgeschwiegen werden sie aber nicht. Ein Teil der Zeitschrift ist der negativen Kommentierung der Veröffentlichungen der Kreise um Charles Maurras gewidmet, die Widerstand (nicht zu verwechseln mit der Résistance) gegen Deutschland demonstrieren: »Was will heute die Action Française und mit ihr ein nicht unbedeutender Teil der französischen Intellektuellen? Das Ziel bleibt für sie dasselbe wie gestern: Frankreichs Hegemonie über dem Kontinent. Das wirksamste Mittel dazu ist die Zerstörung der deutschen Einheit (...)« (Rabuse 1942, 143). Schwierig wird es, wenn es um Reklamationen von Seiten der *Action Française* geht: »Fichte muß herhalten, um den Franzosen die ›Collaboration‹ zu verbieten. (Vgl. Maurice Pujo, *Action Française* von 9. August 1941).« (146)

Gadamer und der Kriegsfaschismus

Unterscheidung und der ideologischen Verhärtung weiter (...), von der aus nur neue kriegerische Konflikte sich entwickeln können, oder die deutsch-französische Auseinandersetzung wird auf eine neue Grundlage gestellt.« (6) Epting sucht nach »jener Zauberformel« »mit der sich das Wesensinnere des anderen Landes mit einem Schlage eröffnen soll« (4). Seine Strategie ist, dieses Unbehagen in den »völkerpsychologischen« »deutsch-französischen Gegensatz« (5) zu transponieren. Dort kann es hierarchisch gebunden weiterleben. Sein Vorschlag ist, daß der Gegensatz »nicht verwischt, aber seine dogmatischen Versteifungen« (6) beseitigt werden sollten. ›Dogmatisch‹ bleibt für Epting aber nur Frankreich: »Verweigert nicht ein Teil der französischen Intelligenz in ihrem unilateralen Kosmopolitismus jede Berührung mit den deutschen Werten?« (Ebd.) Ängste vorwegnehmend, betont er, daß »das Ziel nicht die Verschmelzung zweier Welten« sei, um gleich den Sieg über humanistische Illusionen zu feiern: »Darin unterscheiden wir uns von denen, die nach 1918 eine neue Menschheit zu schaffen hofften.« (Ebd.)

Der Konsens über den verbreiteten »völkerpsychologischen Gegensatz« – der freilich von der ideologischen Konstruktion polarer ›Unterschiede‹, ›Eigenarten‹ und ›Besonderheiten‹ lebt – erlaubt es Epting, die Anerkennung des rassistischen »völkischen Standpunktes« (ebd.) zu erzwingen. »Der deutsche und der französische Geist müssen sich gewöhnen (...), im Gegensatz zu stehen und einander doch zu begegnen. Eine solche Haltung setzt allerdings die Anerkennung der Beschränkung des eigenen völkischen Standpunktes voraus. Sie läßt den Anspruch auf Allgemeingültigkeit der eigenen Werte nicht zu.« (Ebd.)

Hauptanliegen dieser Offensive ist die Desartikulation des ›Anspruchs auf Allgemeingültigkeit‹. Entscheidend in dieser Konstruktion ist, daß der ›völkische Standpunkt‹ nicht als Wert, sondern als struktureller Träger vorausgesetzt wird. Ihn zu akzeptieren heißt, keine Allgemeingültigkeit mehr denken zu können außer der des Trägers selbst. Obwohl Epting für »Ritterlichkeit« (ebd.) als ideale Umgangsform zwischen beiden Ländern wirbt, macht er deutlich, daß die Bedingungen Nazi-Deutschlands vom besiegten Frankreich einseitige »Opfer« verlangen: »Eines der großen Opfer, die Frankreich dem neuen Europa bringen muß, wird die Aufgabe seines universalen Zivilisationsanspruches sein. Frankreich wird sich geistig nicht mehr als allgemeine Kirche begreifen dürfen, sondern als besondere völkische Einheit, durch Blut und Geschichte geprägt«, und sich als solche »in die Dialektik Europas stellen müssen« (7).

Ein Blick in den Besprechungsteil der Zeitschrift dokumentiert, wie der ›geistige Austausch‹ umgesetzt wurde. Bei diesen Besprechungen

›neuer Bücher‹ handelt es sich um eine Art normative Rezeption, die den Lesern die Botschaften der Autoren aktualitätsbezogen noch einmal verdeutlicht. Es ist erstaunlich, wie, unabhängig von Autor und Thematik, die damalige Lage der deutsch-französischen Beziehungen herausgearbeitet wird. Alles Mögliche scheint in dieser Richtung modellierfähig zu sein. Einige Besprechungen aus dem ersten Heft (1942, S. 150-155) seien erwähnt.

Unter dem Titel *L'Europe spirituelle* bespricht M.Th. Mogan Bücher aus der von A.E. Brinckmann herausgegebenen Reihe »Geistiges Europa«, beim Verlag *Hoffmann und Campe* zwischen 1939 und 1941 erschienen. Als erstes Gerhard Hess: *Leibniz korrespondiert mit Paris*. »En Leibniz nous connaissons depuis toujours le véritable Allemand qui sut être aussi un grand Européen.« (150) Die Briefauswahl von Hess zeige »le rôle important que jouèrent Paris et la vie intellectuelle française dans l'élaboration de la pensée leibnizienne«. Leibniz »disputait« »avec tous les esprits notoires de la France d'alors« »des problèmes spirituels, sans se laisser interrompre par la guerre qui sévissait entre les nations« (ebd.).

Über das Buch von Andreas Liess: *Beethoven und* Wagner *im Pariser Musikleben* heißt die Botschaft kurz und bündig: »Ohne Beethoven kein Berlioz«; »Ohne Wagner kein Debussy« (151). Nach Karl Schilling, *Auguste Rodins Vermächtnis*, soll das europäische Gleichgewicht in Rodin vorhanden sein. Schilling »nous montre comment les différentes tendances artistiques de l'Europe luttent en Rodin pour parvenir enfin à une nouvelle forme d' équilibre« (ebd.). Ertrag der Lektüre von Julius Wilhelms *Friedrich Nietzsche und der Französische Geist*: Nietzsche »fut un véritable ›Européen‹«. »En Nietzsche, Français et Allemands peuvent se rencontrer«. »Il reste l'un des points cardinaux des relations spirituelles entre la France et l'Allemagne« (151). Aufgabe einer zweisprachigen Edition von Madame de Staël, *Deutschland und Frankreich*: »Montrer la tension féconde qui existe entre les deux pays« (ebd.). Der Herausgeber Brinckmann »en a tiré des maximes et des réflexions qui caractérisent les deux formes de pensée et d'action, et qui gardent une grande valeur d'actualité« (ebd.). In der Abteilung »La Mission du Reich« (152) bespricht Philippe Lavastine das Buch von Karl Richard Ganzer: *Das Reich als europäische Ordnungsmacht* von 1941. »Pour de nombreux Français, le Reich n'est qu'un autre mot pour dire l'Allemagne« (ebd.). Diese Auffassung sei falsch, der Akzent liege auf dem noch zu Schaffenden: »Mais le Reich n'est pas l'Allemagne; il en est la raison d'être. Das Reich est le devoir ou la mission de l'Allemagne«; »il est *la puissance ordonnatrice de l'Europe*« (ebd.). Die einzige kritische Besprechung schreibt K. Klahen über das Luther-Buch

Gadamer und der Kriegsfaschismus 117

von Dimitri Mereschkowski. Frankreich gelang es nie, »ein einheitliches und historisch gerechtes Lutherbild zu zeichnen.« (154) Das Bild Mereschkowskis stamme nicht »aus dem Studium Luthers«, sondern ihm gälten als »wissenschaftliches Kriterium« »demokratische Völkerbundsideale und Gedanken internationaler Kirchenkongresse«, es bedeute »keine wesentliche Bereicherung der Lutherliteratur in Frankreich.« (Ebd.)

4.3 *Herder: Geist einer Hegemonialmacht*

> »A la méthode d'exégèse des Français (...) s'oppose la méthode allemande, plus spéculative, qui consiste à repenser à chaque instant les grandes œuvres pour leur donner un sens nouveau et actuel.« (Karl Epting, 1941)

> »...geistig zu durchdringen, was das Schwert erobert hat.« (Franz Koch zit.n. Glockner 1943, 1)

4.3.1 *Herders Frankreichbild*

In der Eröffnung seines Vortrages stellt Gadamer Herder vor als »einen der großen Anreger Europas, die Deutschland hervorgebracht hat« (5).[30] Was diesen ›deutschen‹ Denker Europas zum ausgezeichneten Gegenstand macht, das deutsch-französische Verhältnis zu thematisieren, sei, daß er entscheidende Impulse seiner Entwicklung auf einer Frankreichreise erhalten habe. »C'est pourquoi, parler de Herder devant les Français, c'est mettre justement en relief la tension qui existe entre les deux cultures en vue d'une meilleure compréhension mutuelle.« (F 10)[31]

In diesem Sinne wird Herder zu einer Figur, die Aufschluß über die Spannung zwischen *Deutschem* und *Französischem* gibt. Diese Etikettierung Herders als ›Anreger Europas‹ steckt den Verstehenshorizont

---

[30] Einfache Seitenangaben verweisen auf die deutsche Fassung des Vortrages. Wo nötig, wird der französische Text herangezogen. Zitate aus der französischen Fassung werden mit dem Zusatz »F« kenntlich gemacht.

[31] »Deshalb bedeutet, vor den Franzosen über Herder zu sprechen, die Spannung zu verdeutlichen, die zwischen den beiden Kulturen besteht in Hinblick auf ein *besseres wechselseitiges Verstehen.*« (Bremer 1942, 126ff, Übers. und Herv. TO) Mit der Rede vom »besseren wechselseitigen Verstehen« ordnet sich Gadamer in die Kulturpolitik der Besatzungsmacht ein. »Geistige Berührung« und »geistige Vertrauensbasis« (ebd.) sind die bevorzugten Formeln, mit denen Bremer den besatzungspolitischen Arbeitsauftrag des Deutschen Instituts umreißt.

von Gadamers Vortrag ab, und zwar so, daß er mit der Kulturpolitik der deutschen Besatzungsmacht kompatibel ist. Das Thema Deutschland-Frankreich innerhalb jenes Europa, das der NS sich anschickt zu schaffen, ist die ständig gegenwärtige Dimension, auf die dieser Text hin verstanden werden will.

Elemente aus der Biographie Herders werden herausgestellt und in der politischen Semantik des ›Deutschen‹ in Sprache und Geographie artikuliert: »Aus dem äußersten Nordosten Deutschlands stammt er« (5), aus Riga, dem »Vorposten des Deutschtums« (ebd.), wo Herder »eine lebendige Wirksamkeit entfaltet« (ebd.). Sein Frühwerk zeuge von einer »neuen grenzenlosen Macht der deutschen Sprache« (ebd.). Besonderes Augenmerk legt Gadamer auf Herders Reise nach Frankreich im Jahre 1769. Die Herder-Reise wird zu »einer Begegnung von seltener Symbolkraft« (ebd.) stilisiert: »Dem Frankreich seines königlichsten Jahrhunderts, das an der Spitze der aufgeklärten Kultur Europas, in der Reife seiner großen Geschichte stand, nahte sich ein genialer Jüngling aus dem deutschen Osten.« (Ebd.) Diese Begegnung wird zu einem schmerzhaften völkerpsychologischen Drama gestaltet:

»Mit diesem jungen Deutschen begegnete der in lateinischer Überlieferung stehenden, lateinischem Formgesetz gehorchenden Kultur Frankreichs zum ersten Male jenes Bild des Deutschen, das seitdem immer wieder – in schmerzender Feindseligkeit oder in schmerzender Bewunderung, immer aber in dem Schmerz der Fremdheit, ja der Gegenbildlichkeit vom französischen Geist erlebt worden ist – das Bild jenes formfeindlichen, unbestimmten und unerklärlichen ›Dynamismus‹, der die ungewisse und beunruhigende Gestalt des Deutschen in der neueren Geschichte kennzeichnet.« (Ebd.)[32]

---

[32] Der Topos ›Dynamismus des Deutschen‹ wurde im Rahmen des ›Kriegseinsatzes der Geisteswissenschaften‹ reartikuliert. Im Krieg gegen die ›westliche Aufklärung‹, insbesondere gegen den ›Rationalismus‹ der Franzosen und Engländer wurde dieser Topos kulturrassistisch unterlegt (vgl. Ritterbusch, 1941, 142. Dazu auch Kap. 5). Die Philosophenzunft steuerte für dieses Unternehmen u.a. den Band *Das Deutsche in der Deutschen Philosophie* (1941) bei. Der Herausgeber Theodor Haering (1941, VII) stellte die »Art der Weltbetrachtung« im »deutschen Denken« als »dynamisch-aktivistisch« (ebd.) prominent heraus. Die »Triebhaftigkeit« und der »Wille zur Tat« werden als deutsche Eigenschaften aufgewertet. Nietzsche gilt als »ausgesprochener Dynamiker« (Günther Lutz 1941, 461). Herders »dynamische Betrachtung von Gott, Welt und Mensch« wird gegen die »mechanische Weltauslegung der Aufklärung« (Benno von Wiese 1941, 268) vorgeführt. Leibniz, »verglichen mit den westlichen Rationalisten« bezeuge »seine deutsche Eigenart« dadurch, daß er eine »auffallende Offenheit für das geheimisvolle Eigenwesen der Natur bewahrte, deren Kräfte – in uns und außer uns – eine unberechenbare Lebendigkeit haben« (Gerhard Krüger 1941, 213).

Gadamer und der Kriegsfaschismus 119

Mit der Geschichte dieser Begegnung bereitet Gadamer sukzessive die Hierarchisierung der Gegensätze vor. Die »Begegnung des jungen Herder mit der französischen Kultur seiner Zeit verlief unglücklich – das kritische Frankreichbild, mit dem er kam, nahm er auch wieder mit sich fort.« (Ebd.) Diese negative Erfahrung wird geradezu Bedingung für das Denken und die Themen Herders: »Nur im Bruch mit dem Geschichtsbild und Kulturideal des französischen Jahrhunderts konnte Herder die geheime Bedeutung für Volk und Staat der Deutschen gewinnen, die wir heute an ihm gewahren.« (Ebd.) Darüber hinaus sei das »kritische Frankreichbild« »ein Element des geschichtlichen Selbstbewußtseins der deutschen Kultur überhaupt geworden« (ebd.).[33]

Im folgenden geht es für den »französischen Geist« (ebd.) darum, die Vormachtstellung des ›Deutschen‹ durch die Herder-Deutung anzuerkennen. Das sind die Bedingungen, unter denen Gadamer ›für ein besseres Verständnis‹ beider Kulturen wirbt.

---

[33] Die Thematik der Völkerpsychologie hat im NS Hochkonjunktur. Carl Schmitt untermauert einen seiner Frankreich-Vorträge über *Die Formung des französischen Geistes durch die Legisten* so: »Typologische Bestimmungen des Franzosen, wie sie z.B. der Marburger Philosoph Jaensch unternommen hat, (...) erklären den Franzosen für einen typischen ›Synästhetiker‹, d.h. einen Menschen von emotionaler Labilität ohne echten Wirklichkeitssinn, der in einem stabilen Ordnungsschema Schutz und Sicherheit sucht und findet.« (Schmitt 1942, 1) »Im Vergleich zum Engländer ist der französische Legist logisch und rationalistisch, im Vergleich zum Deutschen unsystematisch und pragmatisch.« (9) 1940 veröffentlicht Carl E. von Loesch ein Handbuch mit dem Titel *Der polnische Volkscharakter*. In einer Rezension heißt es: »Wir erkennen, daß der Charakter des Deutschen und des Polnischen grundverschieden ist. Was bei den Deutschen besonders stark und positiv entwickelt ist (Organisationsgabe, Ordnung, Zucht, Fähigkeit zum Denken, Zähigkeit usw.) bildet gerade die schwache Seite des Polen, dessen Organisationsmangel, ›polnische Wirtschaft‹, Zügellosigkeit, Gedankenlosigkeit usw. sprichwörtlich sind.« »Wer mit dem polnischen Volk in den Ostgauen oder im Generalgouvernement zu tun hat, wird es mit Nutzen zur Hand nehmen.« (Kurt Lück, *Deutsche Kultur im Leben der Völker*, 16. Jg., H.3, München 1941, 319)

4.3.2 Der Überwinder der Aufklärung
4.3.2.1 Gadamers Arbeit am Herder-Bild

> »Er hatte den Fehler, daß er kein Stern erster oder sonstiger Größe war, sondern ein Bund von Sternen, aus welchem sich dann jeder ein beliebiges Sternbild buchstabiert.« (Jean Paul [über Herder] 1973, 443).

Der völkerpsychologische Gegensatz von ›Deutschtum‹ und französischer Kultur, in dem Gadamer die Herder-Figur auftreten läßt, wird geistes- und ideenpolitisch erweitert. Dem Gegensatz Deutschland-Frankreich wird der Gegensatz Aufklärung-Gegenaufklärung parallelisiert. Um Herder als gegenaufklärerischen Vertreter des deutschen Geistes zu präsentieren, muß Gadamer in das Herder-Bild intervenieren. Diese Operation wird offensiv durchgeführt, im Modus des Feststellens und Verkündens des einzig richtigen Herder-Bildes. Herder wird zum Überwinder der Aufklärung gemacht, die wesentlich als französisch gedacht wird. Allerdings wurde, wie Gadamer feststellt, bislang der Aufklärungskritiker Herder nicht ausreichend gewürdigt, weil er im Schatten seiner Nachfolger steht, obwohl sie gerade ihm die wichtigsten Denkanstöße verdanken. Herder wird zum Begründer einer breit aufgefächerten Denkkultur, die so erfolgreich ist, daß er selbst zu einem »bloßen Vorläufer« (6) herabsinkt. »Man weiß, daß man ihm die erste Sammlung der Volkslieder Europas verdankt. Man weiß, daß er in seiner Sprachphilosophie und in seiner Philosophie der Weltgeschichte Neuland entdeckt hat. (...) Aber alle diese Leistungen sind von den Taten einer späteren Generation wie überdeckt worden.« (Ebd.) Als Nachfolger Herders will Gadamer die deutsche Romantik, Wilhelm von Humboldt und auch Hegel verstanden wissen.

Die schwerwiegenderen Probleme für Gadamers Herder-Deutung rühren jedoch nicht aus Rezeptionskämpfen[34], sondern liegen bei Herder

---

[34] Die Herder-Rezeption im NS ist vielfältig und verzweigt. Es koexistiert ein breites Spektrum an Deutungsmustern und Interpretationsprinzipien, die sich wiederum auf unterschiedliche Phasen und Werke Herders stützten. Die Eigenart dieser Rezeption hängt mit ihrer strukturellen Verankerung seit dem 19. Jahrhundert in der Literaturwissenschaft (vornehmlich in der Germanistik), Volkskunde, Philosophie, Geschichtswissenschaft und Theologie zusammen. Die nationalistischen Aktualisierungsanstrengungen in diesen Feldern werden von Bernhard Becker (1977, 133f) dokumentiert. Der Tradition des Historismus folgend, wurde im NS Herders Bückeburger Schrift *Auch eine Philosophie der Geschichte zur Bildung der Menschheit* von 1774, die Gadamers Interpretation zugrundeliegt, sowohl von

selbst. Es ist nämlich der späte Herder, der für die Verkennung seiner Überwindung der Aufklärung verantwortlich zu machen ist. »In seinen späteren Weimarer Jahren wirkt er wie einer, der sich selbst überlebt hat und in traurig gereizter Verbitterung seiner eigenen Wirkung entgegenwirkt.« (Ebd.) Er propagiert – wie Gadamer weiß – Humanität im Sinne der Aufklärung als Ziel der Geschichte. »Er, der Entdecker der geschichtlichen Welt, scheint seine einstigen Wahrheiten zu verleugnen, wenn er den Fortschritt der Humanität als den Sinn der Geschichte ansieht; der Apostel der großen universalgeschichtlichen Gerechtigkeit scheint in unklare politische Moralistik zu verfallen. (...) All das hat seinen Namen dauernd beschattet.« (Ebd.) Dem Idealbild eines Überwinders der Aufklärung steht entgegen, daß der geschichtliche Herder alles andere war als ein umstandsloser Gegner der Aufklärung. Die Hinwendung des späten Herder zu Aufklärung und Humanität spricht Gadamer aus als »Verblendung gegen das Kommende, dem er doch selbst den Weg bereitet hatte«. (Ebd.)

Mit diesen widersprüchlichen Daten und Fakten muß Gadamer umgehen. Es liest sich wie ein Zugeständnis an die überkommene Herder-Rezeption, wenn er sagt, daß »Herder eine Entwicklung gehabt hat« (7). Auch die Periodisierung des Herderschen Werkes wird zur Kenntnis genommen: »Es hat gewiß einen Sinn, von einem Rigaer, einem Straßburger, einem Bückeburger Herder (1771-1776) und dann von einem selbst noch vielfältigen Weimarer Herder (1776-1803) zu sprechen.« (Ebd.)[35] Dieser »in tausend Stellungnahmen fast zerspiegelte, in einer bewegten Entwicklungskurve sich wandelnde Herder« (ebd.) gibt das Material ab, in dem »die Einheit des sachlichen Anliegens« (ebd.) nachzuweisen ist. Der wahre Herder wird gegen den ›verblendeten‹ und ›zerspiegelten‹ Herder gewendet. »Hinter der ihn selbst überdeckenden Wirkung sein eigenstes Wort zu hören, wird die Aufgabe sein.« (Ebd.). Das disparate

---

völkischen (Alfred Rosenberg, Erich Rothacker, Benno von Wiese) wie von nationalkonservativen Interpreten (Theodor Litt) aufgewertet. Der Herder-Forscher Hans Dietrich Irmscher (1990, 143) spricht die Interpretationsprobleme dieser »Schmähschrift« (ebd.) an: »Obwohl äußerlich vollendet, ist Herders Schrift (s.o.) in ihrer Intention fragmentarisch. Sie enthält eine Fülle von Thesen, die dem Leser – um einen Ausdruck des 18. Jahrhunderts zu gebrauchen – ›viel zu denken übrig lassen‹.« (Ebd.) Der fragmentarische Charakter dieses Textes eignet sich wiederum vorzüglich für selektive Interpretationen, die Ergänzungsleistungen motivieren und Kohärenz stiften. Ausführliche Analysen der Herder-Forschung im NS finden sich bei Becker (1977 und 1994), auch neuerdings bei Schneider (1994).

[35] Eine solche Periodisierung Herders bezieht den historischen Kontext sowie die Brüche und Widersprüche seines Werkes ein, und vor allem dokumentiert sie die Komplexität seiner Aufklärungskritik (vgl. Barnard 1964 und Becker 1977).

Material vereinheitlicht sich unter diesem hermeneutischen Imperativ. »Wir aber unterscheiden keine Epochen seines Lebens und Werkes, sondern gleichsam Lautstufen seiner lebendigen Stimme.« (Ebd.) Zugleich diskreditiert diese Interpretationsstrategie die humanistischen Deutungen Herders; diese haben ihre Stützpunkte in den ›Verfallselementen‹ des Werks. Exemplarisch läßt sich das an Gadamers Umgang mit Herders Spätwerk *Ideen zur Philosophie der Geschichte der Menschheit* (1784-91) demonstrieren. Gegenüber der Bückeburger »Kampfschrift« *Auch eine Philosophie der Geschichte zur Bildung der Menschheit* (1774) sieht Gadamer hier eine deutliche »Wiederannäherung an den Aufklärungsglauben« (10). Diesen »Wechsel des Standpunktes« (ebd.) verkleinert Gadamer mit seiner Vereinheitlichungsstrategie: »Indes, aus der Fernsicht von eineinhalb Jahrhunderten verlieren diese Unterschiede seines eigenen Wertungswillens an Gewicht, rückt umgekehrt Herder mit sich selbst zur Einheit einer historischen Wirkungsgröße zusammen.« (Ebd.)

4.3.2.2 Die Biographie als gelebte Gegenaufklärung

»Kritik der Aufklärung« (7) sei nicht nur das »leidenschaftliche Anliegen« (ebd.) von Herders Werk, sondern auch das »Geheimnis seiner Lebendigkeit« (ebd.). Vom Ergebnis her macht Gadamer die Überwindung der Aufklärung zu dem Prinzip, von dem aus Leben und Werk sich wechselseitig interpretieren und das Herder zum deutschen Genie macht. Positiv gewendet zeige sich Herders »Befreiung von den Bildungsvorurteilen der Aufklärung« (ebd.) durch die »Erweckung eines *neuen Sinnes für Geschichte und die Entdeckung eines neuen Sinnes in der Geschichte*« (7f). Ihm gebühre der »Ruhm eines Entdeckers der geschichtlichen Welt« (7) und damit der Platz des eigentlichen Überwinders der Aufklärung.[36] Herder wird so zum Ahnherrn jenes Historismus, der die Vernunft mit ihrem inhärenten Universalismus auszuhebeln versucht, indem er diese letzte und absolute Instanz der Aufklärung als historische Größe relativieren wird.

---

[36] Der Historismus erlaubt erst den entscheidenden Angriff auf die Aufklärung und hebt Herder über seine »großen Vorgänger« (7) Hamann, Winckelmann, Rousseau und Montesquieu hinaus. Herder wird als Solist konstruiert; »es wäre falsch, ihn hierin Rousseau gleichzuschätzen« (ebd.). Auch gegen Rousseau als französischen Antirationalisten polemisiert Gadamer: Er habe dem Vernunftpathos der Aufklärung nichts entgegenzusetzen als den »Aufstand des Sentiment« (10). In der revidierten Ausgabe (1967, 169) fügt Gadamer Herder und Rousseau zusammen.

Gadamer und der Kriegsfaschismus

Der Bruch mit der Aufklärung wird zu *dem* großen Bildungserlebnis Herders stilisiert. Der Moment, in dem Herder die »geschichtliche Welt« (8) ›entdeckt‹, ist genau datierbar. Er ereignet sich bei der Frankreich-Reise im Jahre 1769, unter dem Mastbaum eines Segelschiffes: »Das Hinter-sich-lassen der Küste, die Fahrt im offenen Meer mit dem immer sich weitenden unendlichen Horizont ist ihm der Aufbruch zu einer neuen Denkart aus der bewegten Erfahrung.« (9) Bei der Fahrt über das offene Meer gewinne Herder sein neues Erkenntnisparadigma: »Denken in beweglichen Horizonten erst erschließt die Realitäten.« (Ebd.) Damit trete die »Erfahrung von Realitäten an Stelle von ›abstrakten Schattenbildern‹« (8).[37] Biographie und Philosophie Herders werden verdichtet, die Erkenntnis ist gelebte Erkenntnis: »Dieser Aufbruch Herders zu einer neuen Denkungsart in Realitäten ist sein Eintritt in die geschichtliche Welt.« (Ebd.) Auf dieser Schiffsfahrt entdeckt er »eine neue Kraft in sich, die aus der Kraft der geschichtlichen Selbstbesinnung aus dem eigenen Leben und seinen eigensten Erfahrungen aufsteigt.« (Ebd.)[38] Und Herder entdecke bei dieser Gelegenheit auch noch das Denken in Analogien, mit dem er »de(n) naive(n) Bildungsstolz der aufgeklärten Zeiten« (10) zunichte mache: So etwa begreife Herder »die Notwendigkeit in dem Despotismus aller frühen Zeiten an der Schicksalsgemeinschaft eines Schiffes auf großer Fahrt, so die Fabulierlust seefahrender Völker als den Schlüssel zum Verständnis der Mythologie der Alten.« (Ebd.)

---

[37] »Selbst der Begriff der Tugend wird dem Prediger und Erzieher Herder fragwürdig als ein abstrakter Name, zu dem die Sprache ›uns verwöhnt habe‹ (...). ›Jedes Datum ist Handlung, alles übrige ist Schatten, ist Räsonnement.‹« (9)

[38] »Auch das Buch eines Newton möchte er so lesen wie hier auf dem Schiff unter einem Mast auf dem weiten Ozean sitzend – das will sagen: in der lebendig betroffenen Anschauung seines ganzes Seins« (8). Solche überhöhten Erkenntnis-Erlebnisse mit Erleuchtungscharakter, wie Gadamer sie hier für Herder ausgestaltet, finden sich in ähnlicher Weise in den Biographien fast aller Philosophen, die die Gegenaufklärung in dem erwähnten Band *Das Deutsche in der deutschen Philosophie* (hgg. v. Haering, 1941) für sich reklamiert. Joachim Ritter streicht in gleicher Weise ein Erleuchtungserlebnis bei Nicolaus von Cues heraus: Dieser habe seine *docta ignorantia* »auf der Rückkehr aus Griechenland, nächtens auf dem Schiffe stehend, wie durch Gabe und Eingebung empfangen« (Ritter 1941, 80).

4.3.3 Herders Sinn für Kraft
4.3.3.1 Schicksal statt Fortschritt

In einem Durchgang der repräsentativsten Topoi aus der Schrift des frühen Herders: *Auch eine Philosophie der Geschichte zur Bildung der Menschheit* (1774), läßt Gadamer Herder über die teleologischen Geschichtsphilosophien, die sich im Gefolge der Aufklärung gebildet haben, triumphieren. Seine Konzeption der Geschichte bricht mit dem »Fortschrittsglauben der Aufklärung« (10f). Herder habe erkannt, »daß Geschichte kein bloßer Zusammenhang von Ideen ist. ›Ideen geben eigentlich nur Ideen‹ – darin mag eine fortschreitende Helligkeit anzutreffen sein, aber der ›Saft und Kern aller Geschichte‹, den Herder sucht, ist in den Vernunftidealen seines Jahrhunderts nicht darin.« (12) Herder spüre nicht einer Ideenlogik in der Geschichte nach, seine »Idee der Geschichte« (11) zeichne sich vielmehr durch ihren »Sinn für Kraft« (10) aus. Der Geschichtsprozeß folgt nicht den idealistischen »Vorstellungen von Tugend und Glück, von Freiheit und Gott« (11), sondern wird bestimmt durch die Dynamik menschlicher Leidenschaften, die »Kräfte des menschlichen Herzens« (ebd.). Der ›Saft und Kern aller Geschichte‹ sind »›Herz, Wärme, Blut, Menschheit, Leben!‹« (12)

Die Geschichtsvorstellung, die Gadamer von Herder aus vorschlägt, ist die eines ständig wechselnden Verhältnisses und Spiels dieser immergleichen menschlichen Kräfte. Die geschichtlichen Kräfte und Antriebe sind immer wieder anders auf die Völker und Nationen als eigentliche Akteure verteilt. »Das aber ist die entscheidende Einsicht: Geschichte ist nur ›ausgestreut‹ in das National-individuelle, in Zeiten und Völker. Das gerade gibt dem Problem der Geschichte sein philosophisches Gewicht, daß in ihr kein geradliniger Fortgang der Vervollkommnung der Menschheit vorliegt« (ebd.). Der Blick, der sich so auf die Geschichte der Völker ergibt, ist relativistisch und partikularistisch und lehnt allgemein verbindliche Maßstäbe ab. Das Bild, auf das Gadamer diese historistische Geschichtskonzeption bringt, ist »die große fortlaufende Kette des Schicksals«, die in »jedem Glied ihren eigenen Sinn« hat (ebd.).

Im Hinblick nämlich auf das »Schicksal« (11) einzelner Völker mache Herder »fruchtbar, was als ein allgemeines Lebensgesetz gilt: daß in Jugend, Reife und Alter in gleicher Weise und in gleich notwendigen Formen das Lebensganze erscheint.« (Ebd.) Es ergibt sich als »*erste(r)* Grundzug der Geschichte, daß jedes ihrer Zeitalter und Völker so wie jedes Lebensalter des Menschen ›den Mittelpunkt seiner Glückseligkeit in sich selbst hat‹« (ebd.). Die Geschichten der Völker werden gegeneinander separiert und zu eigenen Lebenskreisläufen gemacht, die

Gadamer und der Kriegsfaschismus 125

jeweils nur aus sich selbst heraus zu verstehen sind. Es sei verkehrt, »Zeiten oder Völker in ihrem Glück vergleichen zu wollen.« (Ebd.) Eine weitere Konsequenz dieses relativistischen Geschichtsbildes ist, daß es »keine Dauer, keine ›natürliche Ewigkeit‹« (12) geben kann. Es gebe keinen End- oder Zielpunkt der Geschichte: »Jeder Fortschritt ist zugleich Verlust. ›Das menschliche Geschlecht ist einmal keiner Vollkommenheit fähig, muß immer verlassen, indem es weiterrückt.‹« (13) So macht die endlose »Kette des Schicksals« auch »jedes ›Maximum‹ hinfällig« (12).

4.3.3.2 *»Lebensfördernde Vorurteile«*

Diesem Historismus mit Schicksal opfere Herder auch die »Idee eines Lieblingsvolkes« (12) – gemeint ist das klassizistische Griechenbild, das Vorbild, auf das hin die Gebildeten jener Zeit sich entwarfen: »Gegen Winckelmann erkennt er bei aller Liebe die Schranken des Griechentums. Auch diese schönste Jugend der Menschheit unterliegt dem Gesetz der Geschichte.« (12f) Daß Gadamer gerade diesen Gedanken von Herder exponiert darstellt, verhält sich auf den ersten Blick dissonant, wenn nicht gar widerständig zum faschistischen Nationalismus mit seiner Konzeption von 1000jährigem Reich und Herrenmenschentum: Die Deutschen also keine besonders ausgezeichnete Nation oder doch nur eine zeitweilige, vergängliche Größe?

Gadamer läßt seine Zuhörer nur kurz im Ungewissen. Die Absage an ein ontologisch festgelegtes ›Lieblingsvolk‹ wird reichlich kompensiert. Die idealistische Geschichtsteleologie wird in die Funktionale der geschichtlichen Kämpfe verlegt. Die Vorstellung eines Lieblingsvolkes wird nämlich aufgehoben im Konzept der »lebensfördernden Vorurteile« (13). Zwar kennt Herders Historismus mit seinem Auf und Ab der Völker kein Zentrum, kein Endziel mehr und keine ewigen Sieger, aber Herder sehe – eine »Einsicht« aus »Nietzsches zweiter unzeitgemäßer Betrachtung« (ebd.) vorwegnehmend –, daß derartige Vorstellungen für die Nation eine wichtige Lebensfunktion haben. »Jedes Leben hat einen geschlossenen Horizont« (ebd.), und diese »›Mäßigung des menschlichen Blickes‹, (die ›Fühllosigkeit, Kälte und Blindheit‹ gegen das Ungleichartige und Fremde der Vergangenheit zur Folge hat)« befähige dazu, »›mir auf dem Mittelpunkte Genüge zu geben, der mich trägt‹« (ebd.). Gadamer sieht die Stärke Herders darin, daß er nicht der »Selbstzufriedenheit des späteren Historismus« (ebd.) verfalle, da es ihm gelinge, den »Vorzug des weiten Umblicks« (ebd.) mit der Erkenntnis der

Kräfte zu verbinden, die durch den »geschlossenen Horizont« (ebd.) jedes Lebens mobilisiert werden. Was Gadamer hier von Herder aus konzipiert, ist ein ideologischer Zirkel, der in einer zentrumslosen Geschichte eine Nation generiert, die sich durch Konzentration auf ihre ›Mitte‹ über andere Völker hinaus, ohne jede völkerverbindliche Regulation, in eine historische Zentralposition katapultiert. »In einem auf seine Vorurteilslosigkeit stolzen Jahrhundert erkennt Herder die Kraft des Vorurteils, glücklich zu machen, indem es ›Völker in ihrem Mittelpunkte zusammendrängt‹« (ebd.).[39] Gadamer kritisiert nicht die chauvinistische und aggressive Dynamik, die durch diese Vorurteile hervorgebracht wird, sondern betont die Leistung dieses Imaginationseffektes für die Bildung der Nation. Herder bediene sich dieser Vorurteile als »Erzieher«, der »auf Konzentration der Kräfte der Nation dringt« (ebd.). Mehr noch: an »diesen lebensfördernden Vorurteilen der Zeiten« sollen die »Maßstäbe geschichtlicher Betrachtung« (ebd.) gewonnen werden.[40]

---

[39] Diese Thematik bildet einen Topos der Herderdeutung im NS. Sie wurde durch Alfred Rosenberg rassistisch konnotiert: Herder prägte das »Wort, das mitten hinein gehört in unsere Zeit als unsere frohe Botschaft: ›*Jede Nation hat ihren Mittelpunkt der Glückseligkeit in sich, wie jede Kugel ihren Schwerpunkt*‹.« (Rosenberg 1935, 691) Rosenberg legt Wert auf das »Erleben des ›Mittelpunkts der Glückseligkeit‹« als »die vollste Selbstentfaltung, und das heißt in der Sprache dieses Buches: aus dem erlebten Mythos der nordischen Rassenseele heraus in Liebe der Volksehre dienen.« (Ebd. 691f)

[40] In seinem Artikel über *Das Ende der Nachkriegsphilosophie* (1991, 13) hat Joachim Vahland diesen Text zum Gegenstand seiner Analyse gemacht und glaubt, hier »das theoretische Gerüst von *Wahrheit und Methode* bereits vollständig entwickelt« (ebd.) zu finden: »Dort bereits heißt es *Jedes Leben hat eigenen geschlossenen Horizont*, dort bereits wird bekräftigt *die Kraft des Vorurteils, glücklich zu machen*.« (Ebd.) Der Hinweis auf zwei Sätze aus dem frühen Herder reichen nicht aus, um dieses Urteil zu belegen. Obgleich Gadamers Herderinterpretation die Produktivität von Vorurteilen völkisch legitimiert, wäre eine eingehende Analyse der Vorurteilskapitel in *Wahrheit und Methode* nötig, um die eigentliche Leistung Gadamers für die Nachkriegsphilosophie zu präzisieren. Gadamers Restauration des Vorurteils kommt ohne das Völkische aus, ohne jedoch seine Möglichkeit ausschließen zu müssen. Im Gegenteil: Diese restaurative Legitimation segnet alle Deutungen, die die Kräfte des Vorurteils je nach Lage freisetzen. Dennoch: Gadamer beendet sein Werk mit einer Reflexion über das Vorurteilsdenken, die, wenn sie nicht eine leere Floskel sein sollte, doch einen Positionswechsel zum Herder-Text signalisiert: »So gibt es gewiß kein Verstehen, das von allen Vorurteilen frei wäre, *so sehr auch immer der Wille unserer Erkenntnis darauf gerichtet sein muß, dem Bann unserer Vorurteile zu entgehen.*« (Gadamer 1960, 465. Herv. TO) Dieser und der darauffolgende Satz wären für die Entwicklung eines Denkens in emanzipatorischer Perspektive ernst zu nehmen: »Es hat sich im Ganzen unserer Untersuchung gezeigt, daß die Sicherheit, die der Gebrauch der wissenschaftlichen Methode gewährt, nicht genügt, um Wahrheit zu garantieren.« (Ebd.) An dem

4.3.4 Herders Geschichtsphilosophie

Gadamer feiert als Leistung Herders dessen Geschichtsrelativismus, der die idealistische Vorstellung eines geschichtlichen Gesamtsinns überwindet. Aber diese geschichtsmetaphysische Figur findet sich auch bei Herder, und Gadamer kann nicht umhin, sich mit ihr auseinanderzusetzen. Er besichtigt zunächst einmal Herders »Äußerungen zu diesem metaphysischen Grundproblem der Geschichtsphilosophie«, die einen »besonders starken Wandel durchgemacht haben« (13). Zwei Aspekte kann er daran für sein Konzept fruchtbar machen.

4.3.4.1 Der »eigennützige Spieler« und der »göttliche Plan«

Aus der o.g. Bückeburger Schrift holt Gadamer die Idee eines »jenseitigen Plans Gottes«, der den »Sinn der Weltgeschichte« (ebd.) ausmache. Mit diesem göttlichen Plan verhalte es sich allerdings so, daß er dem einzelnen Individuum undurchsichtig und verschlossen bleibe. »Unser eigenes Lebensfragment ist der Größe des Ganges Gottes durch die Zeiten nicht gewachsen.« (Ebd.) Das »menschliche, bruchstückhafte Dasein« (ebd.) sei bestimmt durch Verkennungen, Partikularitäten und Leidenschaften. Hier dominiert »›die Eingeschränktheit meines Erdpunktes, die Blendung meiner Blicke, das Fehlschlagen meiner Zwecke, das Rätsel meiner Neigungen und Begierden, das Unterliegen meiner Kräfte‹« (13f). Gerade aus dieser subjektiven »Uneinsichtigkeit des Geschichtsganges« (14) schließe Herder auf »seine Ordnung im Ganzen« (ebd.). »Was sich uns als ›verwirrendes Labyrinth‹ darstellt, ist in Wahrheit ›der Palast Gottes‹.« (Ebd.)

Gadamers Interesse an dieser Konstruktion zeigt sich, wenn er die Akzente setzt. Er bestimmt ihren Gebrauchswert für die Erhöhung der individuellen Handlungsfähigkeit in derartig unübersichtlichen Verhältnissen. Seine Zustimmung gilt den Effekten der Zukunftsgewißheit und Harmonisierung, die diese geschichtsphilosophische Konstruktion bei handelnden Einzelnen freisetzt. Der ›göttliche Plan‹ soll nicht im Sinne einer Prädestination mit erlösender Heilsgewißheit verstanden werden. Das würde den Einzelnen lediglich in die Position eines »Zuschauers« (14)

Begreifen von ›Wahrheit‹ und dem Zugang zu ihr unterscheiden sich die Denkschulen, die an Wissenschaftskritik interessiert sind. Von einem an Emanzipation und Gesellschaftskritik orientierten Standpunkt werden ähnliche Gedanken in der Kritischen Theorie und in den kritischen Marxismen verteidigt.

in diesem Geschichtsstück rücken, der in »›ruhiger Abwartung des Folgeganzen‹« (ebd.) ausharrt. Vielmehr bleibt dieser Einzelne auch unter dem göttlichen Plan aktiv, getrieben von seinen Begierden und egoistischen Zwecken. Er wird gefaßt im Bild des »eigennützigen Spielers« (ebd.), der sich eingedenk dieses göttlichen Plans mit gutem Gewissen auf das Spiel einlassen kann. »Dem Einzelnen, eigennützigen Spieler ganz verhüllt (denn seine Leidenschaften halten ihn befangen), tut sich der Sinn der Geschichte dennoch in der ›Fortrückung‹ kund« (ebd.). Diese Geschichtsphilosophie erlaubt es ihm, sich im Verfolg seiner egoistischen Ziele des »Fortgangs ins Große ständig gewiß zu bleiben«, und die Geschichte behält »›etwas Harmonisches‹« (ebd.).

4.3.4.2 »Humanität« oder »die Natur des Menschen«

In seinem Spätwerk *Ideen zur Philosophie der Geschichte der Menschheit* greift Herder das geschichtsphilosophische Thema in einer Weise auf, die Gadamer in Schwierigkeiten bringt. Folgte im Frühwerk die Geschichte noch einem undurchschaubaren Plan Gottes, so benennt Herder nun konkrete Ziele des geschichtlichen Entwicklungsganges. In den *Ideen* dominiert der »Humanitätsglaube« (ebd.). Wenn auch in widerspruchsvoller Weise, durchzogen von retardierenden Momenten, so strebe doch »alles auf einen (...) Entwicklungsgang der Humanität, der Vernunft und Billigkeit in der Weltgeschichte« (ebd.) hinaus. Gadamer muß sogar feststellen, daß Herder in »der Geschichtsdarstellung selbst mit diesem Maßstab der Humanität zu richten beginnt und damit die große Gerechtigkeit der Weltgeschichte am Ende in seine Perspektive zu zwingen sucht« (ebd.). Was Gadamer hier getreulich konstatiert, widerspricht so eklatant dem Bild von Herder als dem Überwinder idealistisch-teleologischer Geschichtsphilosophie und Entdecker des geschichtlichen Sinns, daß man – wie Gadamer eingesteht – »meinen (möchte), er sei in den aufklärerischen Vorsehungsglauben zurückgefallen, den er selbst und bis zum Ende ausdrücklich bekämpft. (...) Auch jetzt noch will er die Geschichte als Wirkungsfeld natürlicher Kräfte sehen. Die Weltgeschichte ist keine ›Feengeschichte‹. Aber dies alles scheint im Humanitätsglauben vergessen.« (Ebd.)

Mit der grellen Ausleuchtung der Diskrepanz – die für die Herder-Rezeption im NS ein Dorn im Auge bleibt[41] – bereitet Gadamer die

---

[41] Für die völkische Germanistik wird es äußerst schwer, Herders Humanitätsgedanken umzuarbeiten. Herders Versuch »an die verschiedenen Völker und Zeiten

Gadamer und der Kriegsfaschismus

Reinterpretation der Herderschen Vorstellung von einem Gesamtsinn der Geschichte vor. Das Humanitätskonzept kompatibilisiert er mit Herders Konzeption der Geschichte als einem »Wirkungsfeld natürlicher Kräfte« (ebd.). »Allein Humanität, das angebliche Ziel der Weltgeschichte, hat bei Herder einen Sinn, der seinen großen Einsichten in das Wesen der Geschichte nicht widerspricht und auch der früheren Lehre von der Jenseitigkeit des göttlichen Geschichtsplanes nahebleibt.« (14f). Gadamer nämlich beansprucht, zeigen zu können, »daß auch Herders Begriff der Humanität kein abstrakter Idealbegriff, sondern ein Kraftbegriff ist.« (15) Genau das zeichne aber auch den Geschichtsbegriff Herders aus – wie Gadamer nochmals betont –, daß er »den Begriff der Kraft bzw. der organischen Kräfte auf die Welt der Geschichte angewendet hat.« (Ebd.) Dadurch, daß beide, Humanität und Geschichte, im wesentlichen Kraftbegriffe seien, lassen sie sich verbinden. Als *organische Kräfte* bringt Gadamer sie zur Deckung. Als Ertrag der Kompatibilisierung von Geschichte und Humanität im Kraftbegriff kann Gadamer festhalten: »Auch wo Humanität so etwas wie ein Maßstab aller Zeiten wird, bleibt sie dennoch Ausdruck der natürlichen Schöpferkraft der Geschichte.« (16)

Im nächsten Schritt arbeitet Gadamer aus, was unter Humanität als organischer Kraft oder als ›Ausdruck göttlicher Schöpfungskraft‹ eigentlich zu verstehen ist. Der Begriff der Humanität wird dabei seinen aufklärerisch-humanistischen Sinn vollständig verlieren. Anstoß zur Umformulierung des Humanitätskonzepts gibt Herders Artikulation von Menschengeschichte als Naturgeschichte: »›die ganze Menschengeschichte ist eine reine Naturgeschichte menschlicher Kräfte, Handlungen und Triebe nach Ort und Zeit.‹« (Ebd.) Gadamer nimmt diesen Satz, um geradezu sprachregelnd eine Formel für das zu prägen, was unter *Humanität* zu verstehen ist: »Menschheit, Humanität ist nicht ein abstraktes Ideal (obwohl es sich als das Ideal der Vernünftigkeit und Billigkeit erläutert), sondern der Inbegriff der menschlichen Natur, d.h. aber eine Kraft, die sich zu sich selbst auswirkt.« (16) Die Sprachregelung also in aller Kürze *Humanität = menschliche Natur*. Und wie zur Einübung dieser neuen Regel wird Gadamer folgende Schreibweise verwenden: »menschliche Natur (die Humanitas)« (15).

---

noch den gemeinsamen übervölkischen und überstaatlichen Maßstab der Humanität anzulegen«, wird hier von Benno von Wiese (1939, 143) den deutlichen »Grenzen« (ebd.) in Herders Geschichtsbetrachtung zugeordnet. Beruhigt fährt er fort: »Erst Ranke hat diese Einseitigkeiten überwinden können« (ebd.).

Von diesem Kernelement aus wird Herders Geschichtsphilosophie reartikuliert. Sie hat nun nichts mehr mit ›Humanitätsduselei‹ zu tun, ihr Sinn wird ein anthropologisch fundierter Geschichtsdarwinismus. Das Herdersche Geschichtsziel *Humanität* muß nun als kämpferisches Durchsetzen und Ausleben der (organischen) menschlichen Natur(kräfte) gelesen werden. Als Hauptgesetz der Herderschen Geschichtsteleologie präsentiert Gadamer, »›daß allenthalben auf unserer Erde werde, was auf ihr werden kann.‹« (16) Das sei nichts anderes als »das Gesetz der Natürlichkeit selbst«, die »organische Bildungskraft der Natur« (ebd.).

Im Grunde begreife Herder also, auch wenn er von »Gott oder der Allkraft« (15) spreche, die Menschengeschichte als Naturgeschichte. Die menschliche Natur zeichne aus, daß sie zur Weltgeschichte berufen ist. »Wie jedes Wesen in der Natur sein eigenes Element des Lebens hat, so hat der Mensch ein unendliches Element, in dem er tätig handelnd sich ausbreitet – das Element der Weltgeschichte.« (16f) Dieses Ausbreiten geschieht jedoch nicht als Menschheitsprojekt, sondern in »nationell-individuellen Kraftwirkungen« (15).[42] Ganz im Modell eines geschichtsdarwinistischen Bildes verwenden die Völker ihre Kräfte, nicht, um den »Fortschritt der Tugend« (16) zu befördern, sondern um ihres eigenen Vorteils willen. Wie beim Privategoismus der Einzelnen, so ist auch beim geschichtlichen Agieren der Völker die Triebkraft, das ihnen mögliche Maß an Glückseligkeit zu realisieren. Sie setzen ihr jeweiliges Kraftquantum national-egoistisch ein. »Jeder Einzelne ist ›mit Kräften ausgespaart zum Ganzen und je nur mit Gefühl der Glückseligkeit auch nach Maß dieser Kräfte.‹ Darin und nicht in dem Bezug auf einen außerhalb gelegenen Heilszweck zeigt sich die Wirklichkeit in der Geschichte.« (Ebd.)[43]

---

[42] Der Kraftbegriff hat auch in der politischen Semantik der deutschen Besatzung seinen Platz: »Denn militärische Niederlagen und Siege sind stets Ausdruck vitaler und sittlicher Kräfteverschiebungen im gemeinsamen europäischen Raum; in ihnen offenbart sich zugleich die tiefere Einheit des Abendlandes, die trotz aller Feindschaften und Kriege verborgen im Seelischen und Menschlichen fortbestand.« (Bremer 1942, 139)

[43] In weiteren Wendungen werden aufklärerische Geschichtsperspektiven offensiv desartikuliert. Herders Glaube sei »also nicht ein Glaube an den moralischen Fortschritt der Menschheit aus Tugend« (18), seine Treue gelte dem Gedanken, »daß er der Abstraktion der Tugend die wirkende Kraft der Natur unterlegt« (ebd.). Im Bereich der Natur »›sind doch alle Dinge in der Regel beschränkt, daß eine gegenseitige Wirkung die andere aufhebe und zuletzt nur das Ersprießliche dauernd bleibe‹.« (Ebd.)

Gadamer und der Kriegsfaschismus 131

In diesem Sinne einer Durchsetzung der Kräfte, die Gadamer der Wendung der *menschlichen Natur* beilegt, soll es verstanden werden, wenn Herder die »historische Sinnfrage« mit »Ausbreitung und Beförderung der Humanität« (17) beantwortet.[44] Solche geschichtsdarwinistisch unterlegten Konstruktionen, die auch etwa in der Nietzsche-Deutung im Kriegsfaschismus Hochkonjunktur haben[45], entfalten ihre volle ideologische Plausibilität angesichts einer Kriegswirklichkeit, in der die dem NS unterlegeneren Völker unterworfen oder vernichtet werden. Gadamer wird jedoch eine Anstrengung unternehmen, dem »leidenden Teil der Menschheit« (20) einen geschichtsphilosophischen Trost zuzusprechen.

4.3.4.3 Die »Helden der Geschichte« und der »leidende Teil der Menschheit«

»Ausbreitung und Beförderung der Humanität« (17), als darwinistisches Geschichtsziel reinterpretiert, zeigt sich konkret »in der Geschichte« »in der ganzen Mannigfaltigkeit der Völkerindividualitäten« (ebd.). Gadamer

---

[44] Im Unterschied zu Gadamer wird der Humanitätsbegriff von den offiziellen völkischen Autoren geradezu abgestoßen, es werden keine Einarbeitungs- oder Veränderungsanstrengungen gemacht. Ein Sammelsurium der Konnotationen dieses Begriffes kann man im Stichwort: »Humanität« in *Meyers Lexikon* von 1938 lesen. Hier wird allerdings eine Kluft zwischen der deutschen Klassik und der faschistischen Gegenwart insbesondere durch die Zitate von Alfred Rosenberg markiert: »Gesinnung und Verhaltenweise, die den eigentl. Wert jedes Menschen in seiner Besonderheit achtet. Auf dieser Grundlage fußt das H.s Ideal der dt. klass. Dichter und Denker des 18. Jh. Im polit.-kulturellen Sinn ist dagegen der moderne H.s-Gedanke der letzten 200 Jahre zur lebensbedrohenden Gefährdung jedes arteigenen, wertvollen, starken und schöpferischen Menschentums entartet. Ihm eignen die zersetzenden Wirkungen der christl. ›Liebesidee‹, deren entchristlichte und entkirchlichte Form die H.s Idee darstellt: Leugnung aller rassischen und völkischen Unterschiede unter gleichzeitiger Anbetung einer unterschiedlosen ›Menschheit‹ Vorliebe für das Schwache, Kranke, ja oft für das Verbrecherische bei gleichzeitigem Mißtrauen gegen das Arteigene, Starke, Heldische, Schöpferische. (...) In diesem Sinn ist die H.s Idee von Anfang an durch die Freimaurerei und vermittels dieser wieder bes. durch das Judentum benutzt worden und bildet den ideologischen Mittelpunkt aller ›feministisch-demokr. H., die den einzelnen Verbrecher bedauert, den Staat, das Volk, kurz, den Typus aber vergißt‹ (Rosenberg, Mythus, 495) und damit ›dem Ausleseprozeß der Natur entgegenzuwirken versuchte‹ (das., 560). In dieser Beziehung wird volkstümlich das Wort *H.duselei* gebraucht, um die H., d.h. die sog. *humanitären Ideale* in ihrer lebens- und artbedrohenden Gefährlichkeit zu entlarven und zu kennzeichnen. – Lit. Herder, ›Briefe zur Beförderung der H.‹, Rosenberg, ›Mythos‹.« (*Meyer Lexikon*, [8]1938, Sp. 1505)

[45] Vgl. Zapata 1995.

gesteht zu: »In ihrer unendlichen Verschiedenheit von Empfindungen, Gedanken, Bestrebungen liegt dennoch ein Streben zur Einheit.« (17f) Dieses »Streben nach Einheit« umfasse sogar Elemente wie »›Verstand, Billigkeit, Güte, *Gefühl der Menschheit*‹« (18). Solche dem Geschichtsdarwinismus fremden Konzepte bilden bei Gadamer die Residualform, in der Herders Menschheitsuniversalismus, der Pluralität und Nebeneinander mannigfaltiger (Volks-)Kulturen kennt, noch zugelassen wird. Er verwandelt diese Elemente in ein Trostpflaster für die Verlierer beim Ausbreitungskampf menschlicher Natur und der Völkerindividualitäten. Herders »Glaube an den Fortschritt der Humanität und Friedlichkeit der menschlichen Geschichte« (19) kann Gadamer auch verwirklicht sehen in einer Menschheit, die geteilt ist in Sieger und Besiegte. »In der Tat mag der Glaube an den Sieg der Vernunft und der Billigkeit nicht nur dem leidenden Teil der Menschheit wie ein Trost beiwohnen, sondern auch den Helden der Geschichte in ihren harten Plänen und Entschlüssen voranleuchten.« (19f)[46]

Gegen Herders Vorstellung einer Pluralität von Völkern und (Volks-)Kulturen schärft Gadamer allerdings ein, daß Herder »diese harte Wirklichkeit der Geschichte nicht verdeckt« (18). Dazu gehöre, daß mit den »Zivilisationsleistungen der Menschheit« (ebd.) auch die »Möglichkeit des Mißbrauches und der Verwüstung ebenso fortschreitet« (ebd). Die Dissonanz, die Gadamer so mit Herder baut, verarbeitet er durch eine transzendentale Überhöhung, die den darwinistischen Geschichtskampf mit göttlichem Sinn versieht. Man darf »Vertrauen in die Geschichte« (ebd.) haben, auch die Durchsetzung der menschlichen Natur in der Geschichte habe ihre eigene Rationalität. Dieses Vertrauen gründet nicht auf der »Vernunft« als einer den Menschen zukommenden Kompetenz zur Meisterung ihrer Geschichte, sondern beschränkt sich auf einen »Glauben, der Gott in der Geschichte glaubt, weil er seine Weisheit in der Natur bewährt findet. (...) Nicht eine in der Geschichte erkannte Vernunft, sondern Glaube an die Ordnung der Zeiten und Glaube an die

---

[46] »En fait, la foi en la victoire de la raison et de la justice peut se maintenir non seulement comme une consolation pour l'humanité souffrante, mais illuminer la marche des héros de l'histoire, leurs plans et leurs décisions, si durs soient-ils.« (Gadamer 1941, F 31) In der revidierten Ausgabe von 1967 wird die Bedeutung dieser Stelle in ihr Gegenteil verwandelt: der Helden-Glaube an den Sieg der Vernunft wird als Legitimation denunziert: »In der Tat mag der Glaube an den Sieg der Vernunft und der Billigkeit nicht nur dem leidenden Teil der Menschheit wie ein Trost beiwohnen, sondern auch die ›Helden‹ der Geschichte werden für ihre Pläne und harten Entschlüsse in diesem Glauben ihre Legitimation suchen.« (Gadamer 1967, 171f)

Dauerhaftigkeit des Vernünftigen ist Herders Geschichtsglaube.« (Ebd.) Das »Streben nach Einheit« und das »Gefühl der Menschheit« wird zu einer metaphysischen Verarbeitungsstrategie, mit der auch die Besiegten der »harten Wirklichkeit der Geschichte« (ebd.) noch Sinn abgewinnen können.

Hier nun dürften sich seine französischen Zuhörer besonders angesprochen fühlen. Es ist im besetzen Frankreich, wo Gadamer dafür wirbt, das »im Ganzen uns Unkenntliche, das Unendliche der Geschichte dennoch als ein planvoll gewirktes Göttliches hinzunehmen« (19). Im Unterschied zum Hegelschen Anspruch »Geschichte zu begreifen« (ebd.), soll Herders Glaube an eine undurchschaubare göttliche Vernunft dazu befähigen, »die ›hoffnungsvolle Wahrheit‹ eines Fortschrittes auch dort annehmen zu dürfen, wo sich die Tatsachen versagen.« (Ebd.) Dieses Verarbeitungsmuster geschichtlicher Niederlagen entschärft den feindlichen Gegensatz von Siegern und Besiegten und rekonstituiert sie schicksalshaft als Herren und Knechte. Der »Glaube, der Gott in der Geschichte glaubt« (18), ist der an eine Ordnung »in dem ein jeder seiner Stelle zu leben hat« (19).

4.3.5 *Die »staatsbildnerischen Möglichkeiten des völkischen Gedankens«*

Im letzten Teil seines Vortrages befragt Gadamer Herders Werk auf seine staatsphilosophischen Konzepte hin. Der Befund scheint zunächst enttäuschend zu sein. Herder scheint »überhaupt kein Freund des Staates« (21) zu sein. Als »Staatsdenker« (20) habe er »kein neues Wort« (ebd.) gesagt, er sei »lediglich Schüler seiner Zeit und ihres großen und bewunderten Vorbildes Montesquieu« (ebd.) gewesen. Die Konzeption, die Herder im Anschluß an Montesquieu herausbildet, sieht den Staat als »Maschine, in jener für das 17. und 18. Jahrhundert bezeichnenden Bedeutung des Wortes, in der sich erstickte Seelenlosigkeit und bewundernswerte Künstlichkeit verbinden.« (Ebd.)

Von dieser Position aus kritisiert Herder am Staat, daß er »›mit Völkern und Menschen als mit leblosen Körpern spielet‹.« (Ebd.) Die Zentralisierung aller Kompetenzen zur Regelung des gesellschaftlichen Lebens spricht Herder als Beraubung des Gemeinwesens aus: »›Was der Staat uns geben kann, sind Kunstwerkzeuge, leider aber kann er uns etwas weit Wesentlicheres, uns selbst, rauben.‹« (Ebd.) Außerdem optiert Herder – wenn überhaupt Staat sein soll – für Mündigkeit und ein aufgeklärtes Staatswesen. Er bewundert das »›Zeitalter der griechischen

Republiken‹« (21) als den ersten Schritt »›zur Mündigkeit des menschlichen Geistes in der wichtigen Angelegenheit, wie Menschen von Menschen zu regieren wären‹« (ebd.).

Gadamer seinerseits kritisiert diese Kritik, weil Herder den »erhaltenden und ordnenden Sinn« (20) des Staates verfehle. Allerdings gelingt es ihm, Herders Kritik einen Aspekt abzugewinnen, der ihm brauchbar erscheint. Das Gemeinwesen, das »uns selbst« (ebd.), ist bei Herder national artikuliert: So ist der Staat als Maschine nur der »falsche Schein des Lebens« (ebd.), weil er ohne »›Nationalcharakter‹« (ebd.) ist. Diesen Gedanken greift Gadamer auf und arrangiert das dazu passende Herder-Material. Er betont, daß Herder im Unterschied zu Montesquieu kein »politisches Staatsideal« (21) habe, sondern die Sache »historisch« (ebd.) sehe. So sehe Herder, daß eine »ideale Gesetzgebung« (ebd.) nicht die Kraft hat, Nationen zu bilden. Er ist ein »Gegner der am toten Buchstaben der Gesetze orientierten Verfassungslehre« (ebd.). Bildungsmacht der Nation ist der »›genetische Geist und Charakter eines Volkes‹ als die Frucht seiner Geschichte und doch auch als etwas von fast unzerstörlicher, naturhafter Dauer.« (Ebd.)

Mit dem Gegensatz vom »toten Buchstaben der Gesetze« (ebd.) und dem »›genetischen Geist‹« (ebd.) des Volkes ist der Übergang zum völkischen Blut-und-Boden-Diskurs vorbereitet. Im nächsten Schritt feiert Gadamer Herder als den »›Visionär einer neuen Grundkraft im staatlichen Bereich: diese ist das völkische Leben.‹« (22) Ein passendes Herder-Zitat, mit dem der Verfassungsgedanke abgesetzt und der Staat völkisch reartikuliert wird, hat er zur Hand: »Wie anders ist die Aufgabe, ›für die Adern und Sehnen seines Volkes Nahrung zu bereiten, daß sie ihm das Herz stärke, und Mark und Bein erfrische!‹« (21) Grundlage des Staates und zugleich das Material, das er zu formen hat, ist die Natur des Volkes. »›Mit diesem Leitfaden der Natur stellt Herder der Politik und Staatslehre seiner Zeit einen neuen Maßstab auf: Gesetze, die so natürlich ihrem Wesen sind, die eben diese Nation ursprünglich so gebildet, sie so erhalten haben, als jene Gesetze (sc. der mechanischen Natur) den Körper, das ist die wahre Gesetzgebung.‹« (22) Gadamer nähert sich dem Führer-Volk-Paradigma des NS-Staates, der mit ›gesunde(m) Volksempfinden‹ als Rechtsgrund den Verfassungsstaat aushebelt, mit einem Zitat, das als Topos der Herder-Rezeption eindeutig war: »Die Aufgabe verlangt nach dem Monarchen, der hier Schöpfer werde, sein Volk kenne wie Gott die Welt; sein Volk bilde, daß die Gesetze seine Natur sind und seine Natur diese Gesetze hervorbringe ...« (Ebd.)[47]

Die *Natur des Volkes* bestimmt Gadamer, indem er an die volkskulturgeschichtlichen Elemente Herders anknüpft. Die politische Parole des

NS wird in der Form des ›fernab von-jeder-politischen-Parole‹ vorgetragen. Das »völkische Leben« (ebd.) vernehme Herder »zuerst in der Stimme der Völker in Liedern, er erkennt die tragende und hegende Gewalt der Muttersprache, er spürt in all dem die prägende Kraft der Geschichte, die sich mit den natürlichen Bedingungen von Blut, Klima, Landschaft usw. verschmilzt. So gewinnt durch ihn [Herder, TO] das Wort ›Volk‹ in Deutschland – ganz fern ab von jeder politischen Parole, durch eine Welt geschieden von den politischen Schlagworten der ›Demokratie‹ – eine neue Tiefe und eine neue Gewalt.« (22f)

4.3.6 Herders »berühmtes Slawenkapitel«

Daß dem Wort »Volk« (23) noch der Sinn der politischen Parole des NS fehlt, trägt Herder allerdings die Kritik Gadamers ein. Herders »lebendiger Sinn für die nationale Einheit seines eigenen, so vielfältig gegliederten und zerspaltenen Volkes war von einer echten Vertiefung in die staatsbildnerischen Möglichkeiten des völkischen Gedankens weit entfernt.« (Ebd.)

Die politische Dimension des »völkischen Gedankens« fehlt auch in Herders »berühmtem Slavenkapitel« (ebd.). Damit hat Herder nämlich auf den »europäischen Osten und Südosten« (ebd.) gewirkt und zur »Erweckung des völkischen Selbstbewußtseins der kleinen Nationen« (ebd.) beigetragen. Was Herders Interesse an der Verschiedenheit der Völker in Gadamers Augen offensichtlich abgeht, ist der geschulte Blick auf die Qualitäten, die in der Natur dieser Völker, in ›Blut, Klima und Landschaft‹, angelegt sind. Kurz gesagt: Herder fehlt die rassistische Urteilskraft.[48]

---

[47] Die Gleichsetzung von Monarch und Führer ist in der Herderdeutung bereits vorhanden. Der Germanist Benno von Wiese (1939, 141f) interpretiert gerade dasselbe von Gadamer paraphrasierte Herder-Zitat (aus dem Reisejournal von 1769) in diese Gleichsetzung hinein: Herders Verurteilung »der absolutistischen Staaten« ist zu erklären »aus dem heimlichen Wunsch nach dem Volksstaat und *dem Monarchen als Führer dieses Staates*. ›Wo ist ein Monarch, der hier Schöpfer werde? Sein Volk kenne, wie Gott die Welt, wie die Seele den Körper, den sie sich gebauet: sein Volk bilde, daß die Gesetze seine Natur sind, und seine Natur diese Gesetze hervorbringe; sein Volk erhalte, solange Natur bleibt‹« (Herv. von TO). Hier gehen zum einen die faschistischen Rechtsdiskurse mit ihrer Begrenzung des formalen Rechts im Namen von Sitte, Gewohnheit und Brauchtum des Volkes, aber auch der Topos »Der Führer schützt das Recht« (C. Schmitt) mit ein.

[48] Mit diesem Urteil steht Gadamer nicht allein. Fast wortgleich kritisiert auch Benno von Wiese (1939, 144f) die mit Rassismus inkompatiblen Elemente Herders mit dem Vorwurf der »Einseitigkeit«: »Herder, dem das Urbild vom Volks- und Führerstaat

Die berühmte Stelle, an der Herder den Slawen die Befreiung aus aller Sklaverei prophezeit, wird nicht zitiert. Hier sei sie in ihren Grundzügen wiedergegeben:

> So »haben sich mehrere Nationen, am meisten aber die vom deutschen Stamme, an ihnen [den slawischen Völkern, TO] hart versündigt. (...) Das Rad der ändernden Zeit drehet sich indes unaufhaltsam (...) da es auch wohl nicht anders zu denken ist, als daß in Europa die Gesetzgebung und Politik statt des kriegerischen Geistes immer mehr den stillen Fleiß und den ruhigen Verkehr der Völker untereinander befördern müssen und befördern werden: so werdet ihr so tief versunkene, einst fleißige und glückliche Völker, endlich einmal von eurem langen trägen Schlaf ermuntert, von euren Sklavenketten befreiet...« (Herder, *Sämtliche Werke* Bd.14, 280)

Vielleicht hätte der philologische Hinweis auf diese Stelle bei Herder gereicht, um »politische Schwierigkeiten« (Gadamer, zit.n. Grossner 1971, 237) zu bekommen. Gadamers Interpretation stellt es in Frage. Er begrenzt nämlich Herders Befreiungsperspektive kulturrassistisch und spaltet ihre politische Dimension ab. Herder habe zwar die slawischen Völker wahrgenommen, aber lediglich als Völker, die nicht in der Lage sind, einen richtigen Staat auszubilden und selbständig politisch zu handeln.[49] Gadamer behauptet eine »Kluft zwischen Herders weltgeschichtlichem Blick für die Völkerindividualitäten in ihrer Eigenart und ihrem Lebensrecht und der politischen Aktivierung dieser Nationen nach dem staatsrechtlichen und politischen Vorbild des Westens« (23).[50]

---

bereits lebendig vor der Seele stand, hat dieses nicht so sehr für das noch viel zu zerrissene und territorial zerklüftete Volk der Deutschen entdeckt, sondern viel stärker für die außerdeutschen Nationen des Ostens und ihren Nationalitätenkampf. Hier rächte sich die verhängnisvolle Einseitigkeit des Herderschen Denkens, die freilich in den Bedingungen seines Zeitalters begründet lag, daß er die Welt der Staaten noch vorwiegend vom naturrechtlichen und aufgeklärten Denken aus betrachtete und nicht imstande war, auch die ›großen Mächte‹ in seine biologische Lebensbetrachtung mit hineinzunehmen (...)«.

[49] In der revidierten Version von 1967 verwandelt sich diese Bedeutung in sein Gegenteil: »Und wenn man schließlich an die Wirkung denkt, die Herder auf den europäischen Osten und Südosten gehabt hat, indem er der *Erweckung des Selbstbewußtseins* der kleinen Nationen diente – ich erinnere an das berühmte Slavenkapitel der ›Ideen‹ –, *so ist nun deutlich, daß Herder damit ein Element des modernen politischen Lebens erkannt und zum Selbstbewußtsein geweckt hat.*« (Gadamer 1967, 177; Herv. TO)

[50] Ein geschichtsmächtiges Beispiel für das Gegenteil repräsentiert die Rezeption Herders in der ehemaligen Tschechoslowakei von Thomas G. Masaryk, die die republikanische und demokratische Herder-Deutung populär machte (vgl. Barnard 1964, 203-207).

Gadamer und der Kriegsfaschismus 137

Die französische Fassung des Textes ist in diesem Punkt noch schärfer. Während der deutsche Nationalismus Vorrechte bekommt, wird die Berufung der Panslawisten auf Herder delegitimiert:

»Certes, le nationalisme militant et le messianisme politique des Panslavistes *n'ont aucun droit à se réclamer de lui*. Ce ne sont pas des buts politiques qui ont poussé Herder mais des idéaux culturels et des visions vraies sur l'histoire universelle.« (F 34f, Herv. TO)

An dieser kulturrassistischen Deutung lassen sich zwei Aspekte hervorheben:

(1) Der völkische offizielle NS-Diskurs beschäftigt sich gerade mit Herders Slawen-Kapitel. Er wurde für die Begründungen der ›Flurbereinigungs‹-Politik neu interpretiert.[51] Alfred Rosenbergs Betonung von Herders ›Blindheit‹ für die ›Staatsunfähigkeit‹ der slawischen Völker spielte dabei eine zentrale Rolle. In diesem Sinne schließt sich Gadamer u.a. Rosenbergs Herder-Interpretation an, der in seiner Rede *Nordische Schicksalsgemeinschaft* vor der in- und ausländischen Presse in Berlin (am 9. Juli 1940) davon spricht, daß »kleine Staaten ihre politischen Möglichkeiten phantastisch überschätzten und heute durch die stürmischen Ereignisse einer europäischen Revolution gezwungen sind, dem wirklichen Kräfteverhältnis und dem organischen Spiel der biologischen Mächte Rechnung zu tragen.« (Rosenberg 1941, 11f)[52]

---

[51] Becker (1977, 182-87) verweist auf Autoren, die sich an Herders Slawenkapitel für die Rechtfertigung des ›Ostfeldzuges‹ abarbeiten. In dem dritten Band des *Handwörterbuches des Grenz- und Auslanddeutschtums* gab unter dem Artikel *Herder* zu bedenken, »»daß rein räumlich die auf die slaw. Völker sich beziehenden Ausführungen nur einen verschwindend kleinen Teil seines Werkes ausmachen«« (zit.n. ebd., 185). »Herders Idealisierung der slawischen Völker habe (...) bei ›Polen und Russen‹ zu dem ›Phantom einer Weltmission‹ geführt und Herders ›Stichworte‹ hätten die slawischen Völker ›im gegendeutschen Sinne aktiviert‹«. (Ebd. 187) Nach Auffassung des Germanisten Janko Janeff irrte Herder. Dieser »»habe auf die Wirklichkeit eines Bauerntums aufgebaut, das irrtümlich als ›slavisch‹ aufgefaßt wird. Er fühlte in Wahrheit das bäuerliche, unslavisch-nordische Sein, wenn er vom ›Slaventum‹ sprach« (Janeff 1939, zit.n. Becker 1977, 185f).

[52] Der Kontext dieses Zitats gibt sich als Herderinterpretation: »Ein Herder ist es vor allem gewesen, der ›Stimmen der Völker‹ vom Indus bis zur Themse sammelte, die Gebrüder Grimm entdeckten die Schätze der Volksmärchen, und anschließend an diese Bewegung erwachten ganze Nationen zu neuem Leben. Aus der an sich vollkommen unpolitischen Romantik erwuchsen nationale, kulturelle Bestrebungen auch kleinster Völker, die dann nach und nach auch den Willen zur eigenen Staatlichkeit anmeldeten und später darüber hinaus auch das Recht beanspruchten, auf gleichem Fuße mit den Großmächten politisch zu wirken, ja Weltpolitik betreiben zu können. Der Völkerbund war das Symbol dieser Bestrebungen.« (Rosenberg 1941, 11f) In den Aufzeichnungen der »Monologe im Führerhauptquartier« wird

(2) In Gadamers Interpretation geht unausgesprochen die Realität der deutschen Besatzungspolitik[53] gegenüber den Polen, Tschechen und Slowaken ein, die sich von der in Frankreich mit der Zustimmung des NS für das Vichy-Regime unterscheiden sollte.

4.3.7 »Was das deutsche Volk vor allen anderen Völkern Europas auszeichnet«

Gadamer sieht das »deutsche Schicksal« (23) 1942 zum Guten gewendet. Gerade seine »politische Verspätung« war »die Voraussetzung dafür, daß der deutsche Begriff des Volkes im Unterschied zu den demokratischen Parolen des Westens in einer veränderten Gegenwart die Kraft zu neuer politischer und sozialer Ordnung erweist.« (Ebd.) Die Schlußfanfare ist die der siegreichen europäischen Hegemonialmacht: »Herder hat dem deutschen Volke gegeben oder zumindest erstmals symbolkräftig dargestellt, was es von allen anderen Völkern Europas abhebt und vor ihnen auszeichnet: die Tiefe und Weite seines geschichtlichen Selbstbewußtseins.« (24) Das »deutsche Bewußtsein« speise sich nicht aus einem »epochemachenden Ereignis seiner nationalen Geschichte« (ebd.), wie bei der französischen Revolution oder der »frühen Begründung der Demokratie« (ebd.) in England, sondern habe andere Wurzeln. Gadamer versammelt hier in einem versöhnenden Pantheon die Lieblingsthemen der völkischen und der preußischen Strömungen des NS: »Es lebt aus der ganzen Weite seiner weltgeschichtlichen Herkunft: aus der Leidenschaft der griechischen Polis so gut wie aus der Treue der

---

von Heinrich Heims am 17. und 18. September 1941 notiert: »Man kann Kaninchen nicht zum Leben der Bienen oder Ameisen erziehen. Diese haben die Fähigkeit, Staaten zu bilden, Hasen haben sie nicht. Sich selbst überlassen, würde der Slawe nie über den engsten Familienkreis hinausgekommen sein. (...) Die slawischen Völker (...) sind zu einem eigenen Leben nicht bestimmt. Das wissen sie, und wir dürfen ihnen nicht einreden, sie könnten es auch.« (zit. n. Jochmann 1980, 62f)

[53] Die Politik der NS-Führung in den besetzten Gebieten kämpft mit dem Problem, das vorhandene Nationalbewußtsein der eroberten Staaten im Osten zu zerstören. Am 15. Mai 1940 versichert Heinrich Himmler: »(...) daß wir nicht nur das größte Interesse daran haben, die Bevölkerung des Ostens nicht zu einen, sondern im Gegenteil in möglichst viele Teile und Splitter zu zergliedern. Aber auch innerhalb der Völkerschaften selbst haben wir nicht das Interesse, diese zu Einheit und Größe zu führen, ihnen vielleicht allmählich Nationalbewußtsein und nationale Kultur beizubringen, sondern sie in unzählige kleine Splitter und Partikel aufzulösen.« (in: »Einige Gedanken über die Behandlung der Fremdvölkischen im Osten«. zit.n. O. Kraus, E. Kulka, 1963, 43f)

germanischen Frühzeit, aus dem Reichsgedanken des deutschen Mittelalters so gut wie aus den großen Augenblicken seiner politisch-nationalen Einheit in der neueren Geschichte.« (Ebd.)

4.4 Exkurs: Die Herder-Lektüre Walter Benjamins
4.4.1 Der Perlentaucher von 1939

Welche subversive Kraft die Zitierbarkeit der Vergangenheit entfaltet, wußte Walter Benjamin in seinen Werken immer wieder produktiv zu zeigen. Hannah Arendt porträtiert ihn poetisch treffend als Perlentaucher. Die Perlen, um die es geht, sind Zitate: »›Zitate in meiner Arbeit sind wie Räuber am Weg, die bewaffnet hervorbrechen und dem Müßiggänger die Überzeugung abnehmen.‹« (Zit.n. Arendt 1986, 49). Das antiquarische Sammeln von Zitaten als private Disziplin verliert seine philologische Unschuld, wenn es sich um Zitate handelt, die die offiziellen Lesarten verschweigen oder ignorieren. So endeckte Benjamin, gegen die Praxis des »berufsmäßige(n) ›Bewahrer(s)‹ der Vergangenheit« (49), »die destruktive Kraft des Zitats« (50). Ihr wohne eine paradoxe Wirkung inne, denn sie sei »›die einzige, in der noch Hoffnung liegt, daß einiges aus diesem Zeitraum überdauert –weil man es nämlich aus ihm herausschlug‹« (49f).[54] Im Zitatensammeln steckte eine eigene Produktionsform, die sich in der Not – Exil und Verfolgung – bewähren konnte.

Am 15. Juli 1939, Benjamins 47. Geburtstag und anderthalb Monate nachdem seine offizielle Ausbürgerung der deutschen Botschaft in Paris mitgeteilt worden war[55], erscheint Benjamins Textmontage zum 150. Jubiläum der französischen Revolution in einer Sondernummer der Zeitschrift *Europe* unter dem Titel *Allemands de quatre-vingt-neuf*.

Zu dieser Zeit war seine Situation als verfolgter Schriftsteller in Paris äußerst prekär. In einem unveröffentlichten Schreiben vom Mai 1939 drückte Benjamin die Gewißheit aus, »daß im Falle des Kriegsausbruchs auf die in Frankreich lebenden Ausländer nur die Konzentrationslager

---

[54] 1932 bekräftigte Benjamin den subversiven Positivismus seiner Materialsammlungen:»was in die Geschichte eingeht, unterliegt der willkürlichen Interpretation von Menschen, sogenannten ›Historikern‹, die es nach Belieben und allgemeinen materiellen Interessen umlügen oder verfälschen. Deshalb ist es immer richtig, sich an die *Originaldokumente* zu halten.« (Zit.n. Benjamin 1980, Bd. 4(2), 817)
[55] Der Ausbürgerung (26. Mai 1939) lag ein Antrag der Gestapo zugrunde, der Bezug auf seinen antifaschistischen in der Moskauer Zeitschrift *Das Wort* erschienenen »Pariser Brief« nahm (vgl. Brodersen 1990, 252).

warteten« (Brodersen 1990, 319).[56] Mit seinem jüngeren Bruder Georg Benjamin, der als Kommunist nach erneuter Verhaftung in dem NS-»Arbeitserziehungslager Wulheide« landete, hielt er, soweit es möglich war, Kontakt.[57]

Über die Eskalation der Gewalt gegen die Juden seit dem November-Pogrom in Deutschland, war er informiert (vgl. 254). Seine Produktivität als Schriftsteller ließ jedoch nicht nach. Über die Entstehungsbedingungen dieser Arbeit berichtete er in einem Brief an Margarete Steffin, der wahrscheinlich aus dem Juli 1939 stammt:

»Wie immer, wenn eine Arbeit sehr dringlich wird, habe ich Allotria vorgenommen. Ich habe zur 150-Jahr-Feier der französischen Revolution eine kleine Montage ganz in der Art meines Briefbuches – gemacht, die die Wirkung der französischen Revolution auf die zeitgenössischen deutschen Schriftsteller und auch noch auf eine spätere Generation, bis 1830, zeigen soll.« (Briefe 820, zit.n. Rexroth, in: Benjamin 1980, Bd. 4.2, 1095)

Unter den Autoren, die er zur Wort kommen läßt, finden wir auch Herder. Bei der Recherche zu dem Briefbuch, das Benjamin als Material für seine Textmontage diente, sei er »auf einige jener Tatbestände geraten, die von der deutschen Literaturgeschichte durch hundert Jahre planmäßig verschleiert wurden.« (Ebd.) Das Briefbuch fand 1936 in Deutschland rasche Abnahme, ein Jahr nach der ersten Auflage, wurde es erneut verlegt (vgl. Brodersen 1990, 244). Die konkrete Bedeutung des Briefbuches, das 1938 auf die Verbotsliste des NS kam (vgl. ebd.), sei hier betont:

»›Ein einziges Buch hatte damals vor mir Bestand, in meinem Flüchtlingsdasein führte ich es seit Jahr und Tag in meinem spärlichen Gepäck mit mir. Es war mir in jenen Zeiten so wichtig wie ein Aufenthaltspapier oder ein Passierschein. Es verhinderte, daß ich der Lethargie oder ohnmächtigem Haß verfiel, es half mir, das Bild eines anderen Deutschland zu bewahren.‹« (Aus Benjamins Brief an Elizabeth Freundlich, zit. n. 247)[58]

---

[56] Das Manuskript befindet sich im Max-Horkheimer-Archiv in Frankfurt.
[57] Georg Benjamin wurde am 8. April 1933 von der preußischen Polizei inhaftiert. Von dem Strafgefängnis Plötzensee wurde er in das Konzentrationslager Sonnenburg eingeliefert. Dort traf er Erich Mühsam, Carl von Ossietzky und Hans Litten. Zu Weihnachten wurde er entlassen und nahm die illegale Arbeit für die kommunistische Bezirksleitung Berlin wieder auf. Nach erneuter Verhaftung landete er im o.g. Lager Wulheide. Von dort kam er in das KZ Mauthausen, in dem er am 26. August 1942 ermordet wurde. In der offiziellen Version handelte es sich »um *Selbstmord durch Berühren der Starkstromleitung* des das Lager umgebenden Zaunes.« (224)
[58] 1936 hatte er seine heute berühmte Briefsammlung *Deutsche Menschen* unter dem Pseudonym Detlef Holz nach langer Suche nach einem Verleger mit der Hilfe des Sozialisten und Theologen Karl Thieme in Luzern veröffentlicht. Sie besteht aus

4.4.2 »Allemands de quatre-vingt-neuf«

Der Textmontage geht eine Einleitung voraus, in der Benjamin ankündigt, frühere deutsche Stimmen über die französische Revolution gegen die Fälschungen des Frankreichbildes im deutschen Faschismus sprechen zu lassen: »Les voix des témoins que l'on va entendre sont, dans l'Allemagne actuelle, des voix étouffées; pourtant, on les a distinctement entendues pendant près d'un siècle.« (Zit.n. Benjamin 1980, Bd. 4.2, 863) Daß Benjamins Exilerfahrung in Paris als verfolgter deutscher Jude und kritischer Schriftsteller in diese Textsammlung eingeht, ist nicht zu übersehen.[59] Als ersten Zeugen für eine begeisterte Aufnahme der französischen Revolution läßt er Ludwig Börne[60] auftreten: »En 1830, lorsque Börne nota après son arrivée à Paris: ›J'eusse aimé ôter mes bottes; en vérité, c'est seulement nu-pieds que l'on devrait fouler ce pavé sacré‹, c'est encore la pensée de 1789 qui le fait vibrer. Et ce langage a été compris pour longtemps.« (Ebd.) Mit der Wiederkehr des Verdrängten sollten die Stimmen der Opfer einer früheren (auch antisemitischen) Verfolgung, zur Neuformierung von Zivilcourage und aufrechtem Gang

---

einer Folge von 27 Briefen aus den Jahren 1783 bis 1883, die er namenlos 1931-32 in der *Frankfurter Zeitung* veröffentlicht hatte (vgl. Rexroth, in: Benjamin 1980, Bd. 4.2, 942) Der Untertitel dieses Buches ist eine Spitze gegen das nazistische Deutschland auf dem Höhepunkt seiner Konsolidierung mit der Berliner Olympiade 1936: *Von Ehre ohne Ruhm/Von Größe ohne Glanz/Von Würde ohne Sold.* Von dieser Recherche wird Benjamin auch für den Text von 1939 profitieren. Gerschom Scholem (1976, 221) kommentiert: »Ein ganz anders zugänglicher und besonders ergreifender Aspekt von Benjamins eigener Produktion eröffnete sich mir vom Herbst 1931 an mit den ersten Stücken der von ihm ausgegrabenen und mit großartigen kurzen Einleitungen vorgestellten *Briefe*, die damals in der *Frankfurter Zeitung* zu erscheinen begannen.« (Ebd.)

[59] Hölderlins Weggang nach Bordeaux interpretiert Benjamin als Exil. In einem Hölderlin-Brief an einen Freund werden Gefühle zum Thema, die Benjamins eigenes Schicksal wurden: »A présent, mon coeur est lourd de départ. Depuis longtemps, je n'avais pas pleuré. Mais cela m'a coûté des larmes amères de me décider à quitter maintenant ma patrie, peut-être pour toujours. Qu'ai-je donc de plus cher au monde? Mais ils n'ont pas besoin de moi. Allemand, je veux et je dois d'ailleurs le rester, même si la détresse et la famine me traquaient jusqu'à Otaïti.« (Zit.n. Benjamin 1980, Bd. 4.2, 875)

[60] Ludwig Börne (1786-1837) hieß eigentlich Löb Baruch. Er war Schriftsteller des Jungen Deutschlands, studierte Rechts- und Staatswissenschaft, verkehrte in den Salons von Rahel Varnhagen und Henriette Herz. 1811 Polizeiaktuar in Frankfurt und 1814 als Jude entlassen; 1818 zum Protestantismus übergetreten und seither Publizist und Journalist. 1820 bei Demagogenjagd 14 Tage in Haft; ab 1830 des öfteren Publizist in Paris. Seine radikalen ›Briefe aus Paris‹ wurden durch ein Verbot des Bundestags populär. Er starb 1837 an Schwindsucht.

dienen: »Même en 1870 Justus Liebig, qui en 1848 avait pu se réfugier à Paris pour éviter d'être persécuté en tant que démagogue, gardant en son coeur la vivante image de cet asile de liberté, tint tête au chauvinisme du moment dans un discours qu'il prononça à l'Académie Bavaroise des Sciences.« (Ebd.) Als dritten läßt Benjamin eine der geistigen Bastionen des NS für Paris sprechen: »Aux yeux de Nietzsche, Paris fut sans nul doute la capitale du bon Européen.« (Ebd.)

In der Folge datiert Benjamin auf die Reichsgründung 1871 den Beginn einer neuen Geschichtsschreibung, die die französische Revolution zum Feindbild erklärte: »C'est seulement la fondation de l'Empire qui fit perdre à la bourgeoisie allemande l'image de Paris qui lui était échue. De la ville de la grande Révolution et de la Commune, la Prusse féodale fait une Babylone à qui elle pose sur la nuque la tige de sa botte.« (Ebd.) Die »terrible actualité« (ebd.) dieser Reaktion zeigt Benjamin am Beispiel von Blanquis Schrift *Patrie en danger*:

> »La gloire de Paris est sa condamnation... Sa lumière, ils veulent l'éteindre, ses idées, les refouler dans le néant... C'est Berlin qui doit être la ville sainte de l'avenir, le rayonnement qui éclaire le monde. (...) Ignorez-vous que le Seigneur a marqué la race germaine du sceau de la prédestination?« (Ebd.)

Neben Texten Herders, des jungen Hegel und Hölderlins präsentiert Benjamin auch Texte von weniger bekannten Autoren wie Christian Friedrich Daniel Schubart (1739-1791), Johann Georg Forster (1754-1794), Johann Gottfried Seume (1763-1810), Caroline Michaelis (1763-1809) und Carl Gustav Jochmann (1789-1830). Benjamins kurze Kommentare gegen das Vergessen dieser Texte porträtieren die subjektiven Dispositionen der Autoren, die sich gegen intellektuelle Servilität und Untertanentum sträubten.[61] Allen gemeinsam ist nicht nur die Kritik an den deutschen Zuständen, sondern auch die Übernahme der Prinzipien und Ideale von 1789, insbesondere das Eintreten für Menschenrechte und Humanität.[62] Gerade die Elemente, die der NS mit dem Feindbild

---

[61] Aus einem Brief des Deserteurs und Ex-Offiziers Johann Gottfried Seume, in dem dieser die Mitarbeit an einem *almanach patriotique* entschieden ablehnt, ist zu lesen: »Un Allemand doit se battre afin que, s'il ne reste pas sur le carreau, le seigneur le retrouve joliment corvéable et docile. En revanche, il conserve de siècle en siècle le stupide honneur d'être l'unique portefaix de l'Etat. Là où n'est point la justice, nul courage ne peut exister. « (Seume, zit.n. Benjamin 1980, Bd. 4.2, 871)

[62] In aller Deutlichkeit zeigt dies ein kurzer Text Schubarts, der Benjamins Auswahl einleitet: »»J'éprouvais d'ordinaire, avec nombre de mes compatriotes, une violente indignation à l'égard des Français (...) mais aujourd'hui je baise la main au génie du peuple français (...). Ici, têtes creuses (...) qui parlez de liberté allemande et qui vous courbez au passage du lévrier de votre seigneur, ou qui, comme chacun de ces esclaves que l'on nomme citoyens de l'Empire, tirez votre

von »Dekadenz« und »Verfall« aus dem Inneren der Gesellschaft und Kultur vertrieben hatte, holte Benjamin als deutsche Bildungsgüter zurück. Die Komponente des »Deutschen« wurde in weltbürgerlicher Perspektive reklamiert als eine unter vielen Bestimmungen, die weder in Blut noch in Auserwähltsein und Vorherrschaft bestehe: Dies war nicht das ›geheime Deutschland‹ der Konservativen und auch nicht das ›innere Reich‹ der ›Edelfaschisten‹, um mit Karl Löwith zu sprechen.[63] Benjamin kämpft mit seinen materialreichen Ausgrabungen der emanzipatorischen Traditionen eines ›anderen Deutschlands‹ zugleich gegen Genie-Kult und Heldentum – besonders im Falle Hölderlins[64]; er zeigt keine »Heilsgeschichte des Deutschen« (Benjamin 1930 zit.n. 1980 Bd. 3, 254) und verschweigt auch nicht, in welcher Misere sich diese Traditionen bewegten.[65]

---

chapeau à la boîte à perruques du bourgmestre! Ici!... et apprenez, à l'école des Français, ce qu'est le sentiment de la dignité humaine, ce qu'est l'esprit de liberté!« (Schubart, zit. n. Benjamin 1980, Bd. 4.2, 864) Diesen radikalen Enthusiasmus Schubarts läßt Benjamin nicht unkommentiert: »Schubart n'a pas assisté à la phase, décisive, de la Terreur.« (Ebd.)

[63] Benjamins eigene Interpretation des ›geheimen Deutschland‹ findet sich in einer Einleitung zu einer anderen Briefserie, die sich im Nachlaß als *Deutsche Briefe*, mit drei Briefen von Forster, Hölderlin und Seume befindet. Die Datierung ist ungesichert. Dem Titel nach könnten die Typoskripte auch nach 1933 geschrieben worden sein. Die Briefe von Forster und Seume wurden stellenweise gekürzt in den Text von 1939 aufgenommen (vgl. Rexroth, in: Benjamin 1980, Bd. 4.2, 944ff). »(D)as Antlitz eines ›geheimen Deutschland‹, das man heute so gerne hinter trüben Nebeln sucht, zu zeigen«, sei die Absicht einer möglichen Veröffentlichung dieser Arbeit: »Denn ein geheimes Deutschland gibt es wirklich. Nur daß dies sein Geheimsein nicht allein der Ausdruck seiner Innigkeit und Tiefe sondern – wenngleich in einem andern Sinn – das Werk von Kräften ist, die, lärmend und brutal, ihm öffentliche Wirksamkeit verwehrten und zur geheimen es verurteilt haben. Was aber diese Kräfte nun betrifft, so sind es die gleichen, welche Georg Forster aus dem Vaterland verbannten, Hölderlin sein Brot in Frankreich als Erzieher suchen ließen und Seume in die Hand hessischer Werber spielten, die ihn nach Amerika verschickten.« (Zit.n. 945)

[64] Benjamin rezensiert 1930 das Werk Max Kommerells *Der Dichter als Führer in der deutschen Klassik* unter dem Titel: *Wider ein Meisterwerk*. Seine Kritik an Kommerells Hölderlin-Interpretation benennt die revanchistischen Interessen, die sich darin artikulieren: »Hölderlin war nicht vom Schlage derer, die auferstehen, und das Land, dessen Sehern ihre Visionen über Leichen erscheinen, ist nicht das seine. Nicht eher als gereinigt kann diese Erde wieder Deutschland werden und nicht im Namen Deutschlands gereinigt werden, geschweige denn des geheimen, das von dem offiziellen zuletzt nur das Arsenal ist, in welchem die Tarnkappe neben dem Stahlhelm hängt.« (Zit.n. Benjamin 1980, Bd. 3, 259)

[65] Die Schwierigkeiten der Artikulation eines revolutionären Bewußtseins in der deutschen Literatur werden von Benjamin kommentiert: »Regard incorruptible et conscience révolutionnaire ont, de tout temps, eu besoin d'une excuse devant le forum de l'histoire des lettres allemandes: l'excuse de la jeunesse, ou celle du

4.4.3 Eine »nicht zurechtgestutzte und ausgerichtete Propaganda des neudeutschen Wesens«[66]

Benjamins Kommentar zu Herders Text, den er aus dem Spätwerk *Briefe zur Beförderung der Humanität* entnimmt, verdient in diesem Zusammenhang besondere Beachtung.[67] Der deutschen Fassung des Textes geht eine einleitende Bemerkung voraus, in der Benjamin die Widersprüche der Kritik an der französischen Revolution knapp zusammenfaßt:

»Es wäre irrig anzunehmen, die französische Revolution habe nur als Vorbild und Beispiel in die freiheitliche deutsche Entwicklung hineingespielt. Sie ist vielmehr dieser Entwicklung belangvoll auch als ein Gegenstand der Kritik gewesen. Diese Kritik ist ja keineswegs in allen Fällen reaktionär gewesen. Sie war es freilich bei Bonald und bei De Maistre; sie war es auch bei den deutschen Romantikern« (Zit.n. Benjamin 1980, Bd. 4.2, 1096).

Die französische Fassung beginnt mit der positiven Einschätzung des modernen Nationalismus, der für Benjamin in Frankreich seine Geburtsstunde hatte. Im Gegensatz dazu führt er als Beispiel für eine »critique réactionnaire« (ebd., 865) Zitate aus Novalis' *Christenheit oder Europa* vor. Sein Kommentar: »Novalis ne vit point que le nationalisme de l'armée révolutionnaire française avait le droit historique de son côté.« (Ebd.) Novalis' Standpunkt wird mit der positiven Auffassung des französischen Nationalismus bei Marx widerlegt: »Ainsi que l'a dit

---

génie. Des esprits qui ne pouvaient faire montre de l'une ni de l'autre – esprits virils et, au sens strict de ce mot, prosaïques, comme furent Forster ou Seume – ne parvinrent pas à dépasser une existence vague dans les limbes de la culture générale.« (Zit. n. Benjamin 1980, Bd. 4.2, 869) Von einem Protestkommentar Caroline Michaelis' gegen Ausbeutung und Bauernunterdrückung heißt es: »Il faut bien le dire, de tels passages, de telles lumières sont fort rares dans les lettres des romantiques allemands.« (873)

[66] Diese Einschätzung von Benjamins Briefbuch findet sich in der Rezension von Hugo Marti (1936).

[67] Im Nachlaß Benjamins befindet sich eine deutsche Fassung des Kommentars (Benjamin-Archiv, Ms 962), die sich von der Druckfassung auf französisch unterscheidet, welche in seine *Gesammelten Schriften* aufgenommen wurde. Hier werde ich auf beide verweisen. Tillman Rexroth notiert: »Die Vorbemerkungen zu diesem Text wie zu den einzelnen Stücken hat Benjamin wahrscheinlich vollständig auf deutsch geschrieben, jedoch sind zu dieser Fassung nur zwei fragmentarische Entwürfe erhalten. Auch die französische Version, die zahlreiche im Französischen unübliche und einige schwerverständliche Formulierungen enthält, dürfte zumindest in der Rohübersetzung von Benjamin angefertigt worden sein; das Typoskript, das dem Abdruck zugrundelag, weist handschriftliche Korrekturen sowohl von Benjamins wie von anderer, wahrscheinlich Marcel Storas Hand auf.« (Rexroth, in Benjamin 1980, Bd. 4.2, 1095)

Marx, la Révolution française amena la ›victoire de la nationalité sur le provincialisme‹, ›la proclamation de l'ordre politique pour la société européenne moderne‹.« (Ebd.)

Herder ahnte sehr früh die Tendenz des preußischen Nationalismus, sich mit der Konterrevolution zu verbünden: »Ce nationalisme, Herder le vit venir, et il discerna du premier coup d'oeil à quel point il était enclin à s'allier à la terreur.« (Ebd.) In der Folge geht Benjamin auf eine faschismustheoretische Ebene über: »En fait, dans le Troisième Reich, c'est le nationalisme qui devint le principal instrument de terreur. D'une terreur qui vise directement le prolétariat allemand, indirectement le prolétariat international.« (Ebd.)

An dieser Stelle setzt sich Benjamin mit Max Horkheimers Essay *Egoismus und Freiheitsbewegung* (1936) auseinander, der die Ursprünge des modernen Terrors nicht nur in der Konterrevolution sondern in den Idealen Robespierres entdeckt: »La croyance naïve, ›qu'après la consolidation du régime bourgeois, la justice dépendra du retour à la vertu‹, ne peut être séparée de l'institution de la terreur; elle rendit sa pratique incertaine et aida ses ennemis à la falsifier.« (Ebd.) Dennoch wird Robespierre für Benjamin »chef véritable de l'époque héroïque de la bourgeoisie« (866), weil in ihm »l'idée nationale« (ebd.) mit dem »règne de la vertu« (ebd.) sich vereinigt. Im Unterschied dazu trete im Faschismus die Dekadenz an die Seite des Nationalismus: »L'union de l'idée nationale avec la folie raciale est le stigmate du ›chef‹ à l'époque de la décadence de la bourgeoisie.« (Ebd.) Die damals gängige faschismustheoretische Ansicht, die hier zum Ausdruck kommt, bedient eine schwache moralisch-ästhetische Kategorie, denn der Vorwurf der Dekadenz des Bürgertums verstellt den Blick auf den Faschismus als bürgerliches Modernisierungsprojekt.[68]

---

[68] Benjamin geht von einem emphatisch revolutionär-emanzipatorischen Begriff des Weltbürgertums aus, der seine Faszination aus der Gegnerschaft zu feudalen Verhältnissen gewinnt. In seinem Text *Vom Weltbürger zum Großbürger* von 1932 versucht er, die normative Kraft dieser enttäuschten Ideale zu retten: »Das Bürgertum hat mit den radikalsten Versprechungen und mit der radikalsten Kritik menschlicher Mißstände begonnen, die es überhaupt in der Weltgeschichte gibt. Es hat begonnen mit der These des Kosmopolitismus, des ›Reiches der Vernunft‹, der unendlichen Erziehbarkeit des Menschengeschlechts, des ewigen Friedens, des friedlichen Ausgleiches der widerstrebenden materiellen und immateriellen Mächte in einer ewig elastischen und automatisch wandelbaren Abstufung der sozialen Schichten durch den ›freien Wettbewerb‹, den es der starren Hierarchie der alten Ständeverfassung gegenüberstellte«. (Benjamin 1932, zit.n. 1980, Bd. 4.2, 818) »Was aus diesen Idealen und Versprechungen geworden ist, sehen wir heute.« (Ebd.)

In der Schlußpassage seines Kommentars stellt Benjamin ein Herder-Bild heraus, das einen scharfen Kritiker der Mystik des Blutes zeigt:

»Rien n'était plus étranger au nationalisme français que cette ›mystique‹ du sang que Herder met au pilori comme la plus sombre des folies. Ses paroles, qui furent si prophétiques en 1794, ne constituent plus aujourd'hui qu'un inventaire de ce qu'enseigne le national-socialisme.« (Ebd.)

Benjamins Auswahl dieses Herder-Textes zeigt einen geschickten Perlentaucher. Der Text füllt kaum mehr als eine gedruckte Seite, auch sein Titel ist knapp: er heißt *Wahn*.[69]

Darin entwickelt Herder eine Miniaturtheorie zur Genese von kollektivem Wahn, der sich in der Folge als Feinstruktur und Mechanik des Nationalwahns entpuppt. Die kollektive Produktion von Wahn beginnt durch einen Prozeß, der nichts mit bösen manipulatorischen Absichten oder mit doktrinärem Gedankengut offizieller Stellen zu tun hat, sondern mit einfachen Sympathien unter Menschen, mit solidarischen Affekten, die Menschen zusammenbringen und zusammenhalten. Ins Zentrum seiner Überlegungen stellt Herder das Phänomen der Nachahmung durch Sympathie:

»Leider ist bekannt, daß es fast nichts Ansteckenderes in der Welt als Wahn und Wahnsinn gebe. Die Wahrheit muß man durch Gründe mühsam erforschen; den Wahn nimmt man durch Nachahmung, oft unvermerkt, aus Gefälligkeit, durch das bloße Zusammensein mit dem Wähnenden, durch Teilnehmung an seinen übrigen guten Gesinnungen, auf guten Glauben an.« (Herder, zit.n. Benjamin 1980, Bd. 4.2, 823)

Der Wahn des Anderen als Teil einer vielschichtigen Persönlichkeit begriffen, wird darin integriert. Die Nachahmung als Ressource der Sozialisierung funktioniert nicht über Handlungen, die aktives Nachdenken voraussetzen. Vielmehr kommt sie durch einen harmlosen, auf mein Gegenüber reagierenden Reflex zustande: »Wahn teilt sich mit, wie sich das Gähnen mitteilt, wie Gesichtszüge und Stimmungen in uns übergehen, wie Eine Saite der anderen harmonisch antwortet.« (Ebd.) Am Anfang steht nicht das Bewußtsein sondern die Gestik und der *gute Glaube:*

»Durch guten Glauben hängt das Menschengeschlecht aneinander; durch ihn haben wir wo nicht alles, so doch das Nützlichste und Meiste gelernt; und ein Wähnender, sagt man, ist deshalb ja noch kein Betrüger. Der Wahn, eben weil er Wahn ist, gefällt sich so gern in Gesellschaft; in ihr erquicket er sich, da er für sich selbst ohne Grund und Gewißheit wäre; zu diesem Zweck ist ihm auch die schlechteste Gesellschaft die beste.« (Ebd.)

---

[69] In der Folge wird die deutsche Fassung, die sich im Nachlaß findet, zitiert.

Gadamer und der Kriegsfaschismus 147

Der nächste Schritt vollzieht sich durch das Anvertrauen von Meinungen. In der einfühlsamen Aufnahme entwickelt sich eine subjektive Disposition, die den Meinungen des Anderen prinzipiell einen Wahrheitswert einräumt, wodurch jene sich sehr schnell in Glauben transformieren. Kritik oder gar Distanzierung scheint in dieser Konstellation nicht denkbar:

»Kommt nun noch die Bestrebsamkeit des Wähnenden dazu, uns die Lieblingsmeinungen seiner Ichheit als Kleinode anzuvertrauen, und er weiß sich dabei recht zu benehmen; wer wird einem Freunde zu Gefallen nicht gern zuerst unschuldig mitwähnen, bald mächtig glauben und auf andere mit eben der Bestrebsamkeit seinen Glauben fortpflanzen?« (Ebd.)

Über einen wohlmeinenden und unschuldigen Freundschaftsdienst sind wir bereits zu überzeugten Meinungsmultiplikatoren eines Wahns geworden, der Bestandteil der institutionell durchwachsenen ›Normalität‹ einer Gesellschaft wird. Die Handlungen, die diesen Prozeß in Gang setzten, konstituieren die gesellschaftliche Urteilskraft mit und entgehen in ihrer Selbstverständlichkeit jedem Prüfungsbedarf:

»Nationalwahn ist ein furchtbarer Name. Was in einer Nation einmal Wurzel gefaßt hat, was ein Volk anerkennet und hochhält; wie sollte das nicht Wahrheit sein? wer würde daran nur zweifeln? Sprache, Gesetze, Erziehung, tägliche Lebensweise, alle befestigen es, alle weisen darauf hin; wer nicht mitwähnet, ist ein Idiot, ein Feind, ein Ketzer, ein Fremdling.« (Ebd., 823f)

Der Versuch, diese Normalität zu durchbrechen, wird von der repressiven Seite gezeigt. Sowohl Höflichkeit wie Angst vor Stigmatisierung und Strafe werden der Zivilcourage zum Hindernis:

»Gereicht überdem, wie es gewöhnlich ist, der Wahn zur Bequemlichkeit einiger, der geehrtesten, oder wohl gar, dem Wahn nach, zum Nutzen aller Stände; haben ihn die Dichter besungen, die Philosophen demonstriert, ist er vom Munde des Gerüchts als Ruhm der Nation ausposaunt worden; wer wird ihm widersprechen wollen? wer nicht lieber aus Höflichkeit mitwähnen? Selbst durch lose Zweifel des Gegenwahnes wird ein angenommener Wahn nur befestigt. Die Charaktere verschiedener Völker, Sekten, Stände und Menschen stoßen gegeneinander; eben destomehr setzt jeder sich auf seinem Mittelpunkt fest (!). Der Wahn wird ein Nationalschild, ein Standeswappen, eine Gewerksfahne.« (824)

Diese scharfen Beobachtungen und die eindeutige Anklage gegen die chauvinistische Dynamik, die der Normalität der bürgerlichen Gesellschaft und ihrer Einbindung in Nationalstaaten seit ihrer Entstehung anhaftet, steht im Widerspruch zu der apologetischen Verteidigung der Kraft des Vorurteils beim frühen Herder. Wie wir sahen, erfährt einer der meistfaschisierten Herder-Topoi, nämlich die ›Fixierung‹ und Kräftekonzentration auf den rassistisch konstruierten ›Mittelpunkt‹ eines Individuums, eines Volkes oder einer Nation bei Herder selbst eine klare Absage. Die Interessierten, die das umfangreiche Spätwerk als ›Verfall‹

Herders deklarieren, machten es sich philologisch zu einfach. Darüber hinaus trafen Herders Gedanken zur Verbindung von Wahn, Worten und Macht, denen Benjamin schon 1932 eine »beschämende Aktualität« (Benjamin zit. n. 1980, Bd. 4.2, 820) zuschrieb, vollends den historischen Horizont des Kriegsfaschismus:

»Schrecklich ists, wie fest der Wahn an Worten haftet, sobald er ihnen einmal mit Macht eingeprägt wird. Ein gelehrter Jurist hat bemerkt, was an dem Wort Blut, Blutschande, Blutsfreunde, Blutgericht für eine Reihe schädlicher Wahnbilder hange; mit dem Wort Erb, Eigentum, Besitztum u.f. ists oft nicht anders... Losungsworte, mit denen man keinen Begriff verband, Zeichen, die gar nichts sagten, haben, sobald es Parteien galt, im Wahnsinn Gemüter verwirrt, Freundschaften und Familien zerrissen, Menschen gemordet, Länder verheeret. Die Geschichte ist voll solcher Abadonnischer Namen, so daß man ein Wörterbuch des Wahnes und Wahnsinnes der Menschen aus ihr ziehen, und dabei oft die schnellsten Abwechslungen, die gröbsten Gegensätze bemerken würde.« (Ebd., 824)

Benjamins »Juweliersarbeit« (Günther 1936, 314) demonstriert den Spielraum, der der Herderdeutung zur Verfügung stand. Er rüttelte damit schließlich an einer Figur, die völkisch-harmonisch der NS-Gegenwart das Wort reden sollte. Er schärfte die Kanten, die einer faschistischen Vereinnahmung im Wege standen.

Das Schicksal der von ihm porträtierten Autoren wurde von Benjamins eigenen Erfahrungen übertroffen. Nach dem Beginn der *Drôle de Guerre*, der zunächst im Innern geführt wurde »gegen französische Kommunisten und Sozialisten sowie gegen die ungeliebten Ausländer, vor allem die deutschsprachigen Emigranten, die, ob Antifaschisten oder nicht, fortan und unterschiedlos als Hitlers fünfte Kolonne galten« (Brodersen 1990, 256), landete Benjamin vorübergehend in einem Internierungslager bei Nevers. Als im Mai 1940 die deutsche Wehrmacht die Westoffensive startete, begann der Exodus von Millionen Menschen aus Paris in den Süden. Benjamin schließt sich dem an, und nach seinem gescheiterten Fluchtversuch über die Pyrenäen, um nach Spanien zu gelangen, beging er am 26. September 1940 Selbstmord.

Kapitel 5

Die »Heilung des kranken Staatswesens«: Gadamer im SS-Staat

5.1 »*Der Kriegseinsatz der Altertumswissenschaften*«

Der Aufsatz »Platos Staat der Erziehung« wurde erstmals in der zweibändigen Sammlung *Das neue Bild der Antike* veröffentlicht, die 1942[1] erschien. Der Herausgeber war Helmut Berve[2], Ordinarius für Alte Geschichte und Rektor der Universität Leipzig. Diese Textsammlung bildete den Beitrag der Altertumswissenschaften zum *Kriegseinsatz der Geisteswissenschaften*, einem Unternehmen, das 1940 ins Leben gerufen wurde. Es sollte »angesichts der forschungspolitischen Privilegierung von Natur- und Technikwissenschaften auch die ideologischen Produktivkräfte der Geisteswissenschaft in der Eroberungsstrategie zur Geltung bringen« (Laugstien 1990, 113). Das Projekt, dessen Gesamtleitung beim Kieler Rechtsphilosophen Paul Ritterbusch lag[3], wurde vom REM und von der DFG finanziell gefördert, mit der Maßgabe, die »Idee einer neuen Europäischen Ordnung« (Dietze 1940, 397, zit. n. Geuter 1988, 421) geistesgeschichtlich zu legitimieren.

Gadamer führt die Initiative dazu auf einen Professor der technischen Hochschule Hannover namens Osenberg zurück (vgl. Gadamer 1977b, 74)[4], wobei er auf die Möglichkeit von uk-Stellungen anzuspielen scheint: »Diese sogenannte Osenberg-Aktion hat vielen jungen Forschern das Leben gerettet. Sie erregte natürlich den Neid der Geisteswissenschaften, bis schließlich ein findiger PG auf die schöne Idee einer ›Parallelaktion‹

---

[1] Im folgenden Kapitel wird aus dieser Schrift unter einfacher Angabe der Seitenzahl nach der Ausgabe von 1942 zitiert.
[2] Helmut Berve (1896-1979), der Gadamer bei dessen Berufung nach Leipzig begegnet ist, wurde 1933 Mitglied der NS-Partei. Er machte an der Leipziger Universität Karriere. 1934 wurde er Dekan der Philosophischen Fakultät sowie deren Philosophisch-Historischer Abteilung I, 1937 bis 1939 war er stellvertretender Rektor, 1940 bis 1943 Rektor.
[3] Vgl. dazu auch Ritterbusch 1941.
[4] Nach Gadamer (1977b, 74) hatte Osenberg Hitler »von der kriegsentscheidenden Rolle der Wissenschaft überzeugt und dadurch Vollmachten zur Schonung und Pflege der Naturwissenschaften und insbesondere ihres Nachwuchses erwirkt.« (Ebd.)

kam« (ebd.).⁵ Gadamers nachträgliche Einschätzung will die Fronten umkehren: »Es war ›der Einsatz der Geisteswissenschaften für den Krieg‹. Daß es sich in Wahrheit um den Einsatz des Krieges für die Geisteswissenschaften – und um nichts anderes – handelte, war nicht zu verkennen« (ebd.). Gadamers Kriegsvortrag über den deutschen Herder scheint vergessen zu sein: »Um nun einer Mitarbeit im philosophischen Sektor zu entgehen, wo so schöne Themen wie ›Die Juden und die Philosophie‹ oder ›Das Deutsche in der Philosophie‹ auftauchten, wanderte ich in den Sektor der klassischen Philologie aus. Dort ging alles manierlich zu« (ebd.).

Im Rahmen des *Kriegseinsatzes der Geisteswissenschaften* wurden Arbeitskreise gegründet und Tagungen für die verschiedenen Disziplinen abgehalten (vgl. Geuter, 1988, 421f). So war der Band I des *Neuen Bildes der Antike* – wie Helmut Berve im Vorwort mitteilte – aus den Referaten der »Fachtagung der Altertumswissenschaften« in Berlin hervorgegangen.[6] Zu den Autoren gehörten u.a. Richard Harder (»Die Meisterung der Schrift durch die Griechen«), Wolfgang Schadewaldt (»Homer und sein Jahrhundert«), Bruno Snell (»Der Glaube an die Olympischen Götter«), Bernhard Schweitzer (»Um Pheidias«) und Max Pohlenz (»Die Stoa, Geschichte einer geistigen Bewegung«).[7] Eröffnet wurde die Veranstaltung von Minister Rust (REM) am 3. April 1941. Berve umriß im Vorwort das Profil des Bandes: »Die Diesseitigkeit antiken Menschentums aber kann im Zeichen betonter Diesseitigkeit der nationalsozialistischen Weltanschauung aufrichtiger nacherlebt werden, als es im Banne bewußter Jenseitsgläubigkeit möglich war« (Berve 1942, 7). Dem »Einsatz der Waffen« müsse der »Einsatz des Geistes, auch auf unserem Gebiet« »parallel« gehen (9). Wie ›manierlich‹ es in der Altphilologie zuging, beweist auch Berves Anschluß an den Rassegedanken: »der

---

[5] In einem späteren Interview verweist Gadamer (1990, 551) auf die Erfindung von Dolmetscher-Kompanien, »in denen sie Geisteswissenschaftler vor dem Militärdienst schützen konnten. Sie konnten Chinesisch lernen, meinetwegen, damit wir nach dem Endsieg, wenn wir China erobern, dann da gleich die richtigen Leute haben. Mein Beispiel ist boshaft, aber doch der Realität nahe.« (Ebd.)

[6] Gadamer (1990, 552) versucht in dem o.g. Interview, einen anderen Kontext stark zu machen. Er verweist auf die Unterstützung, die dieser Band auch durch den preußischen Finanzminister Johannes Popitz erfuhr, der als Mitglied der *Mittwochsgesellschaft* im Zusammenhang mit dem ›20. Juli 1944‹ hingerichtet wurde (vgl. ebd.). Berve (1942, 12) hebt im Vorwort eine »hochherzige Spende« (ebd.) vom NS-Erziehungsminister Rust hervor.

[7] Gadamer veröffentlichte zwar einen Beitrag in dem Band, jedoch konnte nicht ermittelt werden, ob er auch an dieser Tagung teilnahm. Der Bericht der *Frankfurter Zeitung* vom 8. April 1941 erwähnt ihn jedenfalls nicht als Vortragenden.

wachgewordene Rasseninstinkt unseres Volkes läßt die beiden Völker der Antike (Hellas und Rom, TO), jedes in seiner Weise, als unseres Blutes und unserer Art empfinden (...). Die rassische Selbstbesinnung hat sie (die Altertumswissenschaft, TO) neu erschlossen und tiefer zu eigen gegeben.« (Ebd. 7) So schickten sich die Altertumswissenschaften an, mit ihrer Griechenland-Idee »Europa« zu erobern: »So gewinnt in unseren Tagen, da Europa sich anschickt, im Zeichen einer neuen Ordnung innere Einheit und organische Gestalt zu gewinnen, der europäische Charakter der klassischen Altertumswissenschaften offensichtlich eine erhöhte Bedeutung« (8f).[8] Der euphorische Ton speist sich offenkundig aus den ›Blitzkrieg‹-Erfolgen. Im Überschwang kündigt Berve an, daß »für die Zeit nach Kriegsende bereits die Veröffentlichung eines dritten Bandes geplant (sei), in dem vornehmlich Kriegsteilnehmer zu Worte kommen sollen« (11). Das ›Stalingrad‹ der Geisteswissenschaften scheint noch in weiter Ferne.[9]

5.2 Platon als philosophischer Kritiker

1977 bezeichnet Gadamer selbst diesen Text ohne weitere Erklärung als »eine Art Alibi« (Gadamer 1977b, 74). Von Berve eingestimmt auf Siegesgewißheit und die faschistische Neuordnung Europas, überraschen in der Tat die Töne, die Gadamer in seinem Beitrag anschlägt. Gadamer scheint sich von der allgemeinen Begeisterung über den Siegeszug der deutschen Wehrmacht nicht anstecken zu lassen. Es wäre ihm sicher ein leichtes – wie es manche seiner Fachkollegen taten – Platon lesend, wehrhafte Wächter des Staates aufmarschieren zu lassen, die Kriegskunst der griechischen Strategen zu loben oder den Heroismus und die Zucht der griechischen Krieger (vgl. Losemann 1977, 130f). Auch die Position ›deutscher Stärke‹, die im Herder-Vortrag vor kriegsgefangenen französischen Offizieren in Paris den Gestus bestimmt, ist zurückgetreten.

---

[8] Das vollmundige Eingangsversprechen von Berve stieß bei Wilhelm Weber vom *Amt Rosenberg* auf Skepsis. Inhaltlich war ihm das »Neue Bild der Antike« der »›klarste Beweis‹«, daß sich im Bereich der Alten Geschichte wenig geändert hatte« (Losemann 1977, 111) und damit Rosenbergs allgemeine Einschätzung von einem »Niveauverfall« der Altertumswissenschaften, der schon vor dem Kriege eingesetzt habe, bestätigt (vgl. 107).

[9] Die DAZ war bereits am 16. August 1942 mit einer Rezension des Bandes zur Stelle. Der Band war demnach wohl spätestens Mitte des Jahres 1942 erschienen, als noch die Siegeshoffnungen der Sommeroffensive die Stimmung bestimmten.

Gadamer gibt sich nachdenklich und scheint – Platon lesend –, an die »Gegenwart« ein mahnendes Wort richten zu wollen.

Das Thema, das unter der Überschrift »Platos Staat der Erziehung« das unverdächtige, altbekannte Postulat Platons vom ›Philosophenkönig‹ verhandelt, daß nämlich »die Philosophen die Herrschaft führen und die Herrscher durch Philosophie zur Herrschaft erzogen werden« (317), birgt einige Brisanz.

Gadamer stellt sich von Anfang an in die Linie der »neueren deutschen Platoforschung« (ebd.).[10] Schulmäßig führt er Platons »*politische* Biographie« (ebd.) vor, und der Platon, den er auftreten läßt, ist einer, der enttäuscht ist von der Diktatur, die die Demokratie in Athen beseitigt hatte:

»Denn nach dem Peloponnesischen Kriege hatte eine Revolution die oligarchische, lakonophile Reaktion zur Herrschaft gebracht und unter diesen sogenannten dreißig Tyrannen befanden sich die nächsten Anverwandten des jungen Plato, die ihn auch sogleich heranzogen. Aber die Erwartung seines jugendlichen Idealismus, daß nun alles besser und in Ordnung kommen werde, erfüllte sich nicht. Die geschmähte Demokratie schien bald das reine Gold gegen diese Regierung, und dem jungen Plato wurde das vollends fühlbar an dem Versuch dieser Regierung, den von ihm verehrten Sokrates in ihre Schändlichkeiten zu verwickeln. So kam es, daß Plato die wiederkehrende Demokratie mit neuer politischer Hoffnung begrüßte – bis auch diese Hoffnung durch die Verurteilung des Sokrates zerstört wurde.« (317f)

Schließlich zitiert Gadamer eine weitere Stelle aus dem *7. Brief* (325bff), an der Platon bewegte Klage über den allgemeinen Sittenverfall unter der »Tyrannei« führt: »›(...) Denn erstens erkannte ich, daß man ohne Freunde und zuverlässige Genossen nichts ausrichten könne (...), und zweitens wurden die Gesetzgebung und die Sitten immer schlimmer und verfielen in unglaublichem Grade. So kam es, daß ich, anfangs voll ungestümem Drang nach politischer Wirksamkeit, wenn ich auf dieses alles blickte und alles wild durcheinander gehen sah, schließlich ganz schwindlig wurde‹« (318). Halt suchte Platon bei »›einer Reform von ganz unglaublichem Ausmaß‹« (ebd.); er hoffte, daß »›Männer von echter und wahrhaft philosophischer Art zur politischen Herrschaft kämen oder die staatlichen Machthaber durch eine göttliche Fügung ernsthaft zu philosophieren begönnen.‹« (Ebd.)

Allerdings mußte Platon unter den politischen Bedingungen Athens mit seiner Forderung nach Reform auf das philosophisch-literarische Feld ausweichen: »So sah ich mich gezwungen, es auszusprechen, indem

---

[10] Gadamer verweist auf Wilamowitz (*Platon*, Berlin 1919) und K. Hildebrandt (*Platon*, Berlin 1933a) als deren Hauptvertreter. Vgl. zu dieser Linie der Platondeutung das Kapitel 2.

Die »Heilung des kranken Staatswesens« 153

ich die rechte Philosophie lobte, daß man aus ihr allein alles Rechte im staatlichen und privaten Leben erkennen könne.« (318) Die »politische Biographie« (317) Platons gebe hier »Aufschluß über das Ziel der ganzen Platonischen Schriftstellerei« (319), denn mit diesem »Verzicht auf jede politische Laufbahn« beginne »sein ganzes Wirken als Schriftsteller« (ebd.). Platon als Kritiker und Mahner, der, durch Sokrates sprechend, den Tyrannen Athens den Weg zu Reformen weisen will, wird von Gadamer zur Richtschnur, an der entlang die *Politeia* durchgearbeitet werden soll.[11] Bemerkenswert sind die Akzentverschiebungen, die Gadamer mit der Wahl dieser Platon-Figur vornimmt, war doch sein Platon des Jahres 1934 einer, der die Vertreibung der Dichter und die Wächtererziehung zur Bedingung der Staatsgründung machte. Der hermeneutische Horizont, vor den Platon jetzt gestellt wird, heißt ›Staatsverfall in der Tyrannei‹.

5.3 Der NS als Tyrannei

Der Aktualhorizont dieser Platon-Lektüre ist bestimmt durch die Umstrukturierungen in der NS-Herrschaftsordnung, die mit dem Eintritt in die Kriegsphase einhergingen. Die Repressionsapparate wurden ausgebaut,

---

[11] An Gadamers unterschiedlichen Lektüren des *7. Briefes* kann der Interpretationsraum, den dieser bietet, studiert werden, sowohl der Text von 1934 wie auch der von 1942 bearbeiten den ersten Teil des Briefes, in dem Platon seinen politisch-philosophischen Werdegang narrativ entwickelt. Gadamers breit rezipierter Aufsatz *Dialektik und Sophistik im siebenten platonischen Brief* von 1964 setzt einen neuen Akzent allein dadurch, daß er sich dem Exkurs des Briefes widmet. Dort behandelt Platon die Frage, »durch welche Mittel Erkenntnis zustande kommt« (Gadamer 1985a, 92). Schwerpunkt der Gadamerschen Auseinandersetzung bilden die mathematischen Beispiele und die Zahlen- und Ideenlehre Platons. Der kritische Apparat in den Fußnoten läßt einen anderen Umgang mit Platons Dialektik und Sophistik erkennen. Wir haben es mit einer akribisch durchgeführten philologischen Abhandlung zu tun, die sich in Duktus, Argumentation und Darstellung radikal von den o.g. Texten unterscheidet. Interessant ist der Text auch, weil Gadamer hier über die politische Platonlektüre mit äußerst diskreter Distanz spricht. In der Linie der Tübinger Altphilologen-Schule heißt es: »Wir erforschen ihre [der Lehrgespräche, TO] Reflexe bei Aristoteles und seinen Zeitgenossen, und je mehr wir auf diese Weise auch in Deutschland die platonische ›Philosophie‹ wieder ernst nehmen, desto einseitiger erscheint uns die Betrachtungsweise der platonischen Dialoge, die in der ersten Hälfte unseres Jahrhunderts bei uns entwickelt wurde und entweder den ›politischen Plato‹ in den Vordergrund stellte, so Wilamowitz, Friedländer und in äußerster Übertreibung Hildebrandt, oder den existentiellen Plato, der in Anlehnung an die Existenzphilosophie der zwanziger Jahre die dogmatische Gestalt der Ideenlehre ganz zurücktreten ließ.« (91)

der SS-Staat nahm Gestalt an. Diese Umpositionierung läßt – besonders mit der Verschlechterung der Kriegslage – die ideologischen Kohäsionskräfte schwinden und läßt die ideologische Einbindung der Individuen brüchig werden.

Bevor wir Gadamers Platon-Lektüre im Detail beobachten, seien hier einige wichtige Eckdaten der ›NS-Tyrannei‹ ins Gedächtnis gerufen. Die Entscheidung für den Krieg – wenn sich auch die Führungskreise des NS noch nicht ganz klar darüber waren, für welchen genau – war 1936 bereits gefallen. Die Maxime lautete:»Den Krieg im Frieden vorbereiten« (Hitler, zit. n. Mayer 1991, 224). Der rüstungswirtschaftliche Vierjahresplan trat mit seiner offiziellen Bekanntgabe am 9. September in Kraft. Parallel zu diesen Maßnahmen wurde der Herrschaftsapparat nach innen verstärkt, um ähnlichen Destabilisierungen der sogenannten ›inneren Front‹ wie im Ersten Weltkrieg vorzubauen. Ein weitverzweigtes System ›Innerer Sicherheit‹ wurde aufgezogen:

(1) Mit dem Gestapo-Gesetz vom 10. Februar 1936 verloren die einzelnen Länder ihre Zuständigkeit für die Polizei. Die Polizeigewalt im gesamten Staatsgebiet wurde zentralisiert, formell wurde sie dem RIM (Frick) unterstellt, de facto lag ihre Leitung bei Himmler, der mit Hitlers Erlaß vom 17. Juni 1936 zum Reichsführer-SS und Chef der Deutschen Polizei ernannt wurde.[12]

In der Folge dieser Zentralisierung der Polizeiapparate wurde im September 1939 das *Reichssicherheitshauptamt* (RSHA) aufgebaut, das Heydrich leitete. Dieser organisatorische Zusammenschluß von Partei- und Staatsschutzapparaten hatte kein Gesetz zur Grundlage, sondern erfolgte auf eine Anordnung Himmlers vom 27. September 1939. Mit Wirkung vom 1. Oktober wurden »die Zentralen Ämter der Sicherheitspolizei – das geheime Staatspolizeiamt (Gestapo) unter Heinrich Müller und das Reichskriminalpolizeiamt unter Arthur Nebe – mit dem Sicherheitshauptamt des Reichsführers SS (SD) zum Reichssicherheitshauptamt (RSHA)« vereinigt (*Deutschland im Zweiten Weltkrieg*, Bd.1, 195).[13]

Die organisatorische Konzentration der Polizeimacht ging einher mit einer sukzessiven Loslösung von ihrer gesetzlichen Einbindung. Die Gestapo hatte direkten Zugriff auf politisch Verdächtige. Die Handhabe

---

[12] Zu den Hintergründen der Kompetenzverschränkungen zwischen SD und Polizei sowie den Rangeleien zwischen Innenminister Frick und Himmler vgl. Höhne 1990, 180ff.

[13] Im RSHA als interorganisatorischer Einrichtung wurden die Repressionsorgane von Staat und NS-Partei konzentriert – ein Aspekt, auf den besonders Höhne (1990, 237) hinweist.

hierzu gab ihr der »Schutzhaft«-Erlaß des RIM vom 28. Januar 1938.[14] Mit Kriegsbeginn wurden die Kompetenzen nochmals ausgedehnt. Am 3. September 1939 erging ein Runderlaß über die »Grundsätze der inneren Staatssicherheit während des Krieges«.[15] In den Durchführungsbestimmungen vom 20. September 1939 wurden als Tatbestände, die polizeilich zu verfolgen waren, genannt: Sabotage, Aufwiegelung, Zersetzung, Hamsterei, kommunistische und marxistische Betätigung. Am 24. Oktober 1939 wurde verfügt: »Entlassungen von Häftlingen aus der Schutzhaft finden während der Kriegszeit im allgemeinen nicht statt« (zit.n. *Deutschland im Zweiten Weltkrieg* 1, 191).

(2) Auch die Justizapparate, Gesetze und Verordnungen wurden für die ›inneren‹ Kriegserfordernisse effektiviert. Es entstanden Sondergerichte, deren Zahl mit Kriegsbeginn von 27 (1938) auf 55 (1940) hochschnellte. Sie begriffen sich als Standgerichte an der ›inneren Front‹. Urteile gegen den Feind im Inneren zu erlassen, war das leitende Prinzip. Die Verfahren waren darauf abgestellt, ›kurzen Prozeß zu machen‹, sie liefen ohne Voruntersuchung, Eröffnungsbeschluß, geregelte Beweisaufnahme und Rechtsmittel ab. Der *Volksgerichtshof*, 1934 eingerichtet und gewissermaßen das Oberste Sondergericht, erhielt im April 1936 den Status eines ordentlichen Gerichts und rangierte damit direkt hinter dem Reichsgericht. Mit dem Überfall auf Polen (September 1939) trat ein ganzes Bündel von Gesetzen, Verordnungen und Erlassen in Kraft, das auf die Niederhaltung von Widerstand angelegt war. Es schuf z.B. mit der Verordnung vom 5. September den Straftatbestand des ›Volksschädlings‹, wobei die ›Ausnutzung des Kriegszustands‹ strafverschärfend wirkte. Die ersten Verfahren nach der ›Verordnung gegen Volksschädlinge‹ liefen bereits im gleichen Jahr. 1939 kam es zu 170 Verurteilungen, 1940 zu 830.

---

[14] Im § 1 hieß es: »Die Schutzhaft kann als Zwangsmaßnahme der geheimen Staatspolizei zur Abwehr aller volks- und staatsfeindlichen Bestrebungen gegen Personen angeordnet werden, die durch ihr Verhalten den Bestand und die Sicherheit des Volkes und des Staates gefährden.« § 2 legte fest: »Zur Anordnung der Schutzhaft ist ausschließlich das Geheime Staatspolizeiamt zuständig.« (Zit.n. Buchheim, Broszat u.a. 1965, 88). Die »Schutzhaft« wurde in Konzentrationslagern oder Polizeigefängnissen vollstreckt (vgl. ebd.).

[15] Im Runderlaß hieß es: »Jeder Versuch, die Geschlossenheit und den Kampfeswillen des deutschen Volkes zu zersetzen, ist rücksichtslos zu unterdrücken. Insbesondere ist gegen jede Person sofort durch Festnahme einzuschreiten, die in ihren Äußerungen am Sieg des deutschen Volkes zweifelt oder das Recht des Krieges in Frage stellt.« (Zit.n. *Deutschland im Zweiten Weltkrieg*, Bd.1, 191f)

(3) Die ›führerunmittelbaren‹ Sondergewalten Hitlers erleichterten ihm und dem inneren Kreis der NS-Führung bei Kriegsbeginn die Durchsetzung der Aktion zur ›Vernichtung lebensunwerten Lebens‹.[16] Sie sah die systematische Aussonderung und Liquidierung sogenannter »Ballastexistenzen« (Himmler, vgl. Klee 1985, 345) vor. Opfer waren Patienten psychiatrischer Anstalten, aber auch »Arbeitslose, Behinderte, Alkoholiker, Alte, Nichtseßhafte« (Klee 1985, 12; auch Müller-Hill 1984, Aly 1985 und 1987, Haug 1986 und Schmuhl 1987). Die sogenannte ›Aktion T4‹ eine ›unbürokratische Prozedur‹ (Schmuhl 1987, 190) lief als geheime Reichssache. Alle Psychiatrie-Anstalten wurden nach ›Unheilbaren‹ und ›Arbeitsunfähigen‹ durchgemustert, die dann in speziellen Tötungsanstalten umgebracht wurden. Bis August 1941 waren nach einer internen Bilanz 70 237 Menschen ermordet worden. Trotz Verschleierungsversuchen waren praktisch zu Jahresanfang 1941 die Mordaktionen in den psychiatrischen Krankenhäusern allgemein bekannt.[17] Als Bischof Graf von Galen mit einer spektakulären Protest-Predigt das Schweigen brach, mußte die ›Aktion‹ zum 24. August 1941 gestoppt werden – allerdings nur zum Schein. Mit erneuerter Tarnung »geht bei T4 die Arbeit weiter wie bisher« (Klee 1985, 341).

(4) Das KZ-System wurde ab Juni 1936 für den Kriegsfall refunktionalisiert und ausgebaut. Der Leiter der SS-Wachmannschaften (Totenkopfverbände) Eicke forderte, daß die KZ auch auf künftige Kriegsgegner hin angelegt werden. So wurde im August das KZ Sachsenhausen für Zwangsarbeit eingerichtet[18], Ende Oktober wurde die Kapazität des KZ Buchenwald von 3000 auf 6000 Personen verdoppelt. Eicke setzte den Ausbau mit dem Argument durch, die Lager müßten den innenpolitischen Erfordernissen des Kriegsfalles gewachsen sein (vgl. Mayer 1991, 246).

---

[16] Zu einem geplanten Euthanasie-Gesetz kam es mit Blick auf die Kirchen und die ›Feindpropaganda‹ nicht. Hitlers Ermächtigungsschreiben für die Euthanasiebeauftragten Bouhler und Brandt war die einzige Grundlage der ›T4‹. Dieser Deckname verwies auf die Tötungszentrale, der ›Reichsarbeitsgemeinschaft Heil- und Pflegeanstalten‹ in der Berliner Tiergartenstraße 4, (vgl. Aly 1987, 11 und Aly und Heim 1993).

[17] Der Oberlandesgerichtspräsident in Bamberg berichtet: »In weiten Kreisen der Bevölkerung herrscht große Erregung (...), und zwar nicht nur bei Volksgenossen, die einen Geisteskranken in ihrer Familie zählen. Derartige Zustände sind auf die Dauer unhaltbar (...) So spricht man schon davon, daß im Zuge der Weiterentwicklung der Dinge (!) schließlich alles Leben, das der Allgemeinheit keinen Nutzen mehr bringt (...) für nicht mehr lebenswert erklärt und demgemäß beseitigt werden solle.« (Zit.n. Frei 1987, 143f)

[18] Vorgesehen waren Plätze zur Lagerung und Bearbeitung von Steinquadern für die Monumentalarchitektur Albert Speers.

(5) Mit den Kriegsvorbereitungen eskalierte auch die Verfolgung der Juden. Ihre soziale Stigmatisierung wurde weiter verschärft, ihre wirtschaftlichen Existenzgrundlagen zunehmend zerstört. Ziel war es, die Juden in den Exodus zu treiben. Ab dem 17. August 1938 wurden Juden gezwungen, als zweiten Vornamen ›Israel‹ oder ›Sarah‹ zu tragen. Im Paß wurde ein ›J‹ eingestempelt.[19] Gleichzeitig richtete Eichmann auf Veranlassung von Himmler/Heydrich in Wien ein *Zentralamt für jüdische Auswanderung* ein, es gab ein rechtlich, administrativ und finanziell standardisiertes Auswanderungsverfahren. Die Pogrom-Nacht vom 9. November[20] leitete eine neue Wende der NS-Judenpolitik ein. Auf Betreiben Görings sollte den ›wilden Ausschreitungen‹ ein Ende gemacht werden. Die »erordnung zur Ausschaltung der Juden aus dem deutschen Wirtschaftsleben« wurde am Tag nach dem Pogrom erlassen.[21] Sie sah die Enteignung jüdischer Betriebe und Vermögen in der Größenordnung von 5 bis 10 Milliarden RM vor.

Mit dem Angriff auf die Sowjetunion am 22. Juni 1941 änderte der Krieg seinen Charakter. Anders als die Angriffe im Westen war der Ostfeldzug, als ›Operation Barbarossa‹ bekannt, von vornherein als vernichtender »Kreuzzug« (Mayer 1991) gegen den ›jüdischen Bolschewismus‹ geplant. Auch Jacobsen (1965, 164ff) spricht von einem »qualitativen Umschlag des Krieges« und einem Übergang zur »unverhohlenen Radikalisierung und Ideologisierung« (ebd.). Der *Kommissarbefehl* (»Richtlinien für die Behandlung politischer Kommissare«) vom 6. Juni 1941[22] verdeutlicht das: Er setzte sich offen über die Genfer Konvention hinweg und ordnete die Ermordung der politischen Funktionsträger in der Roten Armee an: »Sie sind aus den Kriegsgefangenen *sofort*, d.h. noch

---

[19] Mayer (1991, 258) berichtet, daß es »schweizerische Behördenvertreter waren, die den Deutschen eine Maßnahme dieser Art nahegelegt hatten; sie suchten nach Mitteln und Wegen, den jüdischen Flüchtlingsstrom aus Österreich in die Schweiz einzudämmen.«

[20] Es wurden 25 000 Juden festgenommen und auf die KZ Dachau, Buchenwald und Sachsenhausen verteilt, 191 Synagogen, 815 Läden, 29 Kaufhäuser und 171 Privathäuser zerstört.

[21] Sie ging aus einer Sitzung zur Bilanzierung der Pogromnacht hervor, die Göring am 12. November leitete. Anwesend waren u.a. Heydrich, Karl Blessing (Reichsbank), Frick (RIM), Gürtner (RJM) und Goebbels. Göring erklärte, die »wilden Ausschreitungen« schädigten »nicht den Juden, sondern schließlich mich, der ich die Wirtschaft in letzter Instanz zusammenzufassen habe« (zit.n. Mayer 1991, 267).

[22] Der Befehl wurde auf Weisung Hitlers in Zusammenarbeit zwischen OKH und OKW ausgearbeitet. »Der Kommissarbefehl wurde den kommandierenden Offizieren schriftlich zugestellt mit der Anweisung, ihn ihren Unterführern und Mannschaften vor Beginn des Angriffs zu verlesen« (Mayer 1991, 324).

auf dem Gefechtsfelde, abzusondern. (...) Diese Kommissare werden nicht als Soldaten anerkannt; der für die Kriegsgefangenen völkerrechtlich geltende Schutz findet auf sie keine Anwendung. Sie sind nach durchgeführter Absonderung zu erledigen« (Zit.n. Jacobsen 1965, 226). Die Ermordung wird damit begründet, daß die politischen Kommissare der Sowjet-Armee die »eigentlichen Träger des Widerstandes« (ebd.) seien und die »Urheber barbarischer asiatischer Kampfmethoden« (ebd.).[23] Die ersten Rückschläge für die deutsche Kriegsführung im Osten, das Scheitern der ›Operation Taifun‹, d.h. des Angriffs auf Moskau im Winter 1941, waren – wie Mayer (1991) belegt – der Moment, in dem die Dynamik des scheiternden »Kreuzzugs« den Exterminismus der ›Endlösungs‹-Politik und des Judeozids entfesselte.

An der ›Heimatfront‹ schlug die Stimmung, wie die Lageberichte des SD belegen, um. Sie sprachen seit Oktober 1941 von allgemeiner *Skepsis*, ja sogar von *Resignation*: »Das große Interesse, das vor einigen Wochen von dem überwiegenden Teil der Bevölkerung dem Kampfgeschehen im Osten entgegengebracht wurde, ist einer *abwartenden, vielfach sogar resignierten Haltung* gewichen. (...) Die Volksgenossen interessieren sich nahezu nur mehr für die Beantwortung der Frage, wann überhaupt der Kampf im Osten ein Ende finde« (Boberach 1965, *Meldungen aus dem Reich*. Nr. 236 vom 10. November 1941, Bd. 8, ²962f).[24]

Der allgemeine Stimmungsumschwung machte vor den konservativen und akademischen Eliten nicht halt, bei denen die imperiale Außenpolitik Hitlers, soweit sie mit der Besetzung des Rheinlandes, dem Anschluß Österreichs und der Annexion der Tschechoslowakei die Revision des Versailler Vertrages brachte, als ›geniale Erpressungspolitik‹ auf verhaltene Bewunderung, Resonanz und Unterstützung stieß.[25] Nun –

---

[23] Ernst Nolte wird mit seiner Geschichtsdeutung, die den Vernichtungskrieg und die Endlösungspolitiken als Präventivmaßnahme gegen die »asiatische Tat« (Nolte) der stalinistischen SU deklariert, solchen Legitimationsfiguren faschismustheoretischen Rang verleihen. Vgl. zu den Deutungskämpfen, die sich im Gefolge entwickelten, W.F. Haug (1987).

[24] Die NS-Führung reagierte auf den Stimmungsumschwung mit verstärkten Propagandaanstrengungen. Einen Tag nach dem SD-Bericht am 11. November hielt Goebbels eine Rede, die mit dem Satz endete, die entscheidende Frage sei nicht, *wann* der Krieg zu Ende ist, sondern *wie* er ende. Ähnlich Hitler in einer Rede vom 9. November: »Der Krieg kann dauern, solange er will, das letzte Bataillon auf dem Feld wird ein deutsches sein.« (Hitler, zit. n. Boberach 1965, *Meldungen aus dem Reich*, Nr. 237 vom 13. November 1941, Bd. 8, 2972)

[25] Gadamer (1990, 547) führt – um Verständnis für die Außenpolitik Hitlers werbend – in die Diskurs- und Gefühlswelt ein, die bei den konservativen Gebildeten vorherrschend war. »Man konnte ja bis zum Jahre '38 als Deutscher, der von allen diesen

Die »Heilung des kranken Staatswesens« 159

mit den ersten ›Rückschlägen‹ – werden in fast allen Machtzentren, im Militär, in der Wirtschaft, in fast allen Staatsapparaten, in der NS-Partei ebenso wie in der SS Zweifel am Ausgang des ›Abenteuers‹ wach. Wendungen, Alternativen, Modifikationen der NS-Herrschaft werden ventiliert.

Im philosophischen Feld haben die Konzepte zur inneren Reform des Faschismus im Modus der Verständigung über Platon, Hobbes, Machiavelli, Friedrich den Großen Hochkonjunktur. Die Fälle Eduard Spranger (vgl. Laugstien, 1989, 61ff, und 1990, 61ff), Hans Freyer (vgl. Muller 1987, 267ff) und Carl Schmitt (vgl. Jänicke, 1969) gehören hierher. Damit ist keineswegs gesagt, daß solche Konzepte erst infolge dieser Wendungen im Krieg entwickelt wurden, denn sie begleiten von Anfang an die NS-Geschichte. Fast alle Entwürfe, die philosophisch 1933 zur Wirkung kamen, bauten eine normative Ebene ein, in der sich verschiedene Profile eines idealen Faschismus artikulierten. Vor dem Hintergrund der das System destabilisierenden Wirkungen des Krieges entfalteten sie konsequent ihre situative Ordnungsfunktion.[26] Eine Untersuchung über die genaueren Funktionen der philosophischen Kritiken im Zeichen der Ungewißheit und über die spezifischen Formen von Öffentlichkeit, die sie geschaffen haben, ist noch nicht geleistet.

Im folgenden werden wir Gadamers Platonlektüre darstellen und am Ende die möglichen politischen Optionen umreißen, in die sie sich eingliedern ließe.

---

schrecklichen Dingen vieles nicht wußte, sagen: Hitler macht eine geniale Erpressungspolitik; die Wiederherstellung des europäischen Gleichgewichts, ist ja meisterhaft, wie der das macht. Daß das zu einem Krieg führen würde, haben wir Esel nicht gesehen. Ich rede in Worten, die (...) Erich Frank, ein Freund von Jaspers, mir gegenüber gebrauchte.« Ähnliche Stimmen lassen sich zitieren von Goerdeler, Haushofer, Spranger etc.

[26] Die Herausgeber der von Spranger verfaßten Protokolle der *Mittwochsgesellschaft* stellen in Sprangers Vortrag *Volksmoral und ihre Sicherung* vom 31. Januar 1940 »Kritik an den zeitgenössischen politischen Verhältnissen, auch wenn er die NS-Herrschaft nicht direkt nannte« (Spranger 1988, 63) fest. So etwa seine Bedenken über die Erfolge der ›Blitzkriege‹: »Kein äußerer Sieg kann entschädigen für den Verlust moralischer Kraft und Sicherheit des Volkes« (ebd.). Das Versagen der Philosophen als Politikberater des NS kann jedoch nicht als Widerstand gedeutet werden. Der innerfaschistische Standpunkt von Sprangers Kritik und seine Arbeit an der ›Sicherung der Volksmoral‹ wird von Laugstien (1989, 61f, und 1990, 61f) näher untersucht.

160 *Fünftes Kapitel*

5.4 »Dikaiosyne« – das »Fundament aller echten Herrschaft«

5.4.1 Die Erziehungsmacht der Philosophie

Platons Versuch, Einfluß auf die Politik zu nehmen, setzt auf die erzieherische Macht der Philosophie. Die Erziehungskompetenz der Philosophie zielt darauf, das Denken der Staatsführung zu formen. Wenn Platon »im Munde des Sokrates spricht« (319), dann »mit dem Ruf zur Philosophie und mit der Forderung der philosophischen Erziehung der staatstragenden Führer« (ebd.). Das »Amt des wahren staatlichen Erziehers« (ebd.), das die Philosophie damit für sich in Anspruch nimmt, ist durchaus institutionell zu verstehen. Platons *Politeia* verweise auf die »lebendige Erziehungswirklichkeit und Erziehungsgemeinschaft« (320) der »platonischen Akademie« (ebd.). Die spezifische Unabhängigkeit, die diese Akademie beanspruchen kann, liegt in der Unbedingtheit, mit der sie ihr Erziehungsziel verfolgt. Gadamer zeigt das an dem literarischen Genre, dem die Schrift *Politeia* angehört. Die *Politeia* als »Entwurf eines Idealstaates« (ebd.) bediene die althergebrachte »Form der Utopie (...) mit ganz und gar verstellten Wirklichkeitsbezügen« (ebd.). Sie unterscheide sich von »politischen Programm- und Werbeschriften« (ebd.), die die Form der Utopie als »Anzüglichkeit aus der Ferne« (ebd.) funktionalisieren, »weil sich darin Kritik und Versprechung so reizvoll mischen ließen« (ebd.). Die Aktualität der *Politeia* liege nicht in ihrer Qualität als Werbung, sondern sie wirke tiefer, nämlich in der »Ausschließlichkeit« (ebd.), mit der sie alle Fragen »auf die rechte Erziehung der Führer hinausführt« (ebd.). Die Idee des idealen Staates könne den politischen Führern aber nur anerzogen werden, indem sie selber zu philosophieren begönnen.

5.4.2 »Dikaiosyne« als Gegenbild zum Staat der Sophisten

Konkret wird der Idealstaat Platons für Gadamer immer wieder – unabhängig von den Umständen und politischen Lagen – in ein und demselben Gedanken, dem der *Dikaiosyne*, auf den Platon das Denken der Führung festlegen will:

> »Nur Gerechtigkeit allein kann Bestand und Dauer des Staatlichen bewirken; nur wer sich selber Freund ist, vermag Freundschaft anderer, die von Bestand ist, zu erwerben.« (319)

In diesem Gerechtigkeitspostulat (*Dikaiosyne*) lasse sich »das Ganze der platonischen Staatsphilosophie« (ebd.) zusammenfassen. Platon spreche damit den »wesentlichen Zusammenhang von Staat und Seele

Die »Heilung des kranken Staatswesens« 161

wie den von Politik und Philosophie« (ebd.) an. Mit der *Dikaiosyne* werden die Kräfte thematisiert, die die einzelnen innerlich an den Staat und die Herrschaft binden. Sie gilt damit als die den Staat überhaupt erst »ermöglichende menschliche Kraft« (320), die »wahre politische Tugend« (ebd.) und »Inbegriff der staatsbürgerlichen Tugend, das Fundament aller Gemeinschaft, wie aller echten Herrschaft« (ebd.). Sie sei »Gerechtigkeit, Rechtlichkeit, Rechtsgeltung, Staatsgesinnung überhaupt.« (Ebd.)

Dikaiosyne = Staatsgesinnung: Gadamer selbst ist sich darüber im klaren, daß diese Übersetzung – üblicherweise wird *Dikaiosyne* als »Gerechtigkeit« übersetzt – im Deutschen zunächst befremdlich klingt. »Mit ihr ist nicht nur jene austeilende Gerechtigkeit gemeint, an die uns das deutsche Wort Gerechtigkeit zunächst denken läßt« (ebd.). Gadamers Begriffsarbeit beim Durchgang durch die *Politeia* wird aber zeigen, wie Platons Sokrates diese Bedeutung von *Dikaiosyne/Gerechtigkeit* als ›Staatsgesinnung‹ im Disput mit den Sophisten verficht und durchsetzt. Platon wird ihm dadurch zum Urprotagonisten in einer Auseinandersetzung um die Staatsidee, die bis in die Gegenwart reicht, in der nach seiner Auffassung sophistische Staatstheorien wieder bestimmend werden.

»So wird hier das Wesen der Gerechtigkeit, der Tugend aller staatlichen Ordnung, einem Denken abgewonnen, das dem modernen Staatsdenken näher steht als das Platonische, das auch geschichtlich gesehen, auf dem Wege über Plato selbst und über Thukydides, die modernen Staatstheorien und ihre Begründung auf den Machtgedanken entscheidend bestimmt hat.« (321)

In der Tat mutet das sophistische Gerechtigkeitskonzept, das in diesem Disput herausgeschält wird, an, wie ein Vorläufer von angelsächsisch geprägten kontraktualistischen, am Modell des Marktes orientierten, kommunikativen Moralvorstellungen, bei denen jedes Individuum utilitaristisch seinen eigenen Vorteil im Auge hat. Die Sophisten figurieren hier als die Konzeptlieferanten adäquater Moral- und Verhaltensregeln für die aufkommende Waren- und Geldwirtschaft.[27] Die neuen Verkehrsformen setzen die Verhaltensmaßgaben der alten Ordnung wie »Gerecht

---

[27] Serge Moscovici analysiert unter der Rubrik »das griechische Beispiel« den Zusammenhang der Entstehung der Sophistik mit der ökonomischen Entwicklung Athens: »Mit dem Geld wird das Eigentum mobil und die zwischenmenschlichen Beziehungen erhalten einen Mittler, der ein abstraktes Zeichen ist. Die bodenbesitzende Aristokratie sieht ihre Vormachtstellung in Frage gestellt, und zwar nicht nur durch den Bauern, sondern durch den Handwerker und insbesondere durch den reichen Händler. Die Beziehungen zwischen den Klassen wandeln sich, desgleichen die Zugangswege zu den höheren Staatsämtern. (...) Die politische Sphäre erhält eine außergewöhnliche Autonomie und trägt noch zur Vertiefung der sozialen Differenzen bei.« (Moscovici 1982, 469) »Die Sophisten schaffen als

ist: das Schuldige Erstatten« (321) außer Kurs. Unter den neuen Bedingungen haben sie die »schöne Eindeutigkeit einer Gnome« (322) verloren. »Dem Partner des Sokratischen Gesprächs wird gerade der Begriff des Schuldigen – am sophistischen Beispiel des Wahnsinnigen, der sein Schwert zurückverlangt – zum Problem« (ebd.). Ähnlich problematisch und zweideutig wird diese Vorstellung des »Schuldigen« im Bereich der »Geldgeschäfte« (ebd.). Alle Regeln werden ad absurdum geführt. »Für jemanden Geld hüten kann unter gewissen Umständen gerade erforderlich machen, es ihm vorzuenthalten. Gerechtigkeit kann so zur Diebeskunst werden, indem man für den anderen und heimlich vor ihm handelt.« (Ebd.)[28] Gadamer zieht ein generalisierendes Fazit: »Gerechtigkeit ist nicht ein Können im sozialen Bereich.« (Ebd.)

Die Rechtskonzeption der Sophisten geht von Verhältnissen aus, wo jeder egoistisch handelt. »Gerechtigkeit« hält man »nicht an sich für gut«, »sondern nur für so etwas wie das kleinere Übel angesichts der Furcht vor Unrechtleiden.« (324) Motiviert durch Angst vor Chaos und Anarchie, die das antagonistische Handeln der Individuen produziert, gehen das Recht und der Staat der Sophisten aus einer Art Vertrag hervor. Als seien sie Vertreter einer liberalistischen Frühposition, werden Staat und rechtliche Reglementierung zwar als ein Übel gedacht, aber als eines, das zur Vermeidung des größeren aus dem Naturzustand hervorgehenden Schadens in Kauf genommen werden muß. Es klingt beinahe so, als lege Platon seinen bzw. den Gegnern von Sokrates die Leviathan-Konstruktion des Thomas Hobbes in den Mund.

»Die Geltung des Rechts und die Schätzung der Gerechtigkeit kann Ergebnis einer Übereinkunft aus Klugheit sein, die in Ansehung der Schwäche eines jeden einzelnen zustande kommt.« (324f)

Platon-Sokrates lehnt diese Konzeption ab, weil sie den Staat als Mittel zu Zwecken betrachtet, die außerhalb seiner selbst liegen. Er wird der

---

erste eine Kunst der Politik als gesonderte Disziplin. (...) Durch die politische Kunst erwirbt er [der Sophist, TO] eine besondere Fähigkeit, zu der die Verwaltung der Stadt, der Besitz von Mitteln zur Beherrschung von Menschen und die Kenntnis der Erfordernisse der Gemeinschaft als ganzer gehören.« (470) »Dennoch ist es kein Sophist, sondern Platon, der die Konsequenzen aus der Autonomie des politischen Universums zieht und jener auf der Individualität der Klassen und ihrem Gegensatz gegründeten Gesellschaft ihren tiefen philosophischen Ausdruck verleiht. Er meint damit, der Aristokratie die geistigen Mittel an die Hand zu geben, die sie für die neuen Umstände benötigt.« (Ebd.)

[28] Diese Beispiele um den ›Wahnsinn‹ berühren eine unausgewiesene Unterstellung des Utilitarismus, wo jeder im Handeln sein eigenes Interesse verfolgt: daß nämlich alle Beteiligten ›geschäftsfähig‹ sind und das Geschehen überschauen.

Frage des Nutzens unterstellt und damit von vornherein an Bedingungen gebunden, die ihn schwächen. Platon-Sokrates gibt zu bedenken:

»Dies wäre der Standpunkt einer realen politischen ebenso wie pädagogischen Schätzung der Gerechtigkeit, die doch nur eine bedingte Schätzung zu sein brauchte, da sie ja von der rechten Einschätzung der Machtverhältnisse abhinge, um ihrer Folgen willen allein in Geltung bliebe und somit nicht aus sich selbst begründet wäre.« (325)

Gegen solch kalkulierendes Geltenlassen des Staates vertritt Platon ein unbedingtes Substanz-Prinzip der staatlichen Gerechtigkeit. Der Blick auf den Staat soll von allen utilitaristischen Erwägungen gereinigt werden. Es geht ihm darum, die elementaren Quellen der Staatsgesinnung im menschlichen Wesen freizulegen.

In eine ähnliche Richtung zielt dieser Gedanke bei Gadamer, wenn Kant, dessen Pflichtbegriff zuvor noch triumphierend der sophistischen Staatsidee vorgehalten wurde[29], nun selbst zugunsten der Staatsidee Platons verabschiedet wird. Bei Kant nämlich hält den Platz, an dem der Staat den Menschen eingepflanzt werden soll, schon »eine sittliche Innenwelt des unbedingt guten Willens« (ebd.) besetzt – eine Instanz, vor der sich letztlich auch der Staat rechtfertigen muß. Die Seele aber gehöre dem Staat, sie sei die Quelle einer »staatsbildenden und staatstragenden Kraft« (ebd.), aus »ihrer politischen Fruchtbarkeit« erwachsen überhaupt erst »Staat und Recht« (ebd.).

»Das wahre Sein des Menschen ist nicht derart, daß er sich gegenüber dem Staat auf sein eigenes Gedeihen und sein Fortkommen hin versteht und so nur aus der besorgten Wachsamkeit gegeneinander Recht und Gerechtigkeit zur Geltung kommen, sondern so, daß gerade das Sein des Staates selbst, das, wodurch er überhaupt sein kann und was er auch in seiner verderbtesten Gestalt noch immer ein wenig ist, in der Seele seiner Bürger, in der ›Idee‹ der Gerechtigkeit wurzelt.« (Ebd.)

Diese »Idee der Gerechtigkeit« (ebd.) zum Wurzelgrund der ›Staatsidee‹ zu machen, erfordert es, die staatliche Herrschaft als *gerechte Ordnung* zu erweisen und lebbar zu machen. Dem Staat als Verwirklichung der »Gerechtigkeitsidee« wachsen so ideelle Kräfte zu: Der Staat hat die Zustimmung der Bürger, er kann auf ihre Seelenkräfte bauen. Das ideologische Stabilitätsgesetz, an das Gadamer appelliert, lautet: »Was er [der Staat, TO] sein kann, ist er aber in der Tugend seiner Bürger.« (326)

---

[29] Bei Kant werde zur Aufgabe, »die Gerechtigkeit unabhängig von ihrer Geltung, d.h. aber schließlich sogar in ihrer äußersten Verkennung als gut zu erweisen und die Ungerechtigkeit als schlecht.« (325) Gadamers Würdigung des formalen Charakters von Kants »rigoristische[r] Analyse des Pflichtbegriffs« (ebd.) unterstellt, daß Platon und Kant den gleichen Begriff von Gerechtigkeit teilen.

5.4.3 »Dikaiosyne« als Gegenbild zur Tyrannei

Daß die Herrscher Philosophen sein sollen, heißt, daß sie bei aller Pragmatik und Taktik des Herrschens und bei aller »sich hin und her windender Staatskunst« (325) die »›Idee‹ der Gerechtigkeit« (ebd.) als fundamentales Stabilitätsgesetz aller Herrschaft in Rechnung stellen und ihrem Willen nicht allein durch die Macht Geltung verschaffen sollen. Der Tyrann wird aufgebaut als Gegentyp zum Philosophen-Herrscher, er ist der Machthaber, der um eines kurzfristigen Vorteils willen von diesem Idealweg des Herrschens in Form der »Gerechtigkeit« abweicht.

Platon/Gadamers Diskurs über die »Gerechtigkeit« entwickelt in der Folge die Problematik der Tyrannenherrschaft, des direkten Gebrauchs der Macht- und Gewaltmittel zum Vorteil des Herrschers. Ausgangspunkt ist die Destruktion der Rede von der ›gerechten Herrschaft‹ durch den Sophisten Thrasymachos. Dieser nämlich zeige die zugrundeliegenden Machtverhältnisse und den Herrschaftscharakter dessen auf, was hier unter »Recht und Gerechtigkeit« verhandelt werde. Thrasymachos tritt mit der »unverhüllten These« auf, »Recht sei der Vorteil des Stärkeren, d.h. des Regierenden.« (323)

Der anschließende Disput über diese These »enthüllt« – so Gadamer – die »innere Bestandlosigkeit dieser Meinung« (324). Die Beweisführung des Sokrates mutet spitzfindig an: Er spitzt zunächst die These des Thrasymachos zu, wobei er das Recht als »Vorteil des Stärkeren« (323) absolut setzt, und es somit auf Tyrannei reduziert. Dieses »Ideal des Tyrannenlebens« (324) werde von Sokrates probeweise angenommen und geprüft, wieweit es den Herrscher trägt. In der Folge jedoch führt er die Reduktion von Recht auf den Vorteil des Herrschenden ad absurdum: Die Setzung des Tyrannen-Willens als Recht und Gerechtigkeit bedeute dann lediglich, »daß es für den straflosen Rechtsbrecher, den Tyrannen, vorteilhaft ist, wenn es noch Einhaltung der Rechtsordnung seitens der anderen gibt« (ebd.). Die Annahme aber, daß bei Aufkündigung der »Rechtsordnung« (ebd.) von oben die Unteren sie weiterhin einhalten, unterstelle auf Seiten der Übervorteilten auch Dummheit. »Das aber bedeutet: Rechtlichkeit ist Einfalt.« (ebd.)

Die strukturelle Inkompatibilität von Tyrannei mit der Form des Rechts ist damit erwiesen: Würde das herrschende Recht sich tatsächlich auf das Recht der Herrschenden reduzieren lassen – wie Thrasymachos sagt –, wäre seine Rechtsförmigkeit zunichte gemacht. Die Wahrung der Rechtsform und ihrer ideologischen Bindekraft steht nun zur Verhandlung an – und Gadamer ›ergänzt‹ den Platonischen Dialog durch seine eigene Problematik:

Die »Heilung des kranken Staatswesens« 165

»Die Setzung oder Empfehlung des Rechts durch die Macht erklärt nicht, warum das so Gesetzte nicht als Machtzwang, sondern als Recht gilt, und man darf ergänzen: das wäre erst zu verstehen, wenn das so Gesetzte auch für den Herrschenden Recht wäre und seine Macht somit gerade nicht die seine, sondern die Rechtsgewalt des Staates wäre.« (324)

Es handelt sich um die Verteidigung des grundsätzlichen Kompromißcharakters der Rechtsform. Dazu gehört, daß das Recht beide, Herrscher und Beherrschte, bindet. Der »staatliche Verfall« (ebd.) gründe letztlich in der Mißachtung dieser Form, er zeige »die Unkenntnis dessen, was Recht als Ordnung der Gemeinschaft und Gerechtigkeit als die sie tragende Seelenkraft ist« (ebd.).

Die Frage, ob die »Rechtsgewalt des Staates« (ebd.) als ein drittes Element (das Gadamer im späteren Textverlauf fallen läßt) dem sich Herrscher und Beherrschte unterstellen, dem platonischen *Politeia*konzept gerecht wird, soll an dieser Stelle problematisiert werden.

Gadamer macht in seiner Platon-Lektüre sowohl 1934 als auch in diesem Text das Ausgangsproblem der *Politeia* für sein Rechts-Konzept fruchtbar. Sokrates soll Antwort auf die Frage geben, ob man ›gerecht‹ sein könne, ohne einen weiteren Vorteil davon zu haben (Rep, 366e ff), ohne einen für den individuellen Willen günstigen Kompromiß aushandeln zu wollen. Wenn das gezeigt werden könne, so heißt es dort, »so dürften wir nicht einer den anderen hüten, kein Unrecht zu tun; sondern jeder würde sein eigener bester Hüter sein« (Rep, 367a). Platon sucht nach einer Macht, die eine ›sophistische‹, nach dem Vertragsmodell gedachte Rechtsordnung überbietet und als überflüssig erscheinen läßt. Er projektiert die Philosophie als Suche nach der ›Idee des Guten‹. Sie als nicht hypothetischen Anfang zu wissen, bedeutet zugleich, sie als voraussetzungslose oder unbedingte Herrschaftsmacht anzuerkennen. Die Funktion der ›Idee des Guten‹ besteht darin, den individuellen Willen des durch keine äußeren Instanzen kontrollierten Herrschers an das ›Allgemeine‹ zu binden.

Der Herrscher soll keinen individuellen partikularen Willen haben, der mit anderen partikularen Willen Kompromisse bildet. Er soll vielmehr in seinem individuellen Willen zugleich den Willen aller ihm Unterworfenen, eben das ›Allgemeine‹ verkörpern. Insofern er das tut, ist seine Herrschaft ›gut‹ und findet die Zustimmung der Beherrschten: sie ist Monarchie, keine Tyrannis. Die Ergänzung, die Gadamer hier mit dem Element der »Rechtsgewalt des Staates« (324) vornimmt und die bei Platon überflüssig wäre, scheint auf ein modernes Staatskonzept zu zielen, das eine Ausdifferenzierung der Herrschaftsinstanzen kennt.

5.4.4 Die Relativierung der Unterscheidung von »Freund und Feind«

In der Folge rückt Gadamer die platonische Tyrannenproblemtik noch enger in den Gegenwartshorizont des NS. Auf den ersten Blick mutet es an, als suche er, verschoben auf die Tyrannen-Problematik bei Platon, in eine Diskussion mit Carl Schmitt zu treten. Es sei in Erinnerung gerufen: Schmitt war mit seiner Rechtfertigung des Verfassungsbruchs durch den ›Führer‹ bei den Röhm-Morden (1934) und mit seiner Formel vom ›totalen Staat‹ zum theoretischen Repräsentanten der diktatorischen Dimension des NS-Staates geworden.

Gadamer deckt im Konzept der Dikaiosyne eine Stoßrichtung auf, die gegen das Diktum von Schmitt gerichtet ist: »Die eigentlich *politische* Unterscheidung ist die Unterscheidung von *Freund* und *Feind*.« (Schmitt 1933, 7)[30]

Der Rechtsdiskurs bei Platon verhalte sich nicht neutral zum Politischen. Das Recht trete »in den Horizont der höheren Verbindlichkeit einer Bindung, d.h. aber in den politischen Raum, den Raum der Unterscheidung von Freund und Feind im Nützen und Schaden.« (322) Gadamer richtet zunächst auch an die Regel *Dem Freund nützen, dem Feind schaden*, die die Freund-Feind-Unterscheidung schafft, die sokratische Frage der Gerechtigkeit.

»Es ist aber auch nicht dort, wo die Unterscheidung von Freund und Feind getroffen ist, wie im Kriege, alles eindeutig. Auch dann bleibt es fraglich, ob Freundsein nichts anderes ist als gemeinsame Einigkeit gegen den Feind und ob Gerechtigkeit sich darin genügend begreift, ein anzuwendendes Können, dem einen helfend, dem andern schadend, zu sein. Dem Feinde schaden scheint zwar eine eindeutige Maxime, aber es fragt sich, ob dies Gerechtsein heißt, ob Gerechtigkeit in der Selbstüberlegenheit eines Könnens (mag seine Anwendung noch so eindeutig sein) überhaupt antreffbar ist, ob sie nicht viel eher ein Sein als ein Können ist.« (322f)

Bedeutsam ist an dieser Stelle die Wahl des platonischen Materials. Während Gadamer im Text von 1934 die Freund-Feind Unterscheidung

---

[30] Mit diesem Satz eröffnet Schmitt seine Schrift über den *Begriff des Politischen* (¹1927, ²1931), deren dritte Auflage von 1933 eine aktualisierte Fassung ist. So wird die *Rede über das Zeitalter der Neutralisierungen und Entpolitisierungen* nicht mehr aufgenommen. Karl Löwith setzte sich 1935 unter dem Pseudonym Hugo Fiala in der Zeitschrift *Revue internationale de la théorie du droit – Internationale Zeitschrift für Theorie des Rechts* mit der Struktur der Änderungen auseinander. Löwith sieht einen politischen Okkasionalismus am Werk: So wird eine Passage über Marx, Lenin und Lukács durch eine antisemitische Polemik gegen Friedrich Julius Stahl ersetzt, eine Kritik an Oppenheimer wird gleichfalls antisemitisch unterlegt.

Die »Heilung des kranken Staatswesens« 167

an Platons Vergleich der idealen Wächter des Staates mit dem herrschaftstreuen philosophischen Wachhund (Rep., 374 e) – der »die Schärfe« gegen den Feind als absolut setzt – expliziert, nimmt er hier auf andere Stellen aus Platons *Politeia* Bezug (Rep., 332a), die diese Maxime problematisieren, bzw. relativieren.[31]

Gadamer negiert den Gegensatz von Freund und Feind als dominante Unterscheidung für die Sphäre des Politischen nicht, aber er bindet die Dominanz dieses Gegensatzes zurück an eine höhere Idee des Guten und der Gerechtigkeit. Er fragt sich weiter, »ob nicht in der Idee der Gerechtigkeit eine Gemeinsamkeit auf das Gute, auf die Ordnung des Guten hin liegt, die dort, wo sie statthat, auch den Feind begreift – als einen, dem man nicht wahrhaft schadet, sondern den man mit Gewalt zurechtbringt.« (323)

Die Rückbindung an die Idee des Guten relativiert die Konzeption Schmitts. Bei Schmitt ist der Feind Vitalfunktion einer Ordnung, die sich selbst absolut setzt. Ihr Selbstbehauptungswille produziert in einer Entscheidung für einen Feind eine außerhalb ihrer selbst liegende, gegen sie gerichtete unbedingte Negation. Die Dynamik dieser Freund-Feind-Logik reduziert den Anderen auf sein Feind-Sein und hat ihren Fluchtpunkt in seiner »physischen Tötung«[32], sie trägt exterministische Potenzen in sich.

Den Einsatz einer solchen Rechtskonzeption im realen Faschismus beurteilt der Schmitt-Spezialist Bernd Rüthers (1994, 124) hinsichtlich des 30. Juni 1934 (Röhm-Morde) folgendermaßen:

»Die reale Möglichkeit der physischen Tötung betraf nicht nur die *Feinde*; wenn es zweckmäßig erschien, mußte sie auch auf enge Vertraute, ja auf *Freunde* und politische Bundesgenossen erstreckt werden, wenn sie zu ›Feinden‹ erklärt wurden.« (Ebd.)[33]

---

[31] Im *Begriff des Politischen* (1933, 16) verweist Schmitt in einer Fußnote auf Platons fünftes Buch der *Politeia*, 470ff, und geht auf die Frage der Modalitäten der Kriege zwischen Griechen, Hellenen und Barbaren ein. Vollkommen verschweigt er das Thema des Kriegsrechts mit den Besiegten bzw. mit den gefangenen und getöteten Feinden. Im Falle von Bürgerkriegen ist beispielsweise darin zu lesen: »auf alle Weise ist gewiß Schonung vorzuziehen« (Rep., 470b). Die Frage bleibt offen, warum Gadamer nicht auf diese Stellen, die sein Thema ausführlich behandeln, verweist.

[32] »Die Begriffe Freund, Feind und Kampf erhalten ihren realen Sinn dadurch, daß sie insbesondere auf die reale Möglichkeit der physischen Tötung Bezug haben und behalten. Der Krieg folgt aus der Feindschaft, denn diese ist seinsmäßige Negierung eines anderen Seins.« (Schmitt 1933, 15)

[33] Diese Möglichkeit ist bei Schmitt vorgedacht: »Diese Notwendigkeit innerstaatlicher Befriedung führt in kritischen Situationen dazu, daß der Staat als politische Einheit von sich aus, solange er besteht, auch den ›inneren Feind‹ bestimmt« (Schmitt 1933, 28).

Aus dieser Perspektive ergab sich für den Kriegsbegriff eine neue Bestimmung: »Der Krieg hat seinen Sinn nicht darin, daß er für Ideale oder Rechtsnormen, sondern darin, daß er gegen einen wirklichen Feind geführt wird.« (Schmitt 1933, 38) Zu der Phase, in der sich Schmitt staatstheoretischen und völkerrechtlichen Themen zuwendet, gehört der Aufsatz mit dem programmatischen Titel *Totaler Feind, totaler Krieg, totaler Staat* (1937), mit dem er seine Thesen aus dem *Begriff des Politischen* wieder aufnimmt. In die gleiche Richtung weisen die Beiträge *Völkerrechtliche Neutralität und völkische Totalität* (1938) oder *Inter pacem et bellum nihil medium* (1939) (vgl. Rüthers 1994, 142f).

Die von Gadamer über Freund und Feind aufgespannte höhere Gerechtigkeit konstituiert einen Ordnungsrahmen, in dem sich auch der Gegensatz von Freund und Feind noch zu bewegen hat. Die Logik des Kampfes wird dadurch eine andere: Dem ›Schaden-Zufügen‹ wird eine Grenze gesetzt, wo es droht, den Feind in seiner Existenz zu vernichten. Als tödlicher Gegensatz ist die Freund-Feind-Konzeption von Schmitt damit entschärft. Ein Blick in das Rechtskonzept, das Schmitt in seiner Hobbes-Studie von 1938 verhandelt, zeigt seine Option im Spektrum der NS-Reformer, die wir gesondert analysieren (vgl. Exkurs 5.6).

Während die offizielle Propaganda der NS-Kriegsführung die Logik des Freund-Feind-Gegensatzes nach innen und nach außen intensivierte und mit der Losung des »totalen Krieges« agitierte, gibt sich Gadamers Querdiskurs zu Schmitt als Votum für eine andere Außenpolitik zu erkennen. Gadamers Texthorizont scheint nicht ausschließlich durch die Möglichkeit einer Niederlage bestimmt, sondern vielmehr durch die Frage, welche Gestalt der auf diesen Krieg folgende Frieden annehmen soll.

Gadamers/Platons Kritik lautet: »Tyrannen haben keine Freunde.« (323) Ein Einwand, der Gewicht beansprucht, war es doch ein Ertrag von Platons politischer Erfahrung, »daß man ohne Freunde und zuverlässige Genossen nichts ausrichten könne« (318). Der blinde Fleck der Feind-Politik liegt da, wo es gilt, den ›Feind‹ als jemanden zu konstituieren, den man eingliedert. Dagegen etabliert die Verlagerung der Freund-Feind-Unterscheidung in den Rahmen einer höheren Verbindlichkeit ein Politikverständnis, das zwar Gewalt nicht ausschließt, jedoch primär auf die Erringung von Hegemonie gerichtet ist und auf Bündnisfähigkeit setzt. Das Augenmerk gilt dem Gewinnen von Freunden und Verbündeten, wobei diese Bindungsform keineswegs von verläßlichen Vertragssubjekten ausgeht. Es handelt sich keineswegs um kontraktualistisches Denken, in dem widerstreitende Interessen oder autonome ›Willen‹ im Gesetz ihre Bewegungsform finden. Entscheidend ist, daß der Feind als eine Größe betrachtet wird, die »man mit Gewalt zurechtbringt.« (323) Die hegemoniale Wirkung kann sich jedoch nur entfalten, wenn die geführten Kräfte nicht ausschließlich zu Funktionen der führenden Kraft gemacht werden.

Dikaiosyne steht hier für eine Ordnung, die beide wechselseitig bindet – auch den Hegemon. Er kann nicht nur taktisch über sie disponieren, sondern muß sich auch verpflichten. Diese Konzeption ist unverträglich mit der Haltung von kriegsführenden »Tyrannen vom Schlage eines Periander oder Xerxes (...) Männern, die in der bloßen Macht, dem ›Vermögen‹ des Könnens ihr Selbstbewußtsein haben und eben deshalb in allem Reden vom Recht die eigene Ungleichheit mit allen anderen mitdenken.« (Ebd.)[34]

Von der Selbsteinordnung des Hegemons hängen Stabilität und Belastbarkeit dieser Bündnisse ab, die sie einfacher Unterwerfung überlegen machen. »Nur Gerechtigkeit allein kann Bestand und Dauer des Staatlichen bewirken; nur wer sich selber Freund ist, vermag Freundschaft anderer, die von Bestand ist, zu erwerben.« (319) Diese Hegemonie- und Bündnisstrategie schlägt Gadamer für die Politik sowohl nach innen als auch nach außen vor: »Für die Parteiung innerhalb einer staatlichen Einheit ist das gewiß so, vielleicht aber sogar für die Möglichkeit zwischenstaatlicher Ordnung überhaupt.« (323)

Fragt man nach den möglichen Interventionspunkten dieses mahnenden Hinweises, so ragen unterschiedliche Entwicklungen des realen Faschismus in den Texthorizont. Sie tragen alle die Alternative: Politik der ›Hegemonie‹ oder Politik der ›Diktatur‹ in sich. Die Wehrmacht hält große Teile Europas besetzt, und in den Führungsstäben des NS ist noch nicht ausgemacht, wie die faschistische ›Neuordnung Europas‹ aussehen soll. Die Optionen, die erwogen werden, reichen vom ›großgermanischen Reich‹ mit einem rigiden Besatzungsregime, wie in Osteuropa praktiziert, bis zu einem Bündnissystem aus kollaborierenden nationalen Faschismen, für die beispielhaft auf das Vichy-Regime in Frankreich und Quisling in Norwegen verwiesen sei.[35] Der Text reagiert auch

---

[34] Der Unterschied zu Schmitt tritt hier klar zu Tage. Die einzige Ordnung von Kräften, die dieser im Politischen zuläßt, ist totale Führung: Herrschaft von Menschen über Untermenschen. »Klarer als alle andern hat Hobbes diese einfachen Konsequenzen politischen Denkens mit großer Unbeirrtheit gezogen und immer wieder betont, daß die Souveränität des Rechts nur die Souveränität der Menschen bedeutet, welche die Rechtsnormen setzen und handhaben, daß die Herrschaft einer ›höheren Ordnung‹ eine leere Phrase ist, wenn sie nicht den politischen Sinn hat, daß bestimmte Menschen auf Grund dieser höheren Ordnung über Menschen einer ›niederen Ordnung‹ herrschen sollen« (Schmitt 1933, 48).

[35] Eine Dokumentation faschistischer Europa-Pläne findet sich bei Neulen (1987). Zur Besatzungspolitik und zu Bündnisanstrengungen vergleiche auch das Herder-Kapitel (4.2).

mit der Frage der Kriegsführung, die, wie wir erinnerten, mit dem Überfall auf die Sowjetunion die exterministische Dynamik eines »Kreuzzuges« (Mayer 1991) bekam, und die Möglichkeiten eines Kompromißfriedens zu verschütten drohte.

5.4.5 »Dikaiosyne« oder »das Seine tun«

Unter dem Stichwort *Dikaiosyne* setzt Gadamer gegen die Tyrannei und die sophistische Staatsauffassung – wie schon 1934 – auf die Idee des platonischen Staates, des Staates in seiner »ständischen Form« (326). Die Gliederung des Staatsaufbaus kennt drei Kategorien, nämlich »Führende« und »Krieger« – zusammen bilden sie die »führenden Stände« – sowie den »arbeitenden Stand« (ebd.).

Die Teilung der Gesellschaft in »Stände« (ebd.) ist zunächst im Sinne bloßer »Techne« (327) ein »›Abbild‹« des im »Prinzip der Arbeitsteilung« aufeinander bezogenen »Daseins des Ganzen« (ebd.). Die mit dieser »Arbeitsteilung« verfügten Kompetenz/Inkompetenz-Verhältnisse werden den »Ständen« (326) als »Tugenden« (ebd.) eingeprägt. »Den Führenden kommt die Weisheit zu, das Denken für alle, den Kriegern die Tapferkeit, aber nicht die elementare, ›tierhafte‹ des Kämpfers, sondern die politische, des für alle und niemals für sich selbst die Waffen gebrauchenden Mannes« (ebd.). Die »Sophrosyne« – allgemein mit *Mäßigung* oder *Besonnenheit* übersetzt – ist die »Tugend« des »arbeitenden Standes« genauso wie der »führenden Stände« (ebd.).

In einem politischen, das Technische übergreifenden Sinn stiftet die *Dikaiosyne* das innere Band, das die Stände zusammenhält:

> »Gerechtigkeit des Staates aber besteht in eben dem, was alle diese Stände und die in ihnen liegenden Tugenden schon voraussetzen: das Seine zu tun, die ›Idiopragie‹, die den arbeitenden Stand genau wie die führenden Stände bestimmt und den Staat zu einer Einheit der Ordnung macht.« (326)

Dikaiosyne steht für eine Herrschaft in der Form des Allgemeininteresses. Idealiter machen die Führenden von ihrer Planungs- und Leitungskompetenz unegoistischen Gebrauch, wirken nicht für sich, sondern für alle. Das Militär führt seine Waffen unegoistisch für das Ganze. Für Führende und Geführte stellt sich das »Ganze des Staates« (327) aber in unterschiedlicher Weise her. Die Führenden haben durch ihre Führungskompetenz eine Stellung in der »Arbeitsteilung« (ebd.), die sie unmittelbar mit dem ›Allgemeinen‹ verbindet. Die Führungspraxis wird als direkt auf das »Ganze des Staates« (ebd.) gerichtete Arbeit artikuliert, die der bloß »technischen« (ebd.) der »arbeitenden Stände« (ebd.) überlegen ist.

»Jede Arbeit ist zwar für das Ganze der Verbraucherschaft da. Dennoch aber ist die Arbeit des politischen Führers und des Kämpfers nicht nur eine technische wie jene, sondern selbst noch unmittelbar auf das Ganze des Staates gerichtet. Der politisch Führende weiß sich als ein für alle Handelnder, und sein Tun *und Nichttun* hängt von diesem seinem Wissen um das Ganze ab.« (Ebd.)

Der Zugang der Unteren zum »Ganzen« (ebd.) wird komplementär gedacht. Als Handelnde sind sie inkompetent in Fragen des Staatswesens, als Arbeiter sind sie nur Teil der »Arbeitsordnung des Ganzen« (ebd.) und als »Bürger« (ebd.) bleibt ihnen nur die »Einstimmung in das Ganze der Herrschaftsordnung« (ebd.).

»Nur in der Hinordnung des einzelnen und Hingabe in der politischen Ordnung dieser Stände ist Staat möglich, und Herrschaft, die nicht Besitz der Gewalt, sondern Verwaltung der Staatsmacht ist.« (326)

Wird in dieser Form »das Allgemeine herrschend« (329) – wie Gadamer in Anlehnung an Hegel formuliert –, kann sich die Herrschaft auf die »Sophrosyne« (ebd.) stützen, jene Tugend der Beherrschten, die dann der Führung Zustimmung von unten entgegenbringen müssen.[36] Als Einstellung, die sich in allen Ständen findet, bei »Herrschern wie Beherrschten, und zwar als die Einigkeit über das Für-alle-Denken und Für-alle-Kämpfen der führenden Stände« (ebd.), steht sie für den Konsens-Effekt dieses Typs von Herrschaft, die sich weiterhin aus der »Kritik der entarteten attischen Demokratie« (326f) profiliert.

Gadamer verweist mit dieser Fassung des Ständestaates auf die NS-›Volksgemeinschaft‹: »In der Tat aber ist damit das allgemeine Wesen des Staates ausgesprochen, eine Ordnung von Regierung und ›Volk‹ zu sein, die darauf begründet ist, daß in jedem einzelnen und seinem Tun das Ganze da ist« (327). Als Kernelement eines idealen Faschismus wird eine ständische Gemeinschaft des Volkes, bei der es durch »Versöhnung der drei Stände zur Einheit« (328) kommt, gegen den realen »tyrannischen« Faschismus ins Feld geführt.

---

[36] Ob Gadamer sich mit diesem diskreten Hinweis in die Nähe der NS-Kieler Schule einordnet, bleibt offen (vgl. 5.5.2) Auf die Funktionalisierung des Hegelschen Allgemeinen innerhalb dieser Schule hat Laugstien hingewiesen: »der Hegelsche Diskurs des ›Allgemeinen‹, in dem alles Individuelle sich aufgehoben zu wissen hat, eignet sich vorzüglich, um der Abschaffung individueller Grundrechte die Weihe der höheren Notwendigkeit zu geben.« (Laugstien 1990, 175)

5.4.6 Der »Staat in der Seele« oder die »Seele des Staates«

Die Herstellung dieses idealen Staatswesens geschieht bei Platon, indem die »Bestimmung der Gerechtigkeit im größeren Bilde des Staates (...) auf die Seele übertragen« (327) wird. »Der Ordnung des Staates muß eine Ordnung der Seele entsprechen« (327). Die »Seele« wird vorgestellt als Miniatur, in der sich der Staatsaufbau wiederholt.

»Die Auffindung der Gerechtigkeit geschieht so, daß an der Ordnung eines rechten Staates das Wesen staatlicher Gerechtigkeit abgelesen und auf die Gerechtigkeit der Seele übertragen wird.« (326)

Gadamer studiert den staatsgemäßen Aufbau der Seele bei Platon. »In einer bewundernswerten Analyse zeigt Plato, daß es drei Teile der Seele gebe, die jenen drei Ständen der Staatsordnung entsprechen: Wissensliebe, Eifer und Begierde.« (327) Gadamer greift diese »Seelenlehre« (328) auf und übersetzt sie: »Begierde ist Angezogenwerden, Wissen ist ja und nein-sagendes Unterscheiden, dazwischen aber steht das, was man den Einsatz für dieses Ja und Nein nennen könnte.« (327) Diese Benennung der Seelen-Teile ist aber nicht etwas, was man tun oder lassen könnte, ohne in den Sinn der Sache einzugreifen. Platons »Seelenlehre« wird gewissermaßen als antike Vorgeschichte eines modernen anthropologischen Handlungsmodells erschlossen, das Anklänge an Arnold Gehlen hat[37], wo ›Triebe‹ und Antriebe von einer Entscheidungs- und Kontrollinstanz erfaßt und als Kraft zielgerichtet zum Einsatz gebracht werden. Ähnlich wie Gehlen hat auch Gadamers Handlungsbegriff als Fluchtpunkt die ›inneren Führungsmöglichkeiten‹ des Individuums.[38]

»Eine Handlung ist gerecht, die dieser inneren Ordnung der Seele angemessen ist, sie bewahrt und bewirkt. Herstellen seiner selbst als einer inneren Wohlverfassung der Seele ist der wahre Maßstab des Sich-Verstehens des Daseins, d.h. der σοφία. Störung derselben ist ἀμαθία, ist die Verdunkelung dieser inneren Führungsmöglichkeit seiner selbst.« (328)

---

[37] Gadamer ist mit Gehlens Handlungskonzeption durchaus vertraut: In einem Berufungsgutachten zu Helmut Gross, der sich mit der Schrift *Willensfreiheit oder Schicksal* habilitierte, bezieht sich Gadamer auf Gehlens *Theorie der Willensfreiheit* (1933). Gadamer schreibt: »Dieses [Gross', TO] Buch habe ich (...) genau gelesen. (...) Freilich eine irgendwie weiterführende Leistung ist es m.E. nicht, kann sich beispielsweise mit dem gleichzeitigen Buch von A. Gehlen über den gleichen Gegenstand bei weitem nicht messen« (zit.n. Leaman 1993). Außerdem rezensiert Gadamer 1944 für die *Illustrierte Zeitung Leipzig* den von Nicolai Hartmann herausgegebenen Band *Systematische Philosophie* (1942) mit einem Beitrag von Gehlen »Zur Systematik der Anthropologie«.

[38] Vgl. zur ›Inneren Führung‹ bei Gehlen Klinger (1989).

Die »Heilung des kranken Staatswesens« 173

Mit der Verinnerlichung der Staatshierarchie zu einer »inneren Wohlverfassung der Seele« (ebd.) wird den modernen komplexen Führungsstrukturen zugearbeitet, die für ihr Funktionieren auf ›innengeleitete Subjektivitäten‹ angewiesen sind. Dazu bedarf es einer inneren Führungsinstanz, der der Wille der realen äußeren Führung als »Maßstab« (ebd.) dient.

»Die ›Innerlichkeit‹ der Gerechtigkeit ist also gewiß nicht die Innerlichkeit der Gesinnung, nicht der gute Wille, der allein in der Welt gutzuheißen vermag. Diese Innerlichkeit ist vielmehr wie der Maßstab so auch der Ursprung aller wahren Äußerung im menschlichen Tun, kein Heiligtum des Herzens, das nur Gott sieht, sondern eine Herrschaftsordnung und Seinsverfassung der Seele, die sich in allen Handlungen bewahrt und vollbringt.« (Ebd.)

Die Ein-Bildung dieses Führungs-›Maßstabs‹ geht einher mit dem Abbau von Eigenwilligkeit und der Abtrennung von inneren Moralinstanzen, die zur Respektierung konkurrierender höherer Ordnungen verpflichten. Das Modell von direkter Verantwortung des individuellen Gewissens vor Gott ohne Dazwischenkunft von Kirchenapparaten, das Gadamer hier auf der Negativseite führt (»kein Heiligtum des Herzens, das nur Gott sieht«, ebd.) – und für das es bei Platon kein Äquivalent gibt –, findet sich in der Theologie Karl Barths, die grundlegend für den Widerstand der ›Bekennenden Kirche‹ im NS war.[39]

5.4.7 Psychopathologie des Staates und philosophische Erziehung der Führer

Mit der Entwicklung der »Seelenlehre« (328) Platons wird durch die Abstimmung und Verknüpfung von Seele und Staat das Idealbild eines gesunden und gerechten Staates entworfen. »Gerechtigkeit« (ebd.) wurde bestimmt als »eine Gesundheit der Seele, die auch zur Gesundheit des Staates die Bedingung darstellt« (ebd.).

Gadamer geht dem Problem nach, wie ein Staat mit derartigen zentralistischen Führungsstrukturen ein gerechter Staat sein könne.

»Nicht, wie Gerechtigkeit als ideale Gesundheit von Staat und Seele aussieht, ist die eigentliche Frage, sondern wie sie Macht hat, sich zu bewirken und zu bewahren. Das heißt: wie ist dieser Staat möglich? – und das ist in der Tat die Frage, die nun das große philosophische Gespräch einleitet, die Frage nach der Möglichkeit, d.h. der möglichen Wirklichkeit dieses Staates.« (330)

---

[39] Zur Theologie Barths im NS vgl. Rehmann (1986), 110-24.

Eine große Gefahr, den Weg zum Ideal-Staat zu verfehlen, geht von den führenden Ständen selbst aus. Das Führungssystem, das von Platon aus entwickelt wird, ist nur als das eines autoritären Staates mit hoher Machtkonzentration denkbar. Gadamer schweigt sich über die mögliche Gliederung des politischen Systems, über seine Organe, Entscheidungsinstanzen und -verfahren aus. An den Stellen, an denen darüber zu sprechen wäre, ist mit dem Hinweis auf »Führung« (326), »Herrschaft« (ebd.) und »führende Stände« (ebd.) alles gesagt.

Dem Gedanken an ›demokratisch‹ gestaltete Entscheidungsprozeduren wird eine klare Absage erteilt: »So ist die Verletzung dieser ständischen Ordnung das eigentliche politische Unglück: Zerstörung der Herrschaftsordnung, wie sie die verfallende attische Demokratie sichtbar zeigt« (327). Einspruch von unten, gar Beteiligung der ›Unteren‹ an der Macht, ist nicht vorgesehen: Den Unteren bleibt lediglich die »Einstimmung in das Ganze der Herrschaftsordnung« (ebd.). Diese Machtkonzentration bei den »führenden Ständen« (326) hat ihren Preis: es gibt keine Sicherung, keine Macht im Inneren der Gesellschaft, die die »führenden Stände« (ebd.) daran hindern könnte, eine Tyrannenherrschaft aufzurichten. Es droht beständig die Gefahr, daß sie durch »die Verführung der Macht« (329) dem »tyrannischen Trieb im Menschen« (ebd.) erliegen und es zur »Zerstörung der staatlichen Ordnung« (ebd.) kommt.

Im Hinblick auf dieses Problem ist Platons Seelenlehre so etwas wie eine Lehre von der Erkrankung des Staates an seinen Führern. »Sie ist keine Psychologie, sondern die Lehre von der Gefahr der Selbstentzweiung des Menschen, die das Gegenbild seiner Einheit in der Tugend der Gerechtigkeit ist.« (Ebd.)

Der einzige Schutz vor der Tyrannei, den Gadamer sieht, ist der der Selbstführung der Führung angesichts der Verlockungen der Tyrannei. Die Führung muß ihre Triebhaftigkeit im Griff behalten. Der Aufbau einer »Wohlverfassung der Seele« (330) und einer sich »durchhaltenden Führung« (ebd.) wird zur Forderung an die »führenden Stände« (326).

»Die Griechen haben für diesen inneren Bezug der Wohlverfassung der Seele auf das Wissen des Daseins um sich selbst einen schönen Ausdruck σωφροσύνη, was Aristoteles ὡς σῴζουσαν τὴν ϕρόνησιν erläutert. Mit der ϕρόνησις, dem Wissendsein selbst, gewinnt das Dasein eine sich selbst durchhaltende Führung. Bei der Seele genügt es nicht mehr, sie als eine heile zu bestimmen, es gilt gerade sie vor der Verführung zu bewahren.« (330)

Die Führung wird für ihren Seelenzustand verantwortlich gemacht. »Ob die Seele ein- oder vielgestaltig ist, ob einfach oder ein vielköpfiges Ungeheuer, das ist nicht die Frage einer theoretischen Wissenschaft,

Die »Heilung des kranken Staatswesens« 175

sondern die Aufgabe der rechten Führung des Lebens durch Wissen« (329). ›Selbstführung der Führung durch Wissen‹ – das ist das Programm, das in der Formel von der Philosophen-Herrschaft angelegt ist: »Die paradoxe Antwort, die Sokrates gibt, ist die Forderung der Philosophen-Herrschaft.« (331) Sie geht einher mit einem »Erziehungsprogramm dieses Staates« (329), dessen Ziel es ist, »das ›Philosophische‹ dieser Wächter zu stärken, damit, mit Hegel zu reden, das Allgemeine herrschend werde, das κοινῇ συμψέρον« (ebd.).

Der erziehende Eingriff einer Philosophie, die das ›Allgemeine zur Herrschaft‹ bringt, wird konzipiert als Arbeit an der richtigen Einstellung. Sie setzt mit einer ›Lenkung des Blicks‹ ein: »Und selbst die Beschreibung einer philosophischen Erziehung ist nicht möglich, ohne diese philosophische Erziehung gleichzeitig zu erfahren als die Hinlenkung des eigenen Blicks auf das ›wahre Sein‹.« (331) Diese Korrektur des Blicks steuert die gesamte Seelenökonomie. Die Leidenschaften verlieren ihren bedrohlichen egoistisch-triebhaften Charakter. Der Philosoph vereinseitigt sie in ähnlicher Weise wie der Erotiker. Dessen Leidenschaft für das Schöne gerät alles zum Vorwand seiner Suche nach dem einen ›Schönen‹. Der Philosoph ist gewissermaßen der Erotiker des Wissens:

»Ebenso ist der Philosoph auf alles Wissen gerichtet, auch er nicht von Vormeinungen verstellt, auch ihm ist das einzelne Wissen nur ein Vorwand vor sich selbst, den er durchschaut. Das eben heißt ja Leidenschaft, daß sie in allem, in dem dürftigsten Vorwand, das Eine, das sie meint, zu finden weiß. So ist der Philosoph der von der Leidenschaft zum Erschauen der Wahrheit Besessene.« (331)

Die Gegenfigur zum Erotiker und zum Philosophen mit ihren durchregulierten Leidenschaften ist der »Schaulustige« (ebd.). Er sucht »Zerstreuung, er lebt vergleichend, sein Maßstab ist die Neuheit, seine Leidenschaft ist, überall dabeisein zu müssen. Der Philosoph ist diesem Träumenden gegenüber ein Wachender, einer, der durch alle Gesichte hindurch seinen Weg geht, einer, der unterscheidet und zum wahren Sein sieht.« (332)

5.4.8 »Erzogenes Führertum« und »Innere Stimmigkeit im Umkreis möglicher Verstimmung«

In der Politik soll diese philosophische Einstellung, die Blicklenkung auf »das ›wahre Sein‹, ›es selbst‹, die Idee, das Urbild« (ebd.) als die einzig denkbare Sicherung gegen die Tyrannei wirken:

»Eben darauf beruhte auch, was von Anbeginn den gesunden Staat erst möglich machte: die richtige Stellung der Herrschenden zu Amt und Macht ihrer Herrschaft. Daß die Gewalt, die sie haben, nicht ihre, nicht ihnen zur Verfügung stehende Macht ist, daß sie der offenen Schmeichelei oder der versteckten Verführung der Macht, die dem Mächtigen seinen Vorteil auf allen Wegen der Überredung als das Rechte zuträgt, widerstehen und durch all diesen Anschein unbenommen das wahre Wohl des Ganzen im Auge behalten, das war das Ziel der Wächtererziehung im idealen Staat.« (Ebd.)

An das Programm der philosophischen Führer-Erziehung wird ein Gebrauchswertversprechen geknüpft. Die Herrschaft in der ›Form des Allgemeinen‹ mit Blick auf das ›wahre Wohl des Ganzen‹ sei das Stabilitätsgesetz der ›großen Politik‹. »Wer so unterscheidend durch das Geltende auf die Idee hindurchblickt, ist schon Philosoph, und nur wer so auf das Dauernde hindurchblickt, vermag große Politik, d.h. bestandhafte Gestaltung der staatlichen Wirklichkeit zu treiben.« (325) Das ›erzogene Führertum‹ nimmt ein Verhältnis zum Staat ein, aufgrund dessen ›die Führer‹ von ›den Unteren‹ nicht als Gewaltherren erlebt werden, sondern als auf die Position von ›Verwaltern des Gemeinwohls‹ zurückverwiesen erscheinen. Die Form der »Rechtlichkeit« (324) transformiert ihre Macht zur »Rechtsgewalt des Staates« (324) und ihre Herrschaft zur »Verwaltung der Staatsmacht« (326). Ihre Herrschaft ist gerechte Herrschaft, die auch Krisensituationen durchsteht, ohne zur Tyrannei zu mutieren. Da sie Positionen in der Seele der Untertanen besetzt hält, kann sie auf »innere Stimmigkeit« (329) auch »im Umkreis möglicher Verstimmung« rechnen (ebd.). Der Appell für die »Heilung kranker Staatswesen« (333) verspricht der Führung die wichtigste politische Ressource zu erschließen: die rechte Staatsgesinnung ihrer Bürger:

»Nach Heilung kranker Staatswesen ausschauen und in Worten einen Idealstaat gründen, ist dasselbe. Gründung eines Staates in Worten ist nur der erziehende Aufbau des in jedem Staat den Staat Ermöglichenden: der rechten Staatsgesinnung seiner Bürger.« (Ebd.)

5.5 Die anti-tyrannischen Optionen im NS

Es fällt nicht leicht, die ›politische‹ Botschaft und den ›politischen‹ Eingriff, die mit dieser Platon-Lektüre artikuliert werden, in die Kräftekonstellationen des NS einzuordnen. Zunächst ist noch einmal in Kürze das Profil des Vorschlags von Gadamer zu skizzieren: Er entwickelt aus Platon das Idealbild eines autoritären Staates. Die politisch-militärische Macht ist vollständig in der Führungszentrale konzentriert, ohne durch die Gesellschaft kontrolliert zu werden. Das Führungspersonal soll sich mit einer Selbstverpflichtung an das ›Wohl des Ganzen‹ und das ›Recht‹ binden. Dabei muß dieses Konzept von »Rechtsgeltung« (320) scharf unterschieden werden von Rechtsstaatlichkeit. Gadamer setzt sich keineswegs für einen Verfassungsstaat mit gesetzlich kodifiziertem Recht ein. Das ›Recht‹ steht nicht zur Disposition der Gesellschaft, es interessiert Gadamer nur als Form, die zwei komplementäre Effekte hervorbringt: Zum einen werde dem autoritären Regime eine innere Sicherung gegen das Mutieren zur offenen Diktatur eingebaut, zum anderen bewirke der ›Gerechtigkeits‹-Modus dieser Herrschaft, daß die Bürger dem Staat die ›rechte Staatsgesinnung‹ entgegenbringen.

Dieses Idealbild einer autoritativen Herrschaft reagiert auf die ›tyrannischen‹ Transformationen des Kriegsfaschismus. Die repressiven Staatsapparate wurden offensiv ausgebaut und drohten, die ideologischen Kohäsivkräfte und den Konsens zwischen Führung und Volk zu zersetzen. Das »Prinzip des Terrors« bestand »im wesentlichen in der Förderung der *Präsenz* der Staatsgewalt im Bewußtsein des Bürgers« (Gadamer 1977a, 117).[40] Außerdem verstärkten sich die Zweifel, ob Hitler die Risiken des Zweifrontenkriegs richtig kalkuliert hatte. Gadamers Appell zur »Heilung kranker Staatswesen« scheint anschlußfähig an verschiedene Konzepte, die in den Führungsetagen von Staat, Militär und Kapital entworfen wurden und dem NS-System und seiner Kriegspolitik eine »neue« Basis geben sollten.

---

[40] Zum ›Prinzip des Terrors‹ gehörte auch, daß es sich auf die individuelle Selbsttätigkeit stützen konnte, die ihm noch in der Form der ›Angst‹ entgegenkam. »Am Terror sind wir alle beteiligt gewesen, indem wir das Wissen der Gestapo übertrieben haben.« (Gadamer 1990, 549)

5.5.1 Option I:
Erneuerung des NS-Staates aus dem Geist von Potsdam

In dieser Situation bildet sich das Milieu, in dem sich die konservative und militärische Opposition formiert, die im Juli 1944 gegen Hitler putschen wird.[41]

Die legendäre *Mittwochsgesellschaft* und der Leipziger Goerdeler-Kreis, in denen sich sowohl Hitler-Anhänger als auch einige Mitglieder des militärischen Widerstandes zusammenfinden, waren damit aufs engste verbunden.[42]

Der bundesrepublikanischen Legende über den konservativen Widerstand widerspricht jedoch das Selbstverständnis dieser Opposition, das, wie am Anfang erwähnt, von Eduard Spranger 1947 prägnant behauptet wurde. Seine Überzeugung lautete,»»daß es nicht der Nationalsozialismus war, der in die Katastrophe geführt hat, sondern ganz eigentlich der Hitlerismus«« (Spranger, zit. n. Dudeck 1992, 68). Am ›Nationalsozialismus‹ konnte er sogar noch »»manches Einwandfreie, ja Lobenswerte«« (ebd., 69) retten, etwa den Reichsberufswettkampf, die Arbeitsdienstpflicht und das Landjahr. Gadamer verortet sich selbst im Umfeld dieser konservativen Opposition.

»Als durch die Katastrophe von Stalingrad auch dem Blindesten die Augen über den Kriegsausgang geöffnet wurden – nur die Verblendeten wurden nie sehend –, wurde die Lage natürlich im allgemeinen gefährlicher. Tatsächlich erstarkte ja damals auch die politisch aktive Widerstandsbewegung. Damals veranstaltete Goerdeler in seinem Hause regelmäßige Vortragsgeselligkeiten. Einmal sprach ich dort über Platos Staat und erinnere mich Goerdelers wie immer allzu freimütiger Reaktion – einer Rede auf die Intelligenz, die wir ›dann‹ brauchen werden.« (Gadamer 1977a, 118)

Ein Blick auf die Pläne, die von den alten preußischen Eliten zur Reorganisation des Staats entwickelt wurden, verdeutlicht, daß Goerdeler sich

---

[41] Daß die Besatzungspolitik in Polen für einige Militärs zum Problem wurde, berichtet der Generalmajor Helmuth Stieff: »Da kann man nicht mehr von ›berechtigter‹ Empörung über an Volksdeutschen begangene Verbrechen sprechen. Diese Ausrottung ganzer Geschlechter mit Frauen und Kindern ist nur von einem Untermenschentum möglich, das den Namen Deutsch nicht mehr verdient. Ich schäme mich, ein Deutscher zu sein! Diese Minderheit, die durch Morden, Plündern und Sengen den deutschen Namen besudelt, wird das Unglück des ganzen deutschen Volkes werden, wenn wir ihnen nicht bald das Handwerk legen.« (Privatbrief vom 31.10.1939, zit.n. Michalka 1985, 159)

[42] Im Zusammenhang mit dem gescheiterten Militär-Putsch vom 20. Juli 1944 werden die Mitglieder der *Mittwochsgesellschaft* Generaloberst Ludwig Beck, der Botschafter Ulrich von Hassell, der Nationalökonom Jens Jessen und der preußische Finanzminister Johannes Popitz hingerichtet (vgl. Spranger 1988, 14).

nicht täuscht, wenn er sich im akademischen Diskurs Gadamers wiedererkennt. In der Denkschrift *Das Ziel*, die Anfang 1941 gemeinsam von Beck und Goerdeler verfaßt wurde[43], verständigt man sich über den Führungstyp im reorganisierten Staat.

Historische Staatsmodelle werden studiert. Man kommt zu dem Ergebnis, daß es »zu allen Zeiten Staatsführungen gegeben (hat), die sich mit unredlichen Mitteln in den Besitz der Macht gesetzt und dort gehalten haben, ohne die aus klarer Unterrichtung und Urteilsbildung gewonnene Zustimmung des Volkes hinter sich zu haben.« (Scheurig 1969, 62) Der positive Anknüpfungspunkt ist Preußen: »Die preußische Geschichte war von solchen Verirrungen bisher frei. (...) Weil Preußen diese Stellung [einer europäischen Großmacht, TO] nicht mißbrauchte, sondern der Durchsetzung der Kraft immer wieder die Pflege der Seele, die Pflege sittlicher Tugenden und idealer Kräfte folgen ließ, ist es schließlich der Magnet geworden, auf den (...) alle anderen deutschen Landesteile zustrebten. (62f) Das Fazit dieser Geschichtslehren lautet: »Man muß sich aus kalter Vernunft für die monarchische Staatsspitze entscheiden.« (128) Eine »erbliche Monarchie« wird als diejenige Staatsform angesehen, die »mit den geringsten Fehlerquellen behaftet« sei (129):

»Dieser erbliche Monarch muß in Deutschland nicht nur der Oberste Befehlshaber der Armee, sondern auch der Träger der öffentlichen Gewalt gegenüber den Beamten sein. So hat er durch seine vielfachen, aber nicht im Rampenlicht der Kritik sich vollziehenden Funktionen und Einflußmöglichkeiten immer das Heft in der Hand, wenn diese Hand fest und weich genug ist, um dem Staatsschiff jeweils die erforderliche Hilfe zu geben.« (Ebd.)

Diese zentralistische Führung soll auf dem Vertrauen des Volkes basieren, das sie sich dadurch erwerbe, daß sie nicht dem »gefährlicheren Wahn der ausschließlichen Achtung der physischen Kräfte« (66) verfalle, sondern auf die »seelischen Kräfte des Menschen« (ebd.) achte.

Nicht unerwähnt bleiben sollte hier die Position der Gruppe um Goerdeler in bezug auf die Judenvernichtung, die neuerdings Anlaß zu polemischen Debatten gegeben hat (vgl. *Die Zeit* von 22. Juli 1994, S.48). Christof Dipper machte in seinem Artikel: *Der 20. Juli und die ›Judenfrage‹* (*Die Zeit*, vom 1. Juli 1994) darauf aufmerksam, daß die o.g. Schrift *Das Ziel* 1941 »vor Beginn der ›Endlösung‹ verfaßt und den sich wandelnden Verhältnissen nicht mehr angepaßt« (Dipper 1994, 70) worden sei, daher bestimme hier das traditionelle Primat der Außenpolitik den Ton. Diese Orientierung Goerdelers und Becks sieht Dipper

---

[43] Die Denkschrift wird im folgenden zitiert nach Scheurig (1969, 53-129).

im Zusammenhang mit ihrer Suche nach Unterstützung »in den höchsten Kreisen des Regimes« (ebd.). »Selbst Himmler galt bis zuletzt als ein denkbarer Bündnispartner im Kampf gegen Hitler.« (Ebd.) Nach Dipper neigten Goerdeler und von Hassell dazu, den Massenmord an den Juden in erster Linie als »außenpolitisches Desaster« (ebd.) zu betrachten. »Noch 1944 wurde die ›Endlösung‹ hier als eine gleichermaßen moralische wie außenpolitische Katastrophe bewertet, die Deutschland seiner ›Bündnisfähigkeit‹ – seit Bismarck das Schlüsselwort der staatsnahen Eliten – gegenüber dem Westen beraubt habe.« (Ebd.) Der Protest gegen die Judenvernichtung wurde jedoch deutlich von Goerdeler formuliert: »Goerdeler geißelte in seinen Memoranden ebenfalls unzweideutig den Genozid, wenn er von der ›Ungeheuerlichkeit der planmäßig und bestialisch vollzogenen Ausrottung der Juden‹ sprach.« (Ebd.) Eine Wiedergutmachung verstand sich von selbst.[44]

Jedoch langfristig und »als Konsequenz der ›Binsenwahrheit‹, ›daß das jüdische Volk einer anderen Rasse angehört‹, verlangte er einen Judenstaat, ›unter durchaus lebenswerten Umständen entweder in Teilen Kanadas oder Südamerikas‹, also gerade nicht in Palästina.« (Ebd.) Dipper dokumentiert die unterschiedlichen Konzepte zur ›Judenfrage‹ innerhalb der anderen konservativen Widerstandsgruppen. Sein Fazit lautet: »Auf eine einheitliche Aussage zur ›Judenfrage‹ hat sich der Widerstand also niemals geeinigt (...). Nur in der Ablehnung des Radau-Antisemitismus der SA (und der Vernichtungspraxis der SS) war man sich einig.« (Ebd.) Vor diesem Hintergrund gewinnt es an Bedeutung, wenn Gadamer den Feind begreift »als einen, dem man nicht wahrhaft schadet, sondern den man mit Gewalt zurechtbringt« (Gadamer 1942, 323); d.h. sowohl für »die Parteiung innerhalb einer staatlichen Einheit (...) aber sogar für die Möglichkeit zwischenstaatlicher Ordnung überhaupt.« (Ebd.)

---

[44] In seiner kurz vor dem Attentat auf Hitler entworfenen *Regierungserklärung Nr. 2* stellte Goerdeler lakonisch fest: »›Die Judenverfolgung, die sich in den unmenschlichsten, tief beschämenden und gar nicht wiedergutzumachenden Formen vollzogen hat, ist sofort eingestellt‹.« (Zit. n. Dipper 1994, 70)

5.5.2 Option II:
Die Selbsterneuerung des NS

Die Ansätze zur inneren Reorganisation des Staates beschränken sich nicht auf die der Potsdamer-Fraktion des NS, deren Pläne zur Transformation des Führerstaats in eine ›aufgeklärte‹ Monarchie in den Militärputsch vom 20. Juli 1944 mündeten. Auch aus der NS-Partei selbst wurden Vorstöße zur Reform unternommen.

Auch in der Kritik, wie sie Hans Frank öffentlich artikulierte, zeigt sich, wie breit und vielgestaltig die Kräfte waren, die Gadamer in seine Platon-Interpretation einläßt. Frank war nicht nur ›Generalgouverneur‹ im besetzten Polen, sondern zugleich oberster ›Rechtswahrer‹ der NS-Partei und Leiter der *Akademie für Deutsches Recht*. Er stand in schweren Auseinandersetzungen mit der SS-Führung wegen der ›Willkür‹ ihrer Siedlungs- und Besatzungspolitik in Polen. Mitte 1942 verschob er den Konflikt auf das juristische Terrain und ergriff als ›Nationalsozialist‹ und Führer der ›Rechtswahrer‹ das Wort. »Er ließ sich von deutschen Universitäten zu Vorträgen einladen und hastete von Katheder zu Katheder. Berlin, Wien, München, Heidelberg – seine alarmierten Zuhörer hörten eine noch nie öffentlich formulierte Botschaft: fort mit der Willkür von Polizei und SS« (Höhne 1990, 296). Im Vortrag vom 21. Juli 1942 an der Universität Heidelberg heißt es:»Niemals darf es einen Polizeistaat geben, niemals! Ich bin daher als Nationalsozialist und als Führer der deutschen Rechtswahrer berufen, mich gegen diese dauernde Verunglimpfung des Rechts und der Rechtswahrer in jeder Form zu verwahren.« (Frank, zit. n. Höhne, 296) Frank hält ein nachdrückliches Plädoyer für die Rechtssicherheit als Grundlage der Stabilität des NS-Staates.[45] Dabei hat er auch die Kriegsstabilität des NS im Auge: »Auch im Krieg ist das Postulat einer Rechtskultur für die Entwicklung unserer völkischen Ordnung wichtig.« (Frank, zit. n. Höhne, 296) Daran,

---

[45] Franks Position zeigt Kontinuität. Martin Broszat (1983, 412) dokumentiert eine Stellungnahme von Franks Stellvertreter im NS-Juristenbund vom 22. August 1935, die an den NS-Reichsjustizminister gerichtet ist. Darin äußerte er »›ernste Besorgnis um den Bestand der Rechtssicherheit in Deutschland‹« (ebd.). Er bezog sich darauf, »›daß die Verweigerung des rechtlichen Beistandes in Schutzhaftsachen‹ durch die Gestapo ›mit dem nationalsozialistischen Begriff der Rechtssicherheit vollkommen unvereinbar‹ sei, ›im Widerspruch zum natürlichen Rechtsempfinden der nordischen Völker steht‹ (!) und der Verleumdung Vorschub leiste« (ebd. 412f.). Weiter heißt es »›daß die Tätigkeit der Geheimen Staatspolizei wie die russische Tscheka – außerhalb der Rechtssphäre stehe und reine Willkür‹ sei« (ebd.).

wie souverän Frank die Probleme ausspricht, läßt sich beobachten, welchen Spielraum die faschistische Öffentlichkeit bot:

»In fortschreitendem Maß hat sich leider in den Reihen auch der nationalsozialistischen Staatsführung der Gesichtspunkt vorherrschend gezeigt, daß die Autorität desto gesicherter sei, je unbedingter die *Rechtsunsicherheit* auf seiten der machtunterworfenen Staatsbürger sich darstelle. Die Ausweitung des willkürlichster Anwendung ausgelieferten Vollmachtsbereiches der polizeilichen Exekutivorgane hat zur Zeit ein solches Maß erreicht, daß man von einer völligen Rechtlosmachung des einzelnen Volksgenossen sprechen kann.« (Frank am 28. August 1942, zit. n. Buchheim u. Broszat 1965 1, 109f)

In den Grenzen, die der Begriff »Volksgenosse« (ebd.) rechtlich-rassistisch definierte, ließ sich eine »Rechtssicherheit« (ebd.) reklamieren, die im gleichen Zug die Rechtsunsicherheit der ›Nicht-Volksgenossen‹ wiederum ›rechtlich‹ festlegte. Franks Besatzungspolitik in Polen zeigt die Wirkung dieser Begriffsdynamik besonders deutlich.[46] Was die ›innere Front‹ betrifft, verweist er auf die Mobilisierungspotentiale, die im »Rechtsempfinden« liegen: »Gemeinschaftsfreude« und »Einsatzfreudigkeit« (ebd.):

»Demgegenüber vertrete ich die Meinung, daß der deutsche Charakter in sich ein so eminent starkes Rechtsempfinden trägt, daß bei der Befreiung dieses Rechtsempfindens die Gemeinschaftsfreude sowohl wie die Einsatzfreudigkeit unseres Volkes unendlich wirkungsvoller aufflammen würden und durchgehalten werden könnten, als das in der Anwendung starrer Gewaltsätze jemals der Fall ist.« (Ebd.)

Das Prinzip der elementaren bürgerlichen ›Rechtssicherheit‹, die 1933 dem liberalen ›sophistischen‹ »Normativismus« (Rüthers 1994, 108) und dem »positiven Recht« (vgl. 107f) zugeschrieben wurde, findet modifiziert in Franks Konzept eines »völkisch autoritären Rechtsstaates«

---

[46] Am 2. März 1940 äußerte sich Frank über sein politisches Programm in den okkupierten polnischen Gebieten: »So haben wir die ungeheure Verantwortung, daß dieser Raum fest in der deutschen Macht bleibt, daß die Polen für alle Zukunft das Rückgrat gebrochen erhalten und daß niemals wieder aus diesem Gebiet auch nur der geringste Widerstand gegen die deutsche Reichspolitik bestehen kann.« (Frank, zit. n. Michalka, 1985, 162) 1943, in einer Anweisung von Joseph Goebbels an den Gauleiter und Gaupropagandaleiter über die strategische Haltung zur Bevölkerung in den besetzten Gebieten Osteuropas, wurde eine rhetorische Korrektur empfohlen: »Man kann diese Menschen der Ostvölker, direkt oder indirekt, vor allem in öffentlichen Reden oder Aufsätzen nicht herabsetzen und in ihrem inneren Wertbewußtsein kränken« (213). »Man kann diese Menschen der Ostvölker, die von uns ihre Befreiung erhoffen, nicht als Bestien, Barbaren usw. bezeichnen und dann von ihnen Interesse am deutschen Sieg erwarten.« (Ebd.) »Unangebracht« sei »eine Darstellung der künftigen Neuordnung Europas, aus der die Angehörigen fremder Völker den Eindruck gewinnen könnten, als ob die deutsche Führung sie in einem dauernden Unterwerfungsverhältnis zu halten beabsichtige.« (Ebd.)

(Broszat 1983, 413) ihren Platz. An die Verletzung dieses Prinzips knüpft Frank eine warnende Prognose:

»Wenn es so wie heute möglich ist, daß jeder Volksgenosse ohne Verteidigungsmöglichkeit auf jede Zeitdauer in ein Konzentrationslager gebracht werden kann, wenn es so ist, daß jede Sicherstellung von Leben, Freiheit, Ehre, anständig erworbenem Vermögen usw. entfällt, dann entfällt damit nach meiner festen Überzeugung auch die ethische Beziehung zwischen Staatsführung und Volksgenossen völlig.« (Frank, zit.n. Buchheim u. Broszat 1965 1, 109f)[47]

Diese Position Franks weist in ihren Grundzügen auch auf die rechtswissenschaftlichen Entwürfe der sog. Kieler Schule hin. Diese wurde in der Konsolidierungsphase des NS von »durchweg jungen, oft erstberufenen Juristen« (Rüthers 1994, 43), die im Konkurrenzgerangel um »die ›beste‹ Rechtstheorie« (ebd.) standen, an der ›Stoßtruppfakultät‹ Kiel formiert.[48] Die Aufgabe dieser Juristen sollte »ein Beispiel für die völlige, nationalsozialistische Durchdringung einer Wissenschaft« (ebd.) sein: »Sie versuchten konsequent, dem neuen, auf dem Mythos der Rasse und der ›Volksgemeinschaft‹ aufgebauten Staate die ihm arteigene Rechtsphilosophie (Larenz), Strafrechtslehre (Dahm, Schaffstein), Staats- und Verfassungslehre (Huber) und Zivilrechtstheorie (Michaelis, Siebert, Wieacker) zu geben.« (Ebd.) Diese Ansätze unterschieden sich theoretisch von denen, die Reinhard Höhn, Otto Koellreutter und teilweise auch Carl Schmitt vertraten.[49]

Rüthers weist auf die an Hegel angelehnte Rechtskonzeption der Kieler Schule hin, die – wie wir sahen – in Gadamers Platon-Interpretation auch unter diskretem Hinweis auf Hegel (vgl. Gadamer 1942, 329) eine strukturelle Gemeinsamkeit findet:

»Der Staat war für sie [die o.g. Juristen, TO] nicht bloßes Machtinstrument der Partei oder der ›Bewegung‹ (...). Für sie war der Staat – in der Tradition hegelscher Denkformen als Inkarnation der Idee des Sittlichen – an ein überpersonales Recht gebunden, dessen Kerngehalte sie völkisch-rassisch zu definieren suchten. Im Staatsrecht wie im

---

[47] Der Vorstoß von Frank scheiterte. Hitler entfernte ihn aus allen Parteiämtern, und Frank reichte am 24. August 1942 seinen Rücktritt als ›Generalgouverneur‹ in Polen ein. Der Rücktritt wurde aber nicht vollzogen, bis 1944 blieb Frank auf seinem Posten. Er war später federführend am Judeozid beteiligt. Das Nürnberger Militärtribunal verurteilte ihn zum Tode.

[48] Auf Initiative von Frank und dem NS-Reichswissenschaftsminister Bernhard Rust ging die Gründung des *Kitzeberger Lagers* zurück, an dem sich junge Dozenten und Habilitanden beteiligten und aus dem sich die Kieler Schule rekrutierte (vgl. Rüthers 1994, 42).

[49] Inwieweit Frank zugleich einen Anschluß an Carl Schmitt, Höhn oder Koellreuter fand und ihre Postulate für die Formierung der NS-Rechtswissenschaft produktiv machte, wird hier nicht untersucht.

Strafrecht und Personenrecht waren damit normative Schranken für die Machthaber durch ihre Bindung an objektive Rechtsgrundwerte (Gerechtigkeit, Sittlichkeit) vom Konzept her vorgegeben. Die Staats- und Rechtsidee war nicht beliebig instrumentalisierbar. Der Rückgriff auf Hegel und den deutschen Idealismus konnte immerhin – theoretisch – dem Mißbrauch des Rechtes und des Staates zu despotischer Willkür in der Rechtspflege und in der Polizeipraxis Grenzen setzen.« (Rüthers 1994, 43)

Rüthers weist ausführlich nach, wie sich dieser Ansatz in der Rechtspraxis des NS völlig anders ausgewirkt hat; vor allem in Kollision mit der von den Juristen zugleich bejahten Lehre »der Nichtexistenz individueller Grund- und Freiheitsrechte gegenüber dem Staat« (ebd.). Der Bestand der Kieler Schule war von kurzer Dauer, sie »fiel nach wenigen Jahren der rechtspolitischen Gemeinschaftsarbeit durch Wegberufungen und innere Zwistigkeiten auseinander.« (Ebd. 45) Ihren Einfluß auf den juristischen wissenschaftlichen Nachwuchs schätzt Rüthers jedoch hoch ein.

5.6 Exkurs: Der totale Rechtsstaat
Zur Hobbes-Rezeption von Carl Schmitt im NS

1938 erschien Schmitts Text *Der Leviathan in der Staatslehre des Thomas Hobbes*.[50] Eine Auseinandersetzung mit diesem Text ist an dieser Stelle geboten, weil Schmitts spezifische Option in bezug auf die Rechtsentwicklung des NS über die Figur Hobbes verhandelt wird, und dies der Horizont ist, in dem Gadamers Problematik steht, und der ihre Brisanz maßgeblich bestimmt. Eine Analyse der Divergenzen, Berührungspunkte oder gar Gegensätze zwischen beiden Entwürfen, die aus Platon und Hobbes gewonnen werden, steht noch aus. In welchem Verhältnis Schmitts Hobbes-Lektüre zu übrigen zur gleichen Zeit verfaßten Schriften und zu seinen früheren Hobbes-Interpretationen steht, wird hier nicht untersucht.

In der Schmitt-Rezeption wird der Text als eine der Schriften gewertet (vgl. Jänicke 1969, 401ff, Maschke 1982, 179-244), an denen sich seine Positionen und Wendungen zum und im NS-Staat in ihrer ganzen Differenziertheit zeigen. Dorowin (1989, 710), der offenbar faschistischen Klartext erwartet hatte, stuft sie gar als »esoterische Arbeit« ein. Schmitt

---

[50] Die Schrift wird im folgenden unter einfacher Angabe der Seitenzahl nach der Ausgabe von 1982 zitiert. Der Text ist aus einem Vortrag Schmitts, den er auf Einladung Arnold Gehlens in der Philosophischen Gesellschaft in Leipzig am 21. Januar 1938 hielt, angefertigt (vgl. Vorwort, 5).

Die »Heilung des kranken Staatswesens« 185

selbst leistet solchen biographischen Deutungen Vorschub, wenn er sich nachträglich im Hinblick auf den NS mit Hobbes identifiziert, der nämlich mit seiner politisch-philosophischen Intervention gescheitert sei, verketzert wurde, aber versucht habe, »im Terror konfessioneller Bürgerkriege seine innere Freiheit« (Schmitt 1965, zit. n. 1982b, 160) zu wahren und zu retten, was zu retten war. Meier (1994, 159) teilt diese Ansicht: »Es ist ein Buch in dem Schmitt wesentlich von sich selbst spricht, vielfach verhüllt, voller Anspielungen und verschlüsselter Hinweise (...). Ein Buch, also über Hobbes *und* Schmitt (...) von unheimlicher Aktualität für die Zeitgenossen.« (Ebd.)[51]

1938 ist Schmitt für Jänicke – Maschke greift diese Einschätzung begierig auf – »politisch kaltgestellt« (Jänicke 1969, 410). Als Indizien führt Jänicke die Angriffe auf Schmitt im SS-Organ *Das schwarze Korps* (1936) an. Hinzugefügt wird, daß Schmitt 1936 die »Herausgeberschaft der Deutschen Juristen-Zeitung verlor« (403)[52] und 1937 den »Verlust seiner Parteiämter« (Maschke 1982, 184) erlitt. Solche Urteile drohen in Legendenbildungen überzugehen. Schmitt war 1938 keineswegs politisch kaltgestellt. Göring hielt seine schützende Hand über ihn und machte den Angriffen des SS-Organs mit einem Ukas ein Ende. 1939 wurde Schmitt Mitglied des wissenschaftlichen Beirats der neugegründeten *Gesellschaft für Europäische Wirtschaftsplanung und Großraumwirtschaft*[53], die im Zuge der NS-Kriegspolitik entstand.

Zu der Zeit lieferte er die Formel von der »völkerrechtlichen Großraumordnung mit Interventionsverbot für raumfremde Mächte«, mit der er die amerikanische Monroe-Doktrin für die NS-Kriegspolitik reklamierte (vgl. Rüthers 1994, 142ff).

Martin Jänicke wertet den Text als einen Ausdruck bildungsbürgerlicher Vorbehalte gegen die NS-Diktatur. Zurecht bemerkt Jänicke (1969, 413):

---

[51] Dem »schmalen Band« räumt Meier (1994, 159) eine »Sonderstellung« ein: »Wenige Wochen nach Hobbes' 350. und pünktlich zu Schmitts 50. Geburtstag erschienen, auf den das Vorwort ›Berlin, den 11. Juli 1938‹ vordatiert ist« (159f).

[52] Die Rede von einem ›Verlust der Herausgeberschaft‹ ist genaugenommen falsch. Die Zeitschrift wurde eingestellt – offiziell wurde von einer Vereinigung mit der *Zeitschrift der Akademie für deutsches Recht* gesprochen. Schmitt verlor also nicht einen Posten an jemand anderen. Es wäre zu prüfen, ob sich die Einstellung der Zeitschrift gegen Schmitt richtete. Der NS-Reichsrechtsführer Frank jedenfalls dankte Schmitt in der letzten Nummer, und Schmitt selbst betonte bei der Gelegenheit – wie Jänicke notiert – »sein militantes Eintreten für die Sache des Nationalsozialismus« (1969, 403).

[53] Die Gesellschaft war hochrangig besetzt, alle entscheidenden Staats- und Parteiapparate hatten einen Vertreter plaziert. Schmitt taucht hier in einer Reihe mit Höhn (RSHA, SD) oder Freisler (RIM) auf, die als Schmitts Gegenspieler geführt werden.

»Sein [Schmitts, TO] Engagement für den Nationalsozialismus deckt sich weitgehend mit den Hoffnungen und Illusionen, die große Teile des europäischen Besitz- und Bildungsbürgertums in den Bannkreis der faschistischen Bewegungen zogen.« (Ebd.) Die innerfaschistische Perspektive wird jedoch über das Bürgerliche auf Distanz gebracht: »Er artikuliert nicht nur die spezifisch bürgerliche Option für den Faschismus, sondern den schließlich inneren Vorbehalt. Dieser mußte sich einstellen (...), als der bürokratische Staat durch das anarchische Wachstum von Apparaten und Organisationen der ›Bewegung‹ überspielt wurde; als die staatliche ›Ordnungsfunktion‹ somit zugunsten eines immer ausgedehnteren, irrationalen und unberechenbaren Interventionismus aufgegeben wurde« (413f). Der Einwand vorweg: Jänicke sitzt einem Quidproquo auf. Schmitts ›Vorbehalte‹ gegen das anarchische Wachstum und das In- und Gegeneinander von Staats-Apparaten sind das, was sie sind, nämlich Warnung vor der Verletzung der staatlichen Ordnungsfunktion, nicht Vorbehalt gegen den NS-Staat.

5.6.1 Die Arbeit am Leviathan-Bild

Der erste Zugriff von Schmitt richtet sich auf das mythische Bild des Leviathan, um das Hobbes seine Staatsphilosophie zentriert. Verschiedene Herkunftslinien und Deutungen in der babylonischen Mythologie, dem Alten Testament, in der jüdisch-kabbalistischen und christlich-theologischen Tradition sowie in der germanischen Mythologie werden aufgezeigt.

Im Ergebnis wird der Leviathan als das große Seetier festgehalten, das gegen den Behemoth, das große Landtier, kämpft. Bei Hobbes wird dessen Symbolwert verschoben: Der Leviathan ist hier der zivilisierende, Ordnung erzwingende Staat, der den anarchistischen, Revolution, Naturzustand und Anarchie symbolisierenden Behemoth niederhält. Der Leviathan wird bei Hobbes zur Verschmelzung von Tier, Mensch, Gott und Maschine. Von diesen vier Elementen im Leviathan-Bild habe sich aber geschichtlich nur die Maschinen-Metapher gehalten:

»Im geschichtlichen Endergebnis konnte sich infolgedessen der ›große Mensch‹ als souverän-repräsentative Person nicht halten. Er war ja selber nur ein Produkt menschlicher Kunst und Intelligenz. Der Leviathan wurde daher zu nichts anderem als zu einer großen Maschine, zu einem riesenhaften Mechanismus im Dienst der Sicherung des diesseitigen physischen Daseins der von ihm beherrschten und beschützten Menschen.« (Schmitt 1982, 54)

Schmitts Arbeit am Leviathan-Bild ist eingelassen in eine umfassende Interpretationsstrategie. Hobbes soll als der Staatsphilosoph rehabilitiert werden, der als erster in einer genialen Skizze den Bauplan und die Funktionsgesetze des modernen, rationalen bürgerlich-liberalen Rechts- und Verfassungsstaates entworfen habe, als »revolutionäre(r) Vorkämpfer eines wissenschaftlich-positivistischen Zeitalters« (126). Schmitt will dazu den rationalen Gehalt bei Hobbes vom mythischen Bild trennen. »Sein Werk wurde vom Leviathan überschattet, und seine noch so klare gedanklichen Konstruktionen und Argumentationen gerieten in das Kraftfeld des heraufbeschworenen Symbols.« (123)[54]

5.6.2 Der erste Tod des Leviathan
5.6.2.1 Hobbes als Hofphilosoph Friedrich des Großen

Das von Hobbes entworfene Idealbild des modernen Staates zielte historisch auf einen absolutistischen Staat, bei dem alle Macht in einem Zentrum – idealiter in der ›souveränen Person‹ des Königs – zusammenläuft, der im Inneren der Staatsmaschine sitzt und sie beseelt. Diese Staatsmaschine wird von Schmitt als »Befehlmechanismus« (53) gefaßt. Als solche sei Hobbes' Staatskonzept dezisionistisch, instrumentell und neutralistisch. Hobbes steht somit für die Wende zum juristischen Positivismus.

»Für die technisch vorgestellte Neutralität ist entscheidend, daß die Gesetze des Staates von jeder inhaltlichen, substanzhaften, religiösen oder rechtlichen Wahrheit und Richtigkeit unabhängig werden und nur noch infolge der positiven Bestimmtheit staatlicher Entscheidung als Befehlsnormen gelten« (67f).

Schmitt schärft ein, daß Hobbes »zwischen *auctoritas* und *potestas* nicht mehr unterscheidet und die *summa potestas* zur *summa auctoritas* macht.« (68) Der Anspruch auf innergesellschaftlich ausgehandelte Wahrheitskriterien wird über die diktatorische Durchsetzung der »technischen Vollkommenheit« (69) des Staates abgeschafft: »Ein derartig technisch-neutraler Staat kann sowohl tolerant wie intolerant sein; er bleibt in beiden Fällen in gleicher Weise neutral. Er hat seinen Wert, seine Wahrheit und seine Gerechtigkeit in seiner technischen Vollkommenheit. Alle anderen Wahrheits- und Gerechtigkeitsvorstellungen

---

[54] In einem früheren Aufsatz *Der Staat als Mechanismus bei Hobbes und Descartes* (1937, 626) schreibt Schmitt die Entmythologisierung Hobbes selbst zu: »Die Sätze und Worte, mit denen Hobbes den Leviathan einführt, lassen aber keinen Zweifel darüber, daß er selbst dieses Bild weder begrifflich noch irgendwie mythisch oder dämonisch ernst genommen hat (...). Er bedient sich des Bildes ohne Schauder und ohne Respekt.« (Ebd.)

werden durch die Entscheidung des Gesetzesbefehls absorbiert.« (Ebd.) Selbstverständlich gibt es im »absoluten Staat des Hobbes« kein »Widerstandsrecht« (ebd., 71), wie jeder Widerstand zwecklos wäre.

»Das schwierige Problem, den rebellischen und eigensüchtigen Menschen in ein soziales Gemeinwesen einzufügen, wird schließlich doch nur mit Hilfe der menschlichen Intelligenz gelöst.« (57)

Diesen Staatsgedanken, der ›zuerst von Hobbes erfaßt wurde‹, sieht Schmitt im Typ des absoluten Staats des 18. Jahrhunderts zur historischen Wirklichkeit gekommen (vgl. 79). »Der Staat Friedrich des Großen läßt sich (...) sogar als das vollendete Beispiel eines von einer souveränen Person beseelten Mechanismus ansehen. Die ›Neutralität‹ ist hier nur eine Funktion staatsverwaltungstechnischer Rationalisierung.« (67)[55]

In der Dynamik der absolutistischen Maschinerie wird der Souverän als ein »personalistisches Element« (54) betrachtet, jedoch nicht als Urheber des Gesetzesstaates gedacht (vgl. 72). »Bei Hobbes ist nicht der Staat als Ganzes Person; die souverän-repräsentative Person ist nur die Seele des ›großen Menschen‹ Staat.« (54) Der Untergang des Souveräns ist vorprogrammiert: »Der Mechanisierungsprozeß wird aber durch diesen Personalismus nicht aufgehalten, sondern sogar erst vollendet. Denn auch dieses personalistische Element wird in den Mechanisierungsprozeß hineingezogen und geht darin unter.« (Ebd.)[56]

5.6.2.2 Die »Gegenkraft des Schweigens und der Stille«

Hobbes' Staatsentwurf entstand unter den Bedingungen des religiös determinierten Bürgerkriegs in England. Sein Leviathan spricht dem Herrscher auch die entscheidende Kompetenz in Fragen der Religion zu. »Damit ist die souveräne Gewalt auf dem Höhepunkt ihrer Macht. Sie ist Gottes höchster Stellvertreter auf Erden.« (84) Schmitt sieht jedoch

---

[55] Das Zurückgreifen auf die preußischen Traditionen bildet eine gängige Folie der innerfaschistischen Reformentwürfe der Zeit. Vgl. Sprangers *Der Philosoph von Sans-Souci* (1942) oder Hans Freyers *Preußentum und Aufklärung. Eine Studie über Friedrichs des Großen Antimachiavel* (1944).

[56] Wie sich diese Hobbes-Interpretation zu der im NS-Recht herrschenden Formel ›Der Führer schützt das Recht‹ verhält, bleibt hier offen. Schmitt scheint von dieser personalistischen Maxime zugunsten einer im Polizei- und Sicherheitsstaat zentralisierten Rechtskompetenz abzurücken. Hobbes' absoluter Staat funktioniert »als das unwiderstehliche Instrument der Ruhe, Sicherheit und Ordnung, und dann hat er alles objektive und alles subjektive Recht auf seiner Seite, da er als alleiniger und höchster Gesetzgeber alles Recht selber macht« (Schmitt 1982, 71f).

Die »Heilung des kranken Staatswesens« 189

in Hobbes' Staatskonstruktion eine kleine, aber entscheidende Schwäche eingebaut, an der der Leviathan seinen ersten Tod sterben wird. Hobbes beschränkt die Kompetenz des Herrschers in Religionsfragen auf das ›öffentliche Bekenntnis‹ (vgl. 85), die wahre Glaubensentscheidung wird zur Privatsache gemacht. »Die Unterscheidungen von privat und öffentlich, Glaube und Bekenntnis, *fides* und *confessio*, *faith* und *confession*, sind damit in einer Weise eingeführt, daß sich daraus im Laufe des folgenden Jahrhunderts bis zum liberalen Rechts- und Verfassungsstaat alles weitere folgerichtig ergeben hat.« (Ebd.) Es handle sich um den Keim der individuellen Gedanken- und Gewissensfreiheit, der zur »Einbruchstelle des modernen Liberalismus« (86) wurde und an dem der ungeteilte staatliche Absolutismus scheiterte. Die Keim-Metapher trägt eine antisemitisch unterlegte Polemik Schmitts gegen den »ersten liberalen Juden« (ebd.), gegen Spinoza: »Aber der jüdische Philosoph treibt diesen Keim zur äußersten Entfaltung, bis das Gegenteil erreicht und der Leviathan von Innen heraus entseelt ist.« (87)[57]

Der Staat hat keinen Zugriff auf das ›Innere‹ des Menschen, er stößt auf den ›Vorbehalt‹, auf die innere Freiheit des Gewissens. Er ist »eine äußerlich allmächtige, innerlich ohnmächtige Machtkonzentration, die nur ›Zwangspflichten aus der Verbindlichkeit der Furcht‹ begründen kann« (93f). Dieser Staat, dessen Macht die Untertanen nicht mit Staatsgesinnung beantworten, droht an der »Gegenkraft des Schweigens und der Stille« (94) zu scheitern. Die Gefahr einer ›inneren Emigration‹ kann jederzeit eintreten: »Wenn Staat und Bekenntnis den innerlichen Glauben ins private abdrängen, dann begibt sich die Seele eines Volkes auf den ›geheimnisvollen Weg‹, der nach innen führt.« (Ebd.) Die Beispiele, die Schmitt unter Anspielung auf aktuelle Bezüge anführt, sind: »Maurerlogen, Konventikel, Synagogen und literarische Zirkel« (95).

---

[57] Hans Meier (1994, 180) macht auf den Unterschied von Hobbes und Spinoza in der verdrehten Schmittschen Interpretation aufmerksam: »Was die beiden Philosophen in Wahrheit eint, wird vollständig ausgeblendet, und worin sich ihre Haltung gegenüber der Religion tatsächlich unterscheidet, wird bis zur Unkenntlichkeit verzeichnet« (ebd.). »Hobbes hat offenkundig gewichtige politische und philosophische Gründe, für den Leviathan jene Autorität nicht anzustreben, die Schmitt für ihn ›einfordert‹, um sein Scheitern zu demonstrieren.« (Ebd.) Der wichtigste Grund, warum Denken und Glauben der Verfügung des Souveräns entzogen bleiben, bestehe darin, »daß Hobbes an der Verteidigung der *libertas philosophandi* um nichts weniger gelegen ist als seinem Nachfolger Spinoza« (ebd.).

Historisch sieht Schmitt den absoluten Staat in der französischen Revolution untergehen, die den Monarchen endgültig delegitimierte (vgl. 100). Dennoch läßt sich Schmitts Vorstoß vom Geist der Restauration inspirieren: »Wer sich auf den Gegensatz von Innerlich und Äußerlich überhaupt einläßt, hat damit die letztliche Überlegenheit des Innerlichen gegenüber dem Äußerlichen« (93f) anerkannt.[58] Das Problem, dem Schmitts präventive Anstrengungen gelten, wird erneut gestellt: »Eine öffentliche Macht und Gewalt mag noch so restlos und nachdrücklich anerkannt und noch so loyal respektiert werden, als eine nur öffentliche und nur äußerliche Macht ist sie hohl und von innen her bereits entseelt.« (94)

5.6.3 Der zweite Tod des Leviathan:
Der König ist tot, es lebe der Rechtsstaat

Die französische Revolution beseitigte den absoluten Fürsten und legte damit die Maschine, die er bediente, frei. »Sein Werk aber, der Staat, überlebte ihn als eine gut organisierte Exekutive, Armee und Polizei, mit einem Verwaltungs- und Justizapparat und einer gut arbeitenden, fachlich gebildeten Bürokratie« (99). Dieser Staat wird durch »das Gesetz rechtlich gebunden« und »Macht und Polizeistaat« wandeln sich zum »›Rechtsstaat‹« (ebd.). Schmitt bestimmt diesen Rechtsstaat als Gesetzesstaat, dessen Legitimität zur Legalität geworden ist, verbunden mit der Verwandlung des göttlichen in positives, staatliches Recht (vgl. 100ff). Mit anderen Worten: Das transzendente Prinzip des Göttlichen, Platzhalter für »substanzhafte Wahrheits- und Gerechtigkeitsinhalte« (110) wurde durch die »positivistische Veräußerlichung der Norm« (ebd.) ausgeschaltet. Die Formen widerstreitender Reklamation, die religiöse Auslegungskämpfe gewöhnlich freisetzen, wurden dadurch abgeschafft: »Es kam vor allem darauf an, dem Zank der Theologen zu entgehen.« (65)

Schmitt erklärt, daß diese Transformation des absoluten Staates in den modernen bürgerlichen Rechtsstaat mehr als eine »›bloß formale‹, juristische Kulissen- oder Etikettenfrage« (102) sei. Die Legalität werde zum »positivistischen Funktionsmodus der Bürokratie« (101). »Der

---

[61] Auf die außenpolitischen Dimensionen in Schmitts Postulat von »Schutz und Gehorsam«, hat Jänicke hingewiesen (1969, 411). Als Theoretiker des faschistischen Eroberungskrieges überträgt Schmitt die Problematik der Abschaffung des Rechts auf Widerstand auf die völkerrechtlicher Ebene (vgl. Schmitt 1938, zit.n. 1982a, 72 ff).

Staat reagiert, chemisch oder physikalisch gesprochen, auf das Element ›Recht‹ nur dann, wenn dieses im Aggregatzustand der staatlichen Legalität erscheint.« (102)

Die Maschinerie des »bürgerlichen Rechts- und Verfassungsstaates« (103) erreiche in diesem Funktionsmodus ihre technische Vollkommenheit und werde zu einer »eigengesetzlichen Größe, die sich nicht von jedem Beliebigen willkürlich handhaben läßt, deren Funktionsgesetze vielmehr respektiert werden müssen, wenn sie ein zuverläßiger Diener sein soll.« (102) Die Eigengesetzlichkeit der Staatsmaschine erfordere nicht den möglicherweise dysfunktionalen Theologen-Typus, sondern einen Fachmann, der die juristische Maschinensprache sachlich beherrscht und autoritär anwendet. Die »vervollkommnete Armatur eines modernen Staates und der komplizierte Befehlmechanismus seiner administrativen Ordnung erfordern eine bestimmte Rationalität und Form der Befehlsgebung« (ebd.).[59]

5.6.4 Der Befehlscharakter des Gesetzes: Ferdinand Tönnies und Max Weber

Schmitt macht Hobbes damit zum Vorläufer von Max Weber und Ferdinand Tönnies. Tönnies habe richtig bemerkt, daß Hobbes die »›dauernde Verneinung und Aufhebung [des Naturrechts, TO] im wirklichen und ›vollkommenen status civilis‹ will‹« (Tönnies, zit.n. Schmitt, 105) und Schmitt hebt hervor, daß damit auch der naturrechtliche Status von konstituierenden Nationalversammlungen nach Rousseauschen Muster, einkassiert werde.

Der Akzent bei Hobbes liege nicht auf dem Staatsbeschluß der »in angsterfüllter Feindschaft sich versammelnden Menschen« (51), sondern auf dem Staatsapparat, der anläßlich dieses Aktes entstehe. Während Tönnies die rechtsstaatlichen Momente bei Hobbes herausgearbeitet habe, erstellt Schmitt das Leistungsprofil der Staatsmaschine mit Max Weber. Weber habe prognostiziert, daß die Zukunft der »intelligenten, fachlich gebildeten Bürokratie« (101) gehöre, die mit »rationaler

---

[59] Schmitts Faszination für den juristischen Positivismus ist herrschaftstechnisch begründet: »Wie aussichtslos und verworren ist der Streit theologischer, juristischer oder ähnlicher Gegensätze! Wie ›sauber‹ und ›exakt‹ ist dagegen die Maschine« (63). Schmitts Anspielung auf das Mittelalter kann hier als Chiffre für den NS und seine dysfunktionalen Rechtsstreitereien um völkischen Begründungen fungieren.

Folgerichtigkeit nach legalen Normen« (ebd.) arbeite. Der Staat bleibe auch als Rechtsstaat »Befehlsmechanismus« (102). »Das Gesetz wird Entscheidung und Befehl im Sinne einer psychologisch berechenbaren Zwangsmotivierung. Es wird, um in der Sprache Max Webers zu reden, ›Gehorsamserzwingungschance‹.« (110) In der Gesetzesform des Staatsbefehls – und als typische Zwangsordnung gilt das Strafgesetz – lägen zugleich die spezifischen Sicherungen des »bürgerlichen Rechtsstaates« (ebd.): »»nullum crimen sine lege‹« (111).[60]

Das neue Hobbes-Bild ist damit fertig: Fälschlicherweise sei er zum »verrufenen Vertreter des absoluten Machtstaates« (111) geworden, wurde der Leviathan zu einem »grauenhaften Golem oder Moloch aufgedröhnt« (ebd.) und zum »Urbild« (ebd.) dessen, »was die westliche Demokratie unter dem polemischen Schreckbild eines ›totalitären‹ Staates und des ›Totalismus‹ (sic) versteht.« (Ebd.) Hingegen sei es Hobbes um – die neuen Gegner sind im alten präfiguriert – die Überwindung des »mittelalterlichen Pluralismus« (113) gegangen. Den »›indirekten Gewalten‹« des Mittelalters habe er »die rationale Einheit einer eindeutigen, eines wirksamen Schutzes fähigen Macht und eines berechenbar funktionierenden Legalitätssystems entgegenzusetzen« (ebd.).

5.6.5 Die »wunderbare Armatur einer modernen staatlichen Organisation« und das »politische Parteiensystem«

Als wesentliche Bedingung, die eingehalten werden muß, damit die Staatsmaschine beim Betrieb nicht auseinanderfällt, stellt Schmitt die Respektierung der »›Relation von Schutz und Gehorsam‹« heraus, die den »Angelpunkt der Staatskonstruktion des Hobbes« (113) bilde. Dies bedeute »volle politische Gefahrenübernahme« (ebd.) und politische »Verantwortung für Schutz und Sicherheit der Staatsunterworfenen« (ebd.). Schmitt betont, dies lasse »sich mit den Begriffen und Idealen des bürgerlichen Rechtsstaates sehr gut vereinbaren« (113f). Werde der »ewige Zusammenhang« (127) von Befehl und Gefahrenübernahme, Macht und Verantwortung sowie Gehorsam und Schutz verletzt (vgl. 117), komme es zum Betriebsunfall: »Hört der Schutz auf, so hört auch der Staat selber auf und jede Gehorsamspflicht entfällt. Dann gewinnt

---

[60] Schmitt (1938, zit. n. 1982a, 115) weist nach, daß diese Formel auf Hobbes zurückgeht: »Er hat sie auch nicht etwa als einen Aphorismus hingeworfen, sondern als durchdachtes Begriffsgebilde, in einer systematischen Rechts- und Staatsphilosophie am richtigen Platze (in Kap. 27 des Leviathan) eingefügt.«

das Individuum seine ›natürliche‹ Freiheit wieder.« (113) Die Bedingung für diesen ›Schutz‹ des Staates ist an die diktatorische Abschaffung des Rechts auf Widerstand geknüpft: »Ein geschlossenes Legalitätssystem begründet den Anspruch auf Gehorsam und rechtfertigt es, daß jedes Recht auf Widerstand beseitigt ist.« (101)[61]

Als Feinde des modernen Staates gelten die »Mächte der ›Gesellschaft‹« (116), welche für Schmitt »untereinander völlig heterogene Mächte« (117) sind: die Gewerkschaften, Kirchen und sozialen Verbände, die in der Auffassung Gramscis als wesentliche Elemente einer »Zivilgesellschaft« zu begreifen sind. Nach Schmitt haben sie einen freien und »unkontrollierten« (ebd.) Zugang zu der »angeblich freie(n) Privatsphäre« (ebd.) der Individuen, die dem Staat entzogen bleibe. Sie organisieren sich, heißt es, zum Parteiensystem und bemächtigen sich »über das Parlament der Gesetzgebung und des Gesetzesstaates« (116) mit dem Resultat, daß sie einen »Dualismus« (117) von »Staat und staatsfreier Gesellschaft« (ebd.) schaffen. Schmitt charakterisiert sie als »indirekte Gewalten« (ebd.), weil sie die Staatsmacht einsetzten, ohne als politische Macht aufzutreten, sie verletzten das Schutz-Gehorsam-Prinzip, entzögen sich der Befehl-Gefahr-Relation und wollten Macht ausüben, ohne Verantwortung zu übernehmen (vgl. ebd.). Mit einem einzigen Satz zeigt Schmitt, wie bürgerlicher Rechtsstaat und ›totaler Staat‹ zusammengehen können: »Denn die wunderbare Armatur einer modernen staatlichen Organisation erfordert einen einheitlichen Willen und einen einheitlichen Geist.« (118)

5.6.6 Schmitts Lehre im »Kampf gegen alle Arten der indirekten Gewalt« – Eine vorläufige Bilanz

Schmitts positive Auswertung des juristischen Positivismus und seine polemische Reklamation des ›Rechtsstaates‹ mutet zynisch an. Es mag Irritationen hervorrufen, daß einer der konzeptiven Ideologen des völkischen NS-Rechts mit dieser Hobbes-Interpretation die Grundstruktur, der auf der Substanz der ›Rasse‹, auf dem ›gesunden Volksempfinden‹ und auf ›Führertum‹ basierenden Rechtsauffassung in der Konsequenz

---

[61] Auf die außenpolitischen Dimensionen in Schmitts Postulat von »Schutz und Gehorsam«, hat Jänicke hingewiesen (1969, 411). Als Theoretiker des faschistischen Eroberungskrieges überträgt Schmitt die Problematik der Abschaffung des Rechts auf Widerstand auf die völkerrechtlicher Ebene (vgl. Schmitt 1938, zit. n. 1982a, 72ff).

theoretisch delegitimiert. Stand doch 1933 der juristische Positivismus in der Reihe der ›inneren Feinde‹, die mit Hilfe Schmitts und nicht zuletzt seines Rekurses auf Hobbes der Vertreibung und Verfolgung ausgesetzt wurden. Hier jedoch nimmt er eine Schlüsselstellung ein.

Dieser Text ist ein Musterbeispiel für Schmitts ›situatives‹ Denken (vgl. Rüthers 1994, 70ff), das auf die Rechtsentwicklung des realen NS korrektiv und präventiv reagiert. Die Anspielung Schmitts auf seine Situation im NS inmitten »konfessioneller Bürgerkriege« (Schmitt 1965, zit. n. 1982b, 160) kann – wie Hubert Rottleuthner in seinem Aufsatz *Leviathan oder Behemoth?* (1983) interpretiert –, nicht nur in bezug auf seine persönlichen Konflikte mit Fraktionen des NS, sondern auch in bezug auf die ungelösten Strukturprobleme der NS-Herrschaft, die m.E. Schmitt auch unter der zweideutigen Rubrik der ›Liberalismuskritik‹[62] abhandelt, gelesen werden:

Die Faschisierung der Gesellschaft nach substanzhaften – in erster Linie völkischen – Prinzipien war vom Ergebnis her in der Schmittschen Perspektive keine ›totale‹; das polykratische NS-Gebilde mit einem konfliktgeladenen Wachstum und einem In- und Gegeneinander von Staats- und Parteiapparaten wurde ihm zum Problem.[63] An dessen Stelle sollte ein ›totaler‹ Sicherheits- und Polizeistaat treten. Hans Meier faßt ohne Schauder Schmitts Traum – vor dem Hobbes selbst zurückschrecke – zusammen. Hobbes' absoluter Staat ließe sich nur verwirklichen: »wenn es gelänge, die Menschen *ganz*, von innen und außen, mit Leib und Seele, in ihrem Handeln und in ihrem Denken, nach ihrem Bekenntnis und auf dem Grunde ihres Glaubens zu erfassen.« (Meier 1994, 176)

---

[62] Daß Schmitts Liberalismuskritik in dieser Schrift nicht nur seiner alten Feindin – der Weimarer Demokratie – gilt, sondern gerade die ›anarchische‹ Entwicklung des realen NS traf, sorgt für Schwierigkeiten in der Interpretation. Dasselbe gilt für Schmitts Gebrauch des Begriffs »politisches Parteiensystem« (Schmitt 1938, zit. n. 1982a, 117), mit dem er auf die Fraktionskämpfe im NS anspielt.

[63] Rottleuthner faßt in diesem Schmitt-Aufsatz (1983, 256) die entscheidenden Strukturprobleme der Justiz im NS zusammen. Er entwickelt überzeugend die Polykratie-These auf diesem Feld, ohne die der Eingriff der Hobbes-Lektüre Schmitts nicht begriffen werden kann. Hier seien nur einige Beobachtungen erwähnt: »es war unklar welche Teile der Weimarer Reichsverfassung fortgalten« (ebd.), das »Ressort-Wirrwarr« zeigte sich »in einer amorphen Masse von *Rechtsquellen*. Welche Form gewählt wird Gesetz, Verordnung, Erlaß, Richtlinie, Durchführungsvorschrift, Führererlaß etc. –, das scheint ziemlich beliebig zu werden.« (257) »Das Verhältnis von Partei und Staat bleibt bis zuletzt ungeklärt. Aufgrund vielfältiger personeller Verfilzungen und Interventionen erweist sich eine Kompetenzabgrenzung als illusorisch.« (Ebd.) »Wir finden permanente Eingriffe polizeilicher Stellen und der SS in andere staatliche Bereiche, vor allem in die Justiz.« (Ebd.)

Die »Heilung des kranken Staatswesens« 195

Schmitt arbeitete in dieser Hobbes-Lektüre an einer noch größeren Zentralisierung der Staatsgewalt, und dies zwang ihn, die Grundlagen vollkommen neu zu denken; er bedient sich souverän beim ›liberalistischen‹ Feind. Daß er diese Wende nicht in direkter Form artikulieren konnte, ist wohl klar: Er ging buchstäblich an die Substanz, an deren Konstruktion er nachhaltig gearbeitet hatte und die im Instanzengefüge des NS tragend wurde. Schmitts Wende belegt somit den funktionalen Stellenwert, den die völkische Begründung des NS hatte; sie stand theoretisch permanent zur Disposition.

Schmitt schlüpft in die Maske von Hobbes und warnt: Bei einer absoluten Durchsetzung des Polizeistaates fehlten dem Staat die Sicherungen, die das mögliche Widerstandsrecht der im NS vorhandenen ›indirekten Gewalten‹ oder gar den Weg in die ›innere Emigration‹ (die auch jedes Mitläufertum problemlos artikulieren könnte) hätten unterbinden können.

Die Botschaft Schmitts wäre, knapp formuliert, folgende: Beim Übergang zum ›totalen Staat‹ muß sich die Staatsmacht ohne jegliche inhaltliche Begründung durchsetzen können. Jede juristische Streiterei über ›Gerechtigkeit‹ wird als Schwächung von Autorität konstituiert. Eine Disziplinierung des Führungspersonals im »politischen Parteiensystem« (Schmitt 1938, zit. n. 1982a, 117) ist anvisiert. Dem Widerstandsrecht der ›indirekten Gewalten‹ sollte der Boden unter den Füßen entzogen werden. Die »Einbruchstelle des modernen Liberalismus« (86) lasse sich nicht abschaffen, jedoch sollte sie keine juristische Anerkennung finden. Für diese Deutung spricht:

1. Der Sicherheits- und Polizeistaat, den Schmitt als Korrektur zu Hobbes-›Fehlschlag‹ ausarbeitet, imaginiert ›das Äußere‹ als unter eine alles durchdringende Gewalt subsumiert. Die Balance zwischen ›Schutz und Gehorsam‹ wird, im Unterschied zu Hobbes, ohne Einlassung auf die Trennung von ›Innerlichem und Äußerlichem‹ konzipiert. Die nicht wegzudenkenden Widerstandshandlungen des ›Inneren‹ könnten per juristischem Befehl für inexistent erklärt werden mit der Konsequenz, daß der Staat sich weder innerlich (vor dem ›Gewissen‹ seiner Bürger) noch äußerlich bzw. öffentlich zu rechtfertigen brauchte.

2. Schmitt schafft die substanziellen Begründungen ab und setzt an deren Stelle den neutralen Gesetzesmechanismus. Er setzt sich für eine Rationalisierung des juristischen Apparates ein, die den Befehl gegen mögliche ›Willkür‹ in der Rechtsauslegung vorsah. Auffällig ist, daß Schmitt keine Anstrengungen zu einer Arbeit am Inneren des Subjekts

unternimmt. Statt dessen verspricht er sich von den repressiven Seiten des Staates Gehorsam. Schmitt setzt sich für die Intensivierung des Befehlscharakters des Gesetzes und für ein durch und durch kodifiziertes Recht ein, aber keineswegs für das Rechtssubjekt des Vertragsdenkens des juristischen Positivismus.

Schmitts Begriff des Rechtsstaates ist in mehrfacher Hinsicht mit dem Selbstverständnis des bürgerlichen Liberalismus und seinem Freiheits- und Gewissensgrundsatz inkompatibel.[64] Seine partiellen Anleihen beim liberalen Rechtsstaat machen es der Rezeption schwer, das Profil dieser Lektüre zu erkennen: Schmitt wagt es mit diesem Konzept, das Diktatorische mit dem juristischen Normativismus konstruktiv zu verbinden.

Dieses Modell sollte die totale Verfügung über die gesellschaftlichen Strukturen und über die Individuen soweit festigen, daß sie ohne jeglichen Rekurs auf (völkische) Werte, Wahrheit oder Gerechtigkeits-Prinzipien, Gehorsam leisten. Meine These ist, daß sich aus Schmitts »Kampf gegen alle Arten der indirekten Gewalt« (131) nicht nur der Übergang zum NS-Sicherheits- und Polizeistaat theoretisch rechtfertigen läßt, sondern – nach den Röhm-Morden und der Verfolgung und Vernichtung der linken Kräfte im NS –, auch eine dritte politische ›Säuberung‹ auf dem Wege zum ›totalen Staat‹ begründen ließe. Die Frage nach deren Adressaten und den spezifischen Konturen sollte jedoch unabhängig von den realen Möglichkeiten einer Realisierung erforscht werden.[65] Der Gedanke, daß dieser Text als rechtsphilosophische Vorlage für einen Staatsstreich – von weiter rechts als es die völkischen

---

[64] Das dem Zwang komplementäre Grundelement des bürgerlich-liberalen Staates, – in der Sprache Antonio Gramscis die Zivilgesellschaft – ist aus dieser Definition des Rechtsstaates wegradiert: »Deshalb ist nach Hobbes jedes gesetzmäßig berechenbar funktionierende Zwangssystem ein Staat und, insofern es nur staatliches Recht gibt, auch ein Rechtsstaat.« (105f)

[65] Daß Schmitt theoretisch den Rechtsstaat als Diktatur für möglich hielt, wird – beispielsweise von Rottleuthner –, an der Unmöglichkeit der praktischen Umsetzung im NS gemessen und für gescheitert erklärt: »Schmitt plädiert nicht für Rückkehr zur Legalität – diesen Weg hat er sich selbst durch die für den NS untaugliche ›Formalisierung und Neutralisierung des Begriffes Rechtsstaat‹ verbaut.« (Rottleuthner 1983, 258) Auch die noch wichtigere Frage, was es mit Schmitts Perpektive einer Abschaffung des polykratischen NS-Systems auf sich hatte, wird aus demselben Grund nicht weiter reflektiert. »Schmitts Abschied von der Staatlichkeit zeigt gewiß Anklänge von Wehmut; aber er war realistisch, und das heißt in dieser Phase wiederum: opportunistisch genug, dieses Thema beiseite zu legen und sich pünktlich (1938-1939) Fragen des Völkerrechts und der Großraumordnung zuzuwenden.« (259)

Fraktionen waren – interpretiert werden könnte, taucht in der Schmitt-Rezeption der Nachkriegszeit nicht auf, statt dessen werden resignative Züge, »Anklänge von Wehmut« (Rottleuthner 1983, 259) und Opportunismus festgestellt.

Um das Profil dieser Botschaft genauer zu umreißen, wäre m.e. eine Ausarbeitung von Schmitts Perspektive einer juristischen Nicht-Anerkennung des Widerstandsrechts ›des Inneren‹ der Individuen auf die Funktionalität für die faschistische Herrschaft hin zu untersuchen. Soviel ist klar: An der Stelle, an der sowohl die nationalkonservative Opposition, wie auch einige Fraktionen der NS-Partei sich um Lösungen bemühen, die das Verhältnis von ›Führung und Gefolgschaft‹ über die Respektierung der ›seelischen Kräfte‹ absichern – auf deren Seite sich Gadamer schlägt –, überbietet Schmitt diese Vorschläge mit seinem tyrannischen Modell. Schmitts Widersacher kalkulierten jedoch, daß diese Option zu einem politischen Fehlschlag führen würde.[66]

5.6.7 Der neue Nomos der Erde

Der *Leviathan*-Text belegt, daß es einen vielseitigen Schmitt gibt, der seine theoretischen Kompetenzen für den NS in verschiedene Richtungen erweiterte. Die Begründung eines ›totalen‹ Rechtsstaates mildert keineswegs die entfesselte Dynamik der Freund-Feind Unterscheidung im Krieg. Jänicke (1969, 410) analysiert überzeugend diesen Zusammenhang. Schmitt habe im *Leviathan* versucht, »die Frontlinie der im qualitativen totalen Staat radikalisierten Freund-Feind Unterscheidung (...) mit der Trennungslinie von Innen- und Außenpolitik zur Deckung [zu] bringen« (ebd.), mit dem Effekt, daß »die Volksgemeinschaft gegen eine diffuse Feindseligkeit des Staates abgeschirmt und dessen kämpferisch-aggressive Machtdynamik auch theoretisch auf den Bereich der internationalen Politik verwiesen« (411) worden sei.

---

[66] Ein Blick auf Koellreuters Replik *Leviathan und totaler Staat* zeigt, daß er den Begriff des »›autoritären Volksstaates‹« (zit.n. Rottleuthner 1983, 252), das »›auf das seelische Verhältnis von Führung und Gefolgschaft gegründet‹« (ebd.) ist, gegen Schmitts Begriff vom »totalen Staat« wendet. Rottleuthner referiert Koellreuters Einwände: »Totalität im Sinne einer äußersten Anspannung könne kein Normalzustand sein. Der totale Staat kenne überdies nicht das Problem der bewußten Eingliederung der einzelnen Persönlichkeit; und schließlich lasse sich mit ihm keine europäische geistige Front aufbauen (das Münchener Abkommen stand vor der Tür).« (251)

Jänickes Kommentar wird von Maschke (1982, 206) als eine der »geschickten Unterstellungen« in der Schmitt-Rezeption ohne Begründung abgewiesen. Jänicke stützt seine These durch Bezugnahme auf den Aufsatz von 1937 *Totaler Feind, totaler Krieg, totaler Staat* und das im selben Jahr erschienene Buch *Völkerrechtliche Großraumordnung mit Interventionsverbot für raumfremde Mächte*, das bis 1941 vier Auflagen erlebte. Für Maschke sind diese Texte »vielmehr Lagebeschreibungen und theoretische Entwürfe nach dem Ende der Staatlichkeit, Versuche zu einem neuen Nomos der Erde.« (207) Was das Neue an diesem ›Nomos der Erde‹ sei, das im faschistischen Imaginären Carl Schmitt vorschwebte, sagt Maschke nicht. Ein Blick auf das Schlußwort eines Vortrags, den Schmitt 1942 im besetzten Frankreich, im Pariser *Deutschen Institut*, unter dem Titel *Die Formung des französischen Geistes durch den Legisten* hielt (vgl. auch Kap. 4 und Wieland 1987, 113f) gibt darüber Auskunft. Schmitts Programm ist diesmal, mit einer Anleihe bei Hölderlin versehen, weder ›verhüllt‹ noch ›verschlüsselt‹, sondern deutlich präsent:

»Denn heute ändern sich die Maße, die im 17. und 18. Jahrhundert entstanden sind. In einem mächtigen Wandel aller geschichtlichen Begriffe entstehen neue Inhalte und neue Proportionen, steigen neue Raumbegriffe auf und bildet sich neues Recht in neuen Ordnungen. Dieses Mal wird die Ordnung von Deutschland und vom Reich her gewonnen. Es ist aber nicht so, wie es jenen angsterfüllten und verzweifelten Verteidigern der bisherigen Maße vorkommt, als hörten Maß und Recht heute überhaupt auf. Was aufhört, ist nur ihr altes Maß und ihre Art Legalität. Was kommt, ist unser neues Reich.
Auch hier sind Götter, die walten.
Groß ist ihr Maß.« (Schmitt 1942, 30)[67]

---

[67] Die hier zitierten Verse Hölderlins sind aus dem Gedicht *Der Wanderer* (1800, 2. Fassung) entnommen. Vgl. Friedrich Hölderlin. *Werke und Briefe*, hgg. v. F. Beißner und J. Schmidt, Frankfurt 1969, Bd. 1, Gedichte, 106f.

Sechstes Kapitel

Stalingrad und die Philosophie an der »Inneren Front«

6.1 *Philosophische Seelsorge*

Mitte 1943 wurde immer klarer, daß Stalingrad ein militärischer Wendepunkt von entscheidender Bedeutung war. Goebbels' Mobilisierung der letzten Reserven für den »Totalen Krieg« und das scharfe Durchgreifen der Sicherheitsorgane des NS-Staates konnten nicht verhindern, daß auch an der ›Inneren Front‹ ein Erosionsprozeß einsetzte. Die nationalkonservativen Kräfte, die zusammen mit der NSDAP zur tragenden Struktur des NS-Staates gehörten, versuchten, sich aus dem Bündnis zu lösen. Die nationalen Kräfte, die einen Reformkurs anstrebten, erhielten mehr und mehr Auftrieb. Die nationalkonservative Opposition artikulierte sich in der Form *Deutschland ist mehr als der NS-Staat* und riß das auseinander, auf dessen Ineins-Setzung man so intensiv hingearbeitet hatte. Auch Gadamer (1990, 550) ordnet sich in dieses Bild ein: »Auch das geht vorüber. Und Deutschland bleibt. So haben wir doch gelebt. Unter dieser Devise!« Im Juli 1944, kurz nach der erfolgreichen Landung der Alliierten in Frankreich, wagten Teile des preußischen Offizierskorps ihren halbherzigen Putsch gegen Hitler. Goerdeler, dem führenden Kopf, weiß Gadamer sich als Freund geistig verbunden. »Ich war mit Goerdeler befreundet, die Tochter von Goerdeler war eine Schülerin von mir. Angst haben wir doch alle gehabt, als dann Goerdeler in die Luft ging.« (549f)

Auf das Erstarken der bürgerlichen Opposition reagierte der SS-Staat mit verschärfter Überwachung, es entstand eine Atmosphäre der Einschüchterung. Auch Gadamer bekam das zu spüren. »Am Terror sind wir alle beteiligt gewesen, indem wir das Wissen der Gestapo übertrieben haben. Wir haben geglaubt, die weiß alles. Ich habe das ja miterlebt: meine Frau war vor dem Volksgerichtshof wegen einer Äußerung, die sie getan hat.« (549) Aber auch die Chancen für die Bekundung von Zivilcourage wuchsen damals. Der Marburger Romanist Werner Krauss wurde 1942 beim Schlag der Gestapo gegen die Widerstandsgruppe Schulze-Boysen-Harnack verhaftet und zum Tode verurteilt. »Als endlich Anfang 1943 klar wurde, daß er – obwohl er bereits totgesagt – noch lebte und in Berlin-Plötzensee auf seine Hinrichtung wartete, setzte eine intensive Rettungsaktion für ihn ein.« (Schneider 1977, 248; vgl. auch Jehle 1995) Viele Universitätskollegen verwendeten sich für Krauss. Unter ihnen auch Gadamer, der ein Gnadengesuch an das Reichskriegsgericht schickte.[1]

An der Universität ließ der Terror nach: »Doch hatten die zahlreichen Bombenangriffe, die man zu überstehen hatte und die die Stadt Leipzig wie die Arbeitsmittel der Universität in Trümmer legten, auch ihr Gutes: der Parteiterror wurde durch die entstehenden Notstandssituationen anderweitig gebunden. Der Unterricht an der Universität, von einem Notraum in den andern wechselnd, wurde bis kurz vor Kriegsende fortgesetzt.« (Gadamer 1977b, 76) In diesem Klima des Niedergangs des NS und des verlorenen Krieges, wo die politischen Zweifel und Spannungen nicht öffentlich artikulierbar waren, wuchs das Bedürfnis nach innerer Stärkung und Trost in privater Sphäre. Man suchte Halt im Kulturellen, bei Bach, Goethe, Hölderlin und Rilke. Das Ergebnis dieser Neuorientierung blieb bis heute weitgehend unerforscht. Den Philosophen fällt gerade hier die Rolle von Seelsorgern für das Gemüt der Gebildeten zu. Eine Rolle, in der sich auch Gadamer gefiel. Er beschreibt eine Szene, die wohl als typisch gelten kann: »Es war seine große Zeit. Denn wenn etwas den bombastischen Sprachregelungen im ›Wörterbuch der Unmenschen‹ ins Gesicht schlug, war es der hochgezüchtete Manierismus der Rilkeschen Sprache. Ich habe wiederholt die Duineser Elegien interpretiert, das letzte Mal 1943, als Leipzig zerbombt wurde. Etwa zehn Tage nach der fast totalen Zerstörung der Innenstadt (am 4. Dezember 1943) setzte ich in einem heilgebliebenen Gebäude – ohne Heizung, Licht und Fensterscheiben – die Interpretation mit der dritten Elegie fort. Die Studenten waren da – natürlich nicht alle –, jeder dick verpackt und mit einer Kerze. Tenebrae.« (Gadamer 1977a, 118) Auch die damaligen Texte und Vorträge Gadamers liegen ganz in diesem Trend.

Im November 1943 – in Leipzig veranstaltet die Goethe-Gesellschaft eine Goethe-Woche – spricht Gadamer über *Goethes philosophische*

---

[1] An der Rettungsaktion beteiligten sich aus dem Kollegen-Kreis von Krauss die Professoren Vossler, Heiler, der Dekan der Philosophischen Fakultät, Ebbinghaus, und der Universitätsrektor Reinhardt. Die Rettung brachte ein Gutachten, das der Jurist Stock und der Psychologe Kretschmer erstellten. Ihm folgte eine psychiatrische Untersuchung, die Krauss aus der Todeszelle rettete, da »angeblich ›der dringende Verdacht einer geistigen Erkrankung bestehe‹« (Schneider 1977, 249, vgl. dazu auch Jehle 1995).

Stalingrad und die Philosophie an der »Inneren Front«

Gedichte.[2] Es treten in diesem Rahmen außerdem auf: Eduard Spranger (als Vizepräsident der Weimarer Goethe-Gesellschaft und Vorsitzender der Berliner Vereinigung), der Orientalist Hans-Heinrich Schrader, der Kunsthistoriker Johannes Jahn, der Altertumswissenschaftler Karl Reinhardt (vgl. *Leipziger Neueste Nachrichten* vom 10. August 1943, 2). Im Kulturkalender ist 1943 das Jahr der 100. Wiederkehr von Hölderlins Todestag. Gadamer spricht am 22. Juni 1943 an der Darmstädter Technischen Hochschule über *Hölderlin und das Zukünftige*.[3] Zur NS-Hölderlin-Gedenkschrift anläßlich des 100. Todestages 1943 trägt er den Aufsatz *Hölderlin und die Antike* bei. Am 12. Januar 1944 hält er einen Vortrag an der Universität Leipzig zum Thema *Nikolaus von Cues und die Idee der modernen Wissenschaft* (vgl. die Ankündigung im Vorlesungsverzeichnis der Universität Leipzig WS 1943-44, S.37). Noch im Februar 1944 reist er zu drei Vorträgen nach Portugal (vgl. Anhang). Im September 1944, anläßlich des Nietzsche und Herder Jubiläums[4] hält Gadamer einen Vortrag mit dem Titel: *Über das Schicksal der historischen Weltanschauung bei Herder und Nietzsche*.

Gadamers Beitrag für die *Leipziger Neuesten Nachrichten* von 1943, den wir im folgenden analysieren, rückt dennoch eine andere Thematik in den Mittelpunkt. Nicht die Seelsorge aus dem dichterischen Geist, sondern eine philosophische Intervention zur Reform des NS-Wissenschaftsbetriebes angesichts der ›totalen Mobilmachung‹ des Kriegsfaschismus stand auf der Tagesordnung.

---

[2] Gadamer veröffentlicht 1947 unter dem Titel *Goethe und die Philosophie* einen Vortrag, den er im »November 1942 (sic) im Rahmen der Goethe-Woche vor der Goethe-Gesellschaft Leipzig gehalten hat« (ebd., Innentitelseite). Ob es sich um einen weiteren Vortrag oder um einen Datierungsfehler handelt, konnte nicht ermittelt werden.

[3] Der gleichnamige Text erscheint erstmals 1947 in den *Beiträgen zur geistigen Überlieferung*.

[4] Über die Veranstalter berichtet Zapata (1995, 198): »Die *Wissenschaftliche Gesellschaft Magdeburg-Anhalt* im Verbund mit der *Deutschen Philosophischen Gesellschaft*, der *Goethe-Gesellschaft* und der *Gesellschaft der Freunde Wilhelm Raabes* (Magdeburg) veranstalteten eine Vortragsreihe, die neben Nietzsche auch noch dem 200. Geburtstag von Herder gewidmet war (vgl. die Ankündigung in der *Deutschen Zeitung* in den Niederlanden, Amsterdam 14.9.1944)«.

6.2 Die Rettung der »Besten« aus dem Geist Max Webers
6.2.1 Max Webers »Zucht zur Wahrhaftigkeit«

Anläßlich der Akademischen Woche der Leipziger Lehrerschaft baten die *Leipziger Neuesten Nachrichten* Gadamer als den Direktor des Philosophischen Instituts um einen Beitrag für ihre Artikelfolge über Wissenschaft und Bildung. Am 27. September 1943 erscheint sein Aufsatz »Wissenschaft als Beruf. Über den Ruf und Beruf der Wissenschaft in unserer Zeit«.[5] Gadamer greift den berühmten gleichnamigen Vortrag auf, den Max Weber 1919 hielt, um darin die Gegenwartslage der Akademiker zu reflektieren.

Es ist nützlich, sich kurz die Szene zu vergegenwärtigen, in der die Stichworte fallen, die Gadamer 1943 wieder aufnehmen wird: Weber rang angestrengt um Haltung angesichts der deutschen Kriegsniederlage. Die legendären Vorträge *Wissenschaft als Beruf* und *Politik als Beruf*, die Max Weber 1919 vor Studenten in München hielt, können durchaus im Kontext seiner damaligen politischen Reden für die *Demokratische Partei* gesehen werden.[6] Auch sie verarbeiten in gewisser Weise Niederlage und Revolution. In der Konsequenz rät er den Studenten zu einer Haltung, die sich klaren Bewußtseins in die nationale Ohnmacht und Niederlage schickt, die es aber zugleich erlaubt, sich geistig-moralisch zu kräftigen und durchzuhalten. Jaspers (1988, 117) spricht diesen Aspekt an: »Vom ersten Augenblick an dachte Max Weber politisch an das Kommende. (...) Wie schon immer forderte er auch in der neuen Situation die Ehrlichkeit. Jeder Einzelne und das Volk sind verpflichtet zur ›Selbstzucht der Wahrhaftigkeit‹. Die Wahrhaftigkeit gebietet uns zu erkennen, daß ›unsere Weltmacht als Großstaat unwiderruflich dahin ist‹. ›Mit einer weltpolitischen Rolle Deutschlands ist es vorbei: die angelsächsische Weltherrschaft ist Tatsache. Sie ist höchst unerfreulich (...)‹.« (Ebd.)

Das Postulat einer »Selbstzucht zur Wahrhaftigkeit« übersetzt Weber in den Vorträgen vor dem *Freistudentischen Bund* in die Aufgabe, die politische und intellektuelle Seite der Persönlichkeit in einem

---

[5] In der Folge wird Gadamers Beitrag mit den Siegeln LNN zitiert. *Leipziger Neueste Nachrichten* vom 27. Sept. 1943, Nr. 270, 3.
[6] Für Webers damaliges politisches Engagement sind zwei Eckdaten kennzeichnend: 1918 gehörte er dem Berliner Verfassungsausschuß an, 1919 verfaßte er als Mitglied des Sachverständigengremiums der deutschen Friedensdelegation eine Denkschrift gegen das Versailler Schuldverdikt.

spannungsgeladenen Widerspruch zu verbinden.[7] Für die Hörsäle läßt Weber »keine andere Tugend« (Weber 1984, 36) gelten als »schlichte intellektuelle Rechtschaffenheit« (ebd.), hier heißt die Losung, »der ›Forderung des Tages‹ gerecht [zu] werden – menschlich sowohl wie beruflich« (37). Diese Haltung geht einher mit einer illusionslosen politischen Lagebeurteilung und Entschiedenheit. Jaspers schildert eindrücklich einen der politischen Auftritte Webers:

»Als Deutschland vor den Friedensvorschlägen stand, die in Versailles angenommen wurden, setzte Max Weber vor einer Massenversammlung der Studenten die Lage auseinander. (...) Deutschland wurde jede nur mögliche Demütigung bis zum Schuldbekenntnis zugemutet. (...) Max Weber führte aus – mitten in sachlichen Erörterungen –: Wenn wir ablehnen und der Einmarsch der Feinde erfolgt, dann wissen Sie, was zu tun ist; wir kennen aus den Methoden der Russischen Revolution von 1905, was auch die Ohnmacht kann; dann heißt es, alle Hoffnungen fahren lassen; Zuchthaus und Standgericht sind unser Schicksal; aber den ersten Polen, der es wagt, Danzig zu betreten, trifft die Kugel; wenn Sie dazu bereit sind, wenn es soweit kommt – dann finden Sie mich, dann her zu mir!« (Jaspers 1988, 70f)

Webers Strategie des intellektuellen Standhaltens in demütigenden Niederlagen durch »Zucht zur Wahrhaftigkeit« findet die Anerkennung Gadamers.

»Was an diesem Vortrag die Jugend anzog und zugleich abstieß, war sein wissenschaftliches Ethos – das Ethos einer asketischen Zurückhaltung der Wissenschaft vor den der Jugend wesentlichen Fragen der Wert- und Zwecksetzung. Das Literatengeschwätz vom ›Erlebnis‹ fand hier einen strengen Züchtiger, aber der Züchtiger selbst wirkte auf uns, die wir jung waren, dennoch fast mehr wie ein Gezüchtigter, wie ein unselig sich selbst Züchtigender, der der Erkenntnis, die sein Werten und Wollen trug, gewaltsam verleugnete. In Wahrheit wußte er mehr zu lehren, als er wollte.« (LNN)

Die Stimmung des Jahres 1919 ist hier andeutungsweise aufgegriffen, freilich ohne die deutsche Kriegsniederlage zu erwähnen. ›Niederlage‹ wird nicht zum Stichwort, Gadamer behandelt sie einfach als im NS überwundene. »Inzwischen ist es eine *neue* Jugend, eine Jugend, die äußerlich wie innerlich durch die *nationalsozialistische* Schule gegangen ist, die der standhaften Gestalt der Wissenschaft zu begegnen hat. Es wird lehrreich sein, die Lage unter den veränderten Bedingungen zu überprüfen.« (LNN) Nicht die drohende Kriegsniederlage bestimmt das Bild, sondern die Effekte der faschistischen Modernisierung im Wissenschaftsbetrieb.

---

[7] Dem Weber-Bild von Jaspers aus dem Jahre 1932 liegt diese Facetten-Logik der Persönlichkeit zu Grunde. Dort gibt das Persönlichkeitsbild der *Philosoph* in Weber, der kraft seiner unausgesprochenen philosophischen Positionen den Politiker und den Wissenschaftler zusammenbringt.

6.3 Wehrmacht – Wirtschaft – Wissenschaft: die Karrierefelder der faschistischen Moderne

Gadamers Problemaufriß unter der Überschrift »Wissenschaft als Beruf« hat im Zentrum die Probleme des »Auslesevorgangs« (LNN) beim wissenschaftlichen Nachwuchs. Bei der Rekrutierung aus den Absolventen der »höheren und hohen Schulen« (LNN), gilt es, daß »nur aus einer größeren Schar zur Wissenschaft Williger und ›Berufener‹ die wenigen Auserwählten, auf die es ankommt, sich auslesen können.« (LNN) Das Reservoir, aus dem dabei zu schöpfen ist, schwindet unter den Beeinträchtigungen des Krieges dahin.

»Die ungeheure Anspannung aller Kräfte des Volkes, die in der sogenannten Friedenszeit wie jetzt im Kriege von uns gefordert ist, vor allem aber die zahlreichen Opfer des Krieges, dazu der mit der längeren Dauer des Krieges immer lückenhafter werdende Studiengang bewirken an sich schon eine Minderung des Nachwuchses.« (LNN)

Die größeren Probleme kommen für Gadamer aber durch eine prestigepolitische Fehlschaltung bei den Karrierefeldern für die männlichen Abiturienten. »Rang und Ansehen der Wissenschaft und derer die ihr ihr Leben widmen, ist im öffentlichen Bewußtsein stark gesunken. (...) *Wehrmacht* und *Wirtschaft* gewähren überdies so bestechende Aufstiegsmöglichkeiten, daß alle Versuche der Staatsführung, dem angehenden Manne der *Wissenschaft* einen Ausgleich zu bieten, dagegen nicht aufkommen.« (LNN) Die Steuerungsversuche der staatlichen Wissenschaftspolitik schaffen es nicht, das Mißverhältnis zwischen Wehrmacht, Wirtschaft und Wissenschaft auszubalancieren. Der Staat alimentiere den wissenschaftlichen Nachwuchs zwar, um »den besten Nachwuchs für die Wissenschaft zu gewinnen, sind solche allgemeinen Maßnahmen jedoch unzureichend.« (LNN) Das Fazit der ersten Lagebesichtigung stellt einen durch Geld-Prämien nicht zu kompensierenden Prestige-Verlust der Akademikerschaft fest.

»*Wissenschaft als Beruf ist in unserem heutigen sozial und ökonomisch durchorganisierten Gemeinwesen durch keine sozialen oder ökonomischen Prämien angemessen auszuzeichnen.*« (LNN)

Ja, mehr noch: Das Ausleseverfahren als Ganzes arbeite gegenwärtig in die falsche Richtung. Es droht geradezu, den Universitäten eine Negativauslese als Nachwuchs zuzuführen. »Zweifellos liegt in diesen Verhältnissen eine *Gefahr*: daß nämlich nicht die *Besten* in den Wissenschaftsbetrieb der Zukunft einrücken, sondern eben nur solche, für die diese Prämien noch Anreiz genug bieten.« (LNN) Gadamer kennzeichnet diesen Prozeß in Anlehnung an Weber als »Schicksal der ›Bürokratisierung‹«

(LNN) im Zuge einer Modernisierung und Rationalisierung der modernen Gesellschaften.

Gadamers Anknüpfung an Weber ist freilich selektiv. Weber analysiert diesen Rationalisierungsschub in den Wissenschaften nämlich als Amerikanisierung, die einhergeht mit der Weltmachtstellung, in die die USA im Ausgang des Ersten Weltkrieges einrücken. »Nun können wir bei uns mit Deutlichkeit beobachten: daß die neueste Entwicklung des Universitätswesens auf breiten Gebieten der Wissenschaft in der Richtung des amerikanischen verläuft. Die großen Institute medizinischer oder naturwissenschaftlicher Art sind ›staatskapitalistische‹ Unternehmungen. Sie können nicht verwaltet werden ohne Betriebsmittel größten Umfangs.« (Weber 1984, 7) »Unser deutsches Universitätsleben amerikanisiert sich, wie unser Leben überhaupt« (ebd.).

Bei Gadamer hat die Modernisierung, die trotz ihrer Folgeprobleme gewollt werden muß, alle Spuren ihres amerikanischen Vorbildes verloren, sie tritt auf als »allgemeine Tendenz unseres Zeitalters« (LNN). Auch mit dieser an den Feindbildern des NS abgeglichenen Optik verhilft Weber Gadamer zu einer überraschenden Einsicht, die den realen NS als organisierte Form des Kapitalismus zeigt, der in autoritärer Regie des Staates die nachholende Fordisierung mit Bewunderung vorantreibt.[8]

»Es ist eine Zeit, in der die bewußte Lenkung und Nutzung der einem Volke zur Verfügung stehenden Kräfte zur allgemeinen Losung geworden ist. Was für ein gewaltiger Energiegewinn durch Ballung, Normung, Zentralisierung, Planung, kurz durch ›Organisation‹ erreichbar ist, werden wir fast täglich staunend gewahr. Überdies treiben die drängenden Forderungen des Krieges auf diesem Wege unerbittlich voran. Es ist wirklich fast wie eine neue, umstürzende Entdeckung, daß es keiner neuen Entdeckungen bedarf, sondern nur einer ungehemmten Nutzung und ›Entwicklung‹ des bereits Entdeckten, um der Fortbildung unseres gesamten Zivilisationsapparates einen ungeahnten Auftrieb zu geben.« (LNN)

Allerdings wirft der durchorganisierte Wissenschaftsbetrieb in den Augen Gadamers ein Problem auf. Denn die »erfolgreiche Organisation« allein garantiert noch nicht die »Produktivität der Wissenschaft«; diese ist nämlich »anderer Art« (LNN). »Sie wächst nicht mit den Instituten und nicht notwendig mit den Arbeitsmitteln, auch nicht mit der Verbreitung wissenschaftlicher ›Schulen‹ und der Heranbildung tüchtiger Schüler. All das gab es in Alexandria auch...« (LNN) Dieser diskrete Hinweis

---

[8] Es erstaunt, wie nah Gadamer mit dem Material, das er zum Bild der NS-Moderne arrangiert, faschismustheoretischen Ansätzen kommt. »Daraus resultiert schließlich als real existierender Deutscher Faschismus ein Kompositum aus NS-Bewegung, Geist von Potsdam, deutscher Industrie-Norm (die Neue Sachlichkeit und Modernisierung war auch dabei) und Staatstechnokratie.« (Haug 1989, 6)

auf Alexandria zeigt Gadamer als Warner vor dem Untergang eines Reiches, dessen Wissenschaftsbetrieb an der Spitze seiner Zeit war und es trotzdem nicht schaffte, das Imperium zu halten. Deshalb muß, davon ist Gadamer überzeugt, zur Organisation noch die schöpferische Elite treten, damit solide wissenschaftliche Produktivität erreicht wird. In der Konsequenz heißt das: Die gegenwärtigen Verteilungsstrukturen des Elitennachwuchses arbeiten verkehrt, sie müssen im Interesse der Modernisierung, die der NS so ungeheuer beschleunigt hat, anders zugeschnitten werden.

»Die eigentliche Aufgabe, die sich hieraus ergibt, heißt: immer wieder wirklich produktive Naturen – denen in *Wehrmacht* und *Wirtschaft* heute so hoch prämierte Leistungsfelder winken – der *Wissenschaft* zu erhalten oder zuzuführen. *Die Lösung dieser Aufgabe*, die sich im Grunde in allen Wissenschaften – ob Natur- oder Geisteswissenschaften – stellt, ist *vielleicht von epochaler Bedeutung für die Zukunft der abendländischen Kultur.*« (LNN)

Mit einer kurzer Bemerkung scheidet Gadamer den Staat als die Kraft aus, von der eine neue Auslese-Struktur des Eliten-Nachwuchses zu erwarten ist. Die »*äußeren* Lebensbedingungen der Wissenschaft« (LNN) seien in der Tat so, daß sie »zu dieser Auslese wenig helfen können« (LNN), aber auch die staatliche Wissenschaftspolitik habe nur begrenzte Fähigkeiten, mit finanziellen Mitteln oder Prestigemaßnahmen hier nachsteuernde Impulse zu geben. »Auch die vom Staat mit Bewußtsein ergriffene Aufgabe, das Ansehen der Wissenschaft im Volk zu wahren und zu mehren, wird dieser vornehmsten Aufgabe des Kampfes um die Seelen der Besten nicht wirklich dienen können.« (LNN) Die staatlichen Werbestrategien für das Leistungsfeld »Wissenschaft« (LNN) haben keine ausreichende Durchschlagskraft. Er besichtigt die beiden Hauptmuster staatlicher Propaganda über die wissenschaftlich-technischen Produktivkräfte. Da werde vordergründig der »völkische Nutzwert« (LNN) betont, oder in der intelligenteren Variante darauf hingewiesen, »wieviele unserer heute unentbehrlich gewordenen technischen Mittel und Güter auf wissenschaftliche Entdeckungen zurückgehen, die keinerlei praktischem, sondern nur rein theoretischem Wahrheitsinteresse verdankt werden« (LNN). Sein Urteil darüber lautet, daß selbst in der »gut gemeinten Begründung und Rechtfertigung der zweckfreien Forschung (...) wenig Werbendes« liege (LNN). Nur einen möglichen Lösungsweg läßt Gadamer offen: »Es gibt nur ein einziges Mittel, Menschen von ursprünglich produktiver Begabung für die Wissenschaft zu gewinnen: *das ist die Wissenschaft selbst.*« (LNN)

Stalingrad und die Philosophie an der »Inneren Front« 207

6.4 Der »Kampf um die Seelen der Besten«

Auch für die in den modernen rationalisierten, bürokratischen Formen betriebene Wissenschaft meldet Gadamer einen Bedarf an inneren Attraktionskräften an. Die Art, wie er nach der inneren Bedeutung moderner Wissenschaft fragt, bereitet schon das Terrain für seine Lösung: »Welcher Art muß sie sein, um bei der *Auslese der Besten* die ursprünglich Schöpferischen zu gewinnen? Sie muß selbst *ursprünglich* und *schöpferisch* sein.« (LNN)

Er will den überkommenen Mythos eines essentiellen wissenschaftlichen Schöpfertums auch angesichts einer modernen Wissenschaftler-Generation nicht aufgeben. Dazu wird das ›Schöpferische‹ mit Aristoteles – »›Alle Menschen verlangen von Natur nach Wissen‹« (LNN) – in den Rang einer anthropologischen Konstante gehoben. Sie liefert den gesicherten Grund, vor dem er die historische Abfolge der Wissenschaftler-Typen von Weber Revue passieren läßt.

»Der ›*Wissenschaftler*‹ tritt im 20. Jahrhundert ebenso an die Stelle des ›*Forschers*‹, wie im Zuge des 19. Jahrhunderts der ›*Forscher*‹ an die Stelle des ›*Gelehrten*‹ trat. Im Wechsel der Namen prägt sich ein Wandel im Selbstbewußtsein der Wissenschaft aus: viel oder das Ganze zu wissen: die Idee des ›Gelehrten‹, – ins Unbekannte mit erprobten Mitteln vorzustoßen: der Auftrag des ›Forschers‹, – im Betrieb der Wissenschaft seinen Mann zu stehen: der Beruf des ›Wissenschaftlers‹.« (LNN)

Am Typ des ›Wissenschaftlers‹ macht Gadamer das Attraktivitätsdefizit fest. Er greift die Entfremdungen auf, die mit dem modernen wissenschaftlichen Großbetrieb nach amerikanischem Muster einhergehen: den Kompetenzverlust des einzelnen Wissenschaftlers in bezug auf die Forschungszwecke durch seine Eingliederung in Forschungsprojekte, deren Zielsetzung der Disposition der Beteiligten entzogen ist. Der Wissenschaftler sieht sich zum Zulieferer von Know-how degradiert.

»Die Wissenschaft muß um die Wissenswürdigkeit ihrer Erkenntnis wissen. Woher aber weiß sie darum? Anscheinend liegt es in der Vollzugsrichtung der wissenschaftlichen Forschung selbst, daß ihr ständig neue Erkenntnisaufgaben zuwachsen, ohne daß die Wissenswürdigkeit dieser Dinge der Wissenschaft selbst problematisch wird. Es ist das eigene Gesetz des wissenschaftlichen Fortschrittes, im Betrieb der Wissenschaft aufzugehen und sich der Frage der Wissenswürdigkeit ganz zu entheben.« (LNN)

Gadamer lenkt den Blick jedoch nicht auf das über die Zwecke disponierende Management des Wissenschaftsbetriebs. Er spricht den Verlust der alten Konjunktion von »schöpferischer Wissenschaft« und »Wissenswürdigkeit«, die noch den Gelehrten und den Forscher trug, vielmehr als Sinndefizit aus, das nach Kompensation verlangt. Sein Angebot heißt *Philosophie*. »Schöpferische Wissenschaft wird dadurch ausgezeichnet sein, daß sie diesem Wandel zum Trotz dennoch die Nähe zu denjenigen Dingen (...) wiederzugewinnen weiß, die wahrhaft grundlegend und für wahrhaft Wissenswürdiges grundlegend sind: sie wird *philosophisch* sein.« (LNN) Das von Bedeutungs- und Sinnverlusten bedrohte Fach Philosophie erfährt hier seine Rettung. Es wird gewissermaßen als Sinn-Agentur in der arbeitsteiligen Struktur des Wissenschaftsbetriebes refunktionalisiert. Die Philosophie »vermag (...) der Arbeit der Wissenschaft zwar keine Erkenntnisse oder Erkenntnismittel zu übergeben (nicht einmal die Logik entlehnt die Wissenschaft heute noch der Philosophie), aber sie vermag Sinnfragen zu stellen und dadurch Frageantriebe auszulösen.« (LNN) Im Wissenschaftsbetrieb wird ein »Amt Philosophie« eingerichtet. Der Typ des Würdenträgers residiert hier. »Dieses Amt der Philosophie wird nicht allein vom Philosophen, sondern oft auch von der forschenden Wissenschaft und ihren Führern ausgeübt.« (LNN) Zu den Amtsobliegenheiten gehört nicht Wissenschaftskritik, sondern in erster Linie die philosophische *Würdigung* der Erkenntnisse und Ergebnisse.

»Das ist vielleicht das vornehmste Amt der Philosophie im akademischen Leben, daß sie die Probleme der Wissenschaften auf die ursprünglichen Fragen des Menschen zurückzuführen weiß.« (LNN)

In diesem Stellengesuch bietet sich die Philosophie als wissenschaftspolitische PR-Abteilung im Dienst der produktivkraftrelevanten Forschung feil. Philosophie ist die »einzige Überredungskunst, über die die Wissenschaft verfügt. Aber wo sie geübt wird, hat sie heute wie je den Erfolg für sich, die Besten an sich zu ziehen.« (LNN)

Gadamers abschließendes Wort scheint die Vorbehalte gegen die ›unmännliche‹ Schöngeistigkeit der Philosophie angesichts der derzeit geforderten wehrhaften soldatischen Tugenden aufzugreifen. Gadamer kehrt taktvoll die Elemente um, indem er auf Platons Wort zurückgreift, daß »etwas wie Philosophie im Wesen des *Mannes*« sei (LNN).

Siebtes Kapitel

Ausblick

7.1 · *Nachkriegszeit und Leipziger Rektorat*

Im April 1945 wurde Leipzig von den Amerikanern besetzt. Der 45 Jahre alte Gadamer wurde Dekan der Philosophischen Fakultät. Nachdem Theodor Litt für das Rektorat abgesagt hatte (vgl. Gadamer 1977a, 122), wurde Bernhard Schweitzer zum Rektor der Leipziger Universität ernannt. Noch »im Mai 1945 zauderte man, das Führerprinzip an der Universität zu beseitigen« (Borusiak 1959, 354).[1] Am 2. Juli 1945 gingen die Besatzungsbefugnisse in Leipzig auf die SMAD, die Sowjetische Militäradministration Deutschlands, über. Schweitzer trat am 5. Januar 1946 zurück. Am 21. Januar 1946 übernahm Gadamer das Rektorat. Er erklärte sich die Berufung durch die sowjetische Militärverwaltung als »eine gewisse natürliche Folge meines Ausgeschlossenseins von akademischen Ämtern in der Zeit vorher« (Gadamer, zit. n. Grossner 1971, 235). In den Entnazifizierungsverfahren der Amerikaner und Sowjets warf Gadamer sein Gewicht als ›politisch Unbelasteter‹ für belastete Kollegen in die Waagschale.

Eine Rekonstruktion der vielfältigen bildungspolitischen Aktivitäten Gadamers in Leipzig überschreitet das Vorhaben dieser Arbeit; dennoch sollen einige Daten vergegenwärtigt werden, um sowohl seine Rede über *Die Bedeutung der Philosophie für die neue Erziehung* von 1945 als auch seine Rektoratsrede *Über die Ursprünglichkeit der Wissenschaft* von 1946 als Muster philosophischer Vergangenheitsbewältigung besichtigen zu können.

---

[1] Borusiak (1959, 354) verweist auf das Protokoll der Dekanbesprechung vom 24. Mai 1945, VA, RR 3. Borusiaks Artikel *Die Universität Leipzig nach der Zerschlagung des faschistischen Staates und ihre Neueröffnung am 5. Februar 1946* (1959), dem eine umfangreiche Recherche im Leipziger Universitäts-Archiv zugrundeliegt, stellt eine methodische Schwierigkeit für die historische Arbeit dar, die darin liegt, daß er die Dokumente selbst weniger zitiert und sie durchgängig in der Rhetorik des Marxismus-Leninismus kommentiert.

7.2 Entnazifizierung und Bildungspolitik

An Gadamers Leipziger Rektorat hebt der DDR-Historiker Horst Borusiak zwei Aspekte hervor. Der erste betrifft die »Schuld« der Universität: »Die deutschen Antifaschisten verlangten ein eindeutiges Bekenntnis zur Kriegsschuld Hitlerdeutschlands und damit zur persönlichen Mitschuld und Mitverantwortung (...). Weder in der programmatischen Ansprache des ersten Nachkriegsrektors, Prof. Schweitzer, noch in der Antrittsrede seines Nachfolgers, Prof. Gadamer, findet sich ein klares politisches Schuldbekenntnis der Universität.« (Borusiak 1959, 348) Der zweite Aspekt betrifft die Entnazifizierungsverfahren. Die dominierende Einstellung der Universitätsleitung beim Wiederaufbau fand vor allem Ausdruck in der »verzögerten Säuberung des Lehrkörpers von faschistischen Vertretern (...). Sie versuchten, aus einem kleinen Teil der nazistisch belasteten Hochschullehrer Antifaschisten zu machen.« (Ebd.)

Unter der amerikanischen Besatzung war das Programm der *Selbstreinigung*, das Schweitzer, Gadamer u.a. unterstützten, für die Universitäten vereinbart worden. Bernhard Schweitzer bestätigt in seiner – im übrigen die Rolle der Universität Leipzig im NS beschönigenden – Rede[2], daß die Entnazifizierung ohne Einmischung seitens der Besatzungsmächte durchgeführt werden konnte: »Die Universität Leipzig war wohl die einzige Hochschule in Deutschland, welche nach dreiwöchigen Verhandlungen die Wiederherstellung eines rein wissenschaftlichen Lehrkörpers in eigener Regie durchführen konnte.« (Schweitzer 1960, 18) Die Entnazifizierungsgrundsätze waren: »1. Die Universität nimmt die Säuberung des Lehrkörpers selbst vor. 2. Die Reinigung darf nicht überstürzt erfolgen. 3. Jeder Fall soll individuell behandelt werden.« (Borusiak 1959, 365) Unter sowjetischer Besatzung, am 15. September 1945, eine Woche vor Gadamers Rede *Die Bedeutung der Philosophie für die neue Erziehung*, wurde der SMAD-Befehl Nr. 50 erlassen, der die »Vorbereitung des Lehr- und Forschungsbetriebes an den Universitäten und Hochschulen der sowjetischen Besatzungszone« (373) in Gang setzte. Vorgesehen waren folgende Aufgaben:

---

[2] Für Schweitzer war unter den Rektoren »von 1935 an keiner, der nicht die Freiheit der Wissenschaft und die Selbstverwaltung der Universität mit allen Kräften verteidigte« (Schweitzer 1960, 18). Der ›Kriegseinsatz der Altertumswissenschaften‹, den der Rektor Helmut Berve propagierte, gibt Anlaß, an dieser Aussage zu zweifeln (vgl. 5.1).

»1. Säuberung der Universität, insbesondere des Lehrkörpers, von allen faschistischen und militärischen Elementen.
2. Rehabilitierung und Wiedereinsetzung politisch und rassisch verfolgter Hochschullehrer.
3. Die Reinigung der Bibliotheken und Lehrprogramme vom faschistischen Gedankengut.
4. Die Herausgabe von Lehrplänen, die eine demokratische Erziehung der Studenten gewährleisteten.
5. Die Herausgabe neuer Zulassungsbestimmungen für Studenten unter besonderer Berücksichtigung antifaschistischer Kräfte und Werktätiger, die bisher keine Gelegenheit hatten, die Hochschulreife auf dem üblichen Weg zu erlangen.« (Ebd.)

Es gab Bestrebungen, die »Reinigung« so schnell wie möglich ad acta zu legen. Am 2. Mai 1946 berichtete Gadamer der Landesverwaltung, »daß im Geschäftsbereich der Universität alle Personen, die Mitglieder der NSDAP, SA, SS usw. waren, spätestens am 15.11.1945 aus ihren Stellungen entlassen worden sind.« (zit. n. Borusiak 1959, 181) Anders als Jaspers betrachtete Gadamer diese Entlassungen mit Skepsis: man suchte, »soviel Professoren und Assistenten wie möglich loszuwerden – laut Kontrollratsgesetz war das sehr einfach, indem man alle Pg's, auch ganz ›formale‹, entließ. Nicht so einfach war es, die Lücken zu füllen.« (Gadamer 1977a, 125)

Das »Dreigestirn Hans Freyer, Theodor Litt und Hans-Georg Gadamer« (Hildebrandt 1981, 165) versuchte zusammen mit anderen konservativen Hochschullehrern, die Einrichtung des ›Arbeiterstudiums‹ und der ›Gesellschaftswissenschaftlichen Fakultäten‹, der sogenannten Gewifas zu verhindern. Beide Projekte wurden jedoch im Dezember 1946 beschlossen (vgl. Friedrich 1984, 133).[3] Die bildungsaristokratische Einstellung Gadamers[4] prägte seine Vorbehalte gegen die SED-Hochschulpolitik:

---

[3] Entsprechend dem SMAD-Befehl vom 2.12.1946 erfolgte die Gründung der Gewifas (vgl. *Chronik der Karl-Marx-Universität 1945-1959*, 24). Im April 1947 nahmen sie ihre Arbeit auf (vgl. Hoyer 1984, 278). Die Gründung von Arbeiter- und Bauernfakultäten wurde bereits ab Februar 1946 geplant; 1949 folgte nach dem Entscheid der Landesverwaltung Sachsen die »Einrichtung von Vorstudienanstalten, an denen in kurzfristigen Lehrgängen Arbeiter- und Bauernkinder auf das Hochschulstudium vorbereitet werden sollten.« (Helbig 1961, 113, vgl. auch Kleßmann 1986, 96f)

[4] Aus seinem professoralen Selbstverständnis heraus gab Gadamer folgende Einschätzung dazu: »Die angestrebte ›sozialistische‹ Umbildung der Universität wurde im wesentlichen als ein sozialer Umschichtungsprozeß in Gang gesetzt, und zwar von beiden Seiten: als Studenten wurden Kinder der ›unteren Klassen‹ bei der Zulassung bevorzugt. Diese Auslese war sehr schematisch, und hochbegabte Professorenkinder konnten oft gegen die Russen nicht durchgesetzt werden.« (Gadamer 1977a, 125)

»Ein besonderes Problem waren dabei die sogenannten Arbeiterstudenten: Aus den Fabriken ohne ausreichende Schulbildung an die Universität gesandt, hatten diese jungen Leute es schwer. Bei allem Eifer und selbst im Falle echter theoretischer Begabung lagen sie anfangs natürlich zurück, und ihr etwaiges Scheitern drohte der ›Reaktion‹ an der Universität zur Last gelegt zu werden. In Wahrheit ist dies Experiment nicht geglückt und hat sich schnell überlebt, – war ja auch nur als Übergang gemeint.« (Gadamer 1977a, 130)

7.3 »Daß wir noch nicht wissen, wo wir stehen«
7.3.1 Die Sache der Philosophen

Vier Monate nach Kriegsende, am 22. September 1945, hielt Gadamer die o.g. Rede über *Die Bedeutung der Philosophie für die neue Erziehung* vor der Leipziger Lehrerschaft.[5] Das Rederecht erhielt er wahrscheinlich von der SMAD: »Daß ich kein Marxist war, war allen klar.« (Gadamer 1977a, 132) Er trat als unkompromittierter Philosoph vor eine Zuhörerschaft, die in diesen Tagen unter dem Druck der Entnazifizierungsverfahren stand. Der Akzent seiner Rede lag dementsprechend bei der »Verständigung« (5) über den NS, die eine Vergangenheitsbewältigung in Gang setzen sollte.

Als erstes entwirft Gadamer den »Auftrag« (ebd.) des Philosophen: Der Philosoph sei jemand, der zu keiner »Weltanschauung« (ebd.) überreden solle. Er gibt so zu verstehen, daß er in einem politisch neutralen Rahmen reden will. Sein Gestus bedeutet, daß er als Philosoph über ›Weltanschauungen‹ sprechen werde, aber nicht für sie oder aus ihnen. Es soll ein möglichst breites Terrain der Gemeinsamkeit bereitet werden. »Der Philosoph muß seinem Auftrag nach versuchen, den gemeinsamen Boden zu finden, auf dem wir alle, die einer Zeit Kinder sind, stehen. Er hat nicht die Aufgabe, zu einer Weltanschauung zu überreden, die als eine schon fertige, fordernde Gestalt des Geistes vor den Zuhörenden hingestellt würde.« (Ebd.) Gadamer geht auch diesmal wie selbstverständlich auf die Griechen zurück. Dieser Rückgriff auf einen Raum, in dem die ›ewige‹ Philosophie zu Hause ist, schafft eine unbelastete Sphäre, aus der seine Rede eine spezifische Legitimation erhält. Als Vorbild des Philosophen wählt er die Figur des Sokrates. Passend zur Nachkriegslage ist es der herumirrende Sokrates, der als Nichtwissender die Frage nach der Wahrheit stellt:

---

[5] Der Vortrag wurde auf der Berliner Fachtagung für Philosophie und Pädagogik im Juni 1946 wiederholt. Als Text erschien er 1948; einfache Seitenangaben verweisen auf diese Ausgabe.

Ausblick 213

»Die ewige Gestalt des Philosophen ist die des Sokrates, d.h. die Gestalt eines Mannes, der als Nichtwissender heraufholt, was unser aller Wahrheit ist.« (Ebd.)

Gadamer versammelt mit dieser Sokratesfigur seine Zuhörer auf einem Gemeinplatz unter der Überschrift: »daß wir diesen unseren Standort und diese unsere Wirklichkeit niemals genug kennen« (ebd.).[6] Von hier aus findet er direkten Anschluß an die reale Unsicherheit seiner Zuhörer, »daß wir noch nicht wissen, wo wir stehen, und eben deshalb, weil wir noch unwissend sind, wer wir sind und wo wir stehen, darf er [der Philosophierende, TO] glauben, etwas unser aller Zukunft Angehendes zu sagen.« (Ebd.) Die Unsicherheiten waren gewaltig: Der Nürnberger Prozeß hatte noch nicht angefangen; wie weit die Entnazifizierung gehen würde, war noch nicht abzusehen; die Teilung Deutschlands drohte.[7] Gadamers sokratische Manier bot bei aller realen Ungewißheit die Zuversicht einer in »Selbstverständigung« (6) fundierten Gemeinsamkeit, für diejenigen, die sich Hoffnungen machten, auch zukünftig im Schul- und Bildungsbereich eine tragende Rolle zu spielen.

»Der Philosoph hat mit allen, die künftig als Erzieher vor unser Volk treten sollen, eine gemeinsame Basis, und das ist die, daß wir nur erziehen können, wenn wir mit uns selbst verständigt sind. Dieser Aufgabe dient seit den Tagen des Sokrates die Philosophie. Ihr Amt ist von jeher, zu einer solchen Verständigung mit uns selbst beizutragen.« (5)

Im Zentrum dieser Verständigung, die eine »gemeinsame Basis« (ebd.) schaffen soll und »schwerer denn je und notwendiger denn je« (ebd.) sei, steht ein Umgang mit und eine Haltung gegenüber der NS-Zeit, die die alten und neuen angehenden Pädagogen vor sich selbst legitimiert. Gadamer redet zu ihnen, »die einer Zeit Kinder sind« (ebd.), als ob sie eben aus einem Traum erwachten: »was hinter uns liegt, zum mindesten

---

[6] Eine ähnliche Funktion hat Jaspers' berühmte Vorlesung über *Die Schuldfrage* mit ihrer theologischen Anknüpfung an Schuld: »Niemand ist schuldlos« (Jaspers 1986, 129). Darüber hinaus finden sich auch in ihr – freilich in anderer Konstellation – die Topoi der Wahrheitssuche und Verständigung: »In Grundzügen gemeinsam ist uns Deutschen heute vielleicht nur Negatives: die Zugehörigkeit zu einem restlos besiegten Staatsvolk, ausgeliefert der Gnade oder Ungnade der Sieger; der Mangel eines gemeinsamen uns alle verbindenden Bodens; die Zerstreutheit: jeder ist im wesentlichen auf sich gestellt, und doch ist jeder als einzelner hilflos. Gemeinsam ist die Nichtgemeinsamkeit.« (126)

[7] Die Prozesse gegen Richter, Ärzte, SS-Offiziere, Kapital-Agenten und Wehrmachtsoffiziere, die den im Herbst abgeschlossenen Verfahren gegen Hauptkriegsverbrecher folgten, waren noch in Gang (vgl. Friedrich 1984, 51-120). Parallel arbeiteten seit dem sog. ›Befreiungsgesetz‹ vom März 1946 – unter Kontrolle der Siegermächte – die mit Deutschen besetzten Spruchkammern. Freilich mündete die Entnazifizierung später in eine großangelegte Entlastungs- und Rehabilitationskampagne (vgl. 132-44).

als die amtliche Auflage, die über uns gelegt war, war das Wahnbild der völkischen Weltanschauung.« (Ebd.) Diese Definition des NS wird sodann zum Entlastungsargument funktionalisiert:

> »Ich nenne dies ein Wahnbild und deute damit schon an, daß auf dieser Grundlage eine echte Verständigung unserer mit uns selbst nicht möglich war, und daß wir unter der Wucht des Zwiespaltes zwischen dem, was wir wirklich waren und dem, was wir darstellen sollten, gelitten haben.« (Ebd.)

Der Rekurs auf das »Wahnbild« erlaubt nicht, den NS als soziale Bewegung und nationalistisches Herrschaftsprojekt zu denken. Nicht nur die ›Schuldfrage‹, sondern auch die nach Wirksamkeit, Erfolg und Faszination des NS können im Rahmen dieser Definition nicht gestellt werden. Sie bleibt begriffslos, wenn es um die konkreten Formen und Funktionen geht, die etwa dem ›Rassegedanken‹ im Prozeß der nachholenden Fordisierung zukamen, die das NS-Regime in Deutschland mit aller Gewalt durchsetzte (vgl. Haug 1986, 30): »Die Grundlegung der völkischen Weltanschauung im Rassegedanken war ein solcher Wahn.« (Gadamer 1948, 5) Dennoch hat die Kategorie des Wahnbilds, der »dämonischen Suggestionskraft für viele« (9) bei aller analytischen Armseligkeit doch einen wichtigen Vorzug – sie räumt bequeme Distanzierungsmöglichkeiten ein. »Pseudowissenschaftlicher Wahn« (5), »Fanatismus« (9) und »Aktivismus« (ebd.) – diese Redeweisen über den NS produzieren den Geschmack des ›Unechten‹; als zu analysierendes Herrschaftsprojekt bürgerlicher Provenienz scheidet er damit letztlich aus.[8] Zudem wird die Vorstellung bestärkt, daß *innere Überzeugung und Engagement* der Deutschen, an deren Formierung Philosophie, Kirchen, Justiz und Militär nach Kräften gearbeitet hatten, nicht existiert haben.

7.3.2 *»Die Verkehrung einer Wahrheit«*

Freilich, auch wenn mit ›Wahn‹ und ›Wahnbild‹ auf eine Analyse des realen Nazismus verzichtet wird, versucht Gadamer ein Angebot zu machen, mit dem die deutschen Pädagogen auf dem Feld der ›Vergangenheitsbewältigung‹ handlungsfähig werden sollen: Wenn der NS wesentlich ein Wahn war, dann heißt ihn bewältigen, zu ›verstehen‹, welches die Kraftquellen dieses ›Wahns‹ waren. Gadamer formuliert die Aufgabe, Einsicht in das »Unverständliche« (6) zu gewinnen.

---

[8] ›Wahnbild‹ reduziert den NS auf den *völkischen Bewegungsfaschismus*, ausgeblendet wird seine zweite treibende und tragende Kraft, die sich im *Geist von Potsdam* wiedererkannte. Die Reduktion auf die völkische Linie deutet innerfaschistische Widersprüche als Widerstand um.

»Wir haben die Entartung dieser völkischen Weltanschauung in Selbstvergötterung und in Machtwahnsinn erlitten. Ich bin nun der Meinung, daß eine Selbstverständigung, wie sie uns not tut, nur gelingen kann, wenn wir die Gewalt dieses Wahnes als die Entstellung einer Wahrheit begreifen lernen, wenn wir also nicht vor einem schlechterdings Unverständlichen stehen bleiben, das einmal über uns war und jetzt hinter uns liegt, sondern wenn wir auch dies noch zu begreifen suchen, was da entartet ist und was sich da so fürchterlich verkehrt hatte.« (Ebd.)

Einen Vorgang als ›Entartung‹ zu begreifen, verweist auf ein weites Konnotationsfeld, wobei im Zentrum das Abweichen von einer Norm steht. Zusammen mit Begriffen wie ›Entstellung‹ und ›Verkehrung‹ behauptet ›Entartung‹ eine entscheidende Zäsur in der Entwicklung des Nazismus. Noch wichtiger ist, daß alle Begriffe eine ›Wahrheit‹ als zugrundeliegendes Positives setzen, das Objekt einer Pervertierung gewesen sein soll.[9] Gemäß einer »alten Bestimmung der abendländisch-christlichen Metaphysik« wird »das Böse« (ebd.) als »die Verkehrung des Guten« (ebd.) begriffen. Gadamer will nicht das Kind mit dem Bade ausschütten, sein Appell zielt darauf, »diese Verkehrung als Verkehrung« (ebd.) zu durchschauen. »Nur dann werden wir dort anknüpfen können, wo wir wirklich stehen und uns vor einer bloßen Restauration bewahren.« (Ebd.)

Ein breiter Konsens wird gestiftet: Auf der Seite der guten ›Wahrheit‹ können sich alle wiederfinden, die ›gutgläubig‹ ihre Hoffnung auf den NS gesetzt haben: »Die völkische Weltanschauung muß zum Zwecke dieser Selbstverständigung aus dem, was ihr zu Grunde lag, als die Verkehrung einer Wahrheit von uns begriffen werden.« (Ebd.) Zudem scheint, daß Gadamer mit der Rede von »bloßer Restauration« (ebd.) den Vorwurf einer konservativen Restauration, der damals gegen die Universitätsleitung erhoben wurde, an die »Radikalen« (Gadamer 1977a, 127) zurückverweist.

7.3.3 Die »Aushöhlung der Werttafel des bürgerlichen Moralismus«

Der auf »das Wahnbild der völkischen Weltanschauung« (Gadamer 1948, 5) zurückgeführte NS wird seiner »Herkunft« (6) nach in der Geistesgeschichte verortet: »Die Aufgabe unserer Besinnung ist also, diese Herkunftsgeschichte des Begriffs und der Sache der Weltanschauung näher zu durchdringen.« (7) Gadamer arbeitet keine philosophische

---

[9] Indizien für eine Datierung der Zäsur wären »Selbstvergötterung und Machtwahnsinn« (6), sie deuten möglicherweise auf den Umbau des NS zum ›Vernichtungskrieg‹ hin.

Problemstellung angesichts des NS aus, sondern verleiht diesem selbst den Status eines philosophiegeschichtlichen Problems. Auf dem Niveau der »wahrhaft weltgestaltenden Gedanken« (6) ist das Terrain entpersonalisiert und ›entpolitisiert‹. Seine Zuhörer werden in eine Dimension eingeführt, in der sie befreit durchatmen können. Die Herkunft der »völkischen Weltanschauung« (ebd.) liege »darin, daß sich die neuzeitliche Metaphysik der Subjektivität zum entschlossenen und selbstzufriedenen Relativismus der Weltanschauungen zuspitzte.« (Ebd.) Diese Anordnung, die den Faschismus prinzipiell als etwas Geistiges faßt, macht erneut alle realen Kräfte, die an der Stabilisierung und Erhaltung des NS-Staates mitgewirkt haben, wie z.b. Wirtschaft und Industrie, Kirche, Justiz, Medizin und staatliche Verwaltung zu sekundären, aus dem ideellen Urgrund abgeleiteten Größen.[10]

Gadamer stellt diese Weltanschauungsgeschichte immanent, mit den traditionellen Mitteln der Schulphilosophie dar.[11] Die philosophische Geschichte des NS beginne wie die aller anderen »Weltanschauungen« im »Zusammenbruch des Hegelschen Systems« (7) und dem daraus folgenden Relativismus.

»Hegel ist die letzte große Gestalt in dem einheitlichen Zusammenhang dieses idealistischen Geistglaubens. Er ist aber zugleich auch die letzte einheitliche Gestalt des gemeinsamen Geistes des Abendlandes.« (Ebd.)

An dieser Stelle präsentiert Gadamer eine überraschende Neueinordnung Platons. Das metaphysische Ideen-Konzept Platons wird jetzt am Ursprung der Hegelschen »Bewegung des Idealismus« (ebd.) gewürdigt:

»Was ist das Wesen und die Voraussetzung dieses Idealismus? Denken Sie an den platonischen Ursprung des Wortes; die Idee ist für Platon das wahrhaft Wirkliche gegenüber dem Wechsel und der Veränderlichkeit des der sinnlichen Erfahrung Zugänglichen, das wir Wirkliches nennen.« (Ebd.)

---

[10] In diese Deutung Gadamers geht ein, was Haug in seiner Studie über den *hilflosen Antifaschismus* als Implikation solcher Bestimmungen herausarbeitet; die Vorstellung nämlich, daß »Charakter und Geist, Einstellung und Ideen in der Geschichte halt doch allein den Ausschlag geben, sei es auch nur *in statu corruptionis*. Wo ›eine ins Verderben führende Ideologie‹ (...) am Werk gesehen werden kann, ist auch ein Stück Allmacht der Gedanken gerettet.« (Haug 1987, 58)

[11] Auffallend ist, daß die Bedeutung der Kategorie »Weltanschauung« der des »Vorurteils«, das bei Gadamer später in *Wahrheit und Methode* eine der Grundlagen der hermeneutischen Erfahrung bildet, sehr nahe kommt. In diesem Fall stellt die »Weltanschauungs«-Definition eine Entlastungsstruktur bereit, der die ›Schuldfrage‹ prinzipiell entgeht: »Das Wort [Weltanschauung, TO] selber deutet uns schon an, daß es sich nicht um eine Form des urteilenden, wissenden Weltbegreifens handelt, sondern um etwas, das allem Urteilen und Wissen vorausliegt, das schon unser Sehen der Dinge mitbestimmt, sofern es das umgreifende Ganze des Seins meint.« (6)

Ausblick 217

Der Zusammenbruch des Hegelschen Systems habe mit »innerer Notwendigkeit« einen »Kampf der Weltanschauungen« (ebd.) in Gang gesetzt, die sich in seiner Kritik herausgebildet hatten. »Diese innere Notwendigkeit gilt es zu begreifen, wenn wir unsere Lage verstehen wollen.« (Ebd.) Die beiden entscheidenden Antagonisten seien Christentum und Marxismus. Philosophisch werden sie als die Hegelkritiken von Kierkegaard und Marx artikuliert.

»Aus der geistigen Luft dieser Kritik an der Hegelschen Vernunftgläubigkeit stammen die beiden großen in der Folge epochemachenden Versuche, das Problem der konkreten Existenz gegen den Vernunftglauben wahrzunehmen. Einmal die Kritik, die hier der dänische Denker Kierkegaard an der Hegelschen Dialektik geübt hat. (...) Die Voraussetzung Kierkegaards ist dabei eine alte christliche. (...) Die andere ungleich geschichtsmächtigere Kritik (...) stammt aus der jung-hegelschen Schule. (...) Sie ist weltgeschichtlich wirksam geworden durch die Kritik von Karl Marx.« (8)

Der NS wird vom Kampf dieser Weltanschauungen aus konstruiert: Unter dem Eindruck des »herrschenden massiven Materialimus« (ebd.) habe sich die akademische Philosophie zurückgezogen auf ihren »idealistischen Lehrmeister« (ebd.) Kant. Der alte Idealismus bildet sich um zum Neukantianismus. Als solcher sei er die prägende »liberale Form des Kulturbewußtseins« (ebd.) und dominierende Gestalt bürgerlicher Bildung. »Der Neu-Kantianismus (...) ist der philosophische Ausdruck dieser liberalen Form des Kulturbewußtseins des 19. Jahrhunderts gewesen und hat wesentlich die Gestalt der christlich-bürgerlichen Moralität besessen.« (Ebd.) In der Folge habe sich die »Ohnmacht dieses Bildungsidealismus« (9) erwiesen; sein Niedergang beginne mit der »Zersetzung« »der konkreten Lebensformen bürgerlicher Tradition und Sitte«, deren »geistiger Ausdruck etwa im extremen Psychologismus vorliegt, in der Herrschaft des psychologischen Verstehens über alle normativen Gesichtspunkte.« (Ebd.) Bemerkenswert in dieser Rede ist, daß die Säuberungsaktionen des NS gegen den Neukantianismus, aber auch die akademische Hetze gegen den, wie es hieß, ›unpolitischen Bildungshumanismus‹, keine Resonanz finden. Statt dessen wagt Gadamer, seine ›Schwächen‹ in den Status eines Wegbereiters des Kommenden zu rücken.

In diesem Sinne gilt für Gadamer der Psychologismus als die letzte Position eines Prozesses der »Schwächung des Wertens, einer Aushöhlung der Werttafel des bürgerlichen Moralismus« (ebd.). »Diese Aushöhlung des Idealismus ist der Boden der Verkehrung des Wahren geworden, die wir in der nationalsozialistischen Epoche an uns erfuhren« (ebd.). Die Sprache der Moral bezieht sich in dieser Version implizit auf den preußisch-wilhelminischen Ordnungsraum; erst vor diesem Hintergrund wird der

Topos der ›Werte-Leere‹ verständlich. Die ›Aushöhlung der Werte‹ verphilosophiert das Ende der wilhelminischen Ordnung und die sozialen Spannungen und Konflikte der Weimarer Republik.

Damit ist Gadamer zufolge der Boden bereitet, auf dem der »Nihilismus« (9) und sein Hauptdenker Nietzsche auftreten. Ihnen gehört in der Folge bei Gadamer die Bühne des philosophischen Trauerspiels. An Nietzsche allein wird die Faschisierung exemplifiziert, das breite Spektrum akademischen Philosophierens im NS über Platon, Hegel, Hobbes, Schopenhauer, Herder usw. wird hingegen nicht zum Thema gemacht.

»Diese Aushöhlung des Idealismus hat dann ihre extreme Zuspitzung in dem gefunden, was Nietzsche den Nihilismus genannt hat und was wir als Wirklichkeit einer jüngsten Vergangenheit erlebt haben.« (Ebd.)

Sehr nah an Alfred Baeumlers Nietzsche-Interpretation referiert Gadamer: »Das einzige Ideal, dem alles zu dienen hatte, war der Wille zur Macht, d.h. aber in der Form, in der Nietzsche gewirkt hat, das Wollen des Wollens selbst, ohne ein Wissen um das, was gewollt ist, ohne eine Verantwortlichkeit im Wissen dessen, was man will.« (Ebd.) Für Gadamer war dies die Philosophie eines »Aktivismus« und »Fanatismus« (ebd.). Als die philosophischen Hauptschuldigen am ›Wahn‹ des NS gelten demnach Nietzsche als Vordenker sowie seine Interpreten als Propagandisten. – In der Tat gab es im NS eine breite Nietzsche-Rezeption (vgl. Zapata 1995), an der übrigens auch Gadamer und sein Lehrer Heidegger ihren Anteil hatten.[12]

7.3.4 Die Positivierung der Grenzen der Vernunft

»Psychologismus« und »Nihilismus« (ebd.) als Resultat des Idealismus seien in der Geschichte der Weltanschauungen die letzten Stationen auf dem Weg in den NS. Als Rettung gegen diese philosophische Strömung offeriert Gadamer Lebens- und Existenzphilosophie als zwei aussichtsreiche philosophische Kritiken des Idealismus. »Lebensphilosophie und Existenzphilosophie – ich darf etwa an die Namen Dilthey und Jaspers erinnern – sind die akademischen Formen der Wiederaufnahme der Kritik des Idealismus« (ebd.). Sie werden in der Folge zu Anwärtern für eine konservative Faschismus-Verarbeitung gemacht. Ihr spezifisches Objekt seien Weltanschauungen, denn sie könnten »hinter die erkenntnistheoretische Grundlegung im Begriff des Bewußtseins zurückgehen« (ebd.)

---

[12] Gadamer hielt zwischen 1935 und 1945 Seminare über Nietzsche (vgl. Anhang).

Ausblick 219

und hätten somit ein Wissen über die Grenzen des idealistischen Vernunftglaubens. Bei der expliziten Ausformulierung dieser Leistung bedient sich Gadamer allerdings nicht der Kategorien Diltheys oder Jaspers', sondern Heideggers, der freilich ungenannt bleibt.

»Der Begriff des Lebens bedeutet in der Tat eine Begrenzung des subjektiven Bewußtseins des Geistes durch ein Vorbewußtes, das ihn selbst trägt, verwandelt, nutzt. Und der Begriff der Existenz, so wie er in den letzten fünfundzwanzig Jahren Gestalt gewonnen hat, meint das Geworfensein unseres sich verstehenwollenden Daseins in sein Schicksal, meint dieses nackte Ausgesetztsein, vor dem alle Sicherungen der Vernunft versagen und das seitdem die Grenze des idealistischen Denkens bezeichnet.« (Ebd.)

Der Wert der Lebens- und Existenzphilosophie wird in der Positivierung der Grenzen der Vernunft gesehen. Der Ertrag, den Gadamer aus der Existenzphilosophie zieht, besteht in der Einsicht, daß nicht nur die Vernunft, sondern die »Wahrheit« (10) selbst geschichtlich sei. Die geschichtliche Kontingenz von Vernunft und Wahrheit sei aber auch genau das, was im Faschismus bewußt wurde: »In seiner Verkehrung freilich ist es uns allen im letzten Jahrzehnt bewußt geworden.« (Ebd.) Die exterministischen Potenzen des NS, die Hilflosigkeit vor dem Tode und »die Wissenschaft von den Drängen und Stauungen des Unbewußten« (11), nämlich die Psychoanalyse, werden zum Beweis für die Grenzen der Vernunft gemacht (vgl. 10f).

Als philosophisches Fazit des Faschismus hält Gadamer fest: Wahrheit und Vernunft seien »in solchem Grade von unseren geschichtlichen Bedingungen abhängig, daß sie sich nicht selbst zu zeitigen vermögen.« (12) In der Gestalt des Appells zur Rettung einer *gezeitigte[n] und von der Geschichte abhängige[n] Vernunft* kann der Anti-Lukács in Gadamer präfiguriert gesehen werden. Hier meldet sich 1945 erstmals die sogenannte Gegenaufklärung, die sich Wege zur Restauration suchen wird. Aus dieser Erfahrung wird eine Stellenausschreibung für eine konservative Hermeneutik gemacht, die sich in dem Projekt einer ›Selbstverständigung‹ ankündigt: »Die Aufgabe, die Hegels ›Phänomenologie des Geistes‹ zu lösen unternahm, scheint mir auf dem Boden der radikalen Vernunftkritik des letzten Jahrhunderts einer Erneuerung zu bedürfen: das Verhältnis von Drang und Geist einer neuen Vermittlung zuzuführen.« (Ebd.)

7.3.5 *»Echte Demokratie«*

Zum Schluß hält Gadamer ein Plädoyer für ein demokratisches Staatswesen, das nicht die ›Schwächen‹ der Weimarer Republik aufweist.

»Dieser Sinn der Demokratie will in Deutschland ganz neu gelernt werden, denn auch nach 1918 ist dies in Deutschland nicht gewußt worden, d.h. es war nicht in das politische Bewußtsein der Öffentlichkeit aufgenommen.« (13)

Die Vorstellungen »vom Wesen der Demokratie« seien »verderbt, weil auch sie nicht erst in den letzten zwölf Jahren, sondern schon länger entstellt wurden.« (Ebd.) Eine Gefahr liege darin, daß Demokratie wieder darin bestehe, »Interessengruppen miteinander auszugleichen« und sich nur auf »das Prinzip einer reglementierten Gewaltanwendung« (ebd.) zu beschränken. Für Gadamer kommt es in der Demokratie vielmehr darauf an, »die Wahrheit zu finden, die für alle verbindlich ist« (ebd.) – Demokratie verbindet sich so mit einer durchaus autoritären Staatsauffassung:

»Gewiß gehört zu Demokratie, daß ein jeder seine politische Willensmeinung zur Geltung zu bringen sucht, aber das Entscheidende dabei ist, daß er sich eben damit der Belehrung durch die Meinung der anderen aussetzt. Überstimmtwerden, Unterliegen (sic) heißt immer, eine solche Belehrung über den wahren Willen des Staates empfangen.« (Ebd.)

7.4 Gadamers Rektoratsrede

Am 5. Februar 1946 hielt Gadamer seine Rektoratsrede. Auf russischer Seite war er inzwischen als Leiter der Universität durchaus beliebt: »Im ganzen war die Verständigung mit den russischen Kultur-Offizieren nicht sehr schwer.« (Gadamer 1977a, 128) Sie wurde dadurch erleichtert, daß sie »keine Offiziere, sondern Professoren in Uniform (waren), mit denen einen vieles verband.« (Ebd.) Gadamers Autobiographie bringt eine Serie von Anekdoten über seine zumeist erfolgreichen Verhandlungen und Kontakte mit den sowjetischen Stellen in Leipzig und Berlin. Politische Schwierigkeiten hatte er in dieser Zeit vor allem mit »deutschen Stellen« (ebd.): mit »engstirnigen Doktrinären, die vor Wichtigkeit und Wichtigtuerei förmlich platzten.« (Ebd.) In Diskussionen anläßlich seiner Vorträge traf er bei seinen »marxistischen Diskussionspartnern« auf »plattes Aufklärertum« (131). Bei den in Marxismus-Leninismus geschulten Kadern lernte er die Anfänge der »neuen Scholastik« (ebd.) kennen, an der sein Nachfolger Ernst Bloch, der für einen antidogmatischen Marxismus kämpfte, später scheitern sollte. Gadamer wußte mit seinen Pfunden zu wuchern: »Da blieb mir, um mich durchzusetzen, oft nur die Rücktrittsdrohung, die immer wirkte, seit die russischen Dienststellen zu mir Vertrauen gefaßt hatten.« (128)

7.4.1 »Das Lebensgesetz der Universität neu bestimmen«

Die »Stunde des Wiederbeginns der Arbeit unserer Universität« (Gadamer 1947, 3) ist das Thema, mit dem Gadamer seine Rede eröffnet. Der Blick nach vorne wird begleitet von der Versicherung, daß die alma mater lipsiensis gegen »die Herrschaft größenwahnsinniger und geistfeindlicher Tendenzen« einen »besonders zähen und dennoch oft nicht erfolgreichen Abwehrkampf geführt hat« (ebd.). Gadamer läßt keinerlei Zweifel daran aufkommen, daß der »Wiederbeginn« (ebd.) ein Neuanfang sein werde. Die Universität sei sich »mit unserer gesamten Nation dessen bewußt, daß eine Stunde der Bewährung für sie gekommen ist, wie sie schwerer und schicksalsvoller noch nie war.« (Ebd.) Die Aufgabe könne nicht darin liegen, »das Alte und durch eine ehrwürdige Tradition Geheiligte festzuhalten und vor dem Sturmwind der Weltgeschichte zu schützen« (ebd.), denn die »grauenhafte Lage unseres Volkes« (ebd.) mache deutlich, daß »jene gute und edle Tradition der Kultur und der Humanität, deren feinste Blüte die Universitäten unseres Landes darstellen, in sich fragwürdig, in ihrer Ohnmacht offenbar, in ihrem Lebensrecht ungewiß geworden ist.« (3f)

Die ›Fragwürdigkeit‹ und ›Ohnmacht‹ von Humanität, Kultur und geistiger Tradition bilden die Topoi, die das Schuldbekenntnis der Universität artikulieren: »Wie hätte sonst das Unwesen des Nationalsozialismus in unserem Volke aufkommen, wie hätten sonst die Stätten der freien wissenschaftlichen Forschung und Lehre dem Wüten dieser entfesselten bösen Geister unseres Volkes erliegen können.« (4) In der Konsequenz steht nicht nur die Geschichte der »letzten Jahrzehnte« zur »Prüfung« an, sondern »das gesamte Bild unserer deutschen Geschichte« (ebd.). Und als weitere Aufgabe ergibt sich für Gadamer aus dieser Einsicht: »das Lebensgesetz der Universität neu zu bestimmen.« (Ebd.)

Das war mehr als eine Floskel. Dem angehenden Rektor war klar, daß die alte Ordnung der Universität nicht mehr zu halten und ihr gesellschaftlicher Ort in dem von der SMAD gesetzten Rahmen neu zu bestimmen war. »Und wir wissen, daß das keine innerakademische Angelegenheit ist, sondern nur aus den fruchtbaren Tiefen des Ganzen unseres gesellschaftlichen Daseins zu klarer Gestalt aufsteigen kann.« (Ebd.) Gadamer öffnet symbolisch die Türen der Universität für diesen Neuaufbau. »Es ist uns daher ein wesentliches Bedürfnis gewesen, an dieser Feierstunde unseres Neubeginns mitten unter unser Volk zu treten und alle Kreise der Arbeitenden, insbesondere auch derer, die mit der harten Arbeit ihrer Hände dem Ganzen dienen, an ihr teilnehmen zu lassen.« (4f) Die Begrüßung der Gäste und Zuhörer war – wie so oft – einer der wichtigsten Teile der Rede, bedeutet er doch die Anerkennung der neuen Kräftekonstellation. »Es ist mir eine Genugtuung, daß wirklich die weitesten Kreise unserer Stadt und unseres Landes, von den Spitzen der Behörden bis zu den Vertretungen der politischen Parteien, der Gewerkschaften und der Betriebe, unserem Ruf gefolgt sind und mit uns vereint diese Stunde begehen.« (5) Und – gleichfalls symbolisch – hält in Gadamers Rede die Arbeiterklasse Einzug in die Universität. Jetzt, wo hoffentlich die »wahre Ordnung der Dinge« (ebd.) hergestellt werde, stehe die Wissenschaft nicht mehr allein, wenn es gelte, ihre »Würde« und »Achtung« (ebd.) zu verteidigen. »Daß gerade die Arbeiterschaft in ihrem politischen Aufbruch diese Parole mitbringe, ist uns eine Freude und eine Verpflichtung.« (5) Zumindest im Schaufenster seiner Rede behandelt Gadamer die Arbeiterschaft mit dem Respekt, der ihr seiner Meinung nach als neuer – wenn auch nur formal – herrschender Klasse gebührt. Er unterstellt sich ihr symbolisch und bekundet Verständnis, wenn »gerade die werktätig im industriellen Prozeß stehenden Männer und Frauen unseres Volkes der Wissenschaft ihr Interesse und ihre Teilnahme« (5f) entgegenbringen. Sehr schnell macht Gadamer die Wissenschaftler zumindest auf semantischer Ebene zu verkannten Angehörigen der Arbeiterschaft: »Der Professor im Labor oder gar am Schreibtisch ist nicht von selbst für alle ein sprechendes Bild geistigen Arbeiterlebens« (6). Als Dank für das Verständnis, das die Arbeiter der Wissenschaft entgegenbringen, sollen »Arbeiterstudenten« mit »besonderer Bereitschaft und Fürsorge« (ebd.) an der Universität aufgenommen werden.

7.4.2 *»Der Mann der Wissenschaft«*

Im zweiten Teil seiner Rede behandelt Gadamer die Frage der sozialen Einbindung und Kontrolle der modernen Wissenschaft und Technik, die Grundlage der »neuzeitlichen Kultur« (ebd.) seien.[13] Den aktuellen Hintergrund bildet die extreme »Ausrichtung auf wehrwissenschaftliche und wehrwirtschaftliche Anwendung, wie sie der deutschen Wissenschaft und damit der Menschheit für Hitlers wahnsinnigen Krieg zugemutet worden ist.« (8) Im Zuge der Entwicklung der modernen Forschung seien den Wissenschaftlern die Ziele und Zwecke ihres Tuns

---

[13] Drei Monate später, am 7. Mai 1946, gibt der Alliierte Kontrollrat das Gesetz Nr. 25 zur *Regelung und Überwachung der naturwissenschaftlichen Forschung* bekannt, mit dem Ziel, Forschung für militärische Zwecke zu verhindern (vgl. *Chronik der Karl-Marx-Universität zu Leipzig 1945-1949*, 20).

immer mehr entwachsen. Klar ist, daß die »Schuld nicht bei der Wissenschaft und Technik liegt, wenn sie der Zerstörung dienen, sondern bei den Menschen, die sie dazu benutzen.« (7) Ähnlich kritisch fällt Gadamers Bilanz der »Geisteswissenschaften« (8) aus. Sie seien – was seit Hegel bewußt ist – »Kind ihrer Zeit« (9), dennoch sollten sie die Wahrheit lehren und nicht »die Meinungen und Interessen einer herrschenden Gesellschaft« (ebd.) pflegen oder rechtfertigen. »Aber auch hier ist in Wirklichkeit die wissenschaftliche Forschung von Abhängigkeiten des Zeitgeistes beherrscht, ja das Ethos der freien Forschung selbst ist am Ende getrübt worden – in der verruchten Anpassung an die Wahnideen und Irrlehren der letzten zwölf Jahre, zu der sich auch tüchtige Forscher verleiten ließen.« (Ebd.)

Vor diesem Hintergrund zieht Gadamer zwei Folgerungen: Es »ist eine gebieterische Forderung der Menschheit, die sie um ihres bloßen Fortbestandes willen stellen muß, daß diese Herrschaft über die Natur künftig nicht mehr zur Zerstörung und Vernichtung, nicht mehr im Dienste partikularer Interessen – des Kapitals, des Militärs, im Dienste der Machtgier und der Selbstvergottung Einzelner oder ganzer Völker, sondern zum sozialen Fortschritt, zur Steigerung der allgemeinen menschlichen Wohlfahrt, zu Werken des Friedens allein ausgeübt werde.« (7) Zum anderen müsse sich die Wissenschaft in ihren Zielen und Zwecken gesellschaftlich ausweisen. In der Sprache Gadamers: Den »Söhnen unseres Volkes, von deren harter Arbeit die äußeren Existenzbedingungen der Wissenschaft geschaffen und erhalten werden«, sei zu sagen, »was das eigentlich ist und was es wieder werden muß, wofür sie einstehen und tätig eintreten: die Wissenschaft.« (Ebd.) Daß gerade Frauen in verschiedenen Tätigkeitsfeldern, kurz zuvor während des Krieges und dann beim Wiederaufbau, harte Arbeit geleistet haben, wird ausgeblendet. Frauen wurden zwar als Publikum begrüßt, aber Wissenschaftler sind selbstverständlich nur Männer.[14]

Die Haltung, die den »Mann der Wissenschaft« (13) befähige, Auftrag der Gesellschaft und Ursprünglichkeit der Wissenschaft zu verbinden, leitet Gadamer von den Griechen, den »Schöpfern und Ahnherren der abendländischen Kultur« (9) her. Er verortet den »Mann der Wissenschaft« (13) in einer sozialtranszendenten Position, die ihm innere Autonomie verleiht. »Dieses Darüberstehen ist es, was die Haltung der Wissenschaft ausmacht.« (12) Es ist im Grunde die Idealfigur des apolitischen

---

[14] Nach Gadamers eigener Auskunft war der Anteil von Studentinnen im universitären Bereich groß (vgl. Anhang).

Gelehrten und Forschers, die Gadamer der völlig anders verfaßten Universität implantieren will.

»In der Stille unserer forschenden Arbeit sind wir allein mit uns selbst und unseren Zweifeln, und in der Stille dieser Einsamkeit schließt sich dem Forscher Wirkliches auf, das noch kein menschlicher Geist vor ihm sah. Diese ursprüngliche Macht der Wissenschaft ist es, die unseren Auftrag seitens der Gesellschaft, in der wir leben, darstellt. Sie erzeugt die Kraft, aus eigener selbständiger Entscheidung zu handeln und das Leben zu meistern.« (13)

Drei Wesenszüge hebt Gadamer hervor, die den idealen »Mann der Wissenschaft« (ebd.) auszeichnen, nämlich »Sachlichkeit« (14), »Entschiedenheit« (15) und »Bescheidenheit« (ebd.). Diese wissenschaftlichen Tugenden seien es, die die innere Unabhängigkeit der Wissenschaftler ausmachten und die subjektive Sicherungen gegen Anpassung an ›partikulare Interessen‹ seien.[15] In einer Art Refrain heißt es: »Wäre die Kraft« (ebd.) von Sachlichkeit, Entschiedenheit und Bescheidenheit »in allen Männern der deutschen Wissenschaft groß genug gewesen, die schwächliche Anpassung an das nationalsozialistische Regime wäre für sie keine Versuchung geworden.« (Ebd.)

Indem Gadamer auf der Autonomie des wissenschaftlichen Forschens beharrt, schließt er sich dem allgemeinen Plädoyer für eine Nichtintervention politischer Stellen bei der Neugestaltung der Universitäten an. In der Praxis leistete Gadamer gegen die Einführung des Arbeiterstudiums hinhaltenden Widerstand. Und nachdem die Weichenstellung für eine Hochschulpolitik nach sowjetischem Vorbild sich immer klarer abzeichnete, half Gadamer seinen Kollegen, die in Leipzig Schwierigkeiten bekamen, beim Wechsel auf Stellen im Westen.[16] »In der Tat war es am Ende ein melancholisches Geschäft, dem ich ein gut Teil meiner Zeit widmen mußte, all den trefflichen Leipziger Kollegen, Theodor Litt, Karl Reinhardt, Friedrich Klingner usw. die Umsiedlung in den Westen zu ermöglichen.« (Gadamer 1977a, 127)

---

[15] Diese asketische Verarbeitung des NS findet auch eine Parallele bei Werner Jaeger 1947 (vgl. Anhang).
[16] »Die Führung des Rektoratsgeschäfts war in jedem Falle eine aufreibende Arbeit. Da die Radikalen ununterbrochene Versuche machten, die Macht über die von mir geleitete Universität in die Hand zu bekommen, mußte man beständig auf der Hut sein.« (Gadamer 1977a, 127)

Achtes Kapitel

Zusammenfassung

Abschließend will ich versuchen, einen Gesamtüberblick über die einzelnen Stationen von Gadamers philosophischer Intervention im NS zu vermitteln.

(1) Gadamers Platon-Deutung von 1934 zeigt einen raffinierten Anschluß an die Vorgänge, die mit der Gründung des NS-Staats zusammenhingen. Sie bildete einen Verstehenshorizont für die Bücherverbrennung und die Ausbürgerung kritischer Schriftsteller, indem sie diese Ereignisse in die vornehmste philosophische Tradition einschrieb. Mit der Vertreibung der Dichter aus dem platonischen Staat ging die Herabsetzung der Sophistik einher, als deren zeitgenössische Entsprechung jene intellektuelle Öffentlichkeit erscheinen konnte, die als Repräsentantin des »Pseudostaates« von Weimar die Substanz des Staates-an-sich »angriff« und »zersetzte«. Gefeiert wurde eine neue *Paideia*, die die Jugend vor der demokratisch-intellektuellen Verführung, vor dem *sophistischen Geist* schützen und zum Wächter des neuen Staates formen sollte. Es war dies nichts weniger als der hermeneutische Traditionsrahmen einer Subjektformierung, die darauf bedacht war, das Innere der Individuen – ohne Anerkennung individueller Grundrechte – in Übereinstimmung mit der äußeren Form des Staates zu bringen. Gadamer verklärt das so eingestimmte Wächter-Subjekt zum »eigentlichen Stand des Menschen«. Unter der unbedingten (nicht legitimationsbedürftigen) Autorität des staatlichen Rechts sollte es – über die Bejahung eines ungeschriebenen Gesetzes und staatlichen Ethos – seine eigene Entrechtung als Erhöhung erleben. Mit diesem Entwurf lieferte Gadamer dem realen Faschismus die Resonanz der Tradition des philosophischen Humanismus für dessen faschistische Aufhebung.

(2) Die zweite gewichtige Intervention Gadamers begegnet uns in der ersten Phase des Kriegsfaschismus, der Phase der Blitzkriege und Siege. Sie findet in seinem 1941 im besetzten Paris gehaltenen Vortrag *Volk und Geschichte im Denken Herders* ihren Niederschlag. Für den offiziellen Rahmen dieses Unternehmens ist es wichtig zu sehen, daß – im Vergleich der unterschiedlichen Besatzungspolitiken des NS – der deutschen Kulturpolitik und dem Deutschen Institut in Paris eine besondere Bedeutung

zukam. Während im Osten die Vernichtung der Eliten angestrebt wurde, ging es in Frankreich darum, die Vormachtstellung des Deutschen Reiches geistig-politisch zu überhöhen, um die französischen Eliten für die Kollaboration zu gewinnen. Der Vortrag bewegt sich im Medium der im NS gängigen Topoi der Geschichtsphilosophie des frühen Herder. Der offizielle Rahmen bestimmt Gadamers Textgestaltung bis in die Wortwahl. Der Deutsche Herder wird gegen den französischen Geist ins Feld geführt. An einigen Textteilen der revidierten Fassung von 1967, die die Nachkriegszensur bestanden haben, zeigt sich Gadamers Denkkraft besonders deutlich. *Humanität* arbeitet er um zur *Natur des Menschen*, die sich als *Kraft* ohne jede Regulierung durch die Weltgeschichte ausbreitet und durchsetzt. Diese geschichtsdarwinistische Version konnte angesichts der Kriegsrealität, die die Kraftmetaphorik der NS-Propaganda beglaubigte, zunächst plausibel erscheinen.

Der Topos der *Humanität* war besonders nach dem Ersten Weltkrieg in der präfaschistischen Herder-Deutung zum Stein des Anstoßes geworden. Gadamers Lösung, den Term umzuartikulieren, ist im Vergleich mit den völkischen Deutungen souverän. Ihnen mußte Herders Gedankenwelt problematisch werden, weil Herder oft genug eindeutig für eine aufgeklärte Humanität Partei ergreift und Argumente für die Kritik von Nationalismus und (biologistischem wie kolonialistischem) Rassismus liefert. Gadamers semantische Neubesetzung eines umkämpften Begriffs war in konzeptueller Hinsicht geschickter als dessen plumpe Abstoßung. In einer geschichtsdarwinistisch grundierten *Humanität* als Handlungsprämisse für die *Helden der Geschichte* erscheint Gadamers diskreter Anschluß an die NS-Politik gegenüber den slawischen Völkern konsequent. – Der Exkurs über Walter Benjamins Herder-Lektüre im Pariser Exil 1939 demonstrierte exemplarisch den hermeneutischen Spielraum der Herder-Deutung. Benjamins Schärfung der Kanten, die einer faschistischen Vereinnahmung im Wege standen, bildet den zeitgenössischen Kontrast zu Gadamers Leistung.

(3) Die Analyse des Textes *Platos Staat der Erziehung* von 1942, dessen Rahmen der *Kriegseinsatz der Altertumswissenschaften* war, brachte bemerkenswerte Akzentverschiebungen ans Licht. War Gadamers Platon von 1934 einer, der die Vertreibung der Dichter und die Erziehung der militärischen Elite zur Bedingung der Staatsgründung machte, so ist der Problemhorizont, vor den Platon 1942 gestellt wird, der des *Staatsverfalls in der Tyrannei*. Gadamer entwickelt aus Platon das Idealbild eines autoritären Staates. Politische und militärische Macht sind zwar wie im NS in der Führungszentrale konzentriert, ohne durch die Gesellschaft

kontrolliert zu werden, doch die Machthaber sollen sich mit einer Selbstverpflichtung an das *Wohl des Ganzen* und *das Recht* binden. Dabei unterscheidet sich dieses Konzept von *Rechtsgeltung* grundlegend von *Rechtsstaatlichkeit.* Gadamer setzt sich keineswegs für einen Verfassungsstaat mit gesetzlich kodifiziertem Recht und Gewaltenteilung ein. Das »Recht« interessiert ihn nur als Form, die zwei komplementäre Effekte hervorbringen soll: Zum einen soll eine innere Sicherung des autoritären Regimes verhindern, daß es sich in Tyrannei verwandle, zum anderen soll der hierdurch erreichte ›Gerechtigkeits‹-Modus der Herrschaft bewirken, daß die Bürger dem Staat die *rechte Staatsgesinnung* entgegenbringen, ohne Mitbestimmung zu verlangen. Dieses Idealbild einer sich selbst mäßigenden autoritären Herrschaft reagierte auf die terroristischen Transformationen des Kriegsfaschismus.

Der Aufruf zur *Heilung kranker Staatswesen* war anschlußfähig an verschiedene Konzepte, die in den Führungsetagen von Staat, Militär und Kapital entworfen wurden, und die das NS-System und seine Kriegspolitik reorientieren sollten. Das Spektrum umfaßt die Entwürfe der nationalkonservativen Opposition gegen Hitler, aber auch die des NS-Parteijuristen Hans Frank; ebenso die spezifische Option Carl Schmitts, die er anhand der Hobbes'schen Staatstheorie 1938 diskutiert hatte. Die Auseinandersetzungen konzentrierten sich auf die Nahtstelle zwischen staatlicher Herrschaft und den ihr Unterworfenen. Hier waren sowohl die nationalkonservative Opposition wie auch einige Fraktionen der NS-Partei um Lösungen bemüht, die das Verhältnis von *Führung und Gefolgschaft* über die Respektierung der *seelischen Kräfte* absichern sollten – und auf ihre Seite schlug sich Gadamer.

(4) Einen Einblick in die Philosophie an der *Inneren Front* nach der Kriegsniederlage in Stalingrad vermittelt Gadamers Zeitungsartikel *Wissenschaft als Beruf. Über den Ruf und Beruf der Wissenschaft in unserer Zeit,* der am 27. September 1943 in den *Leipziger Neuesten Nachrichten* erschien. Er zeigt eine nüchterne Analyse des modernen Wissenschaftsbetriebs und seiner Formen der Elitenreproduktion. Gadamer meldete für die in den rationalisierten, bürokratischen Formen betriebene Wissenschaft einen Bedarf an inneren Attraktions- und Bindungskräften an. Hier will er den überkommenen Mythos geistigen Schöpfertums auch angesichts einer modernen Wissenschaftler-Generation und eines ›entzauberten‹ Wissenschaftsbetriebs nicht aufgeben. Das von Bedeutungs- und Sinnverlusten bedrohte Fach Philosophie erfährt dabei seine Rettung. Es wird als Sinn-Agentur in der arbeitsteiligen Struktur des Wissenschaftsbetriebes refunktionalisiert. *Philosophie*

als die *einzige Überredungskunst, über die die Wissenschaft verfügt*, soll in Kriegszeiten sowohl die *Auslese* wie die *Rettung der Besten* garantieren. Mit diesem bescheidenen Angebot tritt Gadamer 1943 vor Wissenschaftlern an; eine Haltung, die ein Jahrzehnt später in *Wahrheit und Methode* aufgegeben wird. An ihre Stelle tritt – unter dem Signum einer Wesensverschiedenheit von Natur- und Geisteswissenschaften – das hermeneutische Verstehensparadigma, mit dessen Hilfe die Philosophie unter neuen Bedingungen eine besondere Würde und Legitimation zurückerlangen soll.

(5) Anhand zweier Reden (*Die Bedeutung der Philosophie für die neue Erziehung* vom 22. September 1945 und die Rektoratsrede *Über die Ursprünglichkeit der Wissenschaft* vom 5. Februar 1946) erweiterte sich der Blick über die Grenzen des Untersuchungszeitraums hinaus. Aus der Analyse ergab sich folgendes Bild:

An der ersten Rede fällt vor allem die Tatsache auf, daß der NS *geistesgeschichtlich* als *Weltanschauung* rekonstruiert wird, die mit dem Zusammenbruch des Hegelschen Idealismus anhebt. Gadamer unterstreicht in dieser Entwicklungsgeschichte die Schwächen des Neukantianismus und blendet so den enormen Beitrag von Lebens- wie Existenzphilosophie und ihrer philosophischen Träger und Multiplikatoren aus. Die den Faschismus geistig vorbereitenden Strömungen werden statt dessen als *Kritiker des Idealismus* zu Anwärtern einer konservativen Faschismus-Verarbeitung erhoben. In seienm Appell zur Rettung einer *gezeitigten und von der Geschichte abhängigen Vernunft* präsentierte Gadamer sich so als eine Art Anti-Lukács.

Dagegen öffnete Gadamers Rektoratsrede symbolisch die Türen der Universität für den Neuaufbau. Ihm war klar, daß die alte Ordnung der Universität nicht mehr zu halten war und ihr gesellschaftlicher Ort in dem von der SMAD gesetzten Rahmen neu bestimmt werden mußte. Indem er auf semantischer Ebene die Wissenschaftler zu verkannten Angehörigen der Arbeiterschaft machte, versuchte er die Spannungen, die mit der Einführung des *Arbeiterstudiums* verbunden waren, zu mildern. An der Stelle, an der er den *Auftrag der Gesellschaft* mit der *Ursprünglichkeit der Wissenschaft* als Aufgabe für den *Mann der Wissenschaft* zu verbinden sucht, sehen wir eine neue Seite von Gadamer, die sich allerdings auch als Kotau vor den neuen Machthabern interpretieren läßt.

Insgesamt zeigen die Ergebnisse dieser Untersuchung, auf welche Weise Gadamer es vermocht hat, die nationalkonservative Strömung des NS zu stärken, ohne dabei einen Widerstand gegen die völkischen Strömungen erkennen zu lassen. Die Brücken zur Tradition, die seine

Zusammenfassung

aktualisierenden Interpretationen bauten, ergaben mehrere Anschlußmöglichkeiten, die nicht eindeutig festgelegt zu werden brauchten.

Die hermeneutische Kunst der Anspielung, die Gadamer anläßlich einer Kritik an Carl Schmitts Hamlet-Interpretation in Erinnerung rief, beherrschte auch er selbst: »In Wahrheit macht es die Wirklichkeit eines Spieles aus, daß es um das eigentlich Thematische herum stets einen Hof des Unbestimmten läßt.« (Gadamer 1986, 380) Wo Schmitt die politische Aktualität des Dramas herausarbeitete, warf Gadamer ihm vor, »Hamlet wie einen Schlüsselroman zu lesen« (379). Programmatisch stellte er dagegen: »Je mehr dabei offenbleibt, desto freier gelingt das Verstehen, d.h. das Umsetzen des im Spiel Gezeigten in die eigene Welt und gewiß auch in die eigene politische Erfahrungswelt.« (380)

Daß diese Kunst andere Möglichkeiten offen läßt, bezeugt Karl Poppers 1944 auf englisch erschienenes Werk *Die offene Gesellschaft und ihre Feinde* (deutsch 1955), das zum Klassiker der Totalitarismus-Kritik wurde. Geschrieben zwischen 1938 und 1943 im fernen Neuseeland, gilt der Platon-Teil – übrigens auch für Gadamer[1] – als eine Kritik des Nazismus. Im Vorwort zur amerikanischen Ausgabe (1950) bemerkt Popper Verblüffendes: »Den Entschluß zur Niederschrift faßte ich im März 1938, als mich die Nachricht von der Invasion Österreichs erreichte. (...) Weder der Krieg noch irgendein anderes Ereignis dieser Zeit wurden in dem Buche ausdrücklich erwähnt; dennoch war es ein Versuch, diese Ereignisse und ihre Gründe zu verstehen« (1980, 6).

Die Fähigkeit, zwischen den Zeilen zu schreiben, Vorgänge zu evozieren, Projektionsflächen zu nutzen, in antiken oder sonstigen Masken zu sprechen, ist das Privileg einer gebildeten Kultur.[2] Sie bietet ebenso

---

[1] »Dort, in der weitesten Ferne, buchstäblich bei den Antipoden des fürchterlichen Geschehens in unserem mittleren Europa, hat er [Popper, TO] sich Rechenschaft zu geben versucht, indem er Plato und Hegel und Marx las und über den Rückfall in die erschreckende Barbarei des öffentlichen Lebens nachdachte, von dem er gerade als Angehöriger der deutschen Kulturwelt mit wachsendem Grauen aus dieser weitesten Ferne vernahm.« (Gadamer 1983a, 435)

[2] In seinem berühmten Aufsatz *Persecution and the Art of Writing* bringt Gadamers Freund, der Platonforscher Leo Strauss, dieses Privileg auf den Punkt: »Persecution, then, cannot prevent independent thinking. It cannot prevent even the expression of independent thought. (...) Persecution cannot prevent even public expression of the heterodox truth, for a man of independent thought can utter his views in public and remain unharmed provided he moves with circumspection. He can even utter them in print without incurring any danger, provided he is capable of writing between the lines.« (Strauss 1952, 23f) Ohne moralische Qualitäten einzuklagen, geht es mir hier darum, zu zeigen, welches Potential in der Kunst der Anspielung – hier als der Kunst, zwischen den Zeilen zu schreiben – enthalten ist.

viele Möglichkeiten der verhüllten Parteinahme wie des Widerstands und der Kritik.

Die strukturelle Unbestimmtheit der Anspielung wird es Gadamer später ermöglichen, an diese Texte auf eine Weise anzuknüpfen, die eine eingehende Studie im Anschluß an die vorliegende verdienen würden. Gadamer setzt darin neue Akzente, redefiniert sein ursprüngliches Anliegen, entwickelt selbst weitere Lektüren, die nicht selten unausgesprochenen Selbstkorrekturen[3] gleichkommen. An entscheidenden Kernpunkten hält er aber fest. An einigen Stellen wurde im Verlauf dieser Untersuchung darauf verwiesen. Zum Schluß sollen zwei weitere Beispiele festgehalten werden.

1. Im Jahre 1974 hält Gadamer Vorlesungen über *Die Aktualität des Schönen*[4], worin er die Frage nach der »Rechtfertigung der Kunst« behandelt. Er leitet sie mit einem Verweis auf *Plato und die Dichter* von 1934 ein:

»Ich habe meine eigenen Anfänge als Gelehrter dieser Frage gewidmet, indem ich eine Schrift *Plato und die Dichter* (1934) veröffentlichte. In der Tat war es die neue philosophische Gesinnung und der neue Anspruch auf Wissen, den die Sokratik erhob, unter dem zum erstenmal in der Geschichte des Abendlandes, soweit wir wissen, Kunst vor ihre Legitimationsforderung gestellt wurde. Zum erstenmal wurde hier sichtbar, daß es sich nicht von selbst versteht, daß die Weitergabe traditioneller Inhalte in bildnerischer oder erzählerischer Form, die auf eine vage Weise Aufnahme und Ausdeutung erfahren, das Recht auf Wahrheit besitzt, das sie beansprucht.« (1983b, 3)

An dieser abstrakten Anknüpfung fällt auf, daß Gadamer seine alte Frage neu formuliert. Im Text von 1934 geht es um die Vertreibung von Dichtern im Rahmen einer Staatsgründung, ihre Kunst hat nicht die Möglichkeit der Rechtfertigung, es bestand kein Dialog und kein Gespräch. Platons Maßnahmen gegen die Dichter bzw. ›illegitime‹ Kunst sehen ausschließlich Gewalt vor, d.h. Zensur, ›gänzliche Vertreibung‹, und eine ›ungeheuerliche und gewalttätige Abrechnung‹. Die Frage

---

[3] In Gadamers hier oft erwähntem Text *Platos Denken in Utopien* erfährt die Sophistik eine Würdigung: »Wie weit ist das Bild der Sophistik, das wir aus dem platonischen Schriftwerk kennen, in Wahrheit das Resultat einer polemischen Verzeichnung und Verzerrung, die die Größe dieser geistigen Bewegung und ihre Wirkung verkennt? (...) Von Hobbes reicht bis Hegel und Nietzsche die Wiederentdeckung der Sophistik, deren Eigenrecht und deren tiefen Blick in das Wesen des Menschen wir anzuerkennen haben.« (1983, 434)

[4] Der Text ist die überarbeitete Fassung der Vorlesungen, die Gadamer unter dem Titel »Kunst als Spiel, Symbol und Fest« bei den Salzburger Hochschulwochen im Sommer 1974 gehalten hat. Hier wird die Ausgabe von 1983 zitiert.

nach der Legitimation der Kunst wurde lediglich in Sorge ›um den inneren Staat‹ gestellt. Die Abwesenheit dieser Grundproblematik des Textes von 1934 lebt verblaßt im Schatten des Gedankens von *Legitimation* weiter. Hier wird eine Vermittlung anvisiert, die eine Auslegungskompetenz über legitime Kunst beansprucht. Und das ist in der Tat eine verschobene Auseinandersetzung bzw. eine neue Fragestellung.

(2) Das zweite Beispiel stammt von 1985. In einer Anmerkung zum Text *Dialektik und Sophistik im siebenten platonischen Brief* greift Gadamer in eine Diskussion zwischen Gerhard Müller und Harald Patzer über die platonische Philosophen-Herrschaft ein:

»Was denkt man sich eigentlich bei Platos Staats-Utopie? Mit Hildebrandt in dieser Schrift eine politische Aktion und einen Weg zur Machtergreifung zu erblicken, scheint mir nicht anzugehen. Als ob nicht das Ganze der ›Politeia‹ voller bewußter Provokation wäre. Eine Lehrschrift ist es aber auch nicht – trotz Aristoteles' immer wieder merkwürdiger Art, die platonischen Dialoge pedantisch sachlich zu kritisieren –, sondern eben eine glänzende literarische Utopie, die indirekt und voller Anzüglichkeiten den Unterricht in der Akademie, die Hinführung zur Ideenlehre, im Konterfei der öffentlichen Einrichtung eines Staates vor Augen stellt. Vergleiche meine eigenen Versuche, das Ganze zu deuten, die mir auch heute noch hermeneutisch richtig scheinen: ›Plato und die Dichter‹, 1934; und ›Platos Staat der Erziehung‹, 1942« (1985a, 94).

Gadamers Verweis auf Hildebrandt ist diskret; mehr noch, er integriert Hildebrandts nazistische Platon-Interpretation ohne jede Anmerkung. In bezug auf den utopischen Charakter der *Politeia* habe ich gezeigt, wie Gadamer ihn 1934 uminterpretierte – etwa in der Behauptung, Platons *Politeia* wolle »nicht selbst der Entwurf einer besseren Ordnung der Wirklichkeit des staatlichen Lebens sein« (1934, 14). Im Text von 1942 legte Gadamer den Akzent auf den *historischen Auftrag* Platons als eines politischen Erziehers: »Plato versucht keinen anderen Weg zur Macht (...) als den über die philosophische Erziehung«, d.h. die »Erziehung der staatstragenden Führer« (1942, 319). Auch die Stellung, die die platonische Ideenlehre hier gewinnt, hatte im Rahmen der politischen Platon-Lektüre jener Jahre – wie Gadamer als Selbstkorrektur anmerkt (1985a, 91) – keinen Platz.

Fragt man nach den »Anzüglichkeiten«, die Gadamer der platonischen Utopie bereits 1942 zuschreibt, bekommen sie chamäleonartige Züge, die inzwischen den paradoxen Anspruch auf postmoderne Klassizität bekunden könnten. Man darf sich dadurch nicht täuschen lassen. Durch alle Veränderungen in Gadamers Platon-Interpretation hindurch bleibt er fasziniert vom platonischen Herrschaftstraum. In seiner Polemik gegen Popper kommt dies gut zum Ausdruck:

»Aber wenn Popper in dieser Darstellung der Gerechtigkeit die Gleichheit vor dem Gesetz vermißt, verkennt er in Wahrheit das Ganze. Es ist ein Staat der Erziehung, der Gesetze überhaupt überflüssig macht. Das ist die im gewissen Sinne absurde Pointe, daß sich durch die rechte Erziehung eine Übereinstimmung aller und eine Zustimmung aller zu dem Tun der Herrschenden und der Elite dieser Herrschenden von selber ergeben soll und daß auf diese Weise alles in der rechten Ordnung ist.« (Gadamer 1983a, 452)

Es ist diese Orientierung an einer diktatorischen ›Harmonie‹ als utopische Gesellschaftsordnung, die den Kern der politischen Philosophie Gadamers ausmacht. Diese »rechte Ordnung« ist der gedämpfte Nachhall der Faszination des Faschismus. Hält man sich dies bewußt, kann man Jan Ross' Würdigung von 1995 zustimmen, »daß Gadamers virtuose Fähigkeit« darin bestand, »die Sache des Denkens veränderten Umständen und vor allem dem Umstand dauernder Veränderung anzupassen«. In der Zeit des Postfaschismus wandelte sich der Platoniker zeitweise zum Aristoteliker.[5] Ist es »Gadamers Geheimnis«, so Ross, und zugleich »sein gefährdetes Erbe, die große philosophische Tradition von Platon bis Heidegger in den Haushalt der prosaischen Bundesrepublik eingeschmuggelt« zu haben, so fordert dieses Geheimnis zu einer Relektüre von *Wahrheit und Methode* auf, die nun endlich die Herkunft einer solchen Schmuggelware genauer ins Auge faßt. Denn in diesem Werk erreicht die hermeneutische Nutzanwendung der durch den NS gereiften Erfahrung Gadamers den Rang einer Theorie der Interpretation mit Universalitätsanspruch.

---

[5] Nach 1945 stand eine Neu-Interpretation von Aristoteles auf der Tagesordnung, mit der sich die bürgerliche Gesellschaft aus der antiken Polis zu rekonstruieren suchte; auch Gadamer hat sich daran beteiligt. 1948 erscheint, von ihm eingeleitet und kommentiert, seine Übersetzung von Aristoteles' *Metaphysik*.

Anhang

Gadamers Lehrveranstaltungen zwischen 1934 und 1945

Verzeichnis der Lehrveranstaltungen Gadamers an der Universität Marburg vom WS 1934/35 bis WS 1938/39

WS 1934/35:
Die Philosophie der Vorsokratiker (als Einführung in die Geschichte der Philosophie)
Arbeitsgemeinschaft über das Problem des ästhetischen Humanismus (die Ästhetik von Kant bis Hegel)
Übungen über Nietzsches Stellung zur griechischen Philosophie

SS 1935:
Die Philosophie der Vorsokratiker (als Einführung in die Geschichte der Philosophie)
Übungen über Nietzsche und die griechischen Philosophen

WS 1935/36:
Einleitung in die Philosophie
Übungen zu Platon

SS 1936:
Kultur und Geschichte (Einleitung in die Geisteswissenschaften)
Übungen über das Problem des ästhetischen Humanismus

WS 1936/37:
Grundbegriffe des Aristoteles
Übungen zur *Nikomachischen Ethik*

SS 1937:
Die Philosophie der Spätantike (hellenistische Schulen, Neuplatonismus)
Übungen zu Plotin und dem Neuplatonismus

WS 1937/38:
Hegel und die Vollendung der abendländischen Metaphysik
Einführung in Hegels *Phänomenologie des Geistes* (Lektüre und Interpretation)
Übungen über Hölderlin und die Philosophie des deutschen Idealismus

SS 1938:
Die Philosophie der Vorsokratiker (als Einführung in die Geschichte der Philosophie)
Übungen zur vorsokratischen Philosophie

WS 1938/39:
Die Philosophie der Vorsokratiker (Allgemeine Einleitung in die Geschichte der Philosophie)
Kolloquium über Hölderlins theoretische Schriften
Übungen zur vorsokratischen Philosophie

Verzeichnis der Lehrveranstaltungen Gadamers an der Universität Leipzig von 1940 bis 1945

I. Trimester 1940:
Vorlesung: Aufklärung und Romantik (Grundprobleme der neueren Philosophie)
Seminar: Übungen zur Naturphilosophie des Aristoteles (Raum, Zeit, Bewegung)

II. Trimester 1940:
Vorlesung: Grundbegriffe des Aristoteles (Einführung in das Problem der Metaphysik)
Seminar: Prinzipienfragen der Geisteswissenschaften

III. Trimester 1940:
Vorlesung: Einleitung in die Philosophie
Seminar: Das Problem der Existenz in Rilkes *Duineser Elegien*

I. Trimester 1941:
Vorlesung: Hegel und die Vollendung der Metaphysik
Proseminar: Kants *Grundlegung zur Metaphysik der Sitten*
Seminar: Übung über Platos *Theätet*. Gadamer und Assistent Volkmann-Schluck

SS 1941:
Vorlesung: Philosophie der Vorsokratiker (Einleitung in die Geschichte der Philosophie)
Seminar: Nietzsches *Wille zur Macht* (Der Nihilismus und seine Überwindung)

WS 1941/42:
Vorlesung: Kunst und Geschichte (Einleitung in die Geschichtswissenschaften)
Proseminar: Kants *Kritik der reinen Vernunft*
Seminar: Übungen zur Philosophie des Nicolaus von Cues. Gadamer und Assistent Volkmann-Schluck

SS 1942:
Vorlesung: Platon
Proseminar: Übungen zur griechischen Philosophie
Seminar: Übungen zur Ontologie der Gegenwart (Heidegger: *Sein und Zeit*)

WS 1942/43:
Vorlesung: Die Philosophie des deutschen Idealismus (Kant, Fichte, Schelling, Hegel)
Proseminar: Übungen über Nietzsches *Wille zur Macht*
Seminar: Übungen zum Freiheitsproblem

SS 1943:
Vorlesung: Geschichte der neueren Philosophie (von Nicolaus v. Cues bis Leibniz)
Proseminar: Übungen über die *Monadologie* von Leibniz
Seminar: Übungen über Aristoteles: *Nikomachische Ethik*.

WS 1943/44:
Vorlesung: Einleitung in die Philosophie
Proseminar: Philosophische Erklärung von Rilkes *Duineser Elegien*
Proseminar: Übungen über die *Nikomachische Ethik* des Aristoteles
Seminar: Übungen zur Geschichte des Seinsproblems

Anhang

SS 1944:

Vorlesung: Aristoteles (Einführung in die *Metaphysik*)
Proseminar: Übungen zu Kants Ethik
Seminar nach Vereinbarung

WS 1944/45:

Vorlesung: Kunst und Geschichte
Proseminar: Übungen zur Philosophie der Geschichte
Seminar: Übungen zur Philosophie des deutschen Idealismus

SS 1945:

Vorlesung: Platon
Proseminar: Platos Staat
Seminar nach Vereinbarung

Außerdem hält Gadamer gemeinsam mit W. Weber, Franz Wieacker und Hermann Wendorf am Institut für Politik, ausländisches öffentliches Recht und Völkerrecht vom Sommersemester 1943 bis Wintersemester 1944-45 ein Kolloquium *Außenpolitik und Staatenkunde* ab. Diese Reihe findet in Verbindung mit dem Institut für Kultur- und Universalrecht statt. Für das Sommersemester 1945 ist die Teilnahme von Hans Freyer angekündigt.

Vergleich der unterschiedlichen Fassungen von Gadamers Herder-Monographie

Gadamer veröffentlicht 1967 einen Text mit dem Titel *Herder und die geschichtliche Welt*. Er erscheint als Nachwort zur Ausgabe von J.G. Herders Frühschrift *Auch eine Philosophie der Geschichte zur Bildung der Menschheit* (Suhrkamp Verlag, Frankfurt/M). Als Grundlage dieses Textes dient Gadamers Pariser Vortrag *Volk und Geschichte im Denken Herders*, 1942. Es fehlt jede editorische Notiz, die das kenntlich machen würde.

Ein Verzeichnis der Umarbeitungen sowie der Auslassungen und der neugeschriebenen Passagen wird hier zu Protokoll gegeben. Zitate, die nur umgestellt wurden, aber identisch blieben, werden nicht berücksichtigt. Es folgt ein Verzeichnis der Abweichungen, die sich aus dem Vergleich der französischen Fassung *Herder et ses théories sur l'histoire* (1941) mit der deutschen Fassung *Volk und Geschichte im Denken Herders* (1942) ergeben. Alle Hervorhebungen sind von mir.

Verzeichnis der Umarbeitungen

A: 1942: »Seine Blindheit gegen die Ordnungs- und Formungsaufgabe, die auch der absolutistische Staat seiner Zeit noch erfüllte, macht ihn zum Visionär einer neuen Grundkraft im staatlichen Bereich: *diese ist das völkische Leben*.« (22)

1967: »Seine Blindheit gegen die Ordnungs- und Formungsaufgabe, die auch der absolutistische Staat seiner Zeit noch erfüllte, macht ihn zum Visionär einer neuen Grundkraft im staatlichen Bereich: *diese ist das Volk*.« (176)

B: 1942: »Darin *bleibt sich Herder treu*, daß er [der Glaube an den moralischen Fortschritt der Menschheit aus Tugend, TO] der Abstraktion der Tugend die wirkende Kraft der Natur unterlegt.« (18)

1967: »Darin *bleibt Herder sich und Rousseau treu*, daß er (der Glaube an den moralischen Fortschritt der Menschheit aus Tugend, TO) der Abstraktion der Tugend die wirkende Kraft der Natur unterlegt.« (169)

C: 1942: »In der Tat mag der Glaube an den Sieg der Vernunft und der Billigkeit nicht nur dem leidenden Teil der Menschheit wie ein Trost beiwohnen, *sondern auch den Helden der Geschichte in ihren harten Plänen und Entschlüssen voranleuchten.*« (19f)

1967: »In der Tat mag der Glaube an den Sieg der Vernunft und der Billigkeit nicht nur dem leidenden Teil der Menschheit wie ein Trost beiwohnen, *sondern auch die ›Helden‹ der Geschichte werden für ihre Pläne und harten Entschlüsse in diesem Glauben ihre Legitimation suchen.*« (171f)

D: 1942: »Auch sieht er mit Montesquieu in der späteren römischen Geschichte den rohesten Despotismus am Werke. Aber er ist überhaupt kein Freund des Staates.« (21)

1967 »*Umgekehrt* sieht er mit Montesquieu in der späteren römischen Geschichte den rohesten Despotismus am Werke. *Eine verhängnisvolle Einschätzung Roms, die auf der deutschen Geschichte der letzten zwei Jahrhunderte lastet.* Aber er ist überhaupt kein Freund des Staates.« (173)

E: 1942: »Und wenn man schließlich an die Wirkung denkt, die Herder auf den europäischen Osten und Südosten gehabt hat, indem er der *Erweckung des völkischen Selbstbewußtseins* der kleinen Nationen diente – man denke an das berühmte Slavenkapitel der ›Ideen‹ -, *so ist auch hier eine Kluft zwischen Herders weltgeschichtlichem Blick für die Völkerindividualitäten in ihrer Eigenart und ihrem Lebensrecht und der politischen Aktivierung dieser Nationen nach dem staatsrechtlichen und politischen Vorbild des Westens. Selbst sein lebendiger Sinn für die nationale Einheit seines eigenen, so vielfältig gegliederten und zerspaltenen Volkes war von einer echten Vertiefung in die staatsbildnerischen Möglichkeiten des völkischen Gedankens weit entfernt.*« (23)

1967: »Und wenn man schließlich an die Wirkung denkt, die Herder auf den europäischen Osten und Südosten gehabt hat, indem er der *Erweckung des Selbstbewußtseins* der kleinen Nationen diente – ich erinnere an das berühmte Slavenkapitel der ›Ideen‹ –, *so ist nun deutlich, daß Herder damit ein Element des modernen politischen Lebens erkannt und zum Selbstbewußtsein geweckt hat. Ihm mochte es noch – im Zeitalter des Absolutismus – der Verteidigung gegen die gewaltsame Entstellung des Lebens durch die ›Staatskunst‹ zu bedürfen scheinen. Das Zeitalter der Revolutionen, der bürgerlichen und der sozialistischen, in dem wir leben, hat die Frontstellung verändert, zumal das romantisch-nationalstaatliche Prinzip*

Anhang

des 19.Jahrhunderts mehr und mehr an Gewicht verliert. Aber dies Manifest des ›Historismus‹ war nicht nur, als Herder es schrieb, voll von Zukunft – es behält auch in unserer alles verändernden und vergleichenden Gegenwart seine Wahrheit, indem es das Unveränderliche, das Gewordene, die ›Bildung‹ der Menschheit nicht vergessen lehrt.« (177)

Verzeichnis der Auslassungen im Text von 1967

Ganze Seiten

Die ersten drei Seiten (5-7) des Textes von 1942 fallen in dem späteren Text weg. Somit entfällt auch das Material, das auf den Kontext der Rede hinweist. Hier nur einige Sätze dieser ausgelassenen Seiten:

1942: »Herder ist einer der großen Anreger Europas, die Deutschland hervorgebracht hat. Aus dem äußersten Nordosten Deutschlands stammt er (...). Prediger und Erzieher auf diesem Vorposten des Deutschtums. (...) Nur im Bruch mit dem Geschichtsbild und Kulturideal des französischen Jahrhunderts konnte Herder die geheime Bedeutung für Volk und Staat der Deutschen gewinnen, die wir heute an ihm gewahren.« (5)

1942: »In seinen späteren Weimarer Jahren wirkt er wie einer, der sich selbst überlebt hat und in traurig gereizter Verbitterung seiner eigenen Wirkung entgegenwirkt. Er, der Entdecker der geschichtlichen Welt, scheint seine einstigen Wahrheiten zu verleugnen, wenn er den Fortschritt der Humanität als den Sinn der Geschichte ansieht; der Apostel der großen universalgeschichtlichen Gerechtigkeit scheint in unklare politische Moralistik zu verfallen. Das tragische Scheitern dieses reichen und schöpferischen Lebens aber wird offenbar an seiner Verblendung gegen das Kommende, dem er doch selbst den Weg bereitet hatte.« (6)

Ausgelassene Passagen

1942: »Daß diese Konzeption der Geschichte, die wir in ihren Grundzügen entwickelt haben, vieles enthält, was uns heute befremdet, ist ohnehin klar.« (19)

1942: »So gewinnt durch ihn das Wort ›Volk‹ in Deutschland – ganz fern ab von jeder politischen Parole, durch eine Welt geschieden von den politischen Schlagworten der ›Demokratie‹ – eine neue Tiefe und eine neue Gewalt.« (23)

1942: »Dies unpolitische Erahnen und Vorbereiten des Kommenden war überhaupt das deutsche Schicksal seiner Epoche, und vielleicht ist das Schicksal solcher politischen Verspätung die Voraussetzung dafür, daß der deutsche Begriff des Volkes im Unterschied zu den demokratischen Parolen des Westens in einer veränderten Gegenwart die Kraft zu neuer politischer und sozialer Ordnung erweist.« (23)

1942: »Eines jedenfalls ist sicher – und das zu zeigen und zu deuten war die Aufgabe, die ich mir für diesmal gestellt habe –: Herder hat dem deutschen Volke gegeben oder zumindest erstmals symbolkräftig dargestellt, was es von allen anderen Völkern Europas abhebt und vor ihnen auszeichnet: die Tiefe und Weite seines geschichtlichen Selbstbewußtseins. Das deutsche Bewußtsein lebt nicht aus einem noch so epochemachenden Ereignis seiner nationalen Geschichte allein, wie man vielleicht sagen kann, daß das Frankreichs aus der französischen Revolution lebt oder das Englands aus seiner frühen Begründung der Demokratie. Es lebt aus der ganzen Weite seiner weltgeschichtlichen Herkunft: aus der Leidenschaft der griechischen Polis so gut wie aus der Treue der germanischen Frühzeit, aus dem Reichsgedanken des deutschen Mittelalters so gut wie aus den großen Augenblicken seiner politsch-nationalen Einheit in der neueren Geschichte. Daß hieran Herder seinen guten Teil hat, dafür ist bezeichnend, daß er wohl als erster Wert und Ehre des deutschen Mittelalters erkannt und dem geschichtlichen Selbstbewußtsein der Deutschen zugeführt hat. In jedem Deutschen, auch wenn er es nicht weiß oder will, lebt etwas von Herders Seele.« (24)

Verzeichnis der neugeschriebenen Passagen im Text von 1967

Der Anfang, etwa sieben Seiten (146-153). Hier nur einige Sätze daraus:

1967: »Wir leben in einer Epoche, in der neue rationale Ordnungsformen der industriell-technisch entwickelten Welt das alte, von Tradition und geschichtlichem Bewußtsein gesättigte Europa in einer Ausgleichskultur aufgehen lassen. Mag diese auch ihren europäischen Ursprung nicht verleugnen können, so empfängt sie ihre Legitimation dennoch aus nichts anderem als aus ihrer rationalen und ökonomischen Effektivität. Im Blick auf diese sich ausbreitende Weltkultur reden wir wohl vom Ende des Kolonialismus, aber es gehört zur Dialektik der Geschichte, daß es just die vom Kolonialismus entwickelte Zivilisationsform ist, die sich wie ein Überzug technisch-wirtschaftlich-administrativer Apparatur über die diversesten bodenständigen Lebensformen breitet. Was hier zu planetarischer Herrschaft drängt, scheint ebensoviel zu zerstören wie zu entwickeln, und das gilt nicht nur für die sogenannten Entwicklungsländer, sondern gerade auch für das wahre Mutterland dieser Weltzivilisation, für Europa, sofern auch dort das geschichtlich Gewordene mehr und mehr verdrängt wird, und ein technisch-pragmatisches Bewußtsein heraufsteigt, das sich von jeglichem geschichtlichen Erbe lossagt.« (146)

Ferner wurde folgender Satz hinzugefügt:

1967: »Man mag nun auch das noch für ein Vorurteil der Aufklärung halten, daß das Vernünftige auf die Dauer siegreich ist.« (171)

Dem Abschnitt über den Herderschen Kraftbegriff im Text von 1942 wird 1967 eine neugeschriebene lange Passage (163-165) hinzugefügt. Die darwinistischen Konnotationen des Kraftbegriffes werden mit geschichtsphilosophischem Material (etwa Hegels Dialektik und die cartesianische Bewegungslehre) entschärft. Hier nur der Anfang:

Anhang

1967: »Der Begriff der Kraft wird aber nicht von ungefähr von Herder auf die Geschichte und die Bestimmung ihres ontologischen Ranges angewendet. Ein Blick auf die Geschichte des Kraftbegriffes vermag vielmehr zu lehren, daß er damit in seinen eigenen Ursprung zurückgedacht wird. Der Begriff der Dynamis, der, vermittelt durch die stoische und neuplatonische Lehre von der Natur, dem Kraftbegriff der Neuzeit zugrunde liegt, ist auf eine wesentliche Weise anthropologisch gedacht.« (163f)

Verzeichnis der Abweichungen der deutschen (1942) von der französischen Fassung (1941)[1]

In der deutschen Fassung 1942 ist folgende Passage nicht enthalten:

1941: »C'est pourquoi, parler de Herder devant les Français, c'est justement mettre en relief la tension qui existe entre les deux cultures en vue d'une meilleure compréhension mutuelle.« (10)

Umgekehrt fehlt in der französischen Fassung diese Passage:

1942: »So gewinnt durch ihn das Wort ›Volk‹ in Deutschland – ganz fern ab von jeder politischen Parole, durch eine Welt geschieden von den politischen Schlagworten der ›Demokratie‹ – eine neue Tiefe und eine neue Gewalt.« (23)

Die letzen vier Seiten (21-24) der deutschen Fassung weichen im französischen Text ab. Nicht in der französischen Übersetzung enthalten ist der Textabschnitt, der auf Seite 21 mit dem Satz »In der Erkenntnis dieser Aufgabe (...)« anfängt, bis zum Satz »(...) einer lebendigen Staatsverfassung aus dem Geist der Nation« auf Seite 22.

Folgende Passage des Textes von 1942 ist in der französischen Fassung verkürzt wiedergeben:

1942: »Das aber ist der Punkt, an dem Herder auch auf dem Gebiet von Staatsleben und Staatslehre zu weithin reichender Wirkung gekommen ist. Seine Blindheit gegen die Ordnungs- und Formungsaufgabe, die auch der absolutistische Staat seiner Zeit noch erfüllte, macht ihn zum Visionär einer neuen Grundkraft im staatlichen Bereich: diese ist das völkische Leben. Er vernimmt diese Wirklichkeit zuerst in der Stimme der Völker in Liedern, er erkennt die tragende und hegende Gewalt der Muttersprache, er spürt in all dem die prägende Kraft der Geschichte, die sich mit den natürlichen Bedingungen von Blut, Klima, Landschaft usw. verschmilzt.« (22f)

1941: »C'est par là que les théories de Herder ont influencé la politique et la science de l'état. Contre le cosmopolitisme du siècle des lumières il devient, en tant que prophète du droit spécial historique de toutes les époques de l'histoire, le champion du droit historique propre à chaque peuple, de sa culture, de sa langue, de ses coutumes et de ses chants, de son droit au développement pacifique de son caractère national.« (34)

---

[1] Der Herausgeber Karl Epting berichtet, daß die Texte aus dem deutschen Original ins Französisch übersetzt wurden (vgl. Einleitung zum Band *Poètes et Penseurs*, Cahiers de l'Institut Allemand, 1941).

Abweichungen vom Original sind auch in der Übersetzung dieses Textstückes notorisch:

1942: »Und wenn man schließlich an die Wirkung denkt, die Herder auf den europäischen Osten und Südosten gehabt hat, indem er der Erweckung des völkischen Selbstbewußtseins der kleinen Nationen diente – man denke an das berühmte Slavenkapitel der ›Ideen‹ –, *so ist auch hier eine Kluft zwischen Herders weltgeschichtlichem Blick für Völkerindividualitäten in ihrer Eigenart und ihrem Lebensrecht und der politischen Aktivierung dieser Nationen nach dem staatsrechtlichen und politischen Vorbild des Westens. Selbst sein lebendiger Sinn für die nationale Einheit seines eigenen, so vielfältig gegliederten und zerspaltenen Volkes war von einer echten Vertiefung in die staatsbildnerischen Möglichkeiten des völkischen Gedankens weit entfernt.*« (23)

1941: »C'est donc lui, précisément lui, avec son regard largement ouvert vers l'orient, vers le spectacle infini et les enchaînements qui se retrouvent dans l'histoire universelle, qui est devenu l'artisan du réveil de la conscience culturelle et politique de tous les peuples, même des plus petits. Dans le fameux chapitre des ›Idées‹ consacré aux Slaves, *il se fait, par sa volonté de justice historique, l'avocat des peuples slaves et, par là, il déclanche les grandes forces politiques et culturelles qui, depuis, ont tenu en haleine l'est et le sud-est de l'Europe. Certes, le nationalisme militant et le messianisme politique des Panslavistes n'ont aucun droit à se réclamer de lui. Ce ne sont pas des buts politiques qui ont pousée Herder mais des idéaux culturels et des visions vraies sur l'histoire universelle.* Ses opinions prophétiques mais non politiques ont travaillé dans une profondeur insondable en faveur de l'idée de l'esprit national« (34f).

Auszug aus Gadamers Reisebericht (Portugal 1944)

Gadamer überreichte dem REM einen Bericht über seine Vortragsreise nach Portugal vom 12. März bis 4. April 1944.[2] In seiner Autobiographie äußert sich Gadamer über diese Reise ausführlich. Der souverän geschriebene Bericht ist insofern interessant, als er Einblick in die ›Normalität‹ solcher Reisen und in die Repräsentationsfunktion, die den Philosophen und der deutschen Philosophie bei der Verständigung mit den verbündeten Eliten zukam, gewährt. Daß Gadamer seine Adressaten im Auge behält, versteht sich von selbst. Hier einige Auszüge:

»Die Intensivierung der kulturpolitischen Arbeit, die zur Zeit von der deutschen Gesandtschaft in Lissabon – vor allem durch das ihr angegliederte deutsche Kulturinstitut – geleistet wird, gab mir Gelegenheit, die portugiesischen Kreise durch einige Vorträge mit der deutschen Philosophie der letzten Jahrzehnte bekannt zu machen. Dass gerade in den romanischen Ländern die deutsche Philosophie eine besondere werbende Kraft besitzt,

---

[2] Die Niederschrift findet sich in Gadamers Personalakte im Universitäts-Archiv Leipzig mit dem Vermerk: Eingegangen: 10. Mai 1944 (Dok. 123, 124, 125).

Anhang 241

ist ja bekannt. Die weitaus größte Zahl der nach Deutschland gesandten Lektoren dieser Länder kommt nach Deutschland, um dort die deutsche Dichtung und Sprache oder die deutsche Philosophie zu studieren. Auch in dem kleinen Portugal gibt es einige ausgezeichnete jüngere Professoren, die durch solches Studium in Deutschland besonders vorbereitet sind. Freilich sind sie an Zahl mit den entsprechenden Kreisen Italiens oder Spaniens nicht zu vergleichen. Daher bedeutet die Veranstaltung dieser Vorträge in Portugal mehr als nur einen Versuch, von Art und Weise der gegenwärtigen deutschen Philosophie eine erste Vorstellung zu vermitteln. Das alte Ansehen der deutschen Philosophie in der gesamten Kulturwelt sicherte dem Unternehmen von vornehrein das Interesse aller interessierter Kreise.« (PAGL, Dok. 123)

Gadamer erwähnt einige Vorträge, die er »im Einvernehmen mit den deutschen Stellen in Lissabon« (ebd.) hielt. Nach dem Krieg erscheinen Texte von ihm, die gleichnamige Titel führen (vgl. Literaturliste). Seine inhaltlichen Einschätzungen zeigen die Aspekte, die er für philosophisch-politisch relevant hielt:

»In deutscher Sprache behandelte ich das Thema »Goethe und die Philosophie«, das in erster Linie in der deutschen Sprache und Literatur Bewanderten galt, d.h. ausser den Mitgliedern der deutschen Kolonie vor allem den Studierenden der Germanistik und den Teilnehmern an den Kursen der Deutschen Akademie. Dieser Vortrag wurde nur in Lissabon gehalten. Er zeigte an unserer veränderten Stellung zu Goethe die Überwindung des Kritizismus wie des spekulativen Idealismus, die das heutige Philosophieren kennzeichnet. Ein zweiter Vortrag behandelte ›Das Problem der Geschichte in der neueren deutschen Philosophie‹ in französischer Sprache. Er trug zu einem Teile berichtenden Charakter und wandte sich entsprechend an alle an der deutschen Philosophie Interessierten, Professoren wie Studenten, und wurde in Lissabon und Coimbra vor der Fakultät – jeweils unter Vorsitz des Dekans – gehalten.

Inhaltlich behandelte er die Überwindung der neukantianischen Geschichtsphilosophie durch den Historismus (Diltheys), (wie ich in mehreren Aussprachen mit portugiesischen Fachgenossen Philosophen), um an den *Grenzen* dieser ›historischen Weltanschauung‹ den neuen Einsatz der Philosophie in Deutschland aufzuzeigen - eine Festlegung, die für die portugiesischen Denker durchaus neu schien. Die inhaltliche Schwierigkeit dieses Vortrages liess ihn gewiss meist nur in Bruchstücken verstanden werden –, doch muß es hier geradezu als Erfolg gebucht werden, wenn das Gefühl, dass es um bedeutende Dinge geht, und wenn Respekt vor den Problemen und der deutschen Art des Umgangs mit ihnen geweckt wurde.« (Ebd.)

»Endlich sprach ich in einem dritten Vortrag über ›Prometheus und die Tragödie der Kultur‹ – ein Thema, das die gesamte europäische Geistesgeschichte unter seinem besonderen Gesichtspunkt darstellte und gerade deshalb sich als besonders wirkungsvoll erwies, weil hier ein gesamteuropäisches – historisches wie philosophisches – Problem zur Sprache kam. Dieser Vortrag hatte ein kleines geladenes Publikum vorwiegend portugiesischer Professoren und wurde zum Gegenstand einer sehr lebhaften Diskussion, die dadurch einen besonderen Erfolg darstellte, dass eine ganze Reihe bisher den deutschen Veranstaltungen fernbleibender portugiesischer Herren nicht nur erschienen war, sondern in aktivster Form in die Mitarbeit hineingezogen wurde. Vortrag und Diskussion fanden in französischer Sprache statt. Portugiesische Kollegen erbaten den Vortrag zum Druck in der Fakultätszeitschrift.

Die elastische Form der Anpassung der Themen an die besonderen Voraussetzungen des jeweiligen Publikums hat sich entschieden bewährt. Ich bemerke noch, dass ich wegen der besonderen Leipziger Verhältnisse meine Reise mit noch unübersetzten Manuskripten antreten mußte und es – wegen der bekannten politischen Einstellung der dortigen französischen Kreise – nicht ganz leicht hatte, einen französischen Mitarbeiter zu finden, mit dem ich dann gemeinsam die französische Übersetzung hergestellt habe.

Auf meiner Reise fand ich das größte Entgegenkommen bei allen deutschen und portugiesischen Stellen. Mir schien, dass ich in Portugal überall auf eine richtige Sympathie mit der grossen geistigen Tradition der deutschen Kultur gestossen bin. Insbesondere sind die deutschen Lektoren und Professoren, die in Coimbra, Porto und Lissabon die deutsche Sache vertreten, in einem durchweg ausgezeichneten Verhältnis zu den interessierten portugiesischen Kreisen, so dass sich bei meinem Besuch eine sehr wohlwollende freundschaftliche Atmosphäre entwickeln konnte. Nicht ganz selten wurde aus dem Eindruck des wissenschaftlichen Ranges unserer Philosophie geradezu ein politisches Argument gemacht – in der Form:

Ein Volk von solcher geistigen Kraft und Bedeutung kann nicht unterliegen.« (PAGL, Dok. 124)

Die zwei folgenden Kommentare Gadamers sind interessant, weil er hier die Argumente über die männliche Nachwuchsförderung, aus seinem Zeitungsartikel von 1943 *Wissenschaft als Beruf. Über den Ruf und Beruf der Wissenschaft in unserer Zeit* (vgl. Kap. 6) wiederaufnimmt. Gadamers Kritik am Modernisierungsschub des NS-Wissenschaftsbetriebs zeigt, daß der Streit um wissenschaftliche Qualität im NS durchaus offener Gegenstand der Verhandlung war.

»1. Zu meiner Überraschung war das Bild der Hörsäle der philosophischen Fakultäten dort – auch bei meinen Vorträgen – insofern ganz dem gegenwärtigen deutschen ähnlich, als auch die *weibliche* Jugend in der gleichen erdrückenden Überzahl war. Man erklärte mir das daraus, dass die männliche Jugend Portugals für den Nachwuchs an Lehrern an höheren Schulen deshalb ausfiele, weil Wirtschaft und Verwaltung lohnendere Berufschancen böten. Offenbar fehlt es dort dem Lehrerberuf an dem rechten sozialen Ansehen – und wenn man nach französischem Muster aufgebaute, gänzlich verschulte Studiensysteme bedenkt, kann das auch nicht verwundern. Die Jagd nach den Punkten, ein ganz äußerliches Lernsystem verhindert die jungen Leute an jeglicher wissenschaftlicher Vertiefung in ihr Studiengebiet – übrigens leider auch, wenn dieses deutsche Sprache und Literatur ist. Die deutschen akademischen Lebensformen scheinen den jungen Portugiesen (auch den jüngeren Professoren) geradezu ihr Wunschtraum.

Die Nutzanwendung scheint mir die, dass wir uns in jeder Weise bemühen müssen, die deutsche Eigenart des Hochschullebens und seine Einheit von Forschung und Lehre zu pflegen und zu wahren. Man beneidet uns wirklich nicht ohne Grund darum. Auch scheint mir das Nachwuchsproblem bei uns nur dann lösbar, wenn der wissenschaftliche Charakter des Lehrberufes an höheren Schulen besonders gefördert wird. Gerade nicht durch eilfertige Ausrichtung des Studiums auf die pädagogischen Erfordernisse der Schulpraxis, sondern durch Wahrung des in ihm traditionellen wissenschaftlichen Idealismus kann m.E. der Schule und ihrer (doch noch mehr qualitativen als quantitativen) Nachwuchsnot geholfen werden – das scheint mir dieses romanische Gegenbeispiel zu lehren.« (Ebd.)

Gadamers abschließender Kommentar trägt seine professoralen Sorgen um das Funktionieren des Wissenschaftsbetriebs im Kriegsfaschismus mit erstaunlicher Normalität vor:

»2. In der Wirkung der deutschen Kultur auf dieses neutrale und trotz aller herkömmlichen Hinneigung zu England heute um seine Selbständigkeit besorgte Land kommt dem deutschen Buch eine besondere Bedeutung zu. Buchholz' Filiale in Lissabon, aber auch die schon sehr schöne Bibliothek des deutschen Kulturinstitutes stellen also für uns sehr wichtige Vorposten, zumal die portugiesischen Bibliotheken recht unzureichend gepflegt sind. Ein besonderer Vorrang dieser Auslandsposten des Deutschtums ist also gewiss anzuerkennen. Aber man sollte doch bedenken, dass alle diese Wirkungsmöglichkeiten einzig und allein von der Lebenskraft und Wirken deutscher Universitäten abhängen. Diese sind auf die Dauer noch wichtiger als solche Einrichtungen und literarischen Ausbreitungen im fremden Lande. Daher muß ich mich fragen*, ob nicht vordringlicher als die Förderung des deutschen Buches in Portugal ist, den großen Pflegestätten des schaffenden Nachwuchses, den Universitäten, ihr Arbeitsgerät bereit zu halten. Dass man mit Neid im deutschen Kulturinstitut z.b. Prantl's Geschichte der Logik oder den grossen Eisler (Wörterbuch der philosophischen Begriffe) erblickt, sollte doch nicht nötig sein. Was dort zur Schau steht, sollte doch hier, wo es benutzt wird, auch zu beschaffen sein.« (125)

Gadamer fügt als Fußnote an: »* und diese Frage liegt uns in Leipzig besonders nah –.« (Ebd.)

Exkurs: Werner Jaegers Wiederbelebung des bíos theoretikós

Bei der Rekonstruktion der Geisteswissenschaften auf den Trümmern des Faschismus taucht ein analysierenswertes Paradigma auf: das Ideal der *vita contemplativa*. 1947 redet Werner Jaeger vor amerikanischem Publikum »von dem philosophischen Ideal des Lebens«, »was die Griechen bios theoretikos nannten« (Jaeger 1947b, zit. n. 1960, 222). Das Feindbild des 1. Bandes der *Paideia* (1934) wird in das neue Vorbild verwandelt. Das latinisierte Ideal der *vita contemplativa* soll den Wiederaufbau der Universitäten fördern:

»Wenn unsere Universitäten sein wollen, was sie sein sollten, eine Kraft zur Wiedergeburt des menschlichen Daseins, dann müssen sie fortfahren, dem Ideal des kontemplativen Lebens eine Stätte zu bereiten.« (239)

Von den Griechen gilt es je nach Situation zu lernen.[3] Die Imagination der ›Sieger‹ in der Niederlage existiert so bereits im alten Athen:

---

[3] Im Zeichen des ›Untergangs‹ läßt sich Jaegers (1947a, 88) asketische Verarbeitung des NS im dritten Band der *Paideia* studieren: »Im Ringen um die Erneuerung der Polis war diese Selbsterneuerung des Individuums ursprünglich als die Keimzelle einer allumfassenden neuen Ordnung gedacht. Aber am Ende erweist sich die Innerlichkeit der Seele als die letzte Zufluchtsstätte jenes unverbrüchlichen Gesetzeswillens des altgriechischen Polismenschen, der einst den Polisstaat gestaltet hatte, jedoch in der Welt keine Heimat mehr findet.«

»Die junge Demokratie Athens erhob sich aus den Trümmern Altgriechenlands als die führende Macht und sie war bereit, die Rekonstruktion der Welt auf der Grundlage der Prinzipien zu versuchen, die sie befähigt hatten, die größte Krisis der griechischen Geschichte als Sieger zu überleben.« (225f)[4]

In dieser Landschaft, die nicht frei ist von Anspielungen auf die Lage im Nachkriegsdeutschland (›Trümmer/Wiederaufbau‹), bezeichnet er den Philosophen als einen »geistesabwesenden, weltfernen Menschentyp« (229), als den Mann, »der weder die Tagesneuigkeiten und -sensationen kennt, noch den Weg weiß zum Marktplatz und zu den Gerichtshöfen.« (223) Er sei »der Mensch, der der *vita activa* das Leben der Betrachtung vorzieht« (232). In einer Zeit, in der die Entnazifizierungsverfahren und Re-Education-Programme der Siegermächte stattfinden, geht Jaeger vom politischen Charakter der Athener aus, »die ein vielbeschäftigtes und streitsüchtiges Geschlecht waren und einen großen Teil ihrer Zeit in der politischen Versammlung und in den Gerichten verbrachten.« (226) Den Hauptakzent legt er jetzt auf »das stille Leben des Philosophen im Gegensatz zu der übereifrigen Aktivität des athenischen Bürgers« (ebd.). Dieses Paradigma ist insofern interessant, als es ein für die akademischen Eliten typisches Muster der Verarbeitung des NS zum Ausdruck bringt[5]: den Nachkriegsweg in die ›innere Emigration‹, ein Lebensideal, das unter den veränderten Bedingungen den Zusammenhalt seiner Adressaten ermöglichen soll.[6] Das Ideal der *vita contemplativa* verspricht die Herstellung der ›Ordnung im Chaos‹. Dem ›politischen Menschen‹ von 1933 wird nun ›antike Askese‹ empfohlen, die dem Einklang von Mensch und Natur entspricht und die individuelle Autarkie in Krisenzeiten rehabilitiert:

»Nach dem Zerfall der politischen Daseinsform des klassischen Griechentums strebt der hellenistische Mensch nach einer neuen Sicherheit. Er findet in der Anschauung des kosmischen Seins die Freiheit der menschlichen Persönlichkeit. (...) Nach stoischer Ansicht ist der Weise allein frei. (...) Eins ist Not, der Natur zu folgen und in Harmonie mit ihr zu leben. (...) Der jüdische Glaube ist zunehmend eschatologisch, während die griechische Frömmigkeit in der Gewißheit des Seins begründet ist. Sie geht von dem

---

[4] Ein Rückgriff auf Platons Dialog *Menexenos* erlaubt es Kurt Hildebrandt (1982, XXIV), seine Einleitung zu Platons *Politeia* auf die Nachkriegssituation zu aktualisieren: »(...) da doch heute niemand für dies tragische Pathos der Rede empfänglicher sein kann als wir Deutschen, deren unbequemem Aufstreben die andern Völker oft übelwollten, und deren Leistungen für Europa noch vor den Weltkriegen sie gewiß oft Undank entgegensetzten. Athen wurde der Mauern beraubt, mußte seinen gesamten Besitz außer Attika, sein Seereich aufgeben und durfte nur noch zwölf Schiffe halten.« (Ebd.) Unbelehrbar hält Hildebrandt am faschistischen Imaginären fest: »Platon findet nämlich, daß dieser Haß [der verbündeten Barbaren und Hellenen auf Athen, TO] nur durch den Ruf der Unbesiegbarkeit Athens entstanden sei, und daß es ohne die innere Zerrissenheit unbesiegbar geblieben wäre.« (Ebd.)

[5] Ausgerechnet Hildebrandt (1982, IX) greift begierig den entlastenden Ewigkeits-Topos auf: »Wir verzichten auf jede Kritik, was vom Bilde dieses Staates [Platons Politeia, TO] zu beschützen, was zu verwerfen ist. Wir versagen uns auch, durch historische Vergleiche das Ewige ins Zeitliche zu ziehen. (...) Wir Deutschen, am grausamsten in die Tiefe eines Abgrundes gefallen, sind auch zuerst berufen, den Blick auf das Ewige zu richten.« (Ebd.)

[6] In Gadamers Rede bei der Übernahme des Leipziger Rektorats (1947) taucht der *bíos theoretikós* auch als Vorbild für die ›Belasteten‹ auf. In Joachim Ritters Aristoteles-Studie *Die Lehre vom Ursprung und Sinn der Theorie bei Aristoteles* von 1953 nimmt er eine zentrale Stellung ein. Als Muster für den neuen Wissenschaftler-Typus bearbeiten sowohl Jaeger wie Gadamer und Ritter die Anekdote vom weltabgewandten Thales, der in den Brunnen fiel.

Anhang 245

Unzulänglichen hier und jetzt immer wieder zu den unzerstörbaren Grundformen und Gesetzen der Natur zurück und verwandelt dadurch das Chaos in einen Kosmos.« (236f)

Die akademische Lehre aus dem Faschismus präsentiert Jaeger in Form eines Gedichts des Chors des Euripides:

»Selig ist, wer der Forschung
nach der Wahrheit teilhaft ward.
Nicht eilet sein Fuß
Werke des Unrechts zu üben
zu der Bürger Verderben.
Sein Auge schauet
der Natur, der unsterblichen,
nicht alternde Ordnung.
Ihren Urspung
erspürt sein Geist
und ihres Werdens Weg,
und es lässet sein Herz nicht
sich verlocken zu böser Tat.« (227)

In diesem Geist kann, im Einklang mit der historischen Situation, die Tendenz zur Verteidigung der humanistischen Humboldtschen Ideale nach 1945 auf Zustimmung stoßen. Die Kirchen, die aus dem Exil Zurückkehrenden, die ›inneren Emigranten‹ sind sich zu Recht in der Verteidigung der ›Freiheit von Forschung und Lehre‹ einig. Die Offenlegung der NS-Vergangenheit wird im Muster des »kommunikativen Beschweigens« (Lübbe) vermieden. Streng humanistisch, in klassischen Mustern einer antiken Askese, wurde für einige der Übergang in die Nachkriegsordnung erhaben und autark gestaltet.[7]

---

[7] Ein ›Persilschein‹-Kartell: Der von seinen Kollegen insinuierte ›Emigranten‹-Status erlaubt es wiederum Jaeger (1960, 485), die Berliner Klassische Philologie reinzuwaschen: »Sie braucht sich ihrer Tradition nicht zu schämen.«

Abkürzungsverzeichnis

ao. Prof.	außerordentlicher Professor
apl. Prof.	außerplanmäßiger Professor
BA-DZ	Bundesarchiv, Dokumentationszentrale (Berlin, jetzt: Dahlwitz-Hoppegarten)
DAAD	Deutscher Akademischer Austauschdienst
DAZ	Deutsche Allgemeine Zeitung
DRL	Deutscher Reichsbund für Leibesübungen (1938: NSRL)
FAZ	Frankfurter Allgemeine Zeitung
LNN	Leipziger Neueste Nachrichten
nb. ao. Prof.	nichtbeamteter außerordentlicher Professor
Nf.	Nachfolger
NSDDB	Nationalsozialistischer Deutscher Dozentenbund
NSLB	Nationalsozialistischer Lehrerbund
NSV	Nationalsozialistische Volkswohlfahrt
o. Prof.	ordentlicher Professor
OKH	Oberkommando des Heeres
OKW	Oberkommando der Wehrmacht
PAGL	Personal-Akte Gadamers im Leipziger Universitätsarchiv
PIT	Projekt Ideologie-Theorie
REM	Reichserziehungsministerium
RJM	Reichsjustizministerium
RSHA	Reichssicherheitshauptamt
SA	Sturmabteilung
SD	Sicherheitsdienst
SMAD	Sowjetische Militäradministration
SS	Schutzstaffel
WS/SS	Wintersemester/Sommersemester

Literaturverzeichnis

Abetz, Otto, 1942: »Zwei Wege der Entfaltung«, in: *Deutschland-Frankreich. Vierteljahresschrift des Deutschen Instituts Paris*, hgg. v. Karl Epting, 1. Jg., Nr.1, 1f
Alisch, Rainer, 1989: »Heideggers Rektoratsrede im Kontext«, in: W.F.Haug (Hg.), 1989, 69-98
Aly, Götz, 1985: »Der saubere und schmutzige Fortschritt«, in: ders. u.a., *Reform und Gewissen. »Euthanasie« im Dienst des Fortschritts*, Berlin
Aly, Götz (Hg.), 1987: *Aktion T4 1939-1945. Die »Euthanasie«-Zentrale in der Tiergartenerstraße 4*, Berlin
Aly, Götz und Heim, Susanne, 1993: *Vordenker der Vernichtung. Auschwitz und die deutschen Pläne für eine neue europäische Ordnung*, Frankfurt/M
Archiv der Gegenwart, 1934: 4. Jg., Bonn-Wien-Zürich, 1611
Arendt, Hannah, 1986: *Benjamin, Brecht*, München
Baeumler, Alfred, 1934a: »Ästhetik«, in: *Handbuch der Philosophie. Die Grunddisziplinen*, München, Berlin
ders., 1934b: *Männerbund und Wissenschaft*, Berlin
Baeumler, Marianne, Hubert Brunträger und Hermann Kurzke (Hg.), 1989: *Thomas Mann und Alfred Baeumler. Eine Dokumentation*, Würzburg
Bannes, Joachim, 1933: *Hitlers Kampf und Platons Staat. Eine Studie über den ideologischen Aufbau der nationalsozialistischen Freiheitsbewegung*, Berlin
ders., 1935: *Platon. Die Philosophie des heroischen Vorbildes*, Berlin
Barnard, Frederick M., 1964: *Zwischen Aufklärung und politischer Romantik. Eine Studie über Herders soziologisch-politisches Denken*, Berlin
Barnes, Jonathan, 1986: »A Kind of Integrity«, in: *London Review of Books*, 6.11.1986, 12-13
Barth, Heinrich, 1921: *Die Seele in der Philosophie Platons*, Tübingen
Bauch, Bruno, 1929: »Rezension von Hans F.K. Günther: *Platon als Hüter des Lebens*, München 1928«, in: *Blätter für deutsche Philosophie*, Bd. 3, 143
Becker, Bernhard, 1977: *Herder-Rezeption in Deutschland. Eine ideologiekritische Untersuchung*, Diss., St. Ingbert
ders., 1994: »Herder in der nationalsozialistischen Germanistik«, in: Jost Schneider (Hg.): *Herder im »Dritten Reich«*, Bielefeld, 145-158
Beyer, Wilhelm Raimund, 1978: Die Herder-Verzerrung im Nationalsozialismus, in: Herder-Kolloquium 1978. Referate und Diskussionsbeiträge. Im Auftrage der Nationalen Forschungs- und Gedenkstätten der klassischen deutschen Literatur in Weimar hgg. v. Walter Dietze in Zusammenarbeit mit Hans-Dietrich Dahnke, Peter Goldhammer, Karl-Heinz Hahn und Regine Otto. Weimar, S. 198-225
Benjamin, Walter, 1939: »Allemands de quatre-vingt-neuf«, in: *Europe. Revue Mensuelle*, 15.7.1939, Nr. 199: Numéro spécial: *La révolution française*, 467-79; wieder in: *Gesammelte Schriften*. Bd. 4.2, Frankfurt/M 1980, 863-80
ders.: »Rezension von *Das Problem des Klassischen und die Antike*. Acht Vorträge gehalten auf der Fachtagung der klassischen Altertumswissenschaft zu Naumburg 1930, hgg. v. Werner Jaeger, Berlin, Leipzig 1931«, in: ders., *Gesammelte Schriften*. Bd. 3, Frankfurt/M, 1980
ders.: »Unterricht und Wertung. Über das humanistische Gymnasium«, in: ders., *Gesammelte Schriften*. Bd. 2.1, Frankfurt/M, 1980, 35-42
ders.: »Vom Weltbürger zum Großbürger« (mit Willy Haas), in: ders., *Gesammelte Schriften*. Bd. 4.2, Frankfurt/M 1980, 815-62

ders.: »Wider ein Meisterwerk« (1930), in: ders., *Gesammelte Schriften*. Bd. 3, Frankfurt/M, 1980, 252-59
»Bericht über die Fachtagung der Altertumswissenschaften in Berlin«, in: *Frankfurter Zeitung*, 8.4.1941
Berve, Helmut, 1942: »Vorwort«, in: ders. (Hg.): *Das neue Bild der Antike*, Leipzig, 5-12
Boberach, Heinz (Hg.), 1965: *Meldungen aus dem Reich. Die geheimen Lageberichte des Sicherheitsdienstes der SS 1938-1945*, Neuwied
Borusiak, Horst, 1959: »Die Universität Leipzig nach der Zerschlagung des faschistischen Staates und ihre Neueröffnung am 5. Februar 1946«, in: *Karl-Marx-Universität Leipzig 1409-1950. Beiträge zur Universitätsgeschichte*, Bd. 2, Leipzig, 340-389
Bourdieu, Pierre, 1988a (¹1982): *Die feinen Unterschiede. Kritik der gesellschaftlichen Urteilskraft*, Frankfurt/M
ders., 1988b: Die politische Ontologie Martin Heideggers, Frankfurt/M
ders., 1990: *Was heißt sprechen? Die Ökonomie des sprachlichen Tauschs*, Wien
Bracher, Karl Dietrich, Manfred Funke und Hans-Adolf Jacobsen, 1986: *Nationalsozialistische Diktatur 1933-1945. Eine Bilanz*, Schriftenreihe der Bundeszentrale für politische Bildung Bd. 192, Bonn
Bremer, Karl Heinz, 1942: »Ein Jahr Deutsches Institut«, in: *Deutschland-Frankreich, Vierteljahresschrift des Deutschen Instituts Paris*, hgg. v. K. Epting, 1. Jg., Nr. 1, 123-30
Brodersen, Momme, 1990: *Walter Benjamin. Leben und Werk*, Bühl-Moos
Broszat, Martin, 1983: *Der Staat Hitlers*, München
Brunkhorst, Hauke, 1987: *Der Intellektuelle im Land der Mandarine*, Frankfurt/M
Bucherer, Fritz, 1934: »Humanistische Bildung im nationalsozialistischen Staate«, in: *Das humanistische Gymnasium*, hgg. v. Fritz Bucherer und Herman Ostern, Berlin, Leipzig, 1-7
Buchheim, Hans, Broszat, Martin u. a. (Hg.), 1965: *Die Anatomie des SS-Staates*, Bd. 2, München
Canfora, Luciano, 1985: »Wilamowitz: Politik in der Wissenschaft«, in: *Wilamowitz nach 50 Jahren*, hgg. v. W.M. Calder, H. Flashar, Th. Lindken, Darmstadt, 56-79
ders., 1987: »Platon im Staatsdenken der Weimarer Republik«, in: *Utopie und Tradition. Platos Lehre vom Staat in der Moderne*, Würzburg, 133-47
Catalogus professorum academiae Marburgensis, 1979: Die akademischen Lehrer der Philipps-Universität Marburg. Bd. 2, von 1911 bis 1971, Marburg
Cohen, Hermann, 1866: »Die platonische Ideenlehre psychologisch entwickelt«, in: *Zeitschrift für Völkerpsychologie und Sprachwissenschaft* 4, 403-64
ders., 1879: *Platons Ideenlehre und die Mathematik*, Marburg
Das humanistische Gymnasium (DHG), 1933 u. 1934: hgg. v. Fritz Bucherer und Herman Ostern, Berlin, Leipzig
Derrida, Jacques, 1972: *Positions*. Entretiens avec Henri Ronse, Julia Kristeva, Jean-Louis Houdebine, Guy Scarpetta, Paris
Deutsche Kultur im Leben der Völker: Mitteilungen der Akademie zur wissenschaftlichen Erforschung und zur Pflege des Deutschtums, hgg. v. der Deutschen Akademie in München, 15. Jg., 1940, H.1; 16. Jg., 1941, H.3; 17. Jg., 1942, H.1 u. H.2; 18. Jg., 1943, H.3
Dietze, H.H., 1940: »Bericht über die Arbeitstagung zum Kriegseinsatz der deutschen Geisteswissenschaften am 27. und 28.4.1940 in Kiel«, in: *Kieler Blätter*, 397f
Dipper, Christof, 1994: »Der 20. Juli und die ›Judenfrage‹«, in: *Die Zeit* vom 1.7.1994

Dorowin, Hermann, 1989: »Carl Schmitt«, in: *Metzler-Philosophen-Lexikon*, Stuttgart
Drexler, Hans, 1942: *Der Dritte Humanismus. Ein kritischer Epilog*. Auf dem Wege zum nationalpolitischen Gymnasium, H.10, Frankfurt/M
Dudeck, Peter, 1992: »Kontinuität und Wandel. Wissenschaftliche Pädagogik im Nachkriegsdeutschland«, in: *Wissenschaft im geteilten Deutschland. Restauration oder Neubeginn nach 1945?*, hgg. v. Walter H. Pehle und Peter Sillem, Frankfurt/M
Epting, Karl, 1941: »Einleitung zu Poètes et Penseurs, Regard sur l'Histoire«, in: *Les Cahiers de l'Institut Allemand*, Paris, 1-10
ders., 1942: Editorial, in: *Deutschland-Frankreich. Vierteljahresschrift des Deutschen Instituts Paris*, hgg. v. Karl Epting, 1. Jg., Nr. 1, 3-13
Erdmann, Karl Dietrich, [4]1985: *Der Zweite Weltkrieg*. (= Gebhardt, Handbuch der deutschen Geschichte, 9). Neubearb. Aufl., hgg. v. H. Grundmann, Bd. 21, München
Falter, G., 1906: *Beiträge zur Geschichte der Idee*, Berlin
Farías, Victor, 1989: *Heidegger und der Nationalsozialismus*, Frankfurt/M
Ferber, Rafael, 1989: »Rezension von Hans Kelsens *Die Illusion der Gerechtigkeit. Eine kritische Untersuchung der Sozialphilosophie Platons*«, Wien 1985, in: *Zeitschrift für Philosophische Forschung*, Juli/Sept., Bd. 43, H.3, Frankfurt/M, 557-61
Fiala, Hugo (Pseudonym von Karl Löwith), 1935: »Der okkasionelle Dezisionismus von Carl Schmitt«, in: *Revue internationale de la théorie du droit/Internationale Zeitschrift für Theorie des Rechts*, H.9, 101-23
Frank, Manfred, 1992: *Stil in der Philosophie*, Stuttgart
Frei, Norbert, 1987: *Der Führerstaat. Nationalsozialistische Herrschaft 1933 bis 1945*, München
Freundlich, Elizabeth, 1972: »Verfehlte Begegnung mit Walter Benjamin. Ein achtzigster Geburtstag als Anlaß eines Symposions, einiger Richtigstellungen und Erinnerungen«, in: *Die Presse*, 29. u. 30.7.1972, Wien
Freyer, Hans, 1986: »Preußentum und Aufklärung. Eine Studie über Friedrich des Großen Antimachiavell (1944)«, in: *Preußentum und Aufklärung und andere Studien zu Ethik und Politik*, hgg. v. Elfriede Üner, Heidelberg, 1-59
Friederich, Thomas, 1989: »Theodor Litts Warnung vor den ›Allzu direkten Methoden‹«, in: W.F. Haug (Hg.), 1989, 99-124
Friedrich, Jörg, 1984: *Die kalte Amnestie. NS-Täter in der Bundesrepublik*, Frankfurt/M
Fricke, Gerhard, 1933a: »Über die Aufgabe und die Aufgaben der Deutschwissenschaft«, in: *Zeitschrift für deutsche Bildung*, 9. Jg., H.4, 499-501
ders., 1933b: »Rede des Privatdozenten Dr. Fricke anläßlich der Kundgebung der Studentenschaft ›Wider den undeutschen Geist‹, gehalten am 10. Mai 1933«, in: *Göttinger Hochschulzeitung* Nr. 2, 2f
Funke, Gerhard, 1942: »Bergson-Epilog«, in: *Deutschland-Frankreich. Vierteljahresschrift des Deutschen Instituts Paris*, hgg. v. K. Epting, 1. Jg., Nr.1, 147-9
Gadamer, Hans-Georg, 1922: *Das Wesen der Lust in den Platonischen Dialogen*, Diss. Marburg
ders., 1927: »Der Aristotelische Protreptikos und die entwicklungsgeschichtliche Betrachtung der aristotelischen Ethik«, in: *Hermes*, Bd. 63, 138-64. Neudruck in: ders., 1985: *Griechische Philosophie I*. GW 5, Tübingen 1985, 164-86
ders., 1931: *Platos dialektische Ethik. Phänomenologische Interpretationen zum »Philebos«*. Leipzig, 2. erw. Aufl. Hamburg 1968. Neudruck in: ders., 1985: *Griechische Philosophie I*. GW 5, Tübingen 1985, 3-163
ders., 1933: »Die neue Plato Forschung«, in: *Logos*, Bd. 22, 63-79. Neudruck in: ders., *Griechische Philosophie I*. GW 5, Tübingen 1985, 212-29

ders., 1934: *Plato und die Dichter*. Frankfurt/M. Ferner in: ders., *Griechische Philosophie II*. Gesammelte Werke, Bd. 5, Tübingen 1985, 187-211

ders., 1935: »Rezension von Kurt Hildebrandt, 1933: *Platon. Der Kampf des Geistes um die Macht*«, in: *Deutsche Literaturzeitung 3*. Folge, 6. Jg., H.1, Sp. 4-13. Neudruck in: ders., *Griechische Philosophie I*, GW 5, Tübingen 1985, 331-37

ders., 1940: »Hegel und der geschichtliche Geist«, in: *Zeitschrift für die gesamte Staatswissenschaft*, hgg. v. H. Bente, E.R. Huber, A. Predöhl, Bd. 100, 25-37

ders., 1941: »Herder als Wegbereiter des ›historischen Bewußtseins‹.« Teilabdruck des Pariser Vortrags »Volk und Geschichte im Denken Herders«, in: *Geist der Zeit. Wesen und Gestalt der Völker. Organ des deutschen Akademischen Austauschdienstes*, hgg. v. Wilhelm Burmeister und Herbert Scurla, 19. Jg., H.12, 661-80

ders., 1941: »Herder et ses théories sur l'Histoire«, in: *Poètes et Penseurs, Regard sur l'Histoire*, Les Cahiers de l'Institut Allemand, Paris, 9-36

ders., 1942: *Volk und Geschichte im Denken Herders*, Frankfurt/M

ders., 1942: »Platos Staat der Erziehung«, in: *Das neue Bild der Antike*, hgg. v. Helmut Berve, Leipzig, 317-33. Ferner in: *Griechische Philosophie I*. GW 5, Tübingen 1985, 249-61

ders., 1943: »Hölderlin und die Antike«, in: Kluckhohn, P. (Hg.): *Hölderlin-Gedenkschrift zu seinem 100. Todestag*, Tübingen. Wiederabgedruckt in: ders., 1967: *Kleine Schriften II*, Tübingen 1967, 27-44

ders., 1943: »Hölderlin und das Zukünftige«, in: *Gedenkschrift zum 100. Todestag Hölderlin*s, hgg. v. Paul Kluckhohn, München. Ferner in: ders., München und Bad Godesberg 1947. Wiederabgedruckt in: ders., 1967: *Kleine Schriften II*. Tübingen 1967, 44-63

ders., 1943: »Wissenschaft als Beruf. Über den Ruf und Beruf der Wissenschaft in unserer Zeit«, in: *Leipziger Neueste Nachrichten* Nr. 270, 27.09.1943

ders., 1944: »Rezension zu Nicolai Hartmann (Hg.): *Systematische Philosophie* 1942«, in: *Leipziger Illustrierte Zeitung*

ders., 1948: »Die Bedeutung der Philosophie für die neue Erziehung« (1945), in: *Über die Ursprünglichkeit der Philosophie*, Berlin, 5-14

ders., 1945-46: »Prometheus und die Tragödie der Kultur«, in: *Die Wandlung*, hgg. v. Dolf Sternberger. Unter Mitwirkung von Karl Jaspers, Werner Krauss und Alfred Weber

ders., 1947: *Über die Ursprünglichkeit der Wissenschaft* (Rektoratsrede 1946). Leipziger Universitätsreden, H.14, Leipzig

ders., 1947a: *Goethe und die Philosophie*, Leipzig. Wiederabgedruckt in: ders., 1967: *Kleine Schriften II*. Tübingen 1967, 82-96

ders., 1948: Aristoteles, *Metaphysik* XII. Philosophische Texte 3 (Übersetzung, Einleitung und Kommentar), Frankfurt/M

ders., ¹1960: *Wahrheit und Methode. Grundzüge einer philosophischen Hermeneutik*, Tübingen (⁵1986)

ders., 1967: »Das Problem der Geschichte in der neueren deutschen Philosophie«, in: ders., *Kleine Schriften I*, Tübingen, 1-10

ders., 1967: »Herder und die geschichtliche Welt«. Nachwort zur Ausgabe von J.G. Herder: *Auch eine Philosophie zur Geschichte der Bildung der Menschheit*. Frankfurt/M, 146-77. Auch in: ders., *Kleine Schriften III*, Tübingen 1967, 101-17

ders., 1977a: *Philosophische Lehrjahre. Eine Rückschau*, Frankfurt/M

ders., 1977b: »Hans-Georg Gadamer«, in: *Philosophie in Selbstdarstellungen*, Bd. 3, hgg. v. Ludwig J. Pongratz, Hamburg, 60-102

ders., 1978: »Correspondence between Strauss and Gadamer concerning Wahrheit und Methode«, in: *Independent Journal of Philosophy*, vol. 2, 5-12
ders., 1982: *Vorwort zu »Platos dialektische Ethik«. Phänomenologische Interpretationen zum »Philebos«*, Hamburg, IX-XII
ders., 1983a: »Platos Denken in Utopien«, in: *Gymnasium. Zeitschrift für Kultur der Antike und humanistische Bildung* 90, 434-55
ders., 1983b: *Die Aktualität des Schönen*, Stuttgart
ders., 1985a: »Dialektik und Sophistik im siebten Platonischen Brief«. Vortrag gehalten vor der Heidelberger Akademie der Wissenschaften am 29. Juni 1963. Nachdruck der 1. Aufl. 1964, in: ders., *Griechische Philosophie II*. Gesammelte Werke, Bd. 6, Tübingen, 90-115
ders., 1985b: »Platos ungeschriebene Dialektik.« Vortrag auf dem Leutershausener Symposium über Platos ungeschriebene Lehre, in: ders., *Griechische Philosophie II*. Gesammelte Werke, Bd. 6, Tübingen, 129-53. Nachdruck der 1. Auflage von 1968
ders., 1985c: »Die neue Platoforschung«, in: ders., *Griechische Philosophie I*. Gesammelte Werke, Bd. 5, Tübingen, 212-29
ders., 1986: »Exkurse II« (1960), in: Ergänzungen und Register zu *Wahrheit und Methode*, Tübingen, 279ff
ders., 1990: »...die wirklichen Nazis hatten doch überhaupt kein Interesse an uns«. Hans-Georg Gadamer im Gespräch mit Dörte von Westernhagen, in: *Das Argument* 182, 32. Jg., H.4, Juli-August, 543-55
ders., 1993: »Über die politische Inkompetenz der Philosophie«, in: *Sinn und Form* Nr. 45, H.1. 5-12
ders. und Gottfried Boehm (Hg.), 1978: *Seminar: Die Hermeneutik und die Wissenschaften*, Frankfurt/M
Gehlen, Arnold, 1933: *Theorie der Willensfreiheit*, Berlin
Geuter, Ulfried, 1988: *Die Professionalisierung der deutschen Psychologie im Nationalsozialismus*, Frankfurt/M
Glockner, Hermann, 1935: »Deutsche Philosophie«, in: *Zeitschrift für Deutsche Kulturphilosophie*, Bd. 1, 3-39
ders., 1943: »Der Kriegseinsatz der Geisteswissenschaften«, in: *Zeitschrift für Deutsche Kulturphilosophie*, Bd. 9, 71-76
Goethe, Johann Wolfgang, 1978: *Werke*. Bd. 12, Schriften zur Literatur. Textkritisch durchgesehen v. Erich Trunz und Hans Schrimpf, Hamburg, 244-49
Goldschmidt, U.K., 1985: Wilamowitz and the »Georgekreis«, in: W.M. Calder u.a. (Hg.): *Wilamowitz nach 50 Jahren*, Darmstadt, 583-611
Grossner, Claus, 1971: *Verfall der Philosophie. Politik Deutscher Philosophen*. »Gadamer und der Nationalsozialismus. Ein Briefwechsel«, Hamburg, 234-37
Günther, Hans F. K., 1928: *Platon als Hüter des Lebens. Platons Zucht und Erziehungsgedanken und deren Bedeutung für die Gegenwart*, München [2]1935, [3]1966
Günther, Joachim, 1936-37: »Rezension von *Deutsche Menschen* von Detlev Holz (W. Benjamin) 1936«, in: *Die Literatur. Monatsschrift für Literaturfreunde* 39, 314
Habermas, Jürgen, 1971: »Der Universalitätsanspruch der Hermeneutik«, in: *Hermeneutik und Ideologiekritik*, hgg. v. J. Habermas, D. Henrich und J. Taubes, Frankfurt/M, 120-59
ders., 1984: »Hans-Georg Gadamer: Urbanisierung der Heideggerschen Provinz« (1979), in: ders., *Philosophisch-politische Profile*, Frankfurt/M, 392-402
ders., 1985: *Der philosophische Diskurs der Moderne*, Frankfurt/M
Haering, Theodor (Hg.), 1941: *Das Deutsche in der deutschen Philosophie*, Stuttgart

Handel, Gottfried und Gerhild Schwendler, 1959: *Chronik der Karl-Marx-Universität Leipzig 1945-1959*, Leipzig

Hartmann, Nicolai, 1909: *Platons Logik des Seins*, Gießen

ders., 1934: »Sinngebung unnd Sinnerfüllung (Vortrag, gehalten am 3. Okt. 1933 auf der Tagung der Deutschen Philosophischen Gesellschaft zu Marburg)«, in: *Blätter für deutsche Philosophie*, Bd. 8, H.1, 1-39

Haug, Wolfgang Fritz, 1986: *Die Faschisierung des bürgerlichen Subjekts*, Berlin

ders., 1987: *Vom hilflosen Antifaschismus zur Gnade der späten Geburt*, Hamburg

ders., 1989: »Nicolai Hartmanns Neuordnung von Wert und Sinn«, in: ders. (Hg.), *Deutsche Philosophen 1933*, Hamburg, 159-87

ders., 1989: »Philosophie im Deutschen Faschismus«, in: ders. (Hg.), *Deutsche Philosophen 1933*, Hamburg, 5-28

Heiber, Helmut, 1966: *Walter Frank und sein Reichsinstitut für Geschichte des neuen Deutschlands*, Stuttgart

Heidegger, Martin, 1942: *Platons Lehre von der Wahrheit*, in: ders., *Wegmarken*, Frankfurt/M ^{2}1978

ders., 1983: *Die Selbstbehauptung der deutschen Universität. Das Rektorat 1933-34 Tatsachen und Gedanken*, Frankfurt/M

Helbig, Herbert, 1961: *Universität Leipzig*, Frankfurt/M

Heller, Gerhard 1982: *In einem besetzten Land. NS-Kulturpolitik in Frankreich. Erinnerungen 1940-1944*, Hamburg

Herder, Johann Gottfried, 1877-1913: »Ideen zur Philosophie der Geschichte der Menschheit«, in: ders., *Sämtliche Werke*, Bd. 14, hgg. v. Bernhard Suphan, Berlin

Heyse, Hans, 1933: *Die Idee der Wissenschaft und die deutsche Universität*. Rede gehalten bei der feierlichen Übernahme des Rektorates der Albertus-Universität zu Königsberg Pr. am 4. Dezember 1933, Königsberg

Hildebrandt, Kurt, 1920: *Norm und Entartung des Menschen*, Berlin

ders., 1928: *Staat und Rasse*. Drei Vorträge. I. Nation und Rasse. II. Rassenhygiene und geistige Erziehung. III. Wirkung der Idee im Aufbau des Staates, Breslau

ders., 1930: »Das neue Platon-Bild«, in: *Blätter für die deutsche Philosophie*, Bd. 4, 190-202

ders., 1933a: *Plato. Der Kampf des Geistes um die Macht*, Berlin

ders., 1933b: »Einleitung zu Platon *Der Staat*«. Übers. v. A. Horneffer, Leipzig, VII-XXXVI, ^{2}1939, ^{3}1943, ^{4}1949, ^{5}1950, 1955 Neuaufl., ^{2}1958, ^{10}1982

ders., 1934: *Norm – Entartung – Verfall*, Berlin

ders., 1962: *Ein Weg zur Philosophie*, hgg. v. Hans Freudenberg, Bonn

ders., 1965: *Erinnerungen an Stefan George und seinen Kreis*, Bonn

Hildebrandt, W., 1981: O.T. (Diskussionsbeitrag), in: Peter Gutjahr-Löser (Hg.), *Theodor Litt und die Politische Bidlung der Gegenwart*, München, 164-66

Historisches Wörterbuch der Philosophie, 1974: hgg. v. Joachim Ritter. Bd. 3, Basel, Stuttgart

Hitler, Adolf, 1938: *Mein Kampf*, München (336-340. Tsd.; Erstausgabe Teil I: 1925; Teil II: 1927)

Hoffmann, Heinz (Hg.), 1975-1985: *Geschichte des Zweiten Weltkrieges 1939-1945*, Bd. 1-12, Berlin

Höhne, Heinz, 1990: *Der Orden unter dem Totenkopf. Die Geschichte der SS*, München

Hölderlin, Friedrich, 1969: *Werke und Briefe*, hgg. v. F. Beißner und J. Schmidt, Bd. 1, Gedichte, Frankfurt/M

Hölscher, Uvo, 1988: »Angestrengtes Griechentum. Zum 100. Geburtstag Jaegers«, in: *Frankfurter Allgemeine Zeitung*, 30.7.1988

Holtorf, Herbert, 1934: »Platon. Auslese und Bildung der Führer und Wehrmänner. Eine Auswahl aus dem Staat«, in: *Eclogae Grecolattinae*, Fasc. 73, Berlin

Horkheimer, Max, 1936: »Egoismus und Freiheitsbewegung. (Zur Anthropologie des bürgerlichen Zeitalters)«, in: *Zeitschrift für Sozialforschung*, 5. Jg, H 2, 161-234

Hoyer, Siegfried, u.a. 1984: *Alma Mater Lipsiensis. Geschichte der Karl-Marx Universität*, Leipzig

Irmscher, Hans Dietrich, 1990: Nachwort zu Herders *Auch eine Philosophie der Geschichte zur Bildung der Menschheit*, Suttgart, 140-59

Jäckel, Eberhard, 1966: *Frankreich in Hitlers Europa. Die Deutsche Frankreichpolitik im Zweiten Weltkrieg*, Stuttgart

Jacobsen, Hans-Adolf, 1965: »Der Kommissarbefehl und die Massenexekutionen sowjetischer Kriegsgefangener«, in: *Die Anatomie des SS-Staates*, hgg. v. Buchheim, Hans, Broszat, Martin u. a., Bd. 2, München, 137-166

Jaeger, Werner, 1912: *Studien zur Entstehungsgeschichte der Metaphysik des Aristoteles*, Berlin

ders., 1919: »Der Humanismus als Tradition und Erlebnis«, in: ders., *Humanistische Reden und Vorträge*, Berlin 1937, 43-71

ders., 1921: *Humanismus und Jugendbildung*, Berlin

ders., 1923: *Aristoteles. Grundlegung einer Geschichte seiner Entwicklung*, Berlin

ders., 1925: »Antike und Humanismus« (1925), in: ders., *Humanistische Reden und Vorträge*, Berlin 1937, 110-24

ders., 1927: *Das humanistische Gymnasium in seinem Verhältnis zu den übrigen Schulgattungen*, Eberswalde

ders., 1928: »Platos Stellung im Aufbau der griechischen Bildung«, in: *Die Antike* 4, 1-13, 85-98, 161-76. Ferner in: ders., *Humanistische Reden und Vorträge*, Berlin 1937, 125-94

ders., 1929: *Die geistige Gegenwart der Antike*, Berlin

ders. (Hrsg), 1931: *Das Problem des Klassischen und die Antike*, Leipzig, Berlin

ders., 1932: »Staat und Kultur«, in: *Humanistische Reden und Vorträge*, Berlin 1960, 195-214

ders., 1933: »Die Erziehung des politischen Menschen und die Antike«, in: *Volk im Werden* 1, H.3, Leipzig, 43-49

ders., 1934: *Paideia. Die Formung des griechischen Menschen*, Bd. 1, Berlin, Leipzig ²1936

ders., 1937: *Humanistische Reden und Vorträge*, Leipzig, Berlin ²1960

ders., 1944: *Paideia. Die Formung des griechischen Menschen*, Bd. 2, Berlin, Leipzig

ders., 1947a: *Paideia. Die Formung des griechischen Menschen*, Bd. 3, Berlin, Leipzig

ders., 1947b: »Die Griechen und das philosophische Lebensideal«, in: ders., *Humanistische Reden und Vorträge*, Berlin ²1960, 222-47

ders., 1960: »Die Klassische Philologie an der Universität Berlin von 1870-1945«, in: *Studium Berolinense*, Gedenkschrift der Westdeutschen Rektorenkonferenz und der Freien Universität Berlin zur 150. Wiederkehr des Gründungsjahres der Friedrich-Wilhelm- Universität zu Berlin, West-Berlin

Janeff, Janko, 1939-40: »Herder, das nationale Erwachen der Slaven und der Panslavismus«, in: *Deutsche Monatshefte* 6, 42-55

Jänicke, Martin, 1969: »Die ›Abgründige Wissenschaft‹ vom Leviathan. Zur Hobbes-Deutung Carl Schmitts im Dritten Reich«, in: *Zeitschrift für Politik*. 16. Jg., H.3, Sept., 401-15

Jaspers, Karl, 1931: *Die geistige Situation der Zeit,* Berlin

ders., 1986: »Die Schuldfrage« (zuerst 1946), in: *Erneuerung der Universität*, Reden und Schriften 1945-46. Mit einem Nachwort von Renato de Rosa, Heidelberg, 113-213
ders., 1988, ¹1932: »Max Weber. Politiker – Forscher – Philosoph«, in: ders., *Max Weber*, München, 49-114
Jean Paul (Johann Paul Friedrich Richter): *Vorschule der Ästhetik*. III. Kantate-Vorlesung. Über die poetische Poesie (Personalien der Vorlesung), 1804. *Gesammelte Werke*, Bd. 5, hgg. v. N. Miller, 3. Aufl., München 1973
Jehle, Peter, 1995: *Werner Krauss und die Romanistik im NS-Staat*, Hamburg
Jochmann, Werner v. (Hg.), 1980: *Adolf Hitler. Monologe im Führerhauptquartier 1941-1944. Die Aufzeichnungen Heinrich Heims*, Hamburg
Jünger, Ernst, 1942: »Tagebuchblätter aus Frankreich«, in: *Deutschland-Frankreich*, 1. Jg. Nr.1, 79-105
Kelsen, Hans, 1985: *Die Illusion der Gerechtigkeit. Eine kritische Untersuchung der Sozialphilosophie Platons*, Wien
Kingston, Paul J., 1991: »Die Ideologen: Vichy-Frankreich 1940-1944«, in: *Kollaboration in Frankreich. Politik, Wirtschaft und Kultur während der nationalsozialistischen Besatzung 1940-1944*, hgg. v. Gerhard Hirschfeld und Patrick Marsch, 60-86
Kinkel, Walter, 1908: *Geschichte der Philosophie als Einleitung in das System der Philosophie*, Berlin
ders., 1922: *Geschichte der Philosophie von Sokrates bis Aristoteles*, Berlin
Klahen, K., 1942: »Besprechung zu Das Luther-Buch von Dimitri Mereschkowski«, in: *Deutschland-Frankreich*, Jg. 1, Nr.1, 154
Klee, Ernst, 1985: *»Euthanasie« im NS-Staat. Die »Vernichtung unwerten Lebens«*, Frankfurt/M
Kleßmann, Christoph, ⁴1986: *Die doppelte Staatsgründung. Deutsche Geschichte 1945-1955*, Schriftenreihe der Bundeszentrale für politische Bildung, Bd. 193, Bonn
Klinger, Gerwin, 1989: »Freiheit als ›freiwillige Aufgabe der Freiheit‹. Arnold Gehlens Umbau des deutschen Idealismus«, in: W.F. Haug (Hg.), 1989, 188-218
Köhler, Otto, 1989: *Wir Schreibmaschinentäter. Journalisten unter Hitler und danach*, Köln
Köhnke, Klaus Christian, 1986: *Entstehung und Aufstieg des Neukantianismus. Die deutsche Universitätsphilosophie zwischen Idealismus und Positivismus*, Frankfurt/M
Kraus, Ota, Kulka, Erich, 1963: *Massenmord und Profit. Die faschistische Ausrottungspolitik und ihre ökonomische Hintergründen*. Berlin
Krieck, Ernst, 1931: »Erziehungsphilosophie«, in: *Handbuch der Philosophie*, hgg. v. A. Baeumler und M. Schröter, Abteilung III: Mensch und Charakter. München-Berlin
ders., 1933: *Musische Erziehung*, Leipzig
ders., 1935: »Unser Verhältnis zu den Griechen und den Römern«, in: *Volk im Werden* 1, 77f
ders., 1936ff: *Völkisch-Politische Anthropologie*, Bd. 3, Leipzig
Kürschners Deutscher Gelehrten-Kalender, 1940-41: hgg. v. G. Lüdtke. 6.Ausg., Berlin-Leipzig
Larenz, Karl, 1934: *Deutsche Rechtserneuerung und Rechtsphilosophie*, Tübingen
Laugstien, Thomas, 1989: »Die protestantische Ethik und der ›Geist von Potsdam‹. Sprangers Rekonstruktion des Führerstaats aus dem Prinzip persönlicher Verantwortung«, in: W.F.Haug (Hg.), 1989, 29-68

ders., 1990: *Philosophieverhältnisse im deutschen Faschismus*, Hamburg
Lavastine, Philippe, 1942: »La Mission du Reich«, in: *Deutschland-Frankreich*, Jg. 1, Nr.1, 152f
Leaman, George, 1993: *Heidegger im Kontext. Gesamtüberblick zum NS-Engagement der Universitätsphilosophen*, Hamburg
Leipziger Neueste Nachrichten 21.7.1938; 20.1.1940; 2.7.1943; 10.8.1943
Leisegang, Hans, 1929: *Die Platondeutung der Gegenwart*, Karslruhe
Lesser, Gabriele, 1989: »Widerstand wird gebrochen«, in: FAZ, 25.12.89
Lipton, David R., 1978: *Ernst Cassirer. The Dilemma of a liberal intellectuel in Germany (1914-1933)*, Toronto
Litt, Theodor, 1934: »Rezension über Werner Jaegers Paideia Bd. 1.«, in: *Die Erziehung*, 305-14
Losemann, Volker, 1977: *Nationalsozialismus und Antike*, Hamburg
Löwith, Karl, 1986: *Mein Leben in Deutschland vor und nach 1933*, Tübingen
Lück, Kurt, 1941: »Rezension über das Handbuch von Carl E. von Loesch: Der polnische Volkscharakter«, in: *Deutsche Kultur im Leben der Völker*, 16. Jg., H.3, München, 319
Manasse, Ernst Moritz, 1957: *Bücher über Platon*, Bd. 1, Werke in deutscher Sprache, Tübingen
Mann, Thomas, 1968: »Tagebuchblätter aus den Jahren 1933 unnd 1934«, in: ders., *Politische Schriften und Reden*. Bd. 2, Frankfurt/M, Hamburg
ders., 1968: *Betrachtungen eines Unpolitischen*, Frankfurt/M
Marcuse, Herbert, 1934: »Der Kampf gegen den Liberalismus in der totalitären Staatsauffassung«, in: *Zeitschrift für Sozialforschung*. Unv. Nachdruck, München 1980, 161-95
Marti, Hugo, 1936: »Rezension über Walter Benjamins Buch *Deutsche Menschen*«, in: *Der Bund*, Nr. 567, 3.12.1936, 7
Maschke, Günter, 1982: »Zum ›Leviathan‹ von Carl Schmitt«. Nachwort, in: Carl Schmitt: *Der Leviathan in der Staatslehre des Thomas Hobbes – Sinn und Fehlschlag eines politischen Symbols*, Köln
Mayer, Arno, 1991: *Der Krieg als Kreuzzug. Das Deutsche Reich, Hitlers Wehrmacht und die »Endlösung«*, Hamburg
Meier, Heinrich, 1994: *Die Lehre Carl Schmitts. Vier Kapitel zur Unterscheidung Politischer Theologie und Politischer Philosophie*, Stuttgart
Meyer Lexikon, 1938: Stichwort »Humanität«, Bd. 4, Sp. 1005, Leipzig
Michalka, Wolfgang (Hg.), 1985: *Das Dritte Reich. Dokumente zur Innen- und Außenpolitik. Weltmachtanspruch und nationaler Zusammenbruch 1939-1945*, Bd. 2, München
Misgeld, Dieter, Graeme Nicholson, 1992: *Hans-Georg Gadamer. On Education, Poetry, and History. Applied Hermeneutics*, New York
Mitteilungen des Universitätsbundes Marburg, 1936: H.3, 59
Mogan, M. Th., 1942: »L'Europe spirituelle«, in: *Deutschland-Frankreich*, Jg. Nr.1, 154
Moscovici, Serge, 1982: *Versuch über die menschliche Geschichte der Natur*, Frankfurt/M
Muller, Jerry Z., 1987: *The Other God that Failed. Hans Freyer and the Deradicalization of German Conservatism*. Princeton, New Jersey
Müller-Hill, Benno, 1984: *Tödliche Wissenschaft. Die Aussonderung von Juden, Zigeunern und Geisteskranken 1933-45*, Reinbek
Natorp, Paul, 1903, ²1921: *Platons Ideenlehre, eine Einführung in den Idealismus*, Leipzig

Natorp, Paul, 1914: *Über Platons Ideenlehre*, Leipzig
Neulen, Werner, 1987: *Europa und das 3. Reich. Einigungsbestrebungen im deutschen Machtbereich 1939-1945*, München
Nietzsche, Friedrich, 1980: »Unzeitgemässe Betrachtung II: Vom Nutzen und Nachtheil der Historie für das Leben«, in: ders., *Sämtliche Werke*. Kritische Studienausgabe, Bd. 1, hgg. v. Giorgio Colli und Mazzino Montinari, Berlin, New York
Oppermann, Hans, 1933: »Der erzieherische Wert des lateinischen Unterrichts«, in: *Humanistische Bildung im nationalsozialistischen Staate*. Reihe: Neue Wege zur Antike, H.9, Leipzig, Berlin, 50-58
Orozco, Teresa, 1991: »Die Männlichkeit der Philosophie und der deutsche Faschismus«, in: *Die Philosophin*, H.3, Weimarer Republik und Faschismus, 9-25
dies., 1994: »Die Platon-Rezeption in Deutschland um 1933«, in: Ilse Korotin (Hg.): *»Die Besten Geister der Nation«. Philosophie und Nationalsozialismus*, Wien
Ory, Pascal, 1976: *Les collaborateurs 1940-1945*, Paris
Overesch, Manfred, 1982: *Chronik deutscher Zeitgeschichte. Das Dritte Reich 1939-1945*, Bd. 2, (Droste-Geschichts-Kalendarium), Düsseldorf
Pêcheux, Michel, 1983: »Über die Rolle des Gedächtnisses als interdiskursives Material. Ein Forschungsprojekt im Rahmen der Diskursanalyse und Archivlektüre«, in: *Das Subjekt des Diskurses. Beiträge zur sprachlichen Bildung von Subjektivität und Intersubjektivität*, hgg. v. Manfred Geier und Harold Woetzel, Berlin, 50-58
Personalakte Gadamer im Universitätsarchiv Leipzig (PAGL)
Personal- und Vorlesungs-Verzeichnis der Universität Leipzig, 1940 bis 1945
Personal- und Vorlesungs-Verzeichnis der Universität Marburg, 1934 bis 1939
Petersen, Jens, 1988: »Vorspiel zu ›Stahlpakt‹ und Kriegsallianz: das Deutsch-Italienische Kulturabkommen vom 23. November 1938«, in: *Vierteljahreshefte für Zeitgeschichte* 1, 41-77
Petsch, Robert, 1937: »Rezension des 1. Bandes von Werner Jaegers *Paideia*«, in: *Dichtung und Volkstum*, hgg. v. Julius Petersen und Hermann Pongs, 102-10
Platon, 1977: *Werke*. Acht Bände. Griechisch und Deutsch, hgg. v. Gunther Eigler, Darmstadt
Popper, Karl, 1957: *Die offene Gesellschaft und ihre Feinde*, Tübingen
Preußisches Staatshandbuch, 1938-1939: Berlin
Projekt Ideologie-Theorie: *Faschismus und Ideologie*, 2 Bde., Berlin 1980
Rabuse, Georg, 1942: »La seule France?«, in: *Zeitschrift Deutschland-Frankreich*, hgg. v. K. Epting, 1. Jahr., Nr. 1, 142-47
Redeker, Martin, 1934: *Humanität, Volkstum, Christentum in der Erziehung. Ihr Wesen und gegenseitiges Verhältnis an der Gedankenwelt des jungen Herder für die Gegenwart dargestellt*, Berlin
Rehmann, Jan, 1986: *Die Kirchen im NS-Staat*, Berlin
Reinhardt, Karl, 1960: »Akademisches aus zwei Epochen«, in: ders.: *Vermächtnis der Aktike*, hgg. v. Carl Becker, Göttingen
Rexroth, Tillman, 1980: »Anmerkungen des Herausgebers«, in: Benjamin 1980, Bd. 4(2), 942f
»Rezension von Das neue Bild der Antike«, in: *Deutsche Allgemeine Zeitung*, 16.8.1942
Ringer, Fritz K., 1983: *Die Gelehrten. Der Niedergang der deutschen Mandarine 1890-1933*, Stuttgart
Ritter, Henning, 1990: »Konziliantes Denken. Der Philosoph Hans-Georg Gadamer wird neunzig«, in: *Frankfurter Allgemeine Zeitung* vom 10.2.1990
Ritter, Joachim, 1941: »Nicolaus von Cues«, in: *Das Deutsche in der deutschen Philosophie*, hgg. v. Theodor Haering, Stuttgart, Berlin, 69-88

Ritterbusch, Paul, 1941: »Gegenwartsaufgaben der deutschen Geisteswissenschaft«, in: *Leipziger Illustrierte*, Nr.4956, August, 136 und 141f

Rockmore, Tom, 1995: »Philosophie oder Weltanschauung? Über Heideggers Stellungnahme zu Hönigswald«, unveröff. Ms

Rosenberg, Alfred, 1935: *Der Mythus des 20. Jahrhunderts. Eine Wertung der seelisch-geistigen Gestaltenkämpfe unserer Zeit*, 83.-86. Auflage, München

ders., 1936: »Von der Auffassung über nationalsozialistische Erziehung«, in: ders., *Gestaltung der Idee. Blut und Ehre*. Reden und Aufsätze von 1933-1935, Bd. 2, hgg. v. Thilo von Trotha, München 1936

ders., 1941: *Nordische Schicksalsgemeinschaft*. Rede des Reichsleiters Alfred Rosenberg vor der In- und ausländischen Presse in Berlin am 9. Juli 1940, Mainz

Rosenblum, Robert, 1967: *Transformations in Late Eighteenth Century Art*, Princeton, New Jersey

Ross, Jan, 1995: »Schmuggel. Gadamers Geheimnis«, in: *Frankfurter Allgemeine Zeitung* vom 11.2.1995

Rößner, Hans, 1936: »Dritter Humanismus im Dritten Reich.« In: *Zeitschrift für Deutsche Bildung*, 2. Jg., H.4, 86-192

Rottleuthner, Hubert, 1983: »›Leviathan oder Behemoth?‹ . Zur Hobbes-Rezeption im NS und ihrer Neuauflage«, in: *Archiv für Rechts- und Sozialphilosophie*, Bd. 69, H.2, 247-65

Rügemer, Werner, 1979: *Philosophische Anthropologie und Epochenkrise. Studie über den Zusammenhang von allgemeiner Krise des Kapitalismus und anthropologischer Grundlegung der Philosophie am Beispiel Arnold Gehlens*, Köln

Rusch, Adolf, 1933: »Plato als Erzieher zum deutschen Menschen«, in: *Humanistische Bildung im nationalsozialistischen Staate*. Reihe: Neue Wege zur Antike, H.9, 44-49

Rust, Bernhard, 1935: »Die Grundlagen der nationalsozialistischen Erziehung«, in: *Hochschule und Ausland* 13, 1-18

ders., 1941: »Nationalsozialismus und Wissenschaft«, in: *Leipziger Illustrierte. Deutsche Forschung im Dienste des deutschen Volkes*, Nr.4956, August, 119-140b

Rüthers, Bernd, ²1994: *Entartetes Recht. Rechtslehren und Kronjuristen im Dritten Reich*, München

Sachse, Kurt, 1933: »Vorschläge zum altsprachigen Lehrplan eines deutschen Gymnasiums«, in: *Humanistische Bildung im nationalsozialistischen Staate*. Reihe: Neue Wege zur Antike, H.9, 59-80

Salomon, Gerhart, 1933: »Humanismuswende«, in: *Humanistische Bildung im nationalsozialistischen Staate*. Reihe: Neue Wege zur Antike, H.9, 9-16

Sauder, Gerhard (Hg.), 1983: »Akademischer ›Frühlingssturm‹. Germanisten als Redner bei der Bücherverbrennung«, in: Walberer, Ulrich (Hg.), *10. Mai 1993. Die Bücherverbrennung in Deutschland und die Folgen*, Frankfurt/M

ders. (Hg.), 1985: *Die Bücherverbrennung. 10. Mai 1933*, Berlin-Wien

Schadewaldt, Wolfgang, 1963: *Gedenkrede auf Werner Jaeger 1888-1961*, Berlin/W

Scheurig, Bodo, 1969: *Deutscher Widerstand 1938-1944. Fortschritt oder Reaktion*, München

Schiller, Friedrich, 1959: »Briefe über die ästhetische Erziehung des Menschen«, in: ders., *Sämmtliche Werke*, Bd. 5, hgg. v. G. Fricke und H. Göpfert, München

Schele, Linda und Mary Ellen Miller, 1986: *The Blood of the Kings. Dynasty in Maya Art*, New York

Schmitt, Carl, 1933: *Der Begriff des Politischen*, 3. Aufl., Hamburg

ders., 1937-1938: »Totaler Feind, totaler Krieg, totaler Staat«, in: *Völkerbund und Völkerrecht*, 4. Jg

ders., 1937: »Der Staat als Mechanismus bei Hobbes und Descartes«, in: *Archiv für Rechts- und Sozialphilosophie*, Bd. 30, H.4
ders., 1939a: *Völkerrechtliche Großraumordnung mit Interventionsverbot für raumfremde Mächte*, 1. Aufl., Berlin, Wien, ⁴1941, Berlin-Leipzig-Wien
ders., 1939b: »Inter pacem et bellum nihil medium«, in: *Zeitschrift der Akademie für Deutsches Recht*
ders., ²1982: »Der Leviathan in der Staatslehre des Thomas Hobbes«. Nachdruck der Erstausgabe 1938; und: »Die vollendete Reformation«. Nachdruck des erstmals 1965 erschienenen Aufsatzes, in: *Der Leviathan in der Staatslehre des Thomas Hobbes. Sinn und Fehlschlag eines politischen Symbols*. Neuauflage mit einem Anhang sowie einem Nachwort des Herausgebers Günter Maschke, Köln
ders., 1942: »Die Formung des französischen Geistes durch den Legisten«, in: *Deutschland-Frankreich*, 1. Jg, Nr.2, 1-30
Schmuhl, Hans-Walter, 1987: *Rassenhygiene, Nationalsozialismus, Euthanasie. Von der Verhütung zur Vernichtung »lebensunwerten Lebens«, 1890-1945*, Göttingen
Schnädelbach, Herbert, 1983: *Philosophie in Deutschland 1831-1933*, Frankfurt/M
Schneider, Jost, 1994 (Hg.): *Herder im »Dritten Reich«*, Bielefeld
Schneider, Ulrich, 1977: »Widerstand und Verfolgung an der Marburger Universität 1933-1945«, in: Kramer, Dieter, und Christina Vanja (Hg.), *Universität und demokratische Bewegung. Ein Lesebuch zur 450 Jahrfeier der Philipps-Universität Marburg*, Marburg, 219ff
Scholem, Gershom, 1976: *Walter Benjamin – Die Geschichte einer Freundschaft*, Frankfurt/M
Schorcht, Claudia, 1990: *Philosophie an den bayerischen Universitäten: 1933-1945*, Erlangen
Schumann, W. und Hass, G. (Hg.), 1974-1985: *Deutschland im Zweiten Weltkrieg*. Bd. 1-6, Köln
Schweizer, Berhard, 1960: *Die Universität Leipzig 1409-1959*, Tübingen
Singer, Kurt, 1927: *Platon. Der Gründer*, Heidelberg
Sontheimer, Kurt, 1983: *Antidemokratisches Denken in der Weimarer Republik*, München
Spranger, Eduard, 1929: *Das deutsche Bildungsideal der Gegenwart in geschichtsphilosophischer Beleuchtung*, Leipzig
ders., 1932: »Das humanistische und das politische Bildungsideal im heutigen Deutschland«. Vortrag, gehalten im Zentralinstitut für Erziehung und Unterricht zu Berlin im Januar 1916, in: ders., *Volk. Staat. Erziehung. Gesammelte Reden und Aufsätze*, Leipzig
ders., 1942: »Der Philosoph von Sanssouci«, in: *Abhandlungen der Preußischen Akademie der Wissenschaften*. Philosophisch-historische Klase, Nr. 5, Berlin
ders., ²1988: »Volksmoral und ihre Sicherung«, in: *Texte für die Mittwochs-Gesellschaft 1935-1944*, hgg. v. Uwe Henning, Folker Schmidt, Beate Wallek. 2. überarbeitete Auflage, München
Strauss, Leo, 1952: *Persecution and the Art of Writing*, Glencoe, Illinois
Stilla, Gabriele, 1994: »Gerhard Fricke: Literaturwissenschaft als Anweisung zur Unterordnung«, in: *Deutsche Klassiker im Nationalsozialismus: Schiller, Kleist, Hölderlin*, hgg. v. Claudia Albert, Stuttgart, 18-37
Stern (später Anders), Günther, 1931: Rezension von Karl Jaspers: Die geistige Situation der Zeit, Berlin 1931, in: *Berliner Börsen-Courier*, Nr. 519, 6.11.1931
Strätz, Hans-Wolfgang, 1983: »Die geistige SA rückt ein«, in: *10. Mai 1933 Bücherverbrennung in Deutschland und die Folgen*. hgg. v. Ulrich Walberer, 84-114

Sullivan, Robert R., 1989: *Political Hermeneutics. The Early Thinking of Hans-Georg Gadamer*, Pennsylvania
Troeltsch, Ernst, 1917: *Humanismus und Nationalismus in unserem Bildungswesen*, Berlin
Vahland, Joachim, 1991: *Das Ende der Nachkriegsphilosophie*, in: Zeno. Zeitschrift für Literatur und Sophistik. Neues Denken, hgg. v. R. Düßel, J. Ossner, M.Rumpf, U. Schödlbauer und J. Vahland. H.13, Heidelberg, 5-16
Vering, Carl, 1925: *Platons Staat. Der Staat der königlichen Weisen*, Frankfurt/M, 2., verb. Aufl. 1932
ders., 1932: »Platons Staat, VIII 11 u. 14, eingeleitet und frei wiedergegeben«, in: *Wiener Blätter für die Freunde der Antike* 8, 54-57
ders., 1935: *Platos Dialoge in freier Darstellung*, Leipzig
Vom Brocke, Bernhard, 1988: »›Von des attischen Reiches Herrlichkeit‹ oder die ›Modernisierung‹ der Antike im Zeitalter des Nationalstaats. Mit einem Exkurs über die Zerschlagung der Wilamowitz-Schule durch den Nationalsozialismus«, in: *Hermes*. Zeitschrift für Klassische Philologie, hgg. v. J. Bleicken, H. Erbse, W. Schetter. Bd. 116, H.3, 101-32
Vorländer, Karl, 1902: *Geschichte der Philosophie*, Berlin
Weber, Klaus, 1993: Vom Aufbau des Herrenmenschen. Philipp Lersch - Eine Karriere als Militärpsychologe und Charakterologe. Pfaffenweiler
Weber, Max, [7]1984: *Wissenschaft als Beruf*, Berlin
Weber, Thomas, 1989: »Arbeit am Imaginären des Deutschen. Erich Rothackers Ideen für eine NS-Kulturpolitik«, in: W.F.Haug (Hg.), 1989, 125-58
ders., 1989: »Joachim Ritter und die ›metaphysische Wendung‹« in: W.F. Haug (Hg.), 1989, 219-43
Weil, Simone, 1951, [1]1939: »Ilias: Dichtung der Gewalt«, in: *Merkur*, Nr. 36, H.5, 115-26
Weiss, Hermann, 1983: »Besser ein Mühlstein am Halse. Reaktionen in der ausländische Presse«, in: *10. Mai 1933 Bücherverbrennung in Deutschland und die Folgen*. hgg. v. Ulrich Walberer, 116-37
Wieland, Claus-Dietrich, 1987: »Carl Schmitt in Nüremberg«, in: *Zeitschrift für Sozialgechichte des 20. und 21. Jahrhunderts*, 2. Jg., H.1, Januar, 96-123
Wiese, Benno von, 1939: »Der Gedanke des Volkes in Herders Weltbild«, in: *Die Erziehung*, 14 Jg., H.4, 121-47
Wilamowitz-Moellendorff, Ulrich von, 1919: *Platon*, 2 Bde., Berlin
ders., 1884: *Aristoteles II*, Berlin
Wippern, Jürgen, 1972: *Das Problem der ungeschriebenen Lehre Platons*, Darmstadt
Zapata, Martha, 1995: *Triumph des Willens zur Macht. Zur Nietzsche-Rezeption im NS-Staat*. Hamburg
Zimmermann, Hans, 1936: »Pressebericht«. In: *Erzieher in Braunhemd*. Kampfblatt des NS-Lehrerbundes im Gau Halle-Merseburg, 4. Jg., Nr. 2, 250
Zimbrich, Ulrike, 1994: *Bibliographie zu Platons Staat. Die Rezeption der Politeia im deutschsprachigen Raum von 1800 bis 1970*, Frankfurt/M

Personenregister

Abetz 107ff
Albrecht 112
Alisch 22f
Alverdes 36
Aly 156f
Andreae 41
Apel 14
Arendt 139
Aristophanes 46
Aristoteles 26, 33, 37, 47, 64, 82, 155, 174, 207, 231ff, 245
Aubin 113

Bach 112, 200
Badenberg 23
Baeumler 9, 43, 54ff, 64f, 111, 218
Baeumler, M. 24
Bannes 38, 65, 79
Barnard 122, 137
Barnes 15
Barth 37, 173
Bauch 47, 77
Beck 179ff
Becker 121f, 137
Becker, C.H. 28
Beethoven 112
Benjamin 21, 35, 102, 139ff, 148, 226
Benjamin, G. 140
Bente 101
Bergmann 98
Bergson 113
Bertram 24, 52, 55f
Berve 97, 149ff, 210
Beyer 15
Binder 58
Blahut 103
Blanquis 142

Blessing 157
Bloch 220
Boehm 20
Bonald 144
Bonnard 114
Bormann 96
Börne 141f
Borusiak 209ff
Bouhler 157
Bourdieu 16, 19, 25
Brandt 157
Brecht 53
Breda, v. 113
Breker 71, 113
Bremer 109ff, 118, 130
Brinckmann 116
Brocke 41
Bröcker 14
Brodersen 102, 140
Broszat 156, 182f
Brunkhorst 51
Bucherer 33
Buchheim 156, 182f
Bultmann 24, 35f

Canfora 51, 66
Carrillo 23
Cassirer 51
Châteaubriant 113
Cohen 37
Cortot 113
Cues 201, 234

Dahm 184
De Maistre 144
Derain 113
Descartes 188

Personenregister

Despiau 113
Diem 111
Dietze 149
Dilthey 218f, 241
Dipper 180ff
Dongen, v. 113
Dorowin 185
Drexler 85
Driesch 97f
Dudeck 15, 178

Eicke 156
Eisler 12, 243
Emge 101
Epting 109ff, 114f, 117
Erdmann 108

Falter 37
Farías 109
Ferber 25
Fichte 117
Fischer 111
Forster 142ff
Förster 54
Forsthoff 57f
Fraenkel 33
Françaix 113
Frank 26, 58, 89, 91, 107, 181ff, 188, 227
Frank, E. 91
Frank, M. 89
Frei 157
Freisler 188
Freundlich 141
Freyer 95, 98, 159, 189, 211, 235
Frick 154f, 158
Fricke 55
Fried 110
Friederich 22f, 98
Friedländer 26, 41, 155
Friedrich 211, 213
Friedrich der Große 159, 187ff
Funke 112f

Galen 156
Ganzer 116
Gehlen 9, 22, 27, 94f, 97f, 172, 177f, 185
George 15, 24, 28, 36, 38, 41, 55f, 90

Gerstner 110
Geuter 98f, 149f
Gleispach 94f
Glockner 18, 104, 117
Goebbels 54, 64, 158f, 183, 199
Goerdeler 159, 178ff, 199
Goethe 30, 34, 56, 74ff, 83, 102ff, 200f, 241
Gomperz 41
Göring 157f, 186
Gramlich 23
Gramsci 8, 193
Grondin 14
Gross 177f
Grosse 111
Grossner 15, 26, 99, 106, 136, 209
Gundolf 53, 55
Günther 148
Günther, H.F.K. 36, 51, 65f, 77f, 84
Gürtner 158

Habermas 14, 20, 24, 73
Haering 95, 118, 126
Hamann 24, 92, 123
Harder 81, 86, 150
Harmjanz 84, 95f
Hartmann 15, 22, 24, 37, 178
Hassell 180f
Haug 7, 15, 22f, 37, 45, 71, 87f, 156, 159, 205, 214, 216
Haupt 23
Haushofer 85, 159
Hegel 17, 19, 100, 104f, 120, 133, 142, 171, 175, 184, 216, 218f, 223, 229f, 233f, 238
Heiber 96
Heidegger 7, 9, 13f, 16, 19, 22ff, 28, 47, 88f, 91, 102, 218f, 232, 234
Heiler 200
Heim 157
Heims 138
Heimsoeth 111
Helbig 211
Helfenstein 23
Helmholtz, v. 51
Heraklit 35, 69
Herz 141
Hess 116
Heydrich 154, 157
Heyse 52

Personenregister

Hildebrandt 9, 21, 28f, 34, 40f, 44f, 58f, 65f, 70, 75ff, 111, 153, 155, 231, 245
Hildebrandt W. 211
Himmler 96, 111, 138, 154ff, 180
Hitler 10, 19, 26, 34, 55f, 65, 71, 75, 78ff, 94, 102, 107, 150, 154, 156ff, 177f, 180f, 184, 199, 222, 227
Hobbes 188
Höhne 155f, 182
Hölderlin 11, 15, 102f, 111, 141ff, 149, 198, 200f, 233
Hölscher 34, 82, 85
Holtorf 50, 75
Homer 46f, 69, 150
Hönigswald 25
Honold 23
Horkheimer 140, 145
Horneffer 78
Huber 101, 184
Humboldt 41ff, 120
Huthmann 23

Ibarra 23
Ipsen 98
Irmscher 121

Jäckel 107
Jacobsen 157f
Jaeger 9, 20, 26, 33ff, 39ff, 43ff, 62, 65f, 68, 70, 77, 81ff, 224, 243ff
Jaensch 119
Jahn 201
Janeff 137
Jänicke 159, 185f, 188, 194, 198
Jaspers 9, 28, 50, 88, 202f, 211, 213, 218f
Jean Paul 120
Jehle 23, 111, 200
Jessen 181
Jochmann 138, 142
Jünger 114

Kafka 53
Kant 163, 217, 233ff
Karajan 112
Kelsen 25, 51
Kempff 113
Kempner 111
Kierkegaard 24, 217

Kingston 109
Kinkel 37
Klahen 116
Klee 156
Klinger 22f, 98
Klingner 97, 224
Kniest 23
Koch 117
Koellreuter 104, 106, 185, 198
Köhler 111
Köhnke 51
Koivisto 23
Kommerell 35, 143
Kraus, O. 138
Krauss 111, 199f
Kretschmer 200
Krieck 9, 33f, 43, 60, 65f, 70, 85, 103
Kroner 27, 91
Krueger 98
Krüger 14, 92, 119
Kulka 139
Künzberg, v. 85

Larenz 57, 61, 184
Laugstien 19, 22f, 27, 30, 45, 54, 94f, 98, 103f, 149, 159, 172, 177
Lavastine 116
Leaman 19, 21, 23, 26, 29, 33, 84, 91f, 98, 101, 178
Leibniz 89, 119, 234
Leisegang 36ff
Lenin 167
Lersch 99
Lesser 107, 109
Lettow 23
Liebig 142
Liess 116
Lipps 95
Lipton 25
Litt 15, 22, 82, 97f, 121, 209, 211, 224
Litten 140
Lledó 14
Loesch 119
Lommatzsch 36
Losemann 33f, 53, 81, 84ff, 93, 151, 153
Löwith 14, 26, 90, 92, 144, 167
Lubin 113

Personenregister

Lück 120
Lukács 167, 219
Luther 116f
Lutz 118

Machiavelli 159
Maillol 113f
Manasse 81
Mann 24, 53ff
Marcuse 58, 88
Marti 144
Marx 145, 167, 211, 217, 222, 229
Masaryk 137
Maschke 185f, 198
Maurras 114
Mayer 154, 156ff, 170
Meder 112
Meier 185, 191, 195
Meier, Ch. 11
Mereschkowski 117
Meyer 51
Michaelis 142, 144
Michalka 107, 181, 183
Miller 30
Misgeld 14
Mogan 116
Mommsen 92
Montesquieu 123, 133f, 236
Moscovici 163
Mozart 112
Mühsam 140
Muller 95, 98, 159
Müller 108, 154, 231
Müller-Hill 156

Natorp 24, 37
Naumann 52, 55, 70
Nebe 154
Neulen 172
Nicholson 14
Nietzsche 24, 28, 35, 40, 56, 68, 111f, 116, 118, 125, 131, 142, 218, 230, 233f
Nolte 93, 158f
Novalis 145

Oppenheimer 166
Oppermann 70, 93
Orozco 17, 42
Ory 108ff, 113f

Osenberg 149f
Ossietzky, v. 53, 140

Paracelsus 111
Patzer 231
Pêcheux 48f, 56f
Periander 169
Petersen 56, 82, 103
Petsch 82
Pindar 46
Pinette 112
Plotin 233
Pohlenz 150
Pongs 82
Popitz 151, 181
Popper 58, 66, 229, 231f
Predöhl 101, 110
Prometheus 103, 241
Pujo 117
Pythagoras 69

Rabuse 112, 117
Ranke 130
Raskiewisz 107
Redeker 33
Reiff 92
Reinhardt 35, 77, 85, 200f, 224
Reiter 111
Remarque 53
Renan 110
Rexroth 140f, 143ff
Ribbentrop 107
Rickert 33
Ricœur 20
Rilke 112, 200, 234
Ringer 43
Ritter 12, 22, 123, 126, 244f
Ritter, H. 12
Ritterbusch 118, 149f
Robespierre 145
Rockmore 25
Rorty 14
Rosenberg 34, 50f, 63f, 96, 121, 126, 131f, 137f, 153
Rosenblum 31
Ross 12, 232
Rößner 85
Rothacker 22, 111f, 121
Rottleuthner 194, 196ff
Rousseau 123, 236

Personenregister

Rusch 33
Rust 53f, 62, 84, 96, 150, 152, 185
Rüthers 58, 61, 93, 167f, 183ff, 194

Sachse 64
Salin 41
Salomon 61, 62
Sauder 48, 50, 52, 55f, 70
Schadewaldt 43, 81, 85f, 97, 150
Schaffstein 184
Schele 30
Schelsky 98
Schemm 62
Scheurig 179, 181
Schiller 56, 63, 72ff, 112
Schilling 116
Schleicher 110
Schleiermacher 38
Schmidke 109
Schmitt 9, 21, 58, 61, 68, 80, 101, 110f, 114, 119, 136, 149f, 159, 166ff, 171f, 184ff, 227, 229
Schmitthenner 102
Schmuhl 156
Schnädelbach 9, 40, 42f
Schneider 98, 122
Schneider, U. 200
Scholem 141
Schopenhauer 89, 111f, 218
Schorcht 25
Schrader 201
Schubart 142f
Schürer 104, 107
Schweitzer 97, 150, 209f
Seglard 23
Seume 142
Siebert 102, 104, 184
Sikorski 107
Singer 38, 41
Snell 150
Solon 82
Sontheimer 25, 41
Speer 157
Spengler 24
Spinoza 190, 192, 194
Spranger 8f, 15, 22, 28, 41ff, 56, 101, 159, 178, 181, 189, 201
Staël 116
Stahl 166f
Stapel 35

Steffin 140
Stenzel 41
Stern 88
Stieff 180
Stilla 23, 55
Stock 200
Storas 145
Strätz 52
Straub 99
Strauss 112
Sullivan 15
Swift 59

Tacitus 36
Taylor 20
Thales 244
Thieme 140
Tönnies 192
Troeltsch 41, 43
Tucholsky 53
Tyrtaios 82

Vahland 15, 126
Van Dongen s. Dongen, v.
Varnhagen 141
Vattimo 14
Vering 52f, 66
Verschuer 111
Vico 8
Volkelt 101
Vorländer 37
Vossler 200

Wachsmut 92
Wagner 112, 116
Wagner, W. 112
Walpen 23
Weber 16, 19, 22, 153, 191f, 202ff, 207, 235
Weber, K. 99
Weber, Th. 22f
Weil 69
Weinhandl 92
Weiss 56
Wellmer 20
Wendorf 235
Westernhagen, v. 14, 19, 28f
Wieacker 93, 101, 184, 235
Wieland 110, 112, 149
Wiese, v. 104, 107, 118f, 121, 130, 135f

Wilamowitz s. Wilamowitz-Moellendorf
Wilamowitz-Moellendorf 33, 41, 44, 46, 51, 64, 153, 155
Wilhelm 116
Winckelmann 35, 123, 125
Windelband 51
Wirth 99
Witehead 20
Wolters 24
Wundt 78
Wüst 84, 96

Xenophanes 69
Xerxes 169
Yilmaz 23

Zapata 23, 132, 201, 218

Ziesemer 96
Zimmerl 94f, 97
Zimmermann 72, 111
Zischka 110
Zweig, A. 53
Zweig, S. 53

Ideologische Mächte im deutschen Faschismus

W.F. HAUG: FASCHISIERUNG DES SUBJEKTS

220 S., ISBN 3-88619-080-3
15,50 DM/120 ÖS/16,50 SF

Normalität – Gesundheit – Schönheit – Leistungsfähigkeit – Fitneß – die nazistischen Ausrottungspolitiken als Kehrseite der »gesunden Normalität« im Rahmen eines nachholenden Fordismus. In diesem Buch wird das Zusammenwirken von Bereichen untersucht, die zumeist isoliert betrachtet werden. Entscheidend sind die Resonanzbeziehungen zwischen den institutionellen Diskursen und den Normalisierungspraktiken im Alltag – dem *Do it yourself* der Ideologie.

»Ich wünsche mir, daß jeder in der Psychiatrie Beschäftigte Haugs meiner Auffassung nach bahnbrechendes Werk liest.« *Erich Wulff*

JAN REHMANN: KIRCHEN IM NS-STAAT

160 S., ISBN 3-88619-160-5
15,50 DM/120 ÖS/16,50 SF

Dieselben Kirchen, die das völkermordende Regime bis zum Schluß als göttlich eingesetzte Obrigkeit stützten, hatten wie keine andere Macht die Kraft, sich den Versuchen der Gleichschaltung und der Zerstörung ihrer Einflußbereiche zu widersetzen. Jan Rehmann vergleicht die Stellung beider Kirchen und läßt ein Stück Feinstruktur ideologischer Macht hervortreten, mit ihren Artikulations- und Praxisformen, ihren Effekten der Subjektion, die zugleich die Bedeutung von Widerstandspositionen bekommen können. Aufgearbeitet wird auch die Hegemonieunfähigkeit der Weimarer Linken gegenüber Kirchen und Christentum, die die faschistische Besetzung des Religiösen erleichtert hat.

W.F. Haug (Hg.)
Deutsche Philosophen 1933
Argument

264 S., ISBN 3-88619-165-6
15,50 DM/120 ÖS/16,50 SF

In den ideologischen Mächten des Rechts, der Religion, im preußischen Beamtentum, im Wissenschaftsbetrieb oder im Vereinswesen drängte es vielgestaltig dem Faschismus entgegen. Die ideologische Macht der Philosophie ist in diesem Zusammenhang zu erforschen. Es geht nicht um Enthüllungen brauner Biographien: Auch jene Denker, die den anti-bildungsbürgerlichen Affekt der Nazis mit Distanz oder Verachtung erwiderten, trugen mittels ihrer spezifischen Kompetenz zur ideologischen Konsolidierung des NS-Staates bei.

Argument
Hamburg · Berlin

Ideologische Mächte im deutschen Faschismus

Thomas Laugstien

Philosophieverhältnisse im deutschen Faschismus

Argument

228 S., ISBN 3-88619-169-9
15,50 DM/120 ÖS/16,50 SF

»Über den Beitrag zu einem verdrängten Kapitel deutscher Philosophiegeschichte hinaus liegt der Wert dieses Buches darin, die wissenschaftsethischen Probleme institutionalisierter Philosophie deutlich gemacht zu haben.« *die tageszeitung*
»Imponierend ist, daß Laugstien an seinen komplexen Gegenstand mit differenzierten Fragestellungen und mit moralisch ungetrübtem Blick herangeht.« *Frankfurter Rundschau*
»Überblick und Einzelinformationen verdienen Lob für Sorgfalt, Reichhaltigkeit und ein beträchtliches Maß an Objektivität. Interessante Ergebnisse.«
Das Historisch-Politische Buch

George Leaman

Heidegger im Kontext

Gesamtüberblick zum NS-Engagement der Universitätsphilosophen

164 S., ISBN 3-88619-205-9
21,50 DM/168 ÖS/22,50 SF

Leaman fragt nicht nach den faschistischen Potentialen einer bestimmten Philosophie, sondern deckt übergreifende Zusammenhänge auf. In den Mittelpunkt seiner Studie stellt er ein »Who's Who« aller 215 Universitätsdozenten, die zwischen 1933 und 1945 an deutschen Hochschulen Philosophie gelehrt haben. In einer systematischen Aufarbeitung des verfügbaren Archivmaterials wird dokumentiert, daß sich die philosophische Zunft in ihrer Mehrheit politisch und beruflich für den NS-Staat engagierte. Die einschlägigen *Lücken* in den Lebensläufen der z.T. heute noch namhaften Fachvertreter werden gefüllt.
»Leamans Gesamtüberblick ist nützlich.« *FAZ*

Martha Zapata Galindo
Triumph des Willens zur Macht
Zur Nietzsche-Rezeption im NS-Staat

Edition Philosophie und Sozialwissenschaften 35
Argument

300 S., ISBN 3-88619-633-X
39,00 DM/304 ÖS/40,00 SF

Wie konnten dieselben Philosophen, die als Erben des Deutschen Idealismus und als Erneuerer des »griechischen Kulturerbes« auftraten, Krieg und Völkermord im Lichte von höheren Idealen darstellen? Martha Zapata Galindo erschließt am Leitfaden der Nietzsche-Rezeption die Restrukturierung des philosophischen Diskurses, in dem sich der zweite »Griff nach der Weltmacht« konzeptiv vorbereitet hat.

Argument
Hamburg · Berlin

Im guten Buchhandel und schriftlich, telefonisch oder per Fax bei Argument-Vertrieb, Reichenberger Str. 150
10999 Berlin, Tel.: 030 611 41 82, Fax: 030 611 42 70